4주 단기 완성!

처음 JLPT N4·N5

단숨에 합격하기

처음 JLPT N4·N5
단숨에 합격하기

초판 1쇄 발행 2024년 12월 20일

지은이 시원스쿨어학연구소
펴낸곳 (주)에스제이더블유인터내셔널
펴낸이 양홍걸 이시원

홈페이지 japan.siwonschool.com
주소 서울시 영등포구 영신로 166 시원스쿨
교재 구입 문의 02)2014-8151
고객센터 02)6409-0878

ISBN 979-11-6150-927-3 13730
Number 1-310301-26262620-09

4주 단기 완성!

처음 JLPT N4·N5 단숨에 합격하기

시원스쿨닷컴

JLPT(일본어 능력 시험)의 모든 것

JLPT는 어떤 시험이에요?

일본어능력시험은 일본어를 모국어로 하지 않는 사람들의 일본어 능력을 측정하고 인정하는 시험으로, 1984년부터 실시되어 왔으며 2010년부터 일본어 학습자의 다양한 수요를 충족하기 위해 커뮤니케이션 능력을 보다 중시하는 새로운 유형의 일본어능력시험을 실시하고 있습니다. 시험은 매년 2회(7월, 12월) 실시하고 있습니다.

JLPT 시험은 어떻게 구성되나요?

시험은 N1, N2, N3, N4, N5로 나뉘어져 있으며 수험자가 자신에게 맞는 레벨을 선택하여 응시합니다. 가장 쉬운 레벨은 N5이며 가장 어려운 레벨은 N1입니다. N1, N2는 ① 언어지식(문자·어휘·문법)·독해, ② 청해의 두 과목으로, N3, N4, N5는 ① 언어지식(문자·어휘), ② 언어지식(문법)·독해, ③ 청해의 세 과목으로 나뉘어져 있습니다.

<table>
<tr><th>레벨</th><th>과목</th><th>교시</th><th>시간</th><th>득점 범위(기준점)</th><th>합격점</th><th>종합 득점</th></tr>
<tr><td rowspan="3">N1</td><td>언어지식(문자·어휘·문법)</td><td rowspan="2">1교시</td><td rowspan="2">110분</td><td>0~60(19점)</td><td rowspan="3">100</td><td rowspan="3">180</td></tr>
<tr><td>독해</td><td>0~60(19점)</td></tr>
<tr><td>청해</td><td>2교시</td><td>55분</td><td>0~60(19점)</td></tr>
<tr><td rowspan="3">N2</td><td>언어지식(문자·어휘·문법)</td><td rowspan="2">1교시</td><td rowspan="2">105분</td><td>0~60(19점)</td><td rowspan="3">90</td><td rowspan="3">180</td></tr>
<tr><td>독해</td><td>0~60(19점)</td></tr>
<tr><td>청해</td><td>2교시</td><td>50분</td><td>0~60(19점)</td></tr>
<tr><td rowspan="3">N3</td><td>언어지식(문자·어휘·문법)</td><td rowspan="2">1교시</td><td>30분</td><td>0~60(19점)</td><td rowspan="3">95</td><td rowspan="3">180</td></tr>
<tr><td>독해</td><td>70분</td><td>0~60(19점)</td></tr>
<tr><td>청해</td><td>2교시</td><td>40분</td><td>0~60(19점)</td></tr>
<tr><td rowspan="3">N4</td><td>언어지식(문자·어휘·문법)</td><td rowspan="2">1교시</td><td>25분</td><td rowspan="2">0~120(38점)</td><td rowspan="3">90</td><td rowspan="3">180</td></tr>
<tr><td>독해</td><td>55분</td></tr>
<tr><td>청해</td><td>2교시</td><td>35분</td><td>0~60(19점)</td></tr>
<tr><td rowspan="3">N5</td><td>언어지식(문자·어휘·문법)</td><td rowspan="2">1교시</td><td>20분</td><td rowspan="2">0~120(38점)</td><td rowspan="3">80</td><td rowspan="3">180</td></tr>
<tr><td>독해</td><td>40분</td></tr>
<tr><td>청해</td><td>2교시</td><td>30분</td><td>0~60(19점)</td></tr>
</table>

※ 모든 시험 과목을 수험하고 종합 득점이 ① 합격점 이상이면서, ② 모든 득점 구분별 득점이 구분마다 설정된 기준점 이상인 경우, 즉 ①과 ②를 동시에 만족해야 합격입니다. 종합 득점이 아무리 높아도 득점 구분별 득점에서 하나라도 기준점에 미달하는 경우에는 불합격입니다.

JLPT 레벨별 인정 기준은 어떠한가요?

레벨	과목	인정 기준
N1	언어지식 / 독해	폭넓은 상황에서 신문 논설, 평론 등 논리적으로 다소 복잡한 글이나 추상도가 높은 글 등을 읽고 글의 구성이나 내용을 이해할 수 있으며, 내용의 깊이가 있는 글을 읽고 이야기의 흐름이나 상세한 표현 의도를 이해할 수 있음
	청해	자연스러운 속도의 회화나 뉴스, 강의를 듣고, 이야기의 흐름이나 내용, 등장인물의 관계, 내용의 논리적 구성 등을 상세하게 이해하고 요지를 파악할 수 있음
N2	언어지식 / 독해	신문이나 잡지의 기사나 해설, 평이한 평론 등 논지가 명쾌한 문장을 읽고 문장의 내용을 이해할 수 있으며, 일반적인 화제에 관한 글을 읽고 이야기의 흐름이나 표현 의도를 이해할 수 있음
	청해	자연스러운 속도로 읽어 주는 체계적인 내용의 회화나 뉴스를 듣고 내용의 흐름 및 등장 인물의 관계를 이해하거나 요지를 파악할 수 있음
N3	언어지식 / 독해	일상적인 화제의 구체적인 내용을 나타내는 문장을 읽고 이해할 수 있으며 신문의 기사 제목 등에서 정보의 개요를 파악할 수 있음. 일상적인 장면에서 난이도가 약간 높은 문장을 바꿔 제시하며 요지를 이해할 수 있음
	청해	자연스러운 속도로 읽어 주는 체계적인 내용의 회화를 듣고 등장 인물의 관계 등 이야기의 구체적인 내용을 거의 이해할 수 있음
N4	언어지식 / 독해	일상생활에서 흔하게 일어나는 화제를 기본적인 어휘나 한자로 쓴 문장을 읽고 이해할 수 있음
	청해	다소 느린 속도로 읽어 주는 일상적인 장면에서의 회화를 통해 대부분의 내용을 이해할 수 있음
N5	언어지식 / 독해	히라가나나 가타카나, 일상생활에서 사용되는 기본적인 한자로 쓰여진 정형화된 어구나 문장을 읽고 이해할 수 있음
	청해	느리고 짧은 속도로 읽어 주는 일상생활에서 자주 접하는 장면에서의 회화로부터 필요한 정보를 얻어낼 수 있음

시험 당일 무엇을 준비해야 하나요?

- 홈페이지 규정된 신분증(주민등록증, 여권, 운전면허증, 주민등록발급 신청 확인서 등)
- 수험표
- 필기도구(연필, 지우개)

이 책의 목차

처음 JLPT
N4·N5

이 책의 구성과 활용

STEP 1 출제 경향 및 문제 유형 파악

각 파트별 문제 유형과 출제 경향을 파악합니다. 실제 시험 형식으로 제시된 예문을 통해 문제별 공략법을 확인하며 전략적으로 접근할 수 있습니다.

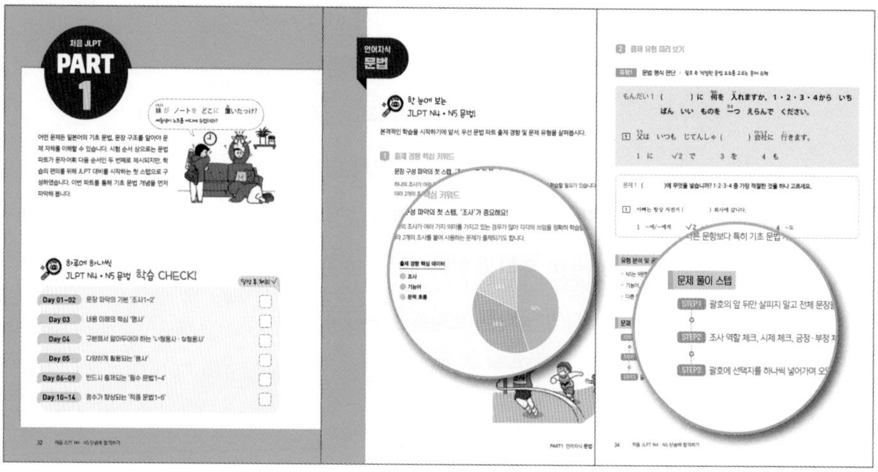

STEP 2 기본 개념 및 핵심 공략 학습

영역별 특성에 맞게 설명 방식에 차별화를 두어 기본 개념을 확실히 다질 수 있습니다. 또한 '주의' 코너에서 헷갈리거나 놓치기 쉬운 내용을 학습하며 시험에 더욱 완벽히 대비할 수 있습니다.

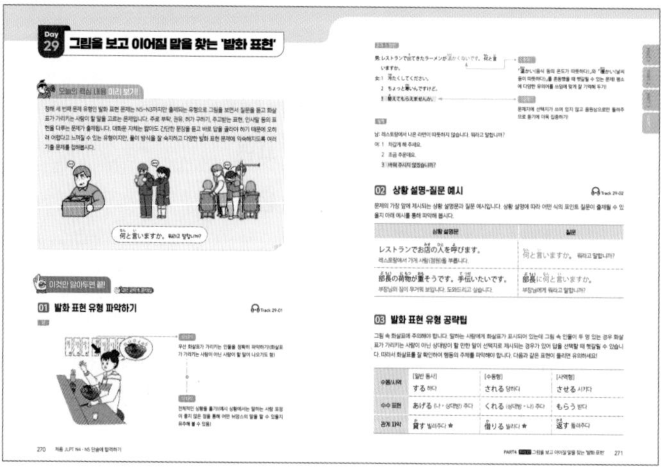

STEP 3 영역별 실전 모의고사

각 Day별 마지막에 기출 문제를 제시하여 실제 시험과 동일한 구조로 트레이닝해 볼 수 있습니다. 문제를 풀며 복습하고 부족한 부분은 보완해 나갈 수 있습니다.

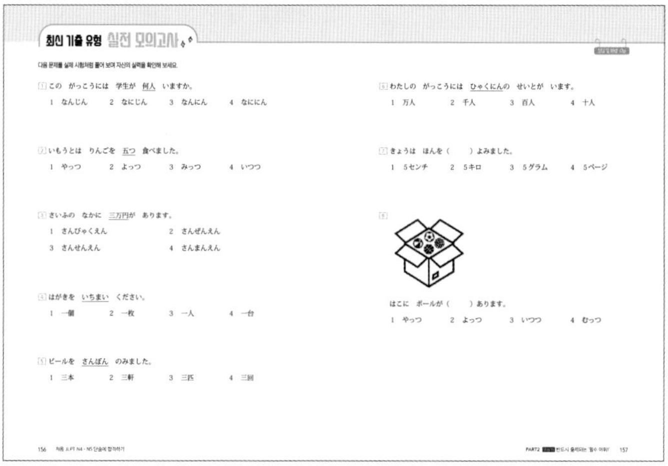

STEP 4 마무리 실전 모의고사(N5&N4 각각 1회분)

실제 시험과 동일한 JLPT N4·N5 모의고사를 각각 1회분씩 제공하여, 시험이 어떻게 출제되는지 미리 확인해 볼 수 있습니다.

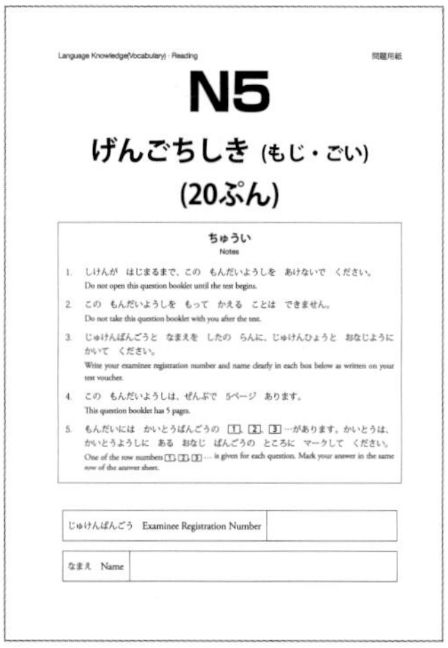

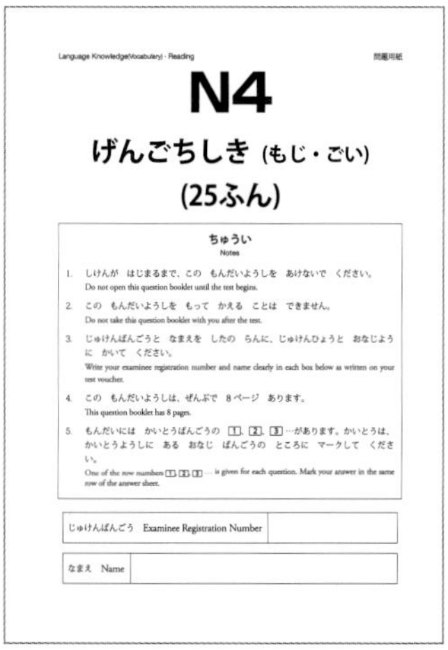

특별 부록 200% 활용법

천천히 일반 고사장 소음

❶ MP3 음원

원어민 MP3 음원을 제공하였습니다. 모의고사에는 속도별 음원과 고사장 소음 버전을 제공하여 실전 훈련을 할 수 있습니다.

❷ N4 적중&후기 특강

JLPT 적중 특강과 후기 특강을 통해 실제 시험의 출제 경향을 정확히 파악하여 전략적으로 시험에 대비할 수 있습니다.

❸ N4·N5 단어 암기 영상

영상을 반복적으로 보며 단어를 암기해 보세요. 영상에 제시된 단어는 PDF 파일로 제공하여 함께 보면서 학습할 수 있습니다.

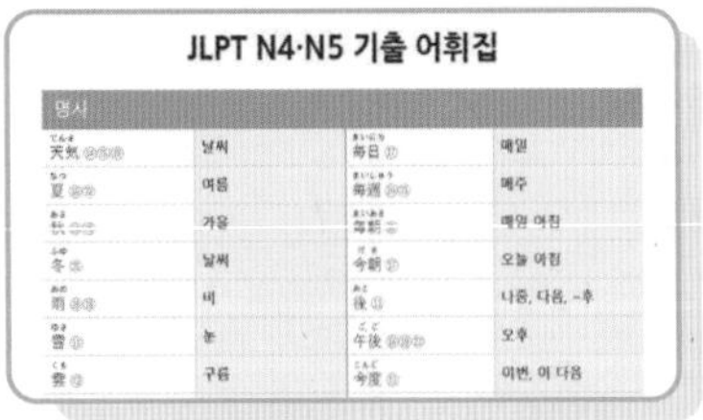

❹ N4·N5 기출 어휘집

JLPT N4·N5 시험에 자주 출제되는 어휘만을 모아 PDF 파일로 정리하였습니다. 기출 연도도 함께 제공하여 각 어휘의 출제 빈도를 파악할 수 있습니다.

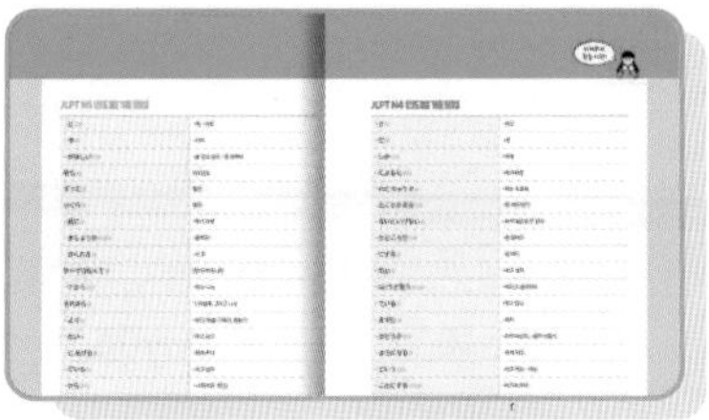

❺ 연도별 기출 문법

연도별 기출 문법을 통해 시험에 자주 출제되는 문법을 빠르게 확인할 수 있습니다.

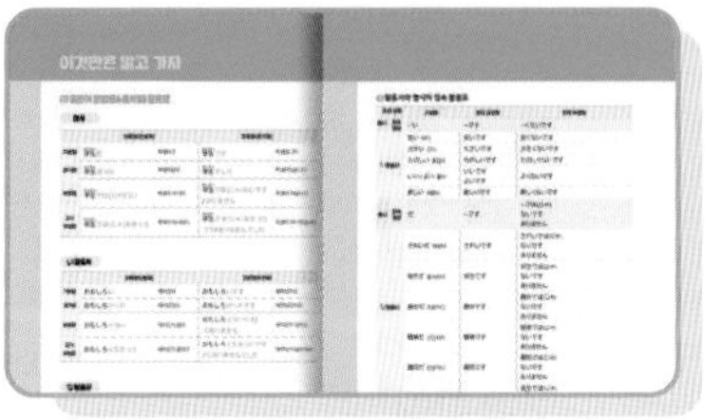

❻ 일본어 문법표 · 품사별 활용표

일본어 문법표와 품사별 활용표를 한눈에 보기 쉽게 정리하였습니다. 수시로 완벽하게 익혀보세요.

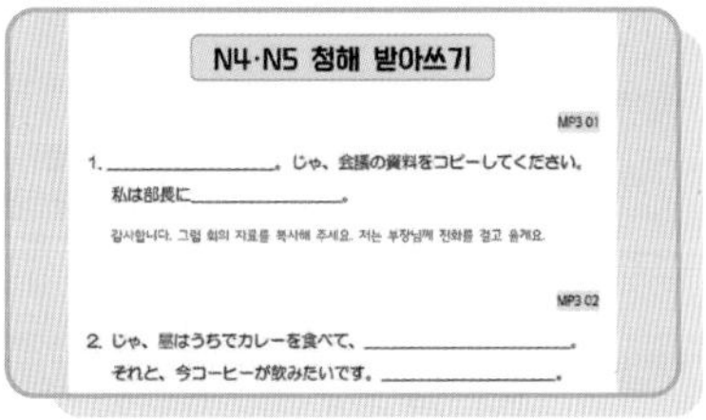

N4·N5 청해 받아쓰기

MP3 01

1. ________. じゃ、会議の資料をコピーしてください。
私は部長に________。

감사합니다. 그럼 회의 자료를 복사해 주세요. 저는 부장님께 전화를 걸고 올게요.

MP3 02

2. じゃ、昼はうちでカレーを食べて、________。
それと、今コーヒーが飲みたいです。________。

❼ 청해 받아쓰기

청해 받아쓰기 노트를 PDF로 제공하여 듣기뿐만 아니라 쓰기까지 동시에 연습 가능합니다.

* 무료 부록 다운로드 및 시청 경로

❶ MP3, 기출 어휘집 PDF, 청해 받아쓰기 PDF는 시원스쿨 일본어 홈페이지(japan.siwonschool.com) 로그인▶학습지원센터▶공부자료실▶도서명 검색 후 무료로 다운로드 가능합니다.
❷ 적중·후기 특강 및 단어 암기 영상은 도서 표지의 QR 코드를 스캔하여 시청 가능합니다.
❸ 연도별 기출 문법, 일본어 문법표·품사별 활용표는 도서 내에서 확인 가능합니다.

지금부터 D-30 학습 플랜

• Day01씩 공부하고 ◎체크하며 시험날까지 꾸준히 학습해 보세요!

Day01	Day02	Day03	Day04	Day05	Day06
문장 구성 파악의 기본 '조사1'	문장 구성 파악의 기본 '조사2'	내용 이해의 핵심 '명사'	구분해서 알아두어야 하는 'い형용사 · な형용사'	다양하게 활용되는 '동사'	반드시 출제되는 '필수 문법1'
Day07	**Day08**	**Day09**	**Day10**	**Day11**	**Day12**
반드시 출제되는 '필수 문법2'	반드시 출제되는 '필수 문법3'	반드시 출제되는 '필수 문법4'	점수가 향상되는 '적중 문법1'	점수가 향상되는 '적중 문법2'	점수가 향상되는 '적중 문법3'
Day13	**Day14**	**Day15**	**Day16**	**Day17**	**Day18**
점수가 향상되는 '적중 문법4'	점수가 향상되는 '적중 문법5'	반드시 출제되는 '필수 어휘1'	반드시 출제되는 '필수 어휘2'	발음부터 표기까지 'N5 한자 읽기&표기'	문맥을 파악하는 'N5 문맥 규정'
Day19	**Day20**	**Day21**	**Day22**	**Day23**	**Day24**
비슷한 표현을 찾는 'N5 유의 표현'	발음부터 표기까지 'N4 한자 읽기&표기'	문맥을 파악하는 'N4 문맥 규정'	비슷한 표현을 찾는 'N4 유의 표현'	어휘의 올바른 쓰임을 찾는 'N4 용법'	단문을 읽고 답을 찾는 '내용 이해1'
Day25	**Day26**	**Day27**	**Day28**	**Day29**	**Day30**
중문을 읽고 답을 찾는 '내용 이해2'	정보문을 분석하는 '정보 검색'	앞으로 할 일을 찾는 '과제 이해'	주요 포인트를 찾는 '포인트 이해'	그림을 보고 이어질 말을 찾는 '발화 표현'	상대방의 말에 대한 답을 찾는 '즉시 응답'

학습 로드맵

• 아래 제시된 학습 로드맵을 따라 한 단계씩 학습을 진행해 보세요!

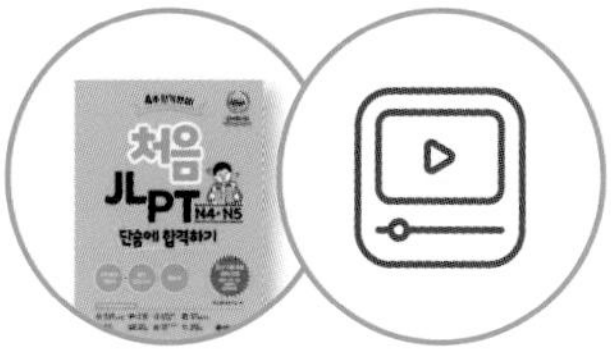

1단계 **도서와 함께 동영상 강의를 보며 학습!**

도서 학습과 함께, 동일한 커리큘럼으로 구성된 유료 연계 강의를 통해 혼자 학습하는 경우에도 더욱 쉽게 이해할 수 있습니다.

2단계 **영역별 실전 모의고사로 내 실력 확인!**

매 과 마지막에 제시된 영역별 실전 모의고사를 풀어 보며 자신의 실력을 확인해 봅니다.

3단계 **JLPT 맞춤형 부록으로 시험 전까지 완벽 대비!**

단어 암기 영상, 청해 받아쓰기, 연도별 기출 문법 등 시험 준비에 필수적인 내용을 담은 부록으로 실력을 한층 더 향상시킵니다.

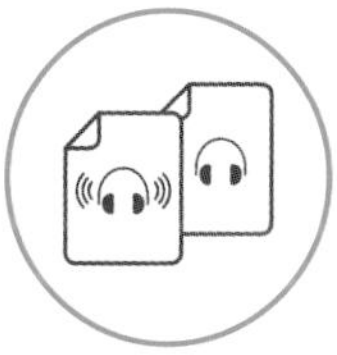

4단계 **실전 모의고사로 시험 시뮬레이션!**

마지막으로 N5와 N4 모의고사를 각각 1회분씩 풀어 보며 자신의 실력을 확인합니다. 특히 청해 파트는 느린 속도, 보통 속도로 들어보며 귀를 트고, 고사장 소음 버전으로 들으며 실전처럼 시뮬레이션 해 봅니다.

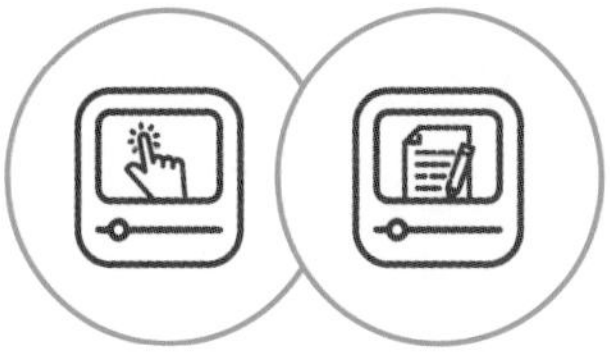

5단계 **적중·후기 특강으로 시험 출제 경향 파악하기!**

마지막으로 N4 적중 및 후기 특강을 통해 최근 시험 출제 트렌드를 확인하여 전략적으로 시험을 대비합니다.

이것만은 알고 가자

일본어 문법표&품사별 활용표

명사

	보통형(반말체)		정중형(존댓말)	
기본형	学生(がくせい)だ	학생이다	学生(がくせい)です	학생입니다
과거형	学生(がくせい)だった	학생이었다	学生(がくせい)でした	학생이었습니다
부정형	学生(がくせい)では(じゃ)ない	학생이 아니다	学生(がくせい)では(じゃ)ないです /ありません	학생이 아닙니다
과거 부정형	学生(がくせい)では(じゃ)なかった	학생이 아니었다	学生(がくせい)では(じゃ)なかったです/ありませんでした	학생이 아니었습니다

い형용사

	보통형(반말체)		정중형(존댓말)	
기본형	おもしろい	재미있다	おもしろいです	재미있어요
과거형	おもしろかった	재미있었다	おもしろかったです	재미있었어요
부정형	おもしろくない	재미있지 않다	おもしろくないです/くありません	재미있지 않아요
과거 부정형	おもしろくなかった	재미있지 않았다	おもしろくなかったです /くありませんでした	재미있지 않았어요

な형용사

	보통형(반말체)		정중형(존댓말)	
기본형	きれいだ	예쁘다	きれいです	예뻐요
과거형	きれいだった	예뻤다	きれいでした	예뻤어요

부정형	きれいでは(じゃ)ない	예쁘지 않다	きれいでは(じゃ)ないです /ありません	예쁘지 않아요
과거 부정형	きれいでは(じゃ)なかった	예쁘지 않았다	きれいでは(じゃ)なかったです/ありませんでした	예쁘지 않았어요

동사

그룹	보통형(반말체)		정중형(존댓말)	
1그룹	行く	가다	行きます	갑니다
	行った	갔다	行きました	갔습니다
	行かない	가지 않는다	行きません 行かないです	가지 않습니다
	行かなかった	가지 않았다	行きませんでした 行かなったです	가지 않았습니다
2그룹	見る	보다	見ます	봅니다
	見た	봤다	見ました	봤습니다
	見ない	보지 않는다	見ません 見ないです	보지 않습니다
	見なかった	보지 않았다	見ませんでした 見なかったです	보지 않았습니다
3그룹	する	하다	します	합니다
	した	했다	しました	했습니다
	しない	하지 않는다	しません しないです	하지 않습니다
	しなかった	하지 않았다	しませんでした しなかったです	하지 않았습니다

❶ 형용사와 명사의 접속 활용표

표현 유형	기본형	현재 긍정형	현재 부정형
품사 / 접속 형태	~い	~です	~くないです
い형용사	安い 싸다	安いです	安くないです
	大きい 크다	大きいです	大きくないです
	たのしい 즐겁다	たのしいです	たのしくないです
	いい/よい 좋다	いいです よいです	よくないです
	新しい 새롭다	新しいです	新しくないです
품사 / 접속 형태	だ	~です	~では(じゃ) ないです ありません
な형용사	きれいだ 예쁘다	きれいです	きれいでは(じゃ) ないです ありません
	好きだ 좋아하다	好きです	好きでは(じゃ) ないです ありません
	静かだ 조용하다	静かです	静かでは(じゃ) ないです ありません
	簡単だ 간단하다	簡単です	簡単では(じゃ) ないです ありません
	親切だ 친절하다	親切です	親切では(じゃ) ないです ありません
명사+だ	先生だ 선생님이다	先生です	先生では(じゃ) ないです ありません
	休みだ 휴일이다	休みです	休みでは(じゃ) ないです ありません

연결형	과거 긍정형	과거 부정형
~くて	~かったです	~くなかったです
安くて	安くかったです	安くなかったです
大きくて	大きかったです	大きくなかったです
たのしくて	たのしかったです	たのしくなかったです
よくて	よかったです	よくなかったです
新しくて	新しかったです	新しくなかったです
~で	~でした	~では(じゃ) なかったです ありませんでした
きれいで	きれいでした	きれいでは(じゃ) なかったです ありませんでした
好きで	好きでした	好きでは(じゃ) なかったです ありませんでした
静かで	静かでした	静かでは(じゃ) なかったです ありませんでした
簡単で	簡単でした	簡単では(じゃ) なかったです ありませんでした
親切で	親切でした	親切では(じゃ) なかったです ありませんでした
先生で	先生でした	先生では(じゃ) なかったです ありませんでした
休みで	休みでした	休みでは(じゃ) なかったです ありませんでした

표현 유형		명사 수식	추측 표현(1)
품사	접속 형태	~い	~い そうだ(です)
い형용사		安い + 명사	安そうだ(です)
		大きい + 명사	大きそうだ(です)
		たのしい + 명사	たのしそうだ(です)
		いい / よい + 명사	よさそうだ(です)
		新しい + 명사	新しそうだ(です)
품사	접속 형태	~な	~だ そうだ(です)
な형용사		きれいな + 명사	きれいそうだ(です)
		好きな + 명사	好(す)きそうだ(です)
		静かな + 명사	静かそうだ(です)
		簡単な + 명사	簡単そうだ(です)
		親切な + 명사	親切そうだ(です)
품사	접속 형태	~の	
명사		先生の + 명사	없음
		休みの + 명사	없음

추측 표현(2)	전문 표현
~い ようだ(です) / ~い みたいだ(です)	~い そうだ(です)
安い ようだ(です) / みたいだ(です)	安いそうだ(です)
大きい ようだ(です) / みたいだ(です)	大きいそうだ(です)
たのしい ようだ(です) / みたいだ(です)	たのしいそうだ(です)
いい/ よいようだ(です) / みたいだ(です)	いい/よいそうだ(です)
新しい ようだ(です) / みたいだ(です)	新しいそうだ(です)
~な ようだ(です) / ~だ みたいだ(です)	~だ そうだ(です)
きれい なようだ(です) / みたいだ(です)	きれいだそうだ(です)
好き なようだ(です) / みたいだ(です)	好きだそうだ(です)
静か なようだ(です) / みたいだ(です)	静かだそうだ(です)
簡単 なようだ(です) / みたいだ(です)	簡単だそうだ(です)
親切 なようだ(です) / みたいだ(です)	親切だそうだ(です)
~の ようだ(です) / ~みたいだ(です)	~だ みうだ(です)
先生のようだ(です) / みたいだ(です)	先生だそうだ(です)
休みのようだ(です) / みたいだ(です)	休みだそうだ(です)

② 동사의 접속 활용표

품사 \ 표현 유형	기본형	현재 긍정형/부정형	과거 긍정형/부정형
접속 형태	~う(~하다)	~ます / ません (~합니다 / ~하지 않습니다)	~ました / ませんでした (~했습니다 / ~하지 않았습니다)
1그룹	買(か)う 사다	買(か)います / ません	買(か)いました / ませんでした
	行(い)く 가다	行(い)きます / ません	行(い)きました / ませんでした
	泳(およ)ぐ 수영하다	泳(およ)ぎます / ません	泳(およ)ぎました / ませんでした
	話(はな)す 이야기하다	話(はな)します / ません	話(はな)しました / ませんでした
	待(ま)つ 기다리다	待(ま)ちます / ません	待(ま)ちました / ませんでした
	死(し)ぬ 죽다	死(し)にます / ません	死(し)にました / ませんでした
	遊(あそ)ぶ 놀다	遊(あそ)びます / ません	遊(あそ)びました / ませんでした
	飲(の)む 마시다	飲(の)みます / ません	飲(の)みました / ませんでした
	乗(の)る 타다	乗(の)ります / ません	乗(の)りました / ませんでした
예외 1그룹	帰(かえ)る 돌아가다	帰(かえ)ります / ません	帰(かえ)りました / ませんでした
	切(き)る 자르다	切(き)ります / ません	切(き)りました / ませんでした
2그룹	見(み)る 보다	見(み)ます / ません	見(み)ました / ませんでした
	起(お)きる 일어나다	起(お)きます / ません	起(お)きました / ませんでした
	着(き)る 입다	着(き)ます / ません	着(き)ました / ませんでした
	食(た)べる 먹다	食(た)べます / ません	食(た)べました / ませんでした
	捨(す)てる 버리다	捨(す)てます / ません	捨(す)てました / ませんでした
3그룹	来(く)る 오다	来(き)ます / ません	来(き)ました / ませんでした
	する 하다	します / ません	しました / ませんでした

연결형	과거 보통형(반말체)	과거 부정 보통형(반말체)
~て(~하고, ~해서)	~た(~했다)	~ない(~하지 않다)
買(か)って	買(か)った	買(か)わない
行(い)って	行(い)った	行(い)かない
泳(およ)いで	泳(およ)いだ	泳(およ)がない
話(はな)して	話(はな)した	話(はな)さない
待(ま)って	待(ま)った	待(ま)たない
死(し)んで	死(し)んだ	死(し)なない
遊(あそ)んで	遊(あそ)んだ	遊(あそ)ばない
飲(の)んで	飲(の)んだ	飲(の)まない
乗(の)って	乗(の)った	乗(の)らない
帰(かえ)って	帰(かえ)った	帰(かえ)らない
切(き)って	切(き)った	切(き)らない
見(み)て	見(み)た	見(み)ない
起(お)きて	起(お)きた	起(お)きない
着(き)て	着(き)た	着(き)ない
食(た)べて	食(た)べた	食(た)べない
捨(す)てて	捨(す)てた	捨(す)てない
来(き)て	来(き)た	来(こ)ない
して	した	しない

표현 유형	가능형		의지형	
품사 / 접속 형태	~え단 + る		~お단 + う	
1그룹	買える	行ける	買おう	行こう
	泳げる	話せる	泳ごう	話そう
	待てる	死ねる	待とう	死のう
	遊べる	飲める	遊ぼう	飲もう
	乗れる		乗ろう	
예외1 그룹	帰れる	切れる	帰ろう	切ろう
품사 / 접속 형태	~ ~~る~~ られる(~할 수 있다)		~ ~~る~~ よう(~하자, 해야지)	
2그룹	見られる	起きられる	見よう	起きよう
	着られる	食べられる	着よう	食べよう
	捨てられる		捨てよう	
3그룹	来られる	できる	来よう	しよう

수동형		사역형	
~あ단+れる		~あ단+せる	
買(か)われる	行(い)かれる	買(か)わせる	行(い)かせる
泳(およ)がれる	話(はな)される	泳(およ)がせる	話(はな)させる
待(ま)たれる	死(し)なれる	待(ま)たせる	死(し)なせる
遊(あそ)ばれる	飲(の)まれる	遊(あそ)ばせる	飲(の)ませる
乗(の)られる		乗(の)らせる	
帰(かえ)られる	切(き)られる	帰(かえ)らせる	切(き)らせる
~~る~~ られる(~당하다, ~받다, ~되다)		~~る~~ させる(~하게 하다, ~하도록 시키다)	
見(み)られる	起(お)きられる	見(み)させる	起(お)きさせる
着(き)られる	食(た)べられる	着(き)させる	食(た)べさせる
捨(す)てられる		捨(す)てさせる	
来(こ)られる	される	来(こ)させる	させる

연도별 기출 문법

JLPT N5 연도별 기출 문법

…に㉒㉔	~에, ~으로
…や㉔	~이나
…がほしい㉑㉔	~을 갖고 싶다, ~을 원하다
何(なに)も㉔	아무것도
ずっと㉔	훨씬
いくら㉔	얼마
…前(まえ)に㉔	~하기 전에
…ましょうか㉒㉓㉔	~할까요?
…がくれた㉔	~이 준
명사+ではなくて㉔	(명사)가 아니라
…てから㉑㉔	~하고 나서
それから㉔	그 다음에, 그러고 나서
…より㉓	~보다, 한결, 더욱 더, 한층 더
…たい㉓	~하고 싶다
…に あげる㉓	~에게 주다
…ている㉓	~하고 있다
…から㉑㉓	~니까[이유, 원인]
…てください㉓	~해 주세요
…に来(く)る㉓	~에 오다
…ぐらい(=くらい) ㉒㉓	~정도

…もらう㉓	~받다
ところで㉓	그런데
…たところ㉓	~했더니, 한 결과
…たり㉓	~하거나
みせる㉓	보여주다
…も㉑㉓	~도
もう㉒㉓	이미, 벌써, 이제
…と㉓	~와/과
…は㉓	~은/는
…に行(い)く㉓	~에 가다
…中(なか)で㉓	~중에
…のほうが㉓	~의/인 편이
…にいる㉒	~에 있다
…だから㉑㉒	~하니까
…が㉒	~인데, ~이지만
よく㉒	잘
…の㉑㉒	~의
…を㉑㉒㉓	~을/를
…に いく㉒	~하러 가다
なにで㉒	무엇으로
…には㉒	~에는

シャワーを　あびる[22]	샤워를 하다
…へ[22][21]	~에, ~에게, ~으로
くれる[22]	주다
あげる[22]	(내가 남에게) 주다
…から[22]	~부터
…でも[22]	~에서도
…まで[21][22]	~까지
いくつ[22]	얼마나
…たいです[21][22]	~하고 싶습니다
…で[21]	~이고, ~고
すぐ[21]	바로, 즉시
…ごろ[21]	~쯤, ~경
…の まえに[21]	~의/하기 전에
…に のる[21]	~에 타다
…な[21]	~한
…や … など[21]	~와 ~등
…た あとで[21]	~한 뒤에
…中(なか)に[21]	~안에
おねがいします[21]	부탁합니다

JLPT N4 연도별 기출 문법

…と㉔	~라고
…に㉔	~에
…しか㉑㉔	~밖에
…によると㉓㉔	~에 의하면
…のとちゅうで㉔	~하는 도중에
…たことがある㉒㉔	~한 적이 있다
…ないといけない㉔	~하지 않으면 안 된다
…たところだ㉒㉔	~한 참이다
…にする㉔	~로 하다
…たい㉔	~하고 싶다
…(よ)うと思(おも)う㉑㉒㉔	~하려고 생각하다
…ている㉔	~하고 있다
…までに㉔	~까지
…かどうか㉑㉔	~인지 아닌지, ~할지 어떨지
…ようになる㉔	~하게 되다
…という㉒㉔	~라고 하는, ~라는
…ことにする㉑㉓㉔	~하기로 하다
…ことができる㉓㉔	~할 수 있다, ~하는 것이 가능하다
…について㉔	~에 대해
…より㉔	~보다

…てから㉔	~하고 나서
…たまま㉒㉔	~한 채, ~한 그대로
…も…も…ない㉓	~도 ~도 ~하지 않다
…にも㉓	(대상)에게도
…と違(ちが)って㉓	~와 다르게
まだ…ていない㉓	아직 ~하지 않았다
今週中(こんしゅうちゅう)に㉓	이번 주중에, 이번 주 안으로
もし…たら㉓	만약 ~이(라)면
…か㉑㉒㉓	~인지
…が行(おこな)われる㉓	~이 행해지다
どうですか㉓	어떻습니까?
…なくなる㉓	~하지 않게 되다
…のは㉒㉓	~하는 것은
…やすい㉓	~하기 쉽다, ~하기 편하다
…たり…たりする㉓	~하거나 ~하거나 하다
…にいく㉓	~하러 가다
…と思(おも)う㉓	~라고 생각하다
…で㉑㉓	~때문에[이유, 원인]
…で㉑	~(으)로[재료]
대상+から㉓	(대상)으로부터, (대상)에게

…ずつ㉒㉓	~씩
수량+も㉑㉓	(수량)이나
いつか㉓	언젠가
どうやって㉓	어떻게
…のも㉒㉓	~하는 것도
…がする㉓	(냄새, 소리)가 나다
…がかざられる㉓	~이 장식되다
…てもらえる？㉓	~해 줄 수 있어?
…間(あいだ)に㉓	~동안에, ~사이에
…から作(つく)られる㉒	~로 만들어지다
…と違(ちが)って㉒	~와 다르게
…によって㉒	~에 의해서
ずっと㉒	계속
…ているところだ㉒	한창 ~하고 있는 중이다
通(かよ)わせる㉒	다니게 하다
…てもいい㉒	~해도 좋다, ~해도 괜찮다
…なら㉒	~(이)라면
…ようで㉒	~것 같아서
…ましょう㉒	~합시다
…てくれる㉑㉒	(남이 나에게) ~해 주다

…てあげる㉑㉒	(내가 남에게) ~해 주다
なかなか…ない㉒	좀처럼 ~하지 않다
ほとんど…ない㉒	거의 ~하지 않다
시간+も㉒	(시간)이나
頼まれる㉒	부탁 받다
どういう㉒	어떤
…ないで㉑㉒	~하지 않고
동사 의지형+か㉒	~할까?
…てくる㉑㉒	~해 오다
…のに㉒	~하는 데에
…てある㉒	~해져 있다
…と聞く㉑	~라고 듣다
どうして㉑	어째서, 왜
かならず㉑	반드시
世界中㉑	온 세상
何回…ても㉑	여러 번 ~해도
…になる㉑	~이 되다
…てくれませんか㉑	~해 주지 않을래요?
開かれる㉑	열리다
ほめられる㉑	칭찬받다

…にくる[21]	~하러 오다
…ことになる[21]	~하게 되다
…ようにしてください[21]	~하도록 해 주세요
例(たと)えば[21]	예를 들면
…てみる[21]	~해 보다
…か…か[21]	~할지 ~할지
こっち[21]	이쪽
とくに[21]	특히
…たら[21]	~하면
一日中(いちにちじゅう)[21]	하루 종일
安心(あんしん)させる[21]	안심시키다
…かもしれません[21]	~지도 모른다
…方(かた)[21]	~하는 법, ~하는 방법

처음 JLPT

PART 1

妹(いもうと)が ノートを どこに 置(お)いたっけ?
여동생이 노트를 어디에 두었더라?

어떤 문제든 일본어의 기초 문법, 문장 구조를 알아야 문제 자체를 이해할 수 있습니다. 시험 순서 상으로는 문법 파트가 문자·어휘 다음 순서인 두 번째로 제시되지만, 학습의 편의를 위해 JLPT 대비를 시작하는 첫 스텝으로 구성하였습니다. 이번 파트를 통해 기초 문법 개념을 먼저 파악해 봅니다.

하루에 하나씩 JLPT N4 • N5 문법 학습 CHECK!

		달성 후 체크!✓
Day 01~02	문장 파악의 기본 '조사1~2'	☐
Day 03	내용 이해의 핵심 '명사'	☐
Day 04	구분해서 알아두어야 하는 'い형용사 · な형용사'	☐
Day 05	다양하게 활용되는 '동사'	☐
Day 06~09	반드시 출제되는 '필수 문법1~4'	☐
Day 10~14	점수가 향상되는 '적중 문법1~5'	☐

언어지식
문법

한 눈에 보는 JLPT N4 • N5 문법!

본격적인 학습을 시작하기에 앞서, 우선 문법 파트 출제 경향 및 문제 유형을 살펴봅시다.

1 출제 경향 핵심 키워드

문장 구성 파악의 첫 스텝, '조사'가 중요해요!

하나의 조사가 여러 가지 의미를 가지고 있는 경우가 많아 각각의 쓰임을 정확히 학습할 필요가 있습니다. 상황에 따라 2개의 조사를 붙여 사용하는 문제가 출제되기도 합니다.

출제 경향 핵심 데이터

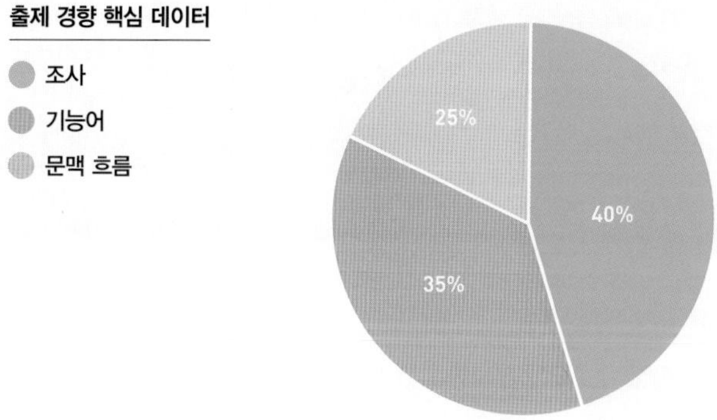

2 출제 유형 미리 보기

유형1 문법 형식 판단 ▹ 괄호 속 적절한 문법 요소를 고르는 문제 유형

もんだい 1 (　　　　) に 何(なに)を 入(い)れますか。1・2・3・4から いちばん いい ものを 一(ひと)つ えらんで ください。

1 父(ちち)は いつも じてんしゃ (　　　　) 会社(かいしゃ)に 行(い)きます。

1 に　　√2 で　　3 を　　4 も

문제 1 (　　　　)에 무엇을 넣습니까? 1·2·3·4 중 가장 적절한 것을 하나 고르세요.

1 아빠는 항상 자전거 (　　　　) 회사에 갑니다.

1 ~에/~에게　　√2 ~(으)로　　3 ~을/를　　4 ~도

유형 분석 및 공략 꿀팁

- N5는 9문항, N4는 13문항씩 출제되는 유형입니다.
- 기능어, 기능어에 접속하는 동사의 형태, 수수표현, 부사를 학습해두는 것이 중요합니다.
- 다른 문항보다 특히 기초 문법 개념을 확실히 알아야 쉽게 풀 수 있는 문제 유형입니다.

문제 풀이 스텝

STEP1 괄호의 앞 뒤만 살피지 말고 전체 문장을 넓은 시각으로 보기!

STEP2 조사 역할 체크, 시제 체크, 긍정·부정 체크, 접속 형태 체크하기!

STEP3 괄호에 선택지를 하나씩 넣어가며 오답을 제거하기!

유형2 문장 만들기 ▷ 문장의 배열을 묻는 문제 유형

もんだい 2 ___★___ に 入(はい)る ものは どれですか。1・2・3・4からいち ばん いい ものを 一(ひと)つ えらんで ください。

10 家(いえ)から 会社(かいしゃ)までは ____ ____ _★_ ____ のります。

1 ので　　2 とおい　　3 電車(でんしゃ)に　　√4 いつも

문제 2 ___★___ 에 들어갈 것은 어느 것입니까? 1·2·3·4 중 가장 적절한 것을 하나 고르세요.

10 집에서 회사까지는 멀어 서 ★항상 전철을 탑니다.

1 멀다　　2 ~해서/~때문에　　3 전철을　　√4 항상

유형 분석 및 공략 꿀팁

- N5, N4 각각 4문항씩 출제되는 유형입니다.
- 의미 및 품사에 따라 나열해야 하므로 접속 형태에 유의하여 문장 구조를 완성해야 합니다.
- 문제를 풀 때 도움이 되는 문형 자체를 외워서 대비하면 좋습니다.

문제 풀이 스텝

STEP1 먼저 선택지 네 개의 단어만으로 순서를 맞춰 보기!

STEP2 4개의 밑줄 중 앞뒤 단어에서 힌트를 얻을 수 있는 첫 번째와 마지막 밑줄에 들어가는 단어부터 선택지에서 고르기!

STEP3 밑줄에 선택지를 순서대로 넣어보며 문장 배열이 옳은지 확인하기!

유형3 글의 문법 ▷ 독해 지문을 읽고 글의 흐름에 따라 빈칸을 채우는 문제 유형

もんだい 3 [14] から [17] に 何を 入れますか。文章の 意味を 考えて、1・2・3・4から いちばん いい ものを 一つ えらんで ください。

山田さんと 木村さんは 「好きな 動物」の さくぶんを 書いて、クラスの みんなの 前で 読みました。

(1) 山田さんの さくぶん

私は 子どものころから 動物が 好きです。 一番 好きな 動物は 犬です。 小学校 3年生の 時、 父が かわいい 犬を [14]。 名前は「チイ」でした。 はじめて 会った 時 とても 小さかった [15] 「チイ」と 呼びました。「チイ」と 私は一緒に 公園を 散歩するのが 好きでした。3年前に 死にましたが「チイ」は今 [16] 私の 家族です。

(2) 木村さんの さくぶん

私は 動物が あまり 好きでは ありません。 [17] 猫だけは 好きです。 猫はしずかに 一人で いて くれるからです。また 犬のように 散歩しなくても だいじょうぶです。動物と いっしょに 生活するには まじめな 人がいいと 思います。 私は 外に出るのが 好きでは ないので 毎日 散歩するのは たいへんです。だから 猫が 好きです。

…

[14] 1 買います　　2 買って います

✓ 3 買って くれました　　4 買いませんでした

…

문제 3 **14** ~ **17** **에 무엇을 넣습니까? 문장의 의미를 생각하여 1·2·3·4 중 가장 적절한 것을 하나 고르세요.**

야마다 씨와 기무라 씨가 '좋아하는 동물'의 작문을 쓰고 반 친구들 앞에서 읽었습니다.

(1) **야마다 씨의 작문**

나는 어렸을 때부터 동물을 좋아합니다. 가장 좋아하는 동물은 강아지입니다. 초등학교 3학년 때, 아빠가 귀여운 강아지를 **14** 사 주었습니다. 이름은 '치'였습니다. 처음 만난 날 매우 작았기 **15** 때문에 '치'라고 불렀습니다. '치'와 나는 함께 공원을 산책하는 것을 좋아했습니다. 3년 전에 죽었지만 '치'는 지금 **16** 도 나의 가족입니다.

(2) **기무라 씨의 작문**

나는 동물을 그다지 좋아하지 않습니다. **17** 하지만 고양이만은 좋아합니다. 고양이는 조용히 혼자서 있어 주기 때문입니다. 또한 강아지처럼 산책하지 않아도 괜찮습니다. 동물과 함께 생활하기에는 부지런한 사람이 좋다고 생각합니다. 나는 밖에 나가는 것을 좋아하지 않기 때문에 매일 산책하는 것은 힘듭니다. 그래서 고양이를 좋아합니다.

14 1 삽니다 2 사고 있습니다

✓ 3 사 주었습니다 4 사지 않았습니다

…

유형 분석 및 공략 꿀팁

- N5, N4 각각 4문항씩 출제됩니다. (※ N4의 경우, 문제 18~21에 해당되는 문제입니다.)
- 접속사, 문말 표현, 어구를 고르는 문제가 주로 출제됩니다.
- 글 전체를 순서대로 읽으며 빈칸에 선택지를 대입하면서 풀면 쉽게 답을 고를 수 있습니다.

문제 풀이 스텝

STEP1 우선 앞에서부터 글 전체를 파악하기!

STEP2 빈칸이 나오면 앞뒤 문장과의 관계를 체크하며 선택지 대입하기!

Day 01 문장 구성 파악의 기본 '조사1'

오늘의 핵심 내용 미리 보기!

문장의 전체적인 뼈대를 만들어주는 필수 요소인 '조사'! 문법 파트 1, 2 유형에서는 조사가 가진 여러 의미를 잘 파악하고 있어야 정답을 제대로 고를 수 있습니다! 오늘은 문법 개념을 파악하는 데에 가장 필수적인 기출 조사 「が・を・に・へ・で・と・から・まで・の」의 쓰임을 익혀 봅니다.

妹(いもうと)が ノートを どこに 置(お)いたっけ?
여동생이 노트를 어디에 두었더라?

이것만 알아두면 끝!

핵심 빈출 조사1

01 …が

뜻	활용
N4&N5 11회 출제 ~이/가	역할 명사 뒤에 놓여 주어를 나타냅니다. 접속 방법 명사 + が 예문 背(せ)が高(たか)い。 키가 크다. 目(め)がきれいだ。 눈이 예쁘다. どれがM(エム)サイズですか。 어느 것이 M사이즈인가요? だれが鈴木(すずき)さんですか。 누가 스즈키 씨예요?

N4&N5 11회 출제 ~을/를	역할 기호, 희망, 능력의 대상을 나타냅니다. 접속 방법 명사 + が 예문 車(くるま)がほしい。 차를 갖고 싶다. 料理(りょうり)が上手(じょうず)だ(下手(へた)だ)。 요리를 잘한다(못한다). サッカーが好(す)きだ(きらいだ)。 축구를 좋아한다(싫어한다).
N4&N5 7회 출제 ~지만	역할 단순 접속, 역접을 나타냅니다. 접속 방법 문장 + が 예문 もしもし、山本(やまもと)ですが。 여보세요, 야마모토입니다만. 病気(びょうき)ですが、仕事(しごと)をします。 병입니다만(아픕니다만), 일을 합니다.

02 …を

뜻	활용
N4&N5 12회 출제 ~을/를	역할 명사 뒤에 놓여 목적어를 나타냅니다. 접속 방법 명사 + を 예문 水(みず)を飲(の)む。 물을 마신다. 友(とも)だちを待(ま)つ。 친구를 기다린다.
N4&N5 13회 출제 ~을/를	역할 기점, 경로, 경유지를 나타냅니다. 접속 방법 명사 + を 예문 電車(でんしゃ)を降(お)りる。 전철을 내리다. 角(かど)を曲(ま)がる。 모퉁이를 돌다.

03 …に

뜻	활용
N4&N5 11회 출제 ~에	**역할** 장소, 도착 지점을 나타냅니다. **접속 방법** 장소 + に **예문** 教室(きょうしつ)に先生(せんせい)がいます。 교실에 선생님이 있습니다. 学校(がっこう)に行(い)きます。 학교에 갑니다.
N4&N5 4회 출제 ~에게/께	**역할** 상대방을 가리킵니다. **접속 방법** 대상 + に **예문** 友(とも)だちに電話(でんわ)します。 친구에게 전화합니다. 先生(せんせい)にあいさつします。 선생님께 인사합니다.
N4&N5 15회 출제 ~하러	**역할** 목적을 나타냅니다. **접속 방법** 동사 ます형 / 동작성 명사 + に (동작성 명사: 동작의 의미를 가진 명사로 「…する(~하다)」를 붙여 사용하는 명사) **예문** 買(か)いに行(い)く。 사러 가다. 飲(の)みに来(く)る。 마시러 오다. 買(か)い物(もの)に行(い)く。 쇼핑하러 가다. 旅行(りょこう)に来(く)る。 여행하러 오다.
N4&N5 13회 출제 ~에	**역할** 시간, 횟수를 나타냅니다. **접속 방법** 시간 / 기간 + に **예문** 何時(なんじ)に食(た)べますか。 몇 시에 먹나요? 一日(いちにち)に2回(かい)食(た)べます。 하루에 2회 먹습니다. 週(しゅう)に1回(かい)行(い)きます。 주에 1회 갑니다.

한 걸음 더 TiP!

「乗(の)る(타다)」와「会(あ)う(만나다)」는 '~을/를' 자리에 조사「を」가 아닌「に」를 써야 하는 예외적인 동사입니다.

バスに乗(の)る。 버스를 타다.

友(とも)だちに会(あ)う。 친구를 만나다.

04 …へ

뜻	활용
N4&N5 3회 출제 ~에, ~(으)로	**역할** 방향, 이동을 나타냅니다.
	접속 방법 장소 + へ
	예문 外国(がいこく)へ行(い)く。 외국에 가다. どこへ行(い)きますか。 어디에 가나요?

한 걸음 더 TiP!

본래「へ」는 '헤'라고 발음하지만, 조사로 쓰일 때는 '에'라고 발음하므로 주의해야 합니다.

05 …で

뜻	활용
N4&N5 7회 출제 ~에서	**역할** 장소를 나타내며 그 장소에서 어떤 행위가 일어남을 내포합니다.
	접속 방법 장소 + で
	예문 公園(こうえん)で散歩(さんぽ)する。 공원에서 산책하다. 郵便局(ゆうびんきょく)で働(はたら)く。 우체국에서 일하다.

N4&N5 12회 출제 ~(으)로	**역할** 수단, 방법, 도구, 재료를 나타냅니다. **접속 방법** 명사 + で **예문** バスで行(い)く。 버스로 가다. えんぴつで書(か)く。 연필로 쓰다.
N4&N5 12회 출제 ~때문에, ~(으)로	**역할** 원인, 이유를 나타냅니다. **접속 방법** 명사 + で **예문** 雨(あめ)で遅(おく)れる。 비 때문에 늦다. 病気(びょうき)で休(やす)む。 병으로 쉬다.
N4&N5 7회 출제 ~해서, ~에	**역할** 기준, 수량을 나타냅니다. **접속 방법** 기준 / 수량 + で **예문** 全部(ぜんぶ)で300円(えん)です。 전부해서(다해서) 300엔입니다. 6個(こ)で600円(えん)です。 6개에 600엔입니다.

한걸음 더 TiP!

「で」가 쓰이는 표현 중 자주 출제되는 「自分(じぶん)で(스스로)」와 「一人(ひとり)で(혼자서)」 등은 단어를 통으로 기억해 두는 것이 좋습니다.

自分(じぶん)で考(かんが)える。 스스로 생각하다.

一人(ひとり)で食(た)べる。 혼자서 먹다.

06 …と

뜻	활용
N4&N5 17회 출제 ~와/과	**역할** 단어의 열거를 나타내거나 동작을 함께 하는 대상을 나타냅니다. **접속 방법** 명사 + と

	예문 名前と住所を書く。 이름과 주소를 쓰다. 弟と遊ぶ。 남동생과 놀다.
~라고/다고	역할 인용 및 구체적인 내용을 나타내며 회화체에서는 「って」 형태로 씁니다. 접속 방법 문장 + と 예문 「また電話します」と言いました。 '또 전화하겠습니다'라고 말했습니다. 全部おいしいと思いました。 전부 맛있다고 생각했습니다.

07 …から

뜻	활용
N4&N5 7회 출제 ~에서	역할 장소의 출발점, 기점을 나타냅니다. 접속 방법 장소 + から 예문 学校から帰る。 학교에서 돌아오다. どこから来ますか。 어디에서 오나요?
N4&N5 8회 출제 ~부터	역할 시간의 시작점을 나타냅니다. 접속 방법 시간 + から 예문 火曜日から始めます。 화요일부터 시작합니다. 来週から休みです。 다음 주부터 휴일입니다.
N4&N5 2회 출제 ~에게서/ ~한테서	역할 동작이 시작된 대상을 나타냅니다. 접속 방법 사람 + から 예문 姉から聞きました。 누나(언니)한테 들었습니다. 家族から手紙が来ました。 가족한테서 편지가 왔습니다.

08 …まで

뜻	활용
N4&N5 4회 출제 ~까지	**역할** 장소와 때의 도착점, 한계점을 나타냅니다.
	접속 방법 장소 / 시간 + まで
	예문 会社(かいしゃ)から駅(えき)まで歩(ある)きました。 회사에서 역까지 걸었습니다. 7時(じ)まで勉強(べんきょう)しました。 7시까지 공부했습니다.

09 …の

뜻	활용
~의것	**역할** 소유격 대명사, 즉 명사를 대신하는 역할을 합니다.
	접속 방법 명사 + の
	예문 荷物(にもつ)は私(わたし)のです。 짐은 저의 것(제 것)입니다. これは妹(いもうと)のです。 이건 여동생의 것입니다.
N4&N5 1회 출제 ~(의)	**역할** 명사와 명사를 연결하는 역할을 합니다.
	접속 방법 명사 + の + 명사
	예문 日本語(にほんご)の勉強(べんきょう)をします。 일본어 공부를 합니다. 部屋(へや)の掃除(そうじ)をします。 방 청소를 합니다.

Quick Check!

빈칸 안에 들어갈 알맞은 조사를 써 보세요.

정답 4p

- 全部(ぜんぶ)(　　　)600円(えん)です。 전부해서(다해서) 600엔입니다.
- 家(いえ)から会社(かいしゃ)(　　　)歩(ある)きました。 집에서 회사까지 걸었습니다.

최신 기출 유형 실전 모의고사

정답 및 해설 4p

다음 문제를 실제 시험처럼 풀어 보며 자신의 실력을 확인해 보세요.

1 しごと（　　）とても　いそがしい。

1　から　　2　が　　3　へ　　4　まで

2 自転車（　　）乗りました。

1　で　　2　を　　3　に　　4　が

3 この　たまごは　１２個（　　）２５０円です。

1　を　　2　で　　3　と　　4　に

4 びょういん　＿＿＿　＿＿＿　＿★＿　＿＿＿。

1　行きました　　2　ひとり　　3　で　　4　へ

5 くるま　＿＿＿　＿★＿　＿＿＿　＿＿＿　が　います。

1　うしろ　　2　子ども　　3　の　　4　に

Day 02 문장 구성 파악의 기본 '조사2'

오늘의 핵심 내용 미리 보기!

오늘은 문법 개념을 파악하는 데에 가장 필수적인 품사인 '조사'에 대해 배우는 두 번째 시간입니다. 첫 번째 시간에 배웠던 조사들과 마찬가지로 문장의 의미를 파악하기 위해서 꼭 알아두어야 하는 필수 기본 조사 「は・も・や・など・く(ぐ)らい・か・だけ・しか・ね」의 쓰임을 익혀 봅니다.

123
今日(きょう)は雨(あめ)が降(ふ)るか降(ふ)らないか分(わ)からない。
오늘은 비가 올지 안 올지 몰라.

이것만 알아두면 끝!

핵심 빈출 조사 2

01 …は

뜻	활용
N4&N5 12회 출제 ~은/는	역할 문장에서 주어 역할을 나타냅니다. 접속 방법 명사 + は 예문 母(はは)は台所(だいどころ)にいる。 엄마는 부엌에 있다. 郵便局(ゆうびんきょく)はどこですか。 우체국은 어디입니까?

02 …も

뜻	활용
N4&N5 14회 출제 ~도	역할 병렬, 나열을 나타냅니다. 접속 방법 명사 + も 예문 今日(きょう)も雨(あめ)です。 오늘도 비입니다. 新聞(しんぶん)もざっしもある。 신문도 잡지도 있다. 肉(にく)も魚(さかな)も食(た)べない。 고기도 생선도 먹지 않는다.
N4&N5 5회 출제 ~도	역할 전체, 모든 것을 부정하는 상황을 의미합니다. 접속 방법 의문사 + も + 부정 표현 예문 誰(だれ)もいません。 아무도 없습니다. 何(なに)もありません。 아무것도 없습니다.

03 …や

뜻	활용
~(이)랑, ~나	역할 나열, 열거를 나타냅니다. 「…など(~등)」와 자주 함께 쓰입니다. 접속 방법 명사 + や 예문 りんごやみかんを食(た)べます。 사과랑 귤을 먹습니다. シャツやネクタイなどがあります。 셔츠나 넥타이 등이 있습니다.

04 …など

뜻	활용
N4&N5 4회 출제 ~등, ~따위	역할 그밖의 비슷한 예시가 생략됨을 나타냅니다. 「…や(~랑, ~나)」와 자주 함께 쓰입니다. 접속 방법 명사 + など

	예문 郵便局(ゆうびんきょく)や銀行(ぎんこう)などがある。 우체국이나 은행 등이 있다. ラジオやテレビなどが安(やす)い。 라디오나 텔레비전 등이 저렴하다.

05 …くらい・ぐらい

뜻	활용
N4&N5 15회 출제 ~정도, ~가량	역할 대략적인 수량이나 시간을 나타냅니다. 접속 방법 수량 / 시간 + くらい・ぐらい 예문 30人(にん)ぐらいです。 30명 정도입니다. 1時間(じかん)くらいかかります。 1시간 정도 걸립니다.

06 …か

뜻	활용
N4&N5 2회 출제 ~까?	역할 의문을 나타냅니다. 접속 방법 문장 + か 예문 これは何(なん)ですか。 이것은 무엇입니까? レストランは右(みぎ)ですか、左(ひだり)ですか。 레스토랑은 오른쪽입니까, 왼쪽입니까?
N4&N5 11회 출제 ~인지, ~인가	역할 불확실함을 나타냅니다. 접속 방법 보통체 + か 예문 どこにあるか分(わ)からない。 어디에 있는지 알 수 없다. 雨(あめ)が降(ふ)るか降(ふ)らないか分(わ)からない。 비가 올지 안 올지 모른다. 한 걸음 더 TiP!  **보통체란 '반말'을 뜻합니다. 자세한 내용은 Day03 명사의 보통체에서 확인할 수 있습니다!**

N4&N5 5회 출제 ~이나	역할 여러 가지 중에 어느 한 가지를 선택하는 경우에 쓰입니다. 접속 방법 명사 + か 예문 明日(あした)かあさって会(あ)う。 내일이나 모레 만난다. 白(しろ)いのか青(あお)いのを買(か)う。 하얀 것이나 파란 것을 산다.

07 …だけ

뜻	활용
N4&N5 10회 출제 ~만, ~뿐	역할 한정, 최저 한도를 나타냅니다. 접속 방법 명사 + だけ 예문 田中(たなか)さんだけ来(き)た。 다나카 씨만 왔다. 半分(はんぶん)だけ食(た)べる。 절반만 먹다.

08 …しか

뜻	활용
N4&N5 11회 출제 ~밖에	역할 오직 그것뿐임을 강조합니다. 뒤에는 부정 표현이 옵니다. 접속 방법 명사 + しか + 부정 표현 예문 ひとつしかない。 한 개밖에 없다. これしかない。 이것밖에 없다. コーヒーしか飲(の)まない。 커피밖에 안 마신다. 3時間(じかん)しか寝(ね)ない。 3시간밖에 안 잔다.

09 …ね

뜻	활용
N4&N5 3회 출제 ~군, ~네	역할 동의, 공감, 감동을 나타냅니다. 접속 방법 문장 + ね 예문 今日(きょう)は暑(あつ)いですね。 오늘은 덥네요. そうですね。 그렇네요.

한걸음 더 TiP!

2개의 조사를 합쳐서 동시에 사용할 수 있습니다. 한 단어처럼 기억해 두세요!

N4&N5 2회 출제 ① …には ~에는, ~에게는	旅館(りょかん)にはおんせんがある。 여관에는 온천이 있다. 私(わたし)には辛(から)くない。 나에게는 맵지 않다.
N4&N5 2회 출제 ② …へは ~에는, ~(으)로는	銀行(ぎんこう)へは行(い)かない。 은행에는 가지 않는다.
N4&N5 2회 출제 ③ …では ~에서는	学校(がっこう)では静(しず)かだ。 학교에서는 조용하다.
N4&N5 1회 출제 ④ …とも ~와/과도	だれとも遊(あそ)ばない。 누구와도 놀지 않는다.
N4&N5 1회 출제 ⑤ …との ~와/과의	友(とも)だちとの約束(やくそく)がある。 친구와의 약속이 있다.

Quick Check!

빈칸 안에 들어갈 알맞은 조사를 찾아 써 보세요.

정답 4p

- 1時間(じかん)(　　　)かかります。 1시간 정도 걸립니다.
- シャツ(　　　)ネクタイなどがあります。 셔츠나 넥타이 등이 있습니다.

최신 기출 유형 실전 모의고사

정답 및 해설 4p

다음 문제를 실제 시험처럼 풀어 보며 자신의 실력을 확인해 보세요.

1 A 「なにいろの　かさを　かいますか。」

B 「くろいの（　　　）あかいのを　かいます。」

1 の　　2 は　　3 ね　　4 か

2 あしたは　午前（　　　）午後も　ひまです。

1 も　　2 など　　3 ぐらい　　4 だけ

3 この　シャツ（　　　）、きのう　かった。

1 が　　2 は　　3 と　　4 に

4 この　りょうりは　ぎゅうにく ＿＿ ＿＿ ＿★＿ ＿＿。

1 つかう　　2 を　　3 か　　4 ぶたにく

5 しゃしん ＿＿ ＿★＿ ＿＿ ＿＿。

1 10まい　　2 を　　3 とる　　4 ぐらい

Day 03 내용 이해의 핵심 '명사'

오늘의 핵심 내용 미리 보기!

전체적인 내용 파악을 위한 필수 품사 '명사'! 문장 속에서 명사는 매우 중요한 역할을 합니다. 오늘은 지시대명사와 명사의 정중체, 보통체, 연결형 등 명사에 대한 전체적인 개념을 학습해 봅니다. 특히 지시대명사는 명사와 함께 문장을 만드는 문제 형식으로 시험에 자주 출제되는 편입니다. 따라서 아래 표를 항상 기억해두고 다양한 문제 상황에서 적절하게 활용할 수 있도록 연습해 봅시다.

これは豚丼(ぶたどん)で、あれは天丼(てんどん)です。
이것은 부타동이고, 저것은 텐동이에요.

이것만 알아두면 끝! 명사의 활용

01 지시대명사

	이	그	저	어느
사물	これ 이것	それ 그것	あれ 저것	どれ 어느 것
장소	ここ 여기	そこ 거기	あそこ 저기	どこ 어디
방향	こちら 이쪽	そちら 그쪽	あちら 저쪽	どちら 어느 쪽
명사 수식	この 이	その 그	あの 저	どの 어느
	こんな 이런	そんな 그런	あんな 저런	どんな 어떤

사물 これは何(なん)ですか。 이것은 무엇입니까?

どれが木村(きむら)さんのかばんですか。 어느 것이 기무라 씨의 가방입니까?

장소 ここはどこですか。 여기는 어디입니까?

そこはトイレです。 거기는 화장실입니다.

방향 こちらは田中(たなか)さんです。 이쪽은 다나카 씨입니다.

そちらの天気(てんき)はどうですか。 그쪽 날씨는 어떻습니까?

명사 수식 このラーメンはおいしいです。 이 라면은 맛있습니다.

あのくつはいくらですか。 저 신발은 얼마입니까?

こんな色(いろ)はどうですか。 이런 색은 어떻습니까?

どんな人(ひと)が好(す)きですか。 어떤 사람을 좋아합니까?

02 명사의 정중체

현재 긍정형	뜻	~입니다
	접속 방법	명사 + です
	예문	私(わたし)は学生(がくせい)です。 저는 학생입니다.
현재 부정형	뜻	~이/가 아닙니다
	접속 방법	명사 + では (じゃ) ありません
	예문	私(わたし)は会社員(かいしゃいん)では(じゃ)ありません。 저는 회사원이 아닙니다.
과거 긍정형	뜻	~이었습니다
	접속 방법	명사 + でした
	예문	昨日(きのう)は土曜日(どようび)でした。 어제는 토요일이었습니다.
과거 부정형	뜻	~이/가 아니었습니다
	접속 방법	명사 + では (じゃ) ありませんでした
	예문	昨日(きのう)は休(やす)みでは(じゃ)ありませんでした。 어제는 휴일이 아니었습니다.

한걸음 더 TiP!

현재/과거 부정형에서 「명사+じゃありません / じゃありませんでした」는 회화체 표현입니다.

03 명사의 보통체

현재 긍정형	뜻	~이다
	접속 방법	명사 + だ
	예문	この人(ひと)は先生(せんせい)だ。 이 사람은 선생님이다.
현재 부정형	뜻	~이/가 아니다
	접속 방법	명사 + では(じゃ)ない
	예문	英語(えいご)の本(ほん)では(じゃ)ない。 영어책이 아니다.
과거 긍정형	뜻	~이었다
	접속 방법	명사 + だった
	예문	父(ちち)は医者(いしゃ)だった。 아버지는 의사였다.
과거 부정형	뜻	~이/가 아니었다
	접속 방법	명사 + では(じゃ)なかった
	예문	誕生日(たんじょうび)では(じゃ)なかった。 생일이 아니었다.

한걸음 더 TiP!

'아버지(아빠)'를 나타내는 표현으로는 「おとうさん」과 「父(ちち)」가 있습니다. 「おとうさん」은 화자가 아버지를 직접 부를 때나 다른 사람의 아버지를 부를 때 쓰는 표현이고 「父(ちち)」는 상대방에게 자신의 아버지를 말할 때 쓰는 표현입니다.

04 명사의 연결형 …で

뜻	활용
N4&N5 4회 출제 ~이고, ~이며	역할 명사와 명사를 연결하는 역할을 합니다. 접속 방법 명사 + で + 명사 예문 彼(かれ)は35さいで、銀行員(ぎんこういん)です。 그는 35세이고 은행원입니다. これは英語(えいご)の辞書(じしょ)で、あれは日本語(にほんご)の辞書(じしょ)です。 이것은 영어 사전이고 저것은 일본어 사전입니다.

Quick Check!

정답 5p

① 지시대명사를 활용하여 문장을 완성해 보세요.

● 이런 색은 어떻습니까?

➡ ______________________________

② 다음 과거 긍정 문장을 과거 부정 문장으로 바꾸어 써 보세요.

● 昨日(きのう)は土曜日(どようび)でした。
어제는 토요일이었습니다.

➡ ______________________________

최신 기출 유형 실전 모의고사

정답 및 해설 5p

다음 문제를 실제 시험처럼 풀어 보며 자신의 실력을 확인해 보세요.

1 これは（　　　）の　くにの　カメラですか。

1　どの　　2　どんな　　3　どこ　　4　どれ

2 きのうは　どようび（　　　）。

1　です　　2　だ　　3　なかった　　4　でした

3 わたしは　英語の　せんせい（　　　）。

1　ではあります　　2　がありません

3　じゃありません　　4　があります

4 ＿＿＿　＿★＿　＿＿＿　＿＿＿　の　きょうしつです。

1　あの　　2　へや　　3　にほんご　　4　が

5 いもうと　＿＿＿　＿★＿　＿＿＿　＿＿＿。

1　です　　2　は　　3　１７さいで　　4　学生

Day 04 구분해서 알아두어야 하는 'い형용사 · な형용사'

오늘의 핵심 내용 미리 보기!

일본어에서 형용사는 い형용사와 な형용사 두 종류로 나뉩니다. い로 끝나는 형용사를 い형용사라고 하고, だ로 끝나는 형용사가 명사를 수식할 때 だ를 な로 바꾸어 연결하는 형용사를 な형용사라고 합니다. 오늘은 い형용사와 な형용사의 정중체, 보통체, 연결형, 부사화, 명사 수식에 대해 비교하며 학습해 봅시다.

あそこの背の高い男の人はどう？
저기 키 큰 남자는 어때?
あの人、きれいな彼女がいるんだって。
저 사람, 예쁜 여자친구가 있대.

이것만 알아두면 끝!

い형용사

01 い형용사

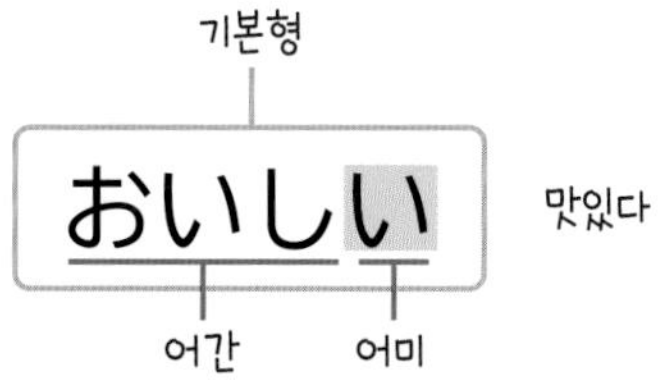
기본형
おいしい
맛있다
어간
어미

- 끝 글자가 「い」로 끝나는 형용사입니다.
- 아무 변형 없이 끝 글자가 「い」로 끝나는 기본 상태를 '기본형'이라고 합니다.
- '어미'는 끝 글자인 「い」를 가리키며, '어간'은 끝 글자 「い」의 앞부분을 가리킵니다.

02 い형용사의 정중체

현재 긍정형	뜻	~습니다
	접속 방법	い형용사 기본형 + です
	예문	この本(ほん)はおもしろいです。 이 책은 재미있습니다.
N4&N5 10회 출제 현재 부정형	뜻	~하지 않습니다
	접속 방법	い형용사 어간 + くないです(ありません)
	예문	この本(ほん)はおもしろくないです(=おもしろくありません)。 이 책은 재미있지 않습니다.
N4&N5 5회 출제 과거 긍정형	뜻	~했습니다
	접속 방법	い형용사 어간 + かったです
	예문	昨日(きのう)は寒(さむ)かったです。 어제는 추웠습니다.
N4&N5 6회 출제 과거 부정형	뜻	~하지 않았습니다
	접속 방법	い형용사 어간 + くなかったです(ありませんでした)
	예문	昨日(きのう)は寒(さむ)くなかったです(=寒(さむ)くありませんでした)。 어제는 춥지 않았습니다.

한걸음 더 TiP!

'좋다'라는 뜻의 「いい」는 기본형일 때는 「いい」지만, 어미 「い」를 떼고 활용할 때는 어간이 「よ」로 바뀝니다.

いいです。 좋습니다.

よくないです(=よくありません)。 좋지 않습니다.

よかったです。 좋았습니다.

よくなかったです(=よくありませんでした)。 좋지 않았습니다.

PART 1
PART 2
PART 3
PART 4

03 い형용사의 보통체

현재 긍정형	뜻 ~하다 접속 방법 い형용사 기본형 예문 この本(ほん)はおもしろい。 이 책은 재미있다.
현재 부정형	뜻 ~하지 않다 접속 방법 い형용사 어간 + くない 예문 この本(ほん)はおもしろくない。 이 책은 재미있지 않다.
과거 긍정형	뜻 ~했다 접속 방법 い형용사 어간 + かった 예문 昨日(きのう)は寒(さむ)かった。 어제는 추웠다.
N4&N5 3회 출제 과거 부정형	뜻 ~하지 않았다 접속 방법 い형용사 어간 + くなかった 예문 昨日(きのう)は寒(さむ)くなかった。 어제는 춥지 않았다.

04 い형용사의 연결형 …くて

뜻	활용
N4&N5 9회 출제 ~하고, ~해서	역할 문장과 문장을 단순 연결할 때나 원인과 이유를 나타낼 때 쓰입니다. 접속 방법 い형용사 어간 + くて 예문 この部屋(へや)は明(あか)るくて、静(しず)かです。 이 방은 밝고 조용합니다. 家(いえ)がなくて、かなしいです。 집이 없어서 슬픕니다.

05 い형용사의 부사화 …く

뜻	활용
N4&N5 6회 출제 ~하게	역할 い형용사를 부사화하여 형용사나 동사를 꾸며주는 역할을 합니다. 접속 방법 い형용사 어간 + く 예문 私(わたし)は毎朝(まいあさ)早(はや)く起(お)きます。 저는 매일 아침 일찍 일어납니다.

06 い형용사의 명사 수식

뜻	활용
N4&N5 1회 출제 ~한 '명사'	역할 명사를 꾸며주는 역할을 합니다. 접속 방법 い형용사 보통체 + 명사 예문 これはおいしいお菓子(かし)です。 이것은 맛있는 과자입니다. 一番(いちばん)よかったときはいつですか。 가장 좋았던 때는 언제입니까? 小(ちい)さいのはいくらですか。 작은 것은 얼마입니까? 一番高(いちばんたか)いのはどれですか。 가장 비싼 것은 어느 것입니까?

이것만 알아두면 끝! な 형용사

01 な형용사

기본형

すきだ 좋아하다

어간(すき) 어미(だ)

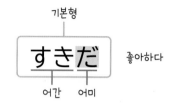

- 끝 글자가 「だ」로 끝나는 형용사입니다.
- 아무 변형 없이 끝 글자가 「だ」로 끝나는 기본 상태를 '기본형'이라고 합니다.
- '어미'는 끝 글자인 「だ」를 가리키며, '어간'은 끝 글자 「だ」의 앞부분을 가리킵니다.

02 な형용사의 정중체

N4&N5 9회 출제 현재 긍정형	뜻	~합니다
	접속 방법	な형용사 어간 + です
	예문	ここはとてもきれいです。 여기는 매우 깨끗합니다.
현재 부정형	뜻	~하지 않습니다
	접속 방법	な형용사 어간 + では (じゃ) ありません
	예문	ここはあまりきれいではありません。 (=きれいじゃありません。) 여기는 별로 깨끗하지 않습니다.
N4&N5 6회 출제 과거 긍정형	뜻	~했습니다
	접속 방법	な형용사 어간 + でした
	예문	仕事(しごと)は大変(たいへん)でした。 일은 힘들었습니다.
N4&N5 3회 출제 과거 부정형	뜻	~하지 않았습니다
	접속 방법	な형용사 어간 + では (じゃ) ありませんでした
	예문	仕事(しごと)は大変(たいへん)ではありませんでした。 (=大変(たいへん)じゃありませんでした。) 일은 힘들지 않았습니다.

03 な형용사의 보통체

현재 긍정형	뜻 ~하다 접속 방법 な형용사 기본형 예문 この部屋(へや)は静(しず)かだ。 이 방은 조용하다.
현재 부정형	뜻 ~하지 않다 접속 방법 な형용사 어간 + では(じゃ)ない 예문 この部屋(へや)は静(しず)かではない(=静(しず)かじゃない)。 이 방은 조용하지 않다.
N4&N5 1회 출제 과거 긍정형	뜻 ~했다 접속 방법 な형용사 어간 + だった 예문 サッカーが上手(じょうず)だった。 축구를 잘했다.
과거 부정형	뜻 ~하지 않았다 접속 방법 な형용사 어간 + では(じゃ)なかった 예문 サッカーが上手(じょうず)ではなかった(=上手(じょうず)じゃなかった)。 축구를 잘하지 않았다.

04 반드시 조사 が를 써야 하는 な형용사

다음 네 가지 な형용사는 조사와의 결합력이 강한 형용사이기 때문에 '~을/를' 자리에 반드시 「が」를 써야 합니다. 여러 な형용사를 암기할 때, 이 네 가지는 꼭 따로 기억해 두어야 합니다.

な형용사	뜻&예문
好(す)きだ	뜻 좋아하다 예문 カレーが好(す)きだ。 카레를 좋아한다.

嫌(きら)いだ	뜻 싫어하다 예문 ピーマンが嫌(きら)いだ。 피망을 싫어한다.
上手(じょうず)だ	뜻 잘하다 예문 料理(りょうり)が上手(じょうず)だ。 요리를 잘한다.
下手(へた)だ	뜻 못하다 예문 歌(うた)が下手(へた)だ。 노래를 못한다.

05 な형용사의 연결형 …で

뜻	활용
N4&N5 11회 출제 ~하고, ~해서	역할 문장과 문장을 단순 연결할 때나 원인과 이유를 나타낼 때 쓰입니다. 접속 방법 な형용사 어간 + で 예문 この部屋(へや)は静(しず)かで広(ひろ)いです。 이 방은 조용하고 넓습니다. このかばんは丈夫(じょうぶ)でとてもいいです。 이 가방은 튼튼해서 매우 좋습니다.

06 な형용사의 부사화 …に

뜻	활용
~하게	역할 な형용사를 부사화하여 형용사나 동사를 꾸며주는 역할을 합니다. 접속 방법 な형용사 어간 + に 예문 あの子(こ)は歌(うた)を上手(じょうず)にうたいます。 저 아이는 노래를 잘 부릅니다. 部屋(へや)をきれいに掃除(そうじ)しました。 방을 깨끗이 청소했습니다.

07 な형용사의 명사 수식

뜻	활용
~한 '명사'	**역할** 명사를 꾸며주는 역할을 합니다. **접속 방법** な형용사 보통체 + 명사 (단, 현재 긍정형인 경우: な형용사 어간+な+명사) **예문** このきれいな傘(かさ)は山田(やまだ)さんのです。 이 예쁜 우산은 야마다 씨의 것입니다. 静(しず)かだった学校(がっこう)がにぎやかになりました。 조용했던 학교가 시끌벅적해졌습니다.

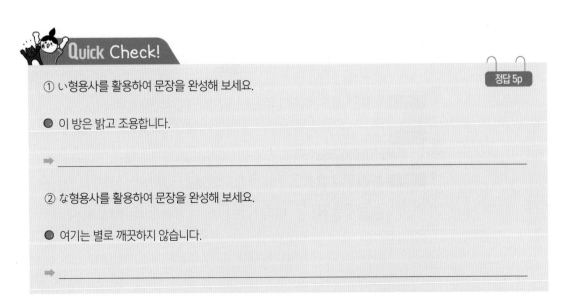

Quick Check!

정답 5p

① い형용사를 활용하여 문장을 완성해 보세요.

● 이 방은 밝고 조용합니다.

➡ ______________________________

② な형용사를 활용하여 문장을 완성해 보세요.

● 여기는 별로 깨끗하지 않습니다.

➡ ______________________________

최신 기출 유형 실전 모의고사

다음 문제를 실제 시험처럼 풀어 보며 자신의 실력을 확인해 보세요.

1 おとといは（　　　）。

1　あついです　　2　あつくでした
3　あつくなかったです　　4　あつくなかったでした

2 字は（　　　）かきましょう。

1　大きい　　2　大きくて　　3　大きく　　4　大きいの

3 あの　みせの　ケーキは（　　　）やすいですね。

1　おいしいと　　2　おいしくて
3　おいしいで　　4　おいしくで

4 きょうは（　　　）てんきですね。

1　いい　　2　いいの　　3　いく　　4　よくて

5 この　えいが　____ ____ ★ ____。

1　なかった　　2　は　　3　よ　　4　おもしろく

6 この　ビルは　エレベーター　____ ____ ★ ____。

1　が　　2　なくて　　3　です　　4　ふべん

정답 및 해설 5p

7 この　へやは（　　　）ひろいです。

1　きれいの　　2　きれいな　　3　きれいで　　4　きれいに

8 わたしは　ピアノが（　　　）ありません。

1　じょうずだ　　2　じょうずに

3　じょうずでは　　4　じょうずな

9 やまださんは　きのう（　　　）。

1　げんきに　なくでした　　2　げんきでは　ありませんでした

3　げんきでは　なくでした　　4　げんきに　ありませんでした

10 キムさん　＿＿＿　＿＿＿　＿★＿　＿＿＿。

1　まじめ　　2　だった　　3　は　　4　とても

11 わたしの　アパート　＿＿＿　＿＿＿　＿★＿　＿＿＿。

1　いい　　2　は　　3　しずか　　4　で

Day 05 다양하게 활용되는 '동사'

오늘의 핵심 내용 미리 보기!

일본어 동사는 상황별로 접속 방식이 다르기 때문에 동사의 활용법을 미리 익혀 두어야 적절하게 활용할 수 있습니다. 예를 들어 우리말에서도 '먹다'라는 동사를 고정된 모양으로만 쓰는 게 아니라 '먹어서', '먹었더니', '먹고' 등 다양한 방식으로 활용하는 것과 같습니다. 오늘은 동사의 기본형, ます형, て형, た형, ない형, 보통체, 명사 수식에 대해 학습해 봅시다.

ゆうしょく　た
夕食は食べた？
저녁은 먹었어?
ちゅう　た
ダイエット中なので食べません。
다이어트 중이라 안 먹을래요.

이것만 알아두면 끝!

동사의 다양한 활용법

01 동사의 기본형

- 동사의 기본형은 모두 う단으로 끝난다는 특징이 있습니다. う단이란 모음의 발음이 'ㅜ(ㅡ)'인 것을 의미합니다.

예시 う(우)、く(쿠)、ぐ(구)、す(스)、つ(츠)、ぬ(누)、ぶ(부)、む(무)、る(루)

- 동사는 다음과 같이 1그룹, 2그룹, 3그룹 총 3개의 그룹으로 나누어 활용할 수 있습니다. 이 종류에 따라 어미를 활용할 때 동사의 생김새가 달라지는 규칙이 있습니다.

3그룹	1그룹 동사와 2그룹 동사와 다르게 어미의 활용 규칙이 없는 불규칙 동사로, 「来る(오다)」, 「する(하다)」 단 두 개뿐입니다. 来る 오다 / する 하다

2그룹	어미가 「る」로 끝나며 어미 「る」 바로 앞 글자가 い단 또는 え단인 동사를 말합니다.
	見(み)る 보다 / 起(お)きる 일어나다 / 食(た)べる 먹다 / 寝(ね)る 자다
1그룹	어미가 う단 음 중 「る」를 제외한 「う・く・ぐ・す・つ・ぬ・ぶ・む」로 끝나는 동사를 말합니다.
	会(あ)う 만나다 / 行(い)く 가다 / 泳(およ)ぐ 헤엄치다, 수영하다 / 話(はな)す 이야기하다 待(ま)つ 기다리다 / 死(し)ぬ 죽다 / 遊(あそ)ぶ 놀다 / 飲(の)む 마시다
	어미가 「る」로 끝나며 어미 「る」 바로 앞 글자가 あ단·う단·お단인 동사를 말합니다.
	ある 있다 / 売(う)る 팔다 / 怒(おこ)る 화내다
예외 1그룹	어미가 「る」로 끝나며 어미 「る」 바로 앞 글자가 い단 또는 え단인 동사 중에 형태가 2그룹 동사와 동일하나 1그룹에 속하는 동사입니다.
	走(はし)る 달리다 / 入(はい)る 들어가(오)다 / 切(き)る 자르다 / 帰(かえ)る 돌아가(오)다

02 동사의 정중체 현재 긍정 ~합니다

N4&N5 10회 출제

3그룹	3그룹 동사는 불규칙하므로 「来(く)る」는 「来(き)ます」, 「する」는 「します」라고 외우면 됩니다.	
	来(く)る 오다	▸ 来(き)ます 옵니다
	する 하다	▸ します 합니다
2그룹	어미 「る」를 삭제하고 「…ます」를 붙입니다.	
	起(お)きる 일어나다	▸ 起(お)きます 일어납니다
	食(た)べる 먹다	▸ 食(た)べます 먹습니다
1그룹	어미 う단을 い단으로 바꾸고 「…ます」를 붙입니다.	
	買(か)う 사다	▸ 買(か)います 삽니다
	行(い)く 가다	▸ 行(い)きます 갑니다
	休(やす)む 쉬다	▸ 休(やす)みます 쉽니다

예문 友(とも)だちの家(いえ)に行(い)きます。 친구 집에 갑니다.

03 동사의 정중체 현재 부정 ~하지 않습니다

N4&N5 1회 출제

3그룹	3그룹 동사는 불규칙하므로 「来(く)る」는 「来(き)ません」, 「する」는 「しません」이라고 외우면 됩니다.		
	来(く)る 오다	▸	来(き)ません 오지 않습니다
	する 하다	▸	しません 하지 않습니다
2그룹	어미 「る」를 삭제하고 「…ません」을 붙입니다.		
	見(み)る 보다	▸	見(み)ません 보지 않습니다
	食(た)べる 먹다	▸	食(た)べません 먹지 않습니다
1그룹	어미 う단을 い단으로 바꾸고 「…ません」을 붙입니다.		
	買(か)う 사다	▸	買(か)いません 사지 않습니다
	行(い)く 가다	▸	行(い)きません 가지 않습니다
	休(やす)む 쉬다	▸	休(やす)みません 쉬지 않습니다

예문 あの人(ひと)はテレビを見(み)ません。 저 사람은 텔레비전을 보지 않습니다.

04 동사의 정중체 과거 긍정 ~했습니다

N4&N5 3회 출제

3그룹	3그룹 동사는 불규칙하므로 「来(く)る」는 「来(き)ました」, 「する」는 「しました」라고 외우면 됩니다.		
	来(く)る 오다	▸	来(き)ました 왔습니다
	する 하다	▸	しました 했습니다
2그룹	어미 「る」를 삭제하고 「…ました」를 붙입니다.		
	食(た)べる 먹다	▸	食(た)べました 먹었습니다
	起(お)きる 일어나다	▸	起(お)きました 일어났습니다
1그룹	어미 う단을 い단으로 바꾸고 「…ました」를 붙입니다.		
	買(か)う 사다	▸	買(か)いました 샀습니다
	行(い)く 가다	▸	行(い)きました 갔습니다
	休(やす)む 쉬다	▸	休(やす)みました 쉬었습니다

예문 日本(にほん)から友(とも)だちが来(き)ました。 일본에서 친구가 왔습니다.

05 동사의 정중체 과거 부정 ~하지 않았습니다

3그룹	3그룹 동사는 불규칙하므로 「来(く)る」는 「来(き)ませんでした」, 「する」는 「しませんでした」라고 외우면 됩니다.
	来(く)る 오다 ▸ 来(き)ませんでした 오지 않았습니다
	する 하다 ▸ しませんでした 하지 않았습니다
2그룹	어미 「る」를 삭제하고 「…ませんでした」를 붙입니다.
	食(た)べる 먹다 ▸ 食(た)べませんでした 먹지 않았습니다
	起(お)きる 일어나다 ▸ 起(お)きませんでした 일어나지 않았습니다
1그룹	어미 う단을 い단으로 바꾸고 「…ませんでした」를 붙입니다.
	買(か)う 사다 ▸ 買(か)いませんでした 사지 않았습니다
	行(い)く 가다 ▸ 行(い)きませんでした 가지 않았습니다
	休(やす)む 쉬다 ▸ 休(やす)みませんでした 쉬지 않았습니다

예문 昨日(きのう)は勉強(べんきょう)をしませんでした。 어제는 공부를 하지 않았습니다.

기출+ ます형

ます를 붙이기 전 앞부분까지의 형태를 ます형이라고 합니다. 문형 활용에 자주 등장하는 개념이니 기억해 두세요.

1그룹: 어미 う단 → い단 예 いく 가다 → いき

2그룹: 어미 る 삭제 예 みる 보다 → み

3그룹: する 하다 → し/くる 오다 → き

06 동사의 て형 연결형 ~하고, ~해서

N4&N5 2회 출제

1그룹

어미「う・つ・る」를 삭제하고「…って」를 붙입니다.

会(あ)う 만나다	▸	会(あ)って 만나고, 만나서
待(ま)つ 기다리다	▸	待(ま)って 기다리고, 기다려서
怒(おこ)る 화내다	▸	怒(おこ)って 화내고, 화내서
帰(かえ)る 돌아가(오)다	▸	帰(かえ)って 돌아가(오)고, 돌아가(와)서

어미「ぬ・ぶ・む」를 삭제하고「…んで」를 붙입니다.

死(し)ぬ 죽다	▸	死(し)んで 죽고, 죽어서
遊(あそ)ぶ 놀다	▸	遊(あそ)んで 놀고, 놀아서
飲(の)む 마시다	▸	飲(の)んで 마시고, 마셔서

어미「く・ぐ」를 삭제하고「…いて・いで」를 붙입니다.

書(か)く 쓰다	▸	書(か)いて 쓰고, 써서
泳(およ)ぐ 수영하다	▸	泳(およ)いで 수영하고, 수영해서
行(い)く 가다	▸	行(い)って 가고, 가서

어미「す」를 삭제하고「…して」를 붙입니다.

話(はな)す 이야기하다	▸	話(はな)して 이야기하고, 이야기해서

2그룹

어미「る」를 삭제하고「…て」를 붙입니다.

食(た)べる 먹다	▸	食(た)べて 먹고, 먹어서
起(お)きる 일어나다	▸	起(お)きて 일어나고, 일어나서
教(おし)える 가르치다	▸	教(おし)えて 가르치고, 가르쳐서

3그룹

3그룹 동사는 불규칙하므로「来(く)る」는「来(き)て」,「する」는「して」라고 외우면 됩니다.

来(く)る 오다	▸	来(き)て 오고, 와서
する 하다	▸	して 하고, 해서

예문 晩(ばん)ご飯(はん)は家(いえ)に帰(かえ)って食(た)べる。 저녁밥은 집에 가서 먹는다.

薬(くすり)を飲(の)んでゆっくり休(やす)む。 약을 먹고 푹 쉰다.

日本(にほん)に行(い)って買(か)い物(もの)をする。 일본에 가서 쇼핑을 한다.

07 동사의 た형 과거형 ~했다

N4&N5 1회 출제

그룹	기본형		과거형
1그룹	어미 「う・つ・る」를 삭제하고 「…った」를 붙입니다.		
	会(あ)う 만나다	▸	会(あ)った 만났다
	待(ま)つ 기다리다	▸	待(ま)った 기다렸다
	怒(おこ)る 화내다	▸	怒(おこ)った 화냈다
	帰(かえ)る 돌아가(오)다	▸	帰(かえ)った 돌아갔(왔)었다
	어미 「ぬ・ぶ・む」를 삭제하고 「…んだ」를 붙입니다.		
	死(し)ぬ 죽다	▸	死(し)んだ 죽었다
	遊(あそ)ぶ 놀다	▸	遊(あそ)んだ 놀았다
	飲(の)む 마시다	▸	飲(の)んだ 마셨다
	어미 「く・ぐ」를 삭제하고 「…いた・いだ」를 붙입니다.		
	書(か)く 쓰다	▸	書(か)いた 썼다
	泳(およ)ぐ 수영하다	▸	泳(およ)いだ 수영했다
	行(い)く 가다	▸	行(い)った 갔다
	어미 「す」를 삭제하고 「…した」를 붙입니다.		
	話(はな)す 이야기하다	▸	話(はな)した 이야기했다
2그룹	어미 「る」를 삭제하고 「…た」를 붙입니다.		
	見(み)る 보다	▸	見(み)た 봤다
	食(た)べる 먹다	▸	食(た)べた 먹었다
	教(おし)える 가르치다	▸	教(おし)えた 가르쳤다
3그룹	3그룹 동사는 불규칙하므로 「来(く)る」는 「来(き)た」, 「する」는 「した」라고 외우면 됩니다.		
	来(く)る 오다	▸	来(き)た 왔다
	する 하다	▸	した 했다

예문 デパートで財布(さいふ)を買(か)った。 백화점에서 지갑을 샀다.

ユーチューブを見(み)た。 유튜브를 봤다.

友(とも)だちが家(いえ)に来(き)た。 친구가 집에 왔다.

08 동사의 ない형 부정형 ~하지 않다

N4&N5 1회 출제

1그룹	어미 う단을 あ단으로 바꾸고 「…ない」를 붙입니다. ※ 어미가 う인 경우 「わない」가 돼요!		
	読(よ)む 읽다	▸	読(よ)まない 읽지 않다
	聞(き)く 듣다, 묻다	▸	聞(き)かない 듣지 않다, 묻지 않다
	帰(かえ)る 돌아가다	▸	帰(かえ)らない (집에) 돌아가지 않다
	※ 買(か)う 사다	▸	買(か)わない 사지 않다
	예외 ある 있다	▸	ない 없다
2그룹	어미 「る」를 삭제하고 「…ない」를 붙입니다.		
	見(み)る 보다	▸	見(み)ない 보지 않다
	食(た)べる 먹다	▸	食(た)ない 먹지 않다
	いる 있다	▸	いない 없다
3그룹	3그룹 동사는 불규칙하므로 「来(く)る」는 「来(こ)ない」, 「する」는 「しない」라고 외우면 됩니다.		
	来(く)る 오다	▸	来(こ)ない 오지 않다
	する 하다	▸	しない 하지 않다

예문 私(わたし)は新聞(しんぶん)を読(よ)まない。 나는 신문을 읽지 않는다.

なっとうは食(た)べない。 낫토는 먹지 않는다.

今日(きょう)は運動(うんどう)をしない。 오늘은 운동을 하지 않는다.

기출+ ない형

ない를 붙이기 전 앞부분까지의 형태를 ない형이라고 합니다. 문형 활용에 자주 등장하는 개념이니 기억해 두세요.

1그룹: 어미 う단 → あ단 (단, う로 끝나는 동사는 → わ) 예 いく 가다 → いか / かう 사다 → かわ

2그룹: 어미 る 삭제 예 みる 보다 → み

3그룹: する 하다 → し / くる 오다 → こ

09 동사의 보통체

구분	뜻	접속방법	예문
현재 긍정형	~하다	동사 기본형	会社(かいしゃ)に行(い)く。 회사에 간다. ネットで買(か)う。 인터넷으로 산다.
현재 부정형	~하지 않다	동사 ない형(부정형)	会社(かいしゃ)に行(い)かない。 회사에 가지 않는다. ネットで買(か)わない。 인터넷으로 사지 않는다.
과거 긍정형	~했다	동사 た형(과거형)	会社(かいしゃ)に行(い)った。 회사에 갔다. ネットで買(か)った。 인터넷으로 샀다.
과거 부정형	~하지 않았다	동사 ない형 + なかった	会社(かいしゃ)に行(い)かなかった。 회사에 가지 않았다. ネットで買(か)わなかった。 인터넷으로 사지 않았다.

10 동사의 명사 수식

뜻	활용
~한 '명사'	**역할** 명사를 꾸며주는 역할을 합니다. **접속 방법** 동사 보통체 + 명사 **예문** 会社(かいしゃ)に行(い)く人(ひと) 회사에 가는 사람 ネットで買(か)わない人(ひと) 인터넷으로 사지 않는 사람 わたしが買(か)った花(はな) 내가 산 꽃 けさ食(た)べなかったパン 오늘 아침 먹지 않은 빵

한 걸음 더 TiP!

일본어는 미래시제를 따로 구분해서 나타내지 않습니다. 기본형이 현재뿐만 아니라 미래의 의미를 나타내며, 문맥을 통해 충분히 구분할 수 있습니다.

まいにち　たべる　パン　매일 먹는 빵

あした　たべる　パン　내일 먹을 빵

Quick Check!

정답 6p

주어진 동사를 활용하여 각각 현재 긍정형, 과거 부정형으로 나타내 보세요.

- 7시에 일어납니다. (起(お)きる) ➡ 현재 긍정형 ____________________
- 주말에도 쉬지 않았습니다. (休(やす)む) ➡ 과거 부정형 ____________________

최신 기출 유형 실전 모의고사

정답 및 해설 6p

다음 문제를 실제 시험처럼 풀어 보며 자신의 실력을 확인해 보세요.

1 A「わたしの　うちへ　きませんか。」
B「はい、（　　　）。」

1　来ます　　2　来ません
3　行きます　　4　行きません

2 じゅぎょうは　8時に（　　　）、12時に　おわります。

1　はじまる　　2　はじまって
3　はじまりて　　4　はじまて

3 ここに　キムさんは（　　　）。

1　ない　　2　いない　　3　なかった　　4　あらない

4 きのう　きょうしつの　＿＿＿　＿＿＿　＿★＿　＿＿＿。

1　か　　2　電気　　3　けしました　　4　を

5 おさけ　＿＿＿　＿＿＿　＿★＿　＿＿＿。

1　あまり　　2　のみません　　3　は　　4　きらいで

6 友だちと　＿＿＿　＿＿＿　＿★＿　＿＿＿　お店で　会う。

1　かいしゃ　　2　まえに　　3　の　　4　ある

Day 06 반드시 출제되는 '필수 문법1'

오늘의 핵심 내용 미리 보기!

지금까지는 일본어의 주요 품사들에 대한 개괄적인 설명을 통해 뼈대를 잡았습니다. 오늘부터는 시험에 가장 자주 등장하는 필수 문법을 학습하며 보다 심화된 핵심 문법을 익히고 살을 붙여 나갈 수 있습니다. 오늘은 그중 첫 번째 시간으로 동사의 정중체 표현인 ます형에 접속하는 필수 문형을 익혀봅시다.

早く日本に行きたいです。
빨리 일본에 가고 싶어요.
今週末に行きましょうか。
이번 주말에 갈까요?

이것만 알아두면 끝!

동사 ます형 접속 빈출 핵심 문형

01 …ませんか

뜻	활용
N4&N5 3회 출제 ~하지 않겠습니까?	역할 상대방에게 어떤 동작을 권유할 때 쓰는 표현입니다. 접속 방법 동사 ます형 + ませんか 예문 コーヒーでも飲みに行きませんか。 커피라도 마시러 가지 않을래요? すしを食べませんか。 초밥을 먹지 않겠습니까?

02 …ましょう

뜻	활용
N4&N5 3회 출제 ~합시다	**역할** 상대방에게 같이 어떤 동작을 하자고 제안하거나, 상대방의 제안에 그렇게 하자고 답할 때 쓰는 표현입니다. **접속 방법** 동사 ます형 + ましょう **예문** 朝(あさ)の９時(じ)に会(あ)いましょう。 아침 9시에 만납시다. Ⓐ 一緒(いっしょ)に勉強(べんきょう)しませんか。 같이 공부하지 않을래요? Ⓑ はい、そうしましょう。 네, 그럽시다.

03 …ましょうか

뜻	활용
N4&N5 2회 출제 ~할까요?	**역할** 상대방에게 어떤 도움을 줘도 되는지 묻거나, 상대방에게 어떤 동작을 제안할 때 쓰는 표현입니다. **접속 방법** 동사 ます형 + ましょうか **예문** 私(わたし)が持(も)ちましょうか。 제가 들까요? 駅(えき)の前(まえ)で会(あ)いましょうか。 역 앞에서 만날까요?

04 …たい・たがる

뜻	활용
N4&N5 22회 출제 ~하고 싶다, ~하고 싶어 하다	**역할** 어떤 동작의 욕구나 희망을 나타냅니다. **접속 방법** 동사 ます형 + たい・たがる **예문** はやく日本(にほん)の友(とも)だちに会(あ)いたいです。 빨리 일본의 친구를 만나고 싶습니다. 母(はは)は京都(きょうと)に行(い)きたがっています。 엄마는 교토에 가고 싶어 합니다.

한 걸음 더 TiP!

1, 2인칭인 경우에는 「…が…たい」를 씁니다. 3인칭인 경우에는 「…を…たがる」라고 하며, 「…たがる(~하고 싶어 하다)**」의 경우 진행 중인 상황에서 쓰는 것이 일반적이기 때문에 진행형 「たがっている」를 주로 사용합니다.**

05 …だす

뜻	활용
N4&N5 4회 출제 (갑자기) ~하기 시작하다	**역할** 어떤 동작이 갑작스럽게 시작되는 것을 나타내는 표현으로, 의도하지 않거나 예기치 않은 상황에 씁니다.
	접속 방법 동사 ます형 + だす
	예문 急(きゅう)に雨(あめ)が降(ふ)りだしました。 갑자기 비가 내리기 시작했습니다. 赤(あか)ちゃんが泣(な)きだしました。 아기가 울기 시작했습니다.

06 …はじめる

뜻	활용
~하기 시작하다	**역할** 단순히 어떤 동작이 시작되는 것을 나타냅니다.
	접속 방법 동사 ます형 + はじめる
	예문 日本語(にほんご)は 1 年前(ねんまえ)から習(なら)いはじめました。 일본어는 1년 전부터 배우기 시작했습니다. 先週(せんしゅう)から猫(ねこ)を飼(か)いはじめました。 지난주부터 고양이를 키우기 시작했습니다.

07 …つづける

뜻	활용
N4&N5 4회 출제 계속 ~하다	역할 어떤 동작이 계속 지속되는 것을 나타냅니다. 접속 방법 동사 ます형 + つづける 예문 テレビを見(み)つづける。 텔레비전을 계속 보다. 1時間(じかん)ぐらい話(はな)しつづけたので、のどがかわきました。 1시간 정도 계속 이야기했기 때문에 목이 말랐습니다. 한 걸음 더 TiP! 「…ので」는 '~하기 때문에'라는 뜻으로 동사의 보통체에 접속해서 쓰입니다.

08 …おわる

뜻	활용
N4&N5 3회 출제 다 ~하다, ~하는 것이 끝나다	역할 어떤 동작이 끝나는 것을 나타냅니다. 접속 방법 동사 ます형 + おわる 예문 この本(ほん)はもう読(よ)みおわりましたか。 이 책은 벌써 다 읽었습니까? 食(た)べおわったので、片付(かたづ)けました。 다 먹었기 때문에 정리했습니다.

09 …なさい

뜻	활용
N4&N5 4회 출제 ~하렴, ~해라, ~하세요	역할 명령 · 지시하는 표현으로, 윗사람에게는 쓰지 않습니다. 접속 방법 동사 ます형 + なさい

	예문 早(はや)く寝(ね)なさい。 일찍 자라. よく聞(き)いて答(こた)えなさい。 잘 듣고 대답하세요.

10 …にくい

뜻	활용
N4&N5 3회 출제 ~하기 어렵다, ~하기 힘들다	역할 어떤 상태가 되기 힘들거나 어떤 것을 하기 어려움을 나타냅니다.
	접속 방법 동사 ます형 + にくい
	예문 漢字(かんじ)は覚(おぼ)えにくいです。 한자는 외우기 어렵습니다. この本(ほん)は字(じ)が小(ちい)さくて読(よ)みにくいです。 이 책은 글자가 작아서 읽기 힘듭니다.

11 …やすい

뜻	활용
N4&N5 6회 출제 ~하기 쉽다, ~하기 편하다	역할 어떤 상태가 되기 쉽거나 어떤 것을 하기 쉬움을 나타냅니다.
	접속 방법 동사 ます형 + やすい
	예문 ひらがなは覚(おぼ)えやすいです。 히라가나는 외우기 쉽습니다. 軽(かる)くて歩(ある)きやすいくつはどこにありますか。 가볍고 걷기 편한 신발은 어디에 있습니까?

12 …方(かた)

뜻	활용
N4&N5 6회 출제 ~하는 법, ~하는 방법	역할 무언가 하는 방법을 나타냅니다.
	접속 방법 동사 ます형 + 方(かた)

	예문 パソコンの使い方を教えます。컴퓨터의 사용법을 알려주겠습니다. この漢字の読み方がむずかしいです。 이 한자의 읽는 법이 어렵습니다.

13 …ながら

뜻	활용
N4&N5 10회 출제 ~하면서	역할 두 가지 동작이 동시에 진행되는 것을 나타냅니다. 접속 방법 동사 ます형 + ながら 예문 音楽を聞きながら運転をします。 음악을 들으면서 운전을 합니다. コーヒーを飲みながら新聞を読みます。 커피를 마시면서 신문을 읽습니다.

14 …すぎる

뜻	활용
N4&N5 7회 출제 너무 ~하다	역할 어떤 정도가 기준점을 넘어 지나침을 나타냅니다. 접속 방법 동사 ます형 / い・な형용사 어간 + すぎる 예문 昨日はちょっとお酒を飲みすぎました。 어제는 좀 술을 너무 마셨습니다. このすいかは大きすぎてれいぞうこに入らない。 이 수박은 너무 커서 냉장고에 들어가지 않는다. 昨日のテストは簡単すぎました。 어제 시험은 너무 간단했습니다.

15 …に行く・に来る

뜻	활용
N4&N5 1회 출제 ~하러 가다, ~하러 오다	**역할** 어떤 동작을 하는 목적을 나타냅니다. **접속 방법** 동사 ます형 / 동작성 명사 + に行く・に来る **예문** 私は昨日カメラを買いに行きました。 저는 어제 카메라를 사러 갔습니다. アメリカへ留学に行きます。 미국으로 유학하러 갑니다. 図書館へ本を借りに来ました。 도서관에 책을 빌리러 왔습니다.

Quick Check!

빈칸 안에 들어갈 알맞은 표현을 찾아 써 보세요. 정답 7p

- 母は京都に行き(　　　)。 엄마는 교토에 가고 싶어 합니다.
- 音楽を聞き(　　　)運転をします。 음악을 들으면서 운전을 합니다.

최신 기출 유형 실전 모의고사

정답 및 해설 7p

다음 문제를 실제 시험처럼 풀어 보며 자신의 실력을 확인해 보세요.

1 あしたは　ゆっくり（　　　）たいです。

1　休ま　　2　休み　　3　休む　　4　休め

2 こんどの　にちよう日　いっしょに　しょくじを（　　　）。

1　しすぎる　　2　しました　　3　しませんか　　4　しつづける

3 山田さんは　コーヒーを　飲み（　　　）しんぶんを　よみました。

1　ながら　　2　やすい　　3　なさい　　4　すぎる

4 ゆうべは　はがきを　＿＿　＿＿　★　＿＿　つかれました。

1　書き　　2　手　　3　が　　4　つづけて

5 子どもたちは　＿＿　＿＿　★　＿＿　おわりました。

1　１００　　2　はしり　　3　メートル　　4　を

Day 07 반드시 출제되는 '필수 문법2'

오늘의 핵심 내용 미리 보기!

오늘은 시험에 반드시 출제되는 필수 문법 중 て형에 접속하는 문형을 익혀보려고 합니다. 동사 그룹별로 다르게 활용되는 점을 유의하여 다양한 예문을 통해 완벽하게 정리해 보고, 본격적인 학습에 들어가기에 앞서 て형 활용 시 자주 등장하는 자동사와 타동사의 차이점과 특징을 명확하게 알아봅시다.

ここにプリンを置(お)いておきましたが…。
여기에 푸딩을 놓아 두었습니다만….
おいしくて全部(ぜんぶ)食(た)べてしまいました。
맛있어서 다 먹어버렸어요.

이것만 알아두면 끝!

자동사와 타동사

N4&N5 2회 출제

자동사	의미 목적어가 필요 없는 동사로 조사 「が」와 함께 쓰이는 동사를 말합니다.
	예시 はじまる 시작되다 / しまる 닫히다 / たつ 서다 / あく 열리다…
	예문 げんかんのドアがあく。 현관문이 열리다. じゅぎょうが始(はじ)まる。 수업이 시작되다.
타동사	의미 목적어가 필요한 동사로 조사 「を」와 함께 쓰이는 동사를 말합니다.
	예시 はじめる 시작하다 / しめる 닫다 / たてる 세우다 / あける 열다…
	예문 げんかんのドアをあける。 현관문을 열다. じゅぎょうを始(はじ)める。 수업을 시작하다.

이것만 알아두면 끝!

동사 て형 접속 빈출 핵심 문형

01 타동사 + …ている

뜻	활용
N4&N5 14회 출제 ~하고 있다(진행)	역할 어떤 동작의 진행을 나타냅니다. 접속 방법 타동사 て형 + いる 예문 弟(おとうと)はとしょかんで本(ほん)を読(よ)んでいます。 남동생은 도서관에서 책을 읽고 있습니다. ギターのれんしゅうをしています。 기타 연습을 하고 있습니다.

02 자동사 + …ている

뜻	활용
~하고 있다(상태)	역할 어떤 동작의 결과나 상태를 나타냅니다. 접속 방법 자동사 て형 + いる 예문 れいぞうこにスイカが入(はい)っています。 냉장고에 수박이 들어 있습니다. ゆかに財布(さいふ)が落(お)ちています。 바닥에 지갑이 떨어져 있습니다.

03 타동사 + …てある

뜻	활용
N4&N5 9회 출제 ~해져 있다 (인위적 상태)	역할 인위적 행위의 결과를 나타냅니다. 이때 앞에 조사는 「を」가 아니라 「が」가 된다는 점에 주의해야 합니다. 접속 방법 타동사 て형 + ある

	예문 へやに花(はな)がかざってあります。 방에 꽃이 장식되어 있습니다. つくえのうえに本(ほん)がおいてあります。 책상 위에 책이 놓여져 있습니다.

04 …ているところだ

뜻	활용
N4&N5 3회 출제 (지금) ~하고 있는 중이다	역할 어떤 동작을 한창 진행 중인 상황을 나타냅니다. 접속 방법 동사 て형 + いるところだ 예문 私(わたし)は今(いま)、日本(にほん)のまんがを読(よ)んでいるところです。 저는 지금 일본 만화를 읽고 있는 중입니다. 今(いま)りょうりを作(つく)っているところです。 지금 요리를 만들고 있는 중입니다.

05 …ていく / …てくる

뜻	활용
N4&N5 11회 출제 ~하고 가다(오다) / ~해가다(해오다), ~하기 시작하다	역할 이동의 방향성을 나타냅니다. N4에서는 시점의 변화를 나타내는 의미로도 출제됩니다. 접속 방법 동사 て형 + いく / くる 예문 教室(きょうしつ)に辞書(じしょ)を持(も)っていく。 교실에 사전을 가지고 가다. りんごの色(いろ)が変(か)わっていく。 사과의 색이 변해 간다. 3時間(じかん)も歩(ある)いてくる。 3시간이나 걸어서 오다. さいきん暑(あつ)くなってきた。 최근에 더워지기 시작했다.

06 …てしまう

뜻	활용
N4&N5 6회 출제 ~해 버리다	**역할** 의도하지 않은 일이 발생하여 후회하거나 유감임을 나타냅니다. 「…てしまう」는 「…ちゃう」로, 「…でしまう」는 「…じゃう」로 축약 가능합니다.
	접속 방법 동사 て형 + しまう
	예문 おいしくて全部(ぜんぶ)食(た)べてしまいました。 맛있어서 전부 먹어 버렸습니다. さいふをわすれちゃった。 지갑을 두고 와 버렸어.

07 …てから

뜻	활용
N4&N5 14회 출제 ~하고 나서	**역할** 앞에 언급한 행동을 먼저 하고 나서, 뒤에 언급한 행동을 한다는 표현으로 동작의 순서를 나타냅니다.
	접속 방법 동사 て형 + から
	예문 授業(じゅぎょう)が終(お)わってから友(とも)だちに会(あ)いに行(い)きます。 수업이 끝나고 나서 친구를 만나러 갑니다. シャワーをあびてから寝(ね)ます。 샤워를 하고 나서 잡니다.

08 …てみる

뜻	활용
N4&N5 5회 출제 ~해 보다	**역할** 시험 삼아 한번 해 보는 것을 나타냅니다.
	접속 방법 동사 て형 + みる
	예문 先生(せんせい)に聞(き)いてみます。 선생님에게 물어보겠습니다. いつか試合(しあい)に出(で)てみたいです。 언젠가 시합에 나가 보고 싶습니다.

09 …ておく

뜻	활용
N4&N5 6회 출제 ~해 놓다, ~해 두다	**역할** 무언가를 사전에 미리 준비해두는 경우나 방치해두는 것을 나타냅니다. **접속 방법** 동사 て형 + おく **예문** ワインを買(か)っておきました。 와인을 사 놓았습니다. ドアを開(あ)けておきましたか。 문을 열어 두었나요?

10 …てください

뜻	활용
N4&N5 9회 출제 ~해 주세요	**역할** 상대방에게 정중하게 부탁하는 경우나 명령하는 경우에 쓰는 표현입니다. **접속 방법** 동사 て형 + ください **예문** すみません、ちょっと待(ま)ってください。 죄송합니다, 잠깐 기다려 주세요. 急(いそ)いでください。 서둘러 주세요.

11 …てくださいませんか

뜻	활용
N4&N5 2회 출제 ~해 주시지 않겠습니까?	**역할** 상대방에게 정중하게 요청, 의뢰하는 경우에 쓰는 표현입니다. **접속 방법** 동사 て형 + くださいませんか **예문** ちょっと静(しず)かにしてくださいませんか。 좀 조용히 해 주시지 않겠습니까? ちょっと手伝(てつだ)ってくださいませんか。 좀 도와주시지 않겠습니까?

12 …ても

뜻	활용
N4&N5 7회 출제 ~하더라도	역할 '설사 ~하더라도'라는 뜻으로, 앞에서 언급한 내용과 뒤에서 언급한 내용이 상반되는 역설 표현을 나타냅니다. 접속 방법 동사 て형 + も / 명사 + でも 예문 もし雨が降っても出かけますか。 만일 비가 오더라도 외출할 거예요? いくら(どんなに)電話をかけても出ない。 아무리 전화를 걸어도 받지 않는다. あしたは雨でも、でかけますか。 내일은 비더라도(비가 오더라도) 외출할 거예요?

한걸음 더 TiP!

「い형용사 어간+くても」, 「な형용사 어간+でも」와 같이 형용사에도 접속할 수 있습니다.

安くても買いません。 저렴하더라도 사지 않아요.

親切でも行きません。 친절하더라도 가지 않아요.

13 …てもいい・かまわない

뜻	활용
N4&N5 2회 출제 ~해도 좋다, ~해도 된다, ~해도 상관없다	역할 허가, 허락을 나타냅니다. 접속 방법 동사 て형 + もいい・もかまわない 예문 ペンを借りてもいいですか。 펜을 빌려도 됩니까? ここでは何を話してもかまいません。 여기에선 무슨 얘기를 해도 상관없습니다. ここで読んでもかまいませんか。 여기에서 읽어도 상관없나요?

한 걸음 더 TiP!

「い**형용사 어간+**くても」, 「な**형용사 어간+**でも」, 「**명사+**でも**+**いい・かまわない」**와 같이 형용사와 명사에도 접속할 수 있습니다.**

高(たか)くてもいいです。 비싸도 돼요.

下手(へた)でもかまいません。 서툴러도 상관없어요.

月曜日(げつようび)でもいいです。 월요일이어도 괜찮아요.

14 …てはいけない

뜻	활용
~해서는 안 된다	**역할** 금지를 나타냅니다.
	접속 방법 동사 て형 **+** はいけない
	예문 ここではたばこを吸(す)ってはいけません。 여기에서는 담배를 피워서는 안 됩니다. 川(かわ)で泳(およ)いではいけません。 강에서 헤엄쳐서는 안 됩니다.

Quick Check!

빈칸 안에 들어갈 알맞은 표현을 찾아 써 보세요.

정답 8p

- ちょっと静(しず)かにして(　　　　　　　　)。 좀 조용히 해 주시지 않겠습니까?
- もし雨(あめ)が降(ふ)っ(　　　　　　　　)出(で)かけますか。 만일 비가 오더라도 외출할 거예요?

최신 기출 유형 실전 모의고사

정답 및 해설 8p

다음 문제를 실제 시험처럼 풀어 보며 자신의 실력을 확인해 보세요.

1 ここでは　しゃしんを（　　　）は　いけません。

1　とる　　2　とって　　3　とり　　4　とった

2 この　ズボンは　もう　ふるいですから、よごれても（　　　）。

1　かまいません　　2　かまいました

3　かまいます　　4　かまって　いません

3 A 「ここで　テニスを　しても　いいですか。」
B 「（　　　　　　　　）。」

1　はい、しては　いけません

2　いいえ、しても　いいです

3　はい、しても　いいです

4　いいえ、しても　かまいません

4 先生　「田中くん、レポートは終わりましたか。」
田中　「ぼくは、＿＿＿ ＿＿＿ ＿★＿ ＿＿＿ですが、山田くんは終わりました。」

1　今　　2　やって　　3　ところ　　4　いる

5 あさごはん ＿＿＿ ＿★＿ ＿＿＿ ＿＿＿、サッカーを　しました。

1　食べ　　2　から　　3　終わって　　4　を

Day 08 반드시 출제되는 '필수 문법3'

오늘의 핵심 내용 미리 보기!

오늘은 시험에 반드시 출제되는 필수 문법 중 た형과 ない형에 접속하는 문형 및 기타 필수 문형까지 익혀봅시다. 동사 그룹별로 다르게 활용되는 점에 유의하여 다양한 예문을 통해 완벽하게 정리해 봅시다.

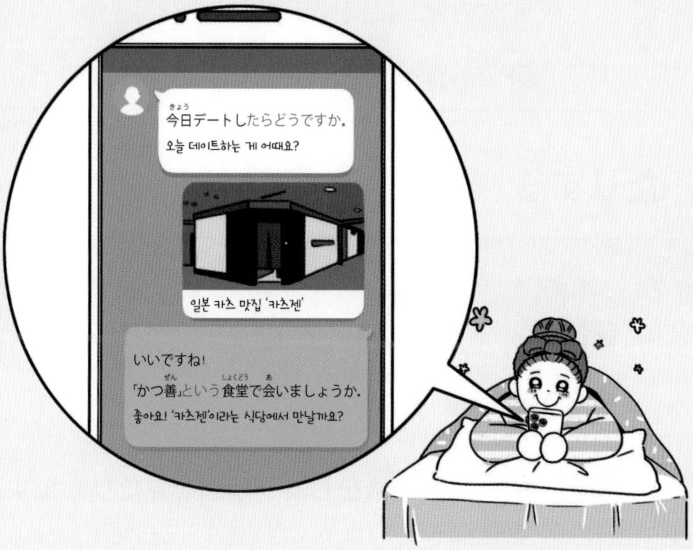

이것만 알아두면 끝!

た형/ない형 접속 빈출 핵심 문형

01 …たことがある・ない

뜻	활용
N4&N5 8회 출제 ~한 적이 있다/없다	역할 경험의 유무를 나타냅니다. 접속 방법 동사 た형 + ことがある・ことがない 예문 日本(にほん)に行(い)ったことがありますか。 일본에 간 적이 있습니까? ひこうきに乗(の)ったことがない。 비행기를 탄 적이 없다.

02 …た方(ほう)がいい

뜻	활용
N4&N5 7회 출제 ~하는 편이 좋다, ~하는 게 좋다	**역할** 조언이나 충고를 나타냅니다. **접속 방법** 동사 た형 + 方(ほう)がいい **예문** 無理(むり)しないで休(やす)んだ方(ほう)がいいですよ。 무리하지 말고 쉬는 편이 좋아요. 野菜(やさい)も食(た)べた方(ほう)がいいです。 채소도 먹는 편이 좋습니다.

03 …たり…たりする

뜻	활용
N4&N5 6회 출제 ~하거나 ~하거나 하다	**역할** 여러 동작 중에서 대표적인 것인 두세 가지를 예로 들어 나타낼 때 씁니다. **접속 방법** 동사 た형 + り **예문** 週末(しゅうまつ)は買(か)い物(もの)をしたり映画(えいが)を見(み)たりします。 주말은 쇼핑을 하기도 하고 영화를 보기도 합니다. へやの掃除(そうじ)をしたりします。 방 청소를 하거나 합니다. 한 걸음 더 TiP!  「…たりする」는 한 가지를 예시로 나타낼 때도 사용할 수 있습니다.

04 …たまま

뜻	활용
N4&N5 12회 출제 ~한 채(로)	**역할** 상태가 변하지 않고 계속 유지되는 것을 나타냅니다. **접속 방법** 동사 た형 + まま **예문** 窓(まど)を開(あ)けたまま寝(ね)てしまいました。 창문을 연 채로 자 버렸습니다. 電気(でんき)をつけたまま出(で)かけました。 불을 켠 채로 외출했습니다.

05 …たあとで

뜻	활용
N4&N5 13회 출제 ~한 후에, ~한 뒤에	**역할** 앞의 동작이 끝난 후 뒤의 동작이 이루어지는 경우를 나타냅니다. **접속 방법** 동사 た형 + あとで / 명사 + の + あとで **예문** ご飯を食べたあとで散歩をします。 밥을 먹은 후에 산책을 합니다. じゅぎょうのあとで友だちに会います。 수업 후에(수업이 끝난 후에) 친구를 만납니다.

06 …たところだ

뜻	활용
N4&N5 8회 출제 지금(마침) 막 ~한 참이다	**역할** 어떤 동작이 방금 막 끝났음을 나타냅니다. **접속 방법** 동사 た형 + ところだ **예문** 今ちょうど帰ってきたところです。 지금 막 돌아온 참입니다. 宿題は今終わったところです。 숙제는 지금 막 끝난 참입니다.

07 …たらどう

뜻	활용
~하면 어때?	**역할** 조언, 제안을 나타냅니다. **접속 방법** 동사 た형 + らどう **예문** この本を読んでみたらどうですか。 이 책을 읽어 보면 어떻습니까? 自分の意見を言ったらどうですか。 자신의 의견을 말하면 어떻습니까?

08 …たとおり(に)

뜻	활용
~한 대로	역할 앞에 언급한 내용 그대로를 가리킵니다. 접속 방법 동사 た형 + とおり(に) 예문 試験(しけん)は思(おも)ったとおり(に)難(むずか)しかったです。 시험은 생각한 대로 어려웠습니다. 先生(せんせい)に習(なら)ったとおり(に)作(つく)りました。 선생님에게 배운 대로 만들었습니다.

09 …ないで・ずに

뜻	활용
N4&N5 15회 출제 ~하지 않고	역할 부정 상황이나 상태를 연결할 때 쓰는 표현입니다. 접속 방법 동사 ない형 + ないで・ずに (단, する는 ずに로 활용될 때 せずに가 되니 주의) 예문 私(わたし)は今朝(けさ)ごはんを食(た)べないで来(き)ました。 저는 오늘 아침밥을 먹지 않고 왔습니다. 妹(いもうと)がノックもせずに部屋(へや)に入(はい)ってきた。 여동생이 노크도 하지 않고 방에 들어왔다.

10 …なくて

뜻	활용
~하지 않아서	역할 원인, 이유를 나타냅니다. 접속 방법 동사 ない형 + なくて 예문 会社(かいしゃ)にケータイを持(も)っていかなくてとてもこまりました。 회사에 휴대 전화를 가지고 가지 않아서 매우 곤란했습니다. 道(みち)がわからなくて、遅(おく)れました。 길을 몰라서 늦었습니다.

한걸음 더 TiP!

「わかる」는 **'알다'라는 뜻의 동사로 앞에 '~을/를'을 나타내는 경우에 조사「を」대신에「が」를 사용합니다.**

11 …なくてもいい・かまわない

뜻	활용
N4&N5 11회 출제 ~하지 않아도 된다	**역할** 어떤 행동을 하지 않아도 된다고 말하거나 불필요하다고 말할 때 쓰는 표현입니다. **접속 방법** 동사 ない형 + なくてもいい・なくてもかまわない **예문** 日曜日(にちようび)は会社(かいしゃ)へ行(い)かなくてもいいです。 일요일은 회사에 가지 않아도 됩니다. この部屋(へや)は掃除(そうじ)をしなくてもかまいません。 이 방은 청소를 하지 않아도 괜찮습니다.

12 …なければならない・なくてはいけない

뜻	활용
N4&N5 10회 출제 ~하지 않으면 안 된다, ~해야 한다	**역할** 의무적으로 해야 되는 일을 나타냅니다. **접속 방법** 동사 ない형 + なければならない・なくてはいけない **예문** 明日(あした)は早(はや)く起(お)きなければなりません。 내일은 일찍 일어나야 합니다. 宿題(しゅくだい)は必(かなら)ずしなくてはいけません。 숙제는 반드시 하지 않으면 안 됩니다.

한걸음 더 TiP!

'~하지 않으면 안 된다'라는 의미로 다음 세 가지 표현은 모두 호환하여 사용 가능합니다.

約束(やくそく)は守(まも)らなくてはなりません。 약속은 지키지 않으면 안 됩니다.

毎日練習(まいにちれんしゅう)しないといけません。 매일 연습하지 않으면 안 됩니다.

山下(やました)さんに連絡(れんらく)しなければいけません。 야마시타 씨에게 연락해야만 합니다.

13 …ないでください

뜻	활용
N4&N5 12회 출제 ~하지 마세요	역할 상대방에게 어떤 행동을 하지 말라고 요구하거나 부탁할 때 쓰는 표현입니다. 접속 방법 동사 ない형 + ないでください 예문 このぬいぐるみはさわらないでください。 이 봉제 인형은 만지지 마세요. ここに自転車(じてんしゃ)をおかないでください。 여기에 자전거를 두지 마세요.

14 …くなる・になる

뜻	활용
N4&N5 20회 출제 ~해지다, ~하게 되다, ~이 되다	역할 어떤 상태나 성질이 변화함을 나타냅니다. 접속 방법 い형용사 어간 + くなる / な형용사 어간, 명사 + になる 예문 風(かぜ)が強(つよ)くなりました。 바람이 강해졌습니다. 部屋(へや)がきれいになりました。 방이 깨끗해졌습니다. キムさんは今年(ことし)20歳(はたち)になります。 김 씨는 올해 스무 살이 됩니다.

15 …くする・にする

뜻	활용
N4&N5 8회 출제 ~하게 하다, ~(으)로 만들다	**역할** 어떤 상태나 성질로 변화시키는 상황을 나타냅니다. **접속 방법** い형용사 어간 + くする / な형용사 어간, 명사 + にする **예문** エアコンをつけて部屋(へや)をすずしくしました。 에어컨을 켜서 방을 시원하게 했습니다. 私(わたし)はまいあさ公園(こうえん)をきれいにします。 저는 매일 아침 공원을 깨끗하게 합니다. いちごをジャムにしました。 딸기를 잼으로 만들었습니다.

16 …にする

뜻	활용
N4&N5 7회 출제 ~(으)로 정하다	**역할** 여러 가지 중 한 가지를 선택하는 경우에 쓰는 표현입니다. **접속 방법** 명사 + にする **예문** わたしはジュースにします。 저는 주스로 하겠습니다. プレゼントはネクタイにしました。 선물은 넥타이로 정했습니다.

17 …がする

뜻	활용
N4&N5 8회 출제 ~이 나다	**역할** 청각, 후각, 미각 등 감각을 나타냅니다. **접속 방법** 명사(소리, 냄새, 맛 등) + がする **예문** この花(はな)はいいにおいがします。 이 꽃은 좋은 냄새가 납니다. 変(へん)な音(おと)がします。 이상한 소리가 납니다.

18 …という + 명사

뜻	활용
N4&N5 5회 출제 ~라고 (말)하는, ~라는	**역할** 상대방이 모르는 사실이나 화제에 대해 말할 때 쓰는 표현입니다. 회화체에서는「って」로 많이 사용됩니다.
	접속 방법 명사 + という + 명사
	예문 きょうしつに山田(やまだ)さんという人(ひと)が来(き)ました。 교실에 야마다 씨라는 사람이 왔습니다. 「タマキ」というラーメン屋(や)が有名(ゆうめい)です。 '타마키'라는 라면집이 유명합니다.

Quick Check!

다음 문장이 옳은 문장이라고 생각하면 O, 틀린 문장이라고 생각하면 X에 체크하세요.

정답 8p

- 道(みち)をわからなくて、遅(おく)れました。 길을 몰라서 늦었습니다. Ⓞ Ⓧ

최신 기출 유형 실전 모의고사

정답 및 해설 8p

다음 문제를 실제 시험처럼 풀어 보며 자신의 실력을 확인해 보세요.

1 電車が（　　　）まま、動かない。

1　とまる　　2　とまった　　3　とまり　　4　とまって

2 その　かさは　きょう（　　　）いいです。

1　かえさないでは　　2　かえさないても

3　かえさなくては　　4　かえさなくても

3 A　「さいきん　ふとってきて　心配です。」

B　「ダイエットを（　　　）どうですか。」

1　しったら　　2　すたら　　3　しなら　　4　したら

4 かぞく　＿＿＿　＿＿＿　★　＿＿＿、へやの　そうじを　します。

1　が　　2　あと　　3　出かけた　　4　で

5 今日は　つまの　たんじょうびです。＿＿＿　★　＿＿＿　＿＿＿　なりません。

1　帰ら　　2　早く　　3　だから　　4　なければ

Day 09

반드시 출제되는 '필수 문법4'

오늘의 핵심 내용 미리 보기!

오늘은 시험에 반드시 출제되는 필수 문법 중 기본형과 보통형에 접속하는 문형에 대해 익혀봅시다. 기본형은 사전에 기재된 그대로인 원형 표현을 나타내며, 보통형은 흔히 말하는 반말체를 나타냅니다. 일본어는 문형마다 각 품사의 접속 방법이 다양하기 때문에 문형 자체는 물론 어떤 형태로 접속되는지도 잘 숙지해야 해요.

오늘의 다짐!

私(わたし)は毎日(まいにち)ジョギングをすることにしました。

저는 매일 조깅을 하기로 했어요.

10キロくらいはやせるつもりです!

10킬로그램 정도는 살 뺄 생각이에요!

이것만 알아두면 끝!

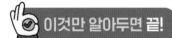

기본형/보통형 접속 빈출 핵심 문형

01 …前(まえ)に

뜻	활용
N4&N5 14회 출제 ~하기 전에	**역할** 시간의 전후 관계를 나타냅니다. **접속 방법** 동사 기본형 + 前(まえ)に / 명사 + の + 前(まえ)に **예문** ご飯(はん)を食(た)べる前(まえ)に手(て)を洗(あら)ってください。 밥을 먹기 전에 손을 씻어 주세요. 食事(しょくじ)の前(まえ)にこの薬(くすり)を飲(の)んでください。 식사하기 전에 이 약을 드세요.

02 …ところだ

뜻	활용
N4&N5 3회 출제 (지금부터) ~하려는 참이다, ~할 참이다	**역할** 어떤 동작을 하기 직전임을 나타냅니다. 앞에 「いまから(앞으로)」, 「これから(지금부터)」 등이 자주 쓰입니다. **접속 방법** 동사 기본형 + ところだ **예문** 私(わたし)はいまから図書館(としょかん)へ行(い)くところです。 저는 지금부터 도서관에 가려는 참입니다. これから新幹線(しんかんせん)に乗(の)るところです。 지금부터 신칸센을 타려는 참입니다.

03 …つもりだ

뜻	활용
N4&N5 10회 출제 ~할 생각(작정)이다	**역할** 화자의 의지나 의향을 나타냅니다. **접속 방법** 동사 기본형 / ない형 + つもりだ **예문** 私(わたし)はしょうらい銀行(ぎんこう)につとめるつもりです。 저는 장래에 은행에서 근무할 생각입니다. 週末(しゅうまつ)は出(で)かけないつもりです。 주말은 외출하지 않을 생각입니다.

04 …ことにする

뜻	활용
N4&N5 5회 출제 ~하기로 하다	**역할** 자신의 의지로 결정하는 것을 나타냅니다. **접속 방법** 동사 기본형 / ない형 + ことにする **예문** 私(わたし)は毎日(まいにち)ジョギングをすることにしました。 저는 매일 조깅을 하기로 했습니다.

	夏休(なつやす)みに国(くに)へ帰(かえ)らないことにしました。 여름 방학에 귀국하지 않기로 했습니다.

05 …ことになる

뜻	활용
N4&N5 4회 출제 ~하게 되다	**역할** 자신의 의지와 관계없이 외부의 결정 또는 자연의 섭리로 인해 발생된 결과를 나타냅니다. **접속 방법** 동사 기본형 / ない형 + ことになる **예문** 来月(らいげつ)から銀行(ぎんこう)で働(はたら)くことになりました。 다음 달부터 은행에서 일하게 되었습니다. プールに行(い)かないことになりました。 수영장에 가지 않게 되었습니다.

기출+ …ことになっている

'~하기로 되어 있다'라는 뜻으로 「동사 기본형/ない형+ことになっている」 형식으로 쓰여, 예정, 규칙, 습관, 관습 등 정해져 있는 것을 나타냅니다.

6時(じ)に中野駅(なかのえき)で友(とも)だちと会(あ)うことになっている。
6시에 나카노 역에서 친구와 만나기로 되어 있다. [예정]

クラスでは韓国語(かんこくご)を話(はな)さないことになっている。
교실에서는 한국어를 말하지 않기로 되어 있다. [규칙]

06 …ようにする

뜻	활용
N4&N5 3회 출제 ~하도록 (노력)하다	**역할** 어떤 것을 의식해서 계속 하려고 노력함을 나타냅니다. **접속 방법** 동사 기본형 / ない형 + ようにする

	예문 毎日れんしゅうするようにします。 매일 연습하도록 하겠습니다. 夜は甘いものを食べないようにしています。 밤에는 단 것을 먹지 않도록 하고 있습니다.

07 …ようになる

뜻	활용
N4&N5 6회 출제 ~하게(끔) 되다	역할 상태, 습성 등의 변화를 나타냅니다. 접속 방법 동사 기본형 / ない형 + ようになる 예문 日本に来てから、料理をするようになりました。 일본에 오고 나서 요리를 하게 되었습니다. ノートパソコンは使わないようになりました。 노트북은 사용하지 않게 되었습니다.

08 …から・ので

뜻	활용
N4&N5 31회 출제 ~이므로, ~이어서, ~하기 때문에	역할 이유, 원인을 나타냅니다. 접속 방법 동사, 형용사, 명사 정중체 / 보통체 + から・ので (단, 보통체 현재 긍정일 때는 「な형용사 어간/명사+なので」 형식) 예문 山田さんは丈夫だからかぜをひきません。 야마다 씨는 튼튼해서 감기에 걸리지 않습니다. 宿題がたくさんあったから遊べませんでした。 숙제가 많이 있었기 때문에 놀 수 없었습니다. あすはしけんなので、今日は早くねます。 내일은 시험이라서 오늘은 일찍 잡니다. うるさいので、しずかにしてください。 시끄러우니 조용히 해 주세요.

09 …ため(に)

뜻	활용
N4&N5 4회 출제 ~때문에	**역할** 이유, 원인을 나타냅니다. **접속 방법** 동사, 형용사, 명사 보통체 + ため(に) (단, 현재 긍정일 때는「な형용사 어간+な+ために」,「명사+の+ために」 형식) **예문** 病気(びょうき)のため(に)会社(かいしゃ)をやめました。 아파서 회사를 그만두었습니다. けいたい電話(でんわ)を忘(わす)れたために、連絡(れんらく)できませんでした。 휴대 전화를 두고 왔기 때문에 연락을 못 했습니다.
N4&N5 4회 출제 ~하기 위해서	**역할** 목적을 나타냅니다. **접속 방법** 동사 기본형 + ため(に) / 명사 + の + ため(に) **예문** バイクを買(か)うために、アルバイトをはじめました。 바이크를 사기 위해서 아르바이트를 시작했습니다. 家族(かぞく)のために、がんばっています。 가족을 위해서 힘내고 있습니다.

10 …ことがある

뜻	활용
N4&N5 4회 출제 ~할 때가 있다, ~하는 경우가 있다	**역할** 항상은 아니지만 때때로 그런 경우가 있다고 말할 때 쓰는 표현입니다. **접속 방법** 동사 기본형 / ない형 + ことがある **예문** あの人(ひと)はときどき会社(かいしゃ)を休(やす)むことがあります。 저 사람은 가끔 회사를 쉴 때가 있습니다. 冬(ふゆ)、だんぼうを使(つか)わないことがときどきあります。 겨울에 난방을 사용하지 않을 때가 가끔 있습니다.

기출 + 빈도 부사

부사「ときどき」,「たまに」는 '때때로', '가끔'이라는 뜻으로 빈도를 나타내는 표현입니다. 이처럼 빈도를 나타내는 표현을 힌트로 삼아 접근하면 정답에 더욱 쉽게 가까워질 수 있습니다.

11 …かもしれない

뜻	활용
N4&N5 7회 출제 ~할지도 모른다	**의미** 불확실하지만 50~60% 정도의 가능성이 있음을 나타내는 표현입니다. **접속 방법** 동사, 형용사, 명사 보통체 + かもしれない (단, 현재 긍정일 때는「な형용사 어간/명사+かもしれない」형식) **예문** 午後(ごご)から雨(あめ)が降(ふ)るかもしれません。 오후부터 비가 올지도 모릅니다. タクシーに乗(の)れば間(ま)に合(あ)うかもしれない。 택시를 타면 시간에 맞출(안 늦을)지도 모른다.

기출 + …だろう・でしょう

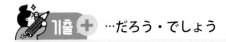

일기 예보에 자주 등장하는 표현으로 '~일 것이다/~일 것입니다'라는 뜻입니다.「동사, 형용사, 명사 보통체+だろう・でしょう」(단, 현재 긍정일 때는 'な형용사 어간/명사 + だろう・でしょう') 형식으로 쓰여, 80~90% 정도 확신을 가지고 추측하는 상황을 나타냅니다.

あしたは、たぶん雪(ゆき)がふるでしょう。 내일은 아마 눈이 올 것입니다.

Quick Check!

빈칸 안에 들어갈 알맞은 표현을 찾아 써 보세요.

정답 9p

- あすはしけん(　　　　)、今日(きょう)は早(はや)くねます。 내일은 시험이라서 오늘은 일찍 잡니다.
- 食事(しょくじ)(　　　　)この薬(くすり)を飲(の)んでください。 식사하기 전에 이 약을 드세요.

최신 기출 유형 실전 모의고사

정답 및 해설 9p

다음 문제를 실제 시험처럼 풀어 보며 자신의 실력을 확인해 보세요.

1 しょうらいは　医者に（　　　）つもりです。

1　なって　　2　なり　　3　なろう　　4　なる

2 雨が　ふるので、駅まで　むかえに　行く（　　　）に　しました。

1　こと　　2　ため　　3　だろう　　4　ところ

3 じしょを　忘れない（　　　）してください。

1　ために　　2　ように　　3　ことに　　4　まえに

4 すずきさんは　＿＿＿ ＿★＿ ＿＿＿ ＿＿＿　しれません。

1　けっこん　　2　かも　　3　する　　4　来年

5 A　「ごはんを　食べてから、おふろに　入りますか。」
B　「いいえ、わたしは　ごはん　＿＿＿ ＿＿＿ ＿★＿ ＿＿＿。」

1　に　　2　入ります　　3　まえ　　4　の

Day 10 점수가 향상되는 '적중 문법1'

오늘의 핵심 내용 미리 보기!

오늘은 '~인 것 같다', '~해 보인다', '~한 모양이다'라는 뜻의 다양한 추측 표현 및 다른 사람에게 들은 내용을 그대로 전하는 전문 표현을 학습해 봅니다. 모두 의미가 유사해 보이지만 직감/주관적인 표현 및 객관적인 표현과 같은 미묘한 차이가 있으니 이를 파악해 보며 적절하게 활용할 수 있도록 연습해 봅시다.

お弁当は田中が作ったみたい！
도시락은 다나카가 만든 것 같아! [주관]
明日のお弁当も田中が作るらしいよ。
내일 도시락도 다나카가 만든다는 것 같아. [객관&전문]
わあ…美味しそう！
와…맛있겠다! [직감]

이것만 알아두면 끝!

추측·전문 표현

01 …そうだ

❶ 추측 표현

뜻	활용
N4&N5 5회 출제 ~일(할) 것 같다, ~해 보인다	**역할** 직감적 판단과 긴박함을 나타내는 추측 표현입니다. **접속 방법** 동사 ます형 / 형용사 어간 + そうだ

	기본형	긍정	부정
동사	降(ふ)る 내리다	降(ふ)りそうだ 내릴 것 같다	降(ふ)りそうにない 降(ふ)りそうもない 降(ふ)りそうにもない 내릴 것 같지 않다
い형용사	寒(さむ)い 춥다	寒(さむ)そうだ 추울 것 같다, 추워 보인다	寒(さむ)くなさそうだ 寒(さむ)そうではない 춥지 않을 것 같다, 추울 것 같지 않다
い형용사 예외	いい 좋다	よさそうだ 좋을 것 같다, 좋아 보인다	よくなさそうだ よさそうではない 좋지 않을 것 같다, 좋을 것 같지 않다
	ない 없다	なさそうだ 없을 것 같다, 없어 보인다	–
な형용사	静(しず)かだ 조용하다	静(しず)かそうだ 조용할 것 같다, 조용해 보인다	静(しず)かではなさそうだ 静(しず)かそうではない 조용하지 않을 것 같다, 조용할 것 같지 않다

한걸음 더 TiP!

「…そうだ」 표현은 명사나 동사를 수식할 때 な형용사와 동일한 형식으로 활용할 수 있습니다.

雨(あめ)が降(ふ)りそうな空(そら) 비가 내릴 것 같은 하늘 [명사 수식]

雨(あめ)が降(ふ)りそうに見(み)える。 비가 내릴 것 같이 보이다. [동사 수식]

❷ 전문 표현

뜻	활용
N4&N5 1회 출제 ~(이)라고 한다	**역할** 다른 사람의 말을 그대로 전할 때 쓰는 전문 표현입니다. **접속 방법** **동사 · 형용사 · 명사 보통체** + そうだ

	예문 天気予報(てんきよほう)によると明日(あした)は雪(ゆき)が降(ふ)るそうです。 일기 예보에 따르면 내일은 눈이 내린다고 합니다. 山田(やまだ)さんの話(はなし)によると、あの店(みせ)はおいしいそうです。 야마다 씨의 이야기에 의하면 저 가게는 맛있다고 합니다. 日本人(にほんじん)は親切(しんせつ)だそうです。 일본인은 친절하다고 합니다. 山田(やまだ)さんのお母(かあ)さんは先生(せんせい)だそうだ。 야마다 씨의 어머니는 선생님이라고 한다.

02 …ようだ

뜻	활용
N4&N5 20회 출제 ~인(한) 것 같다, ~인 모양이다	**역할** 주관적인 근거에 의한 추측을 나타냅니다. **접속 방법** 동사·형용사·명사 보통체 + ようだ (단, な형용사와 명사의 현재 긍정은 「な형용사 어간+な+ようだ」, 「명사+の+ようだ」 형식) **예문** さっき雨(あめ)が降(ふ)ったようだ。 아까 비가 내린 것 같다. 外(そと)は寒(さむ)いようだ。 밖은 추운 것 같다. 街(まち)はとてもにぎやかなようだ。 거리는 매우 번화한 것 같다. 彼女(かのじょ)は、るすのようだ。 그녀는 부재중인 것 같다.

한걸음 더 TiP!

「…ようだ」 표현은 명사나 동사를 수식할 때 な형용사와 동일한 형식으로 활용할 수 있습니다.

子(こ)どものような顔(かお) 아이 같은 얼굴 [명사 수식]

日本人(にほんじん)のように話(はな)す。 일본인처럼 말한다. [동사 수식]

비유하거나 예시를 드는 경우에는 「명사 + のようだ」 형식으로 씁니다.

まるでゆめのようだ。 마치 꿈 같다.

先生(せんせい)のようにりっぱな人(ひと)になりたい。 선생님처럼 훌륭한 사람이 되고 싶다.

03 …みたいだ

뜻	활용
~인(한) 것 같다	**역할** 주관적인 근거에 의한 추측을 나타내는 「…ようだ」의 회화체 표현입니다. **접속 방법** 동사・형용사・명사 보통체 + みたいだ (단, な형용사와 명사의 현재 긍정은 「な형용사 어간+みたいだ」, 「명사+みたいだ」 형식) **예문** 試験(しけん)に合格(ごうかく)したみたいだ。 시험에 합격한 것 같다. 忙(いそが)しいみたいだ。 바쁜 것 같다. 有名(ゆうめい)みたいだ。 유명한 것 같다. 日本人(にほんじん)みたいだ。 일본인인 것 같다.

한걸음 더 TiP!

「…みたいだ」는 명사와 동사를 수식할 때 な형용사와 동일한 형식으로 활용할 수 있습니다.

夢(ゆめ)みたいな話(はなし)　꿈 같은 이야기 [명사 수식]

子(こ)どもみたいに笑(わら)う。　아이 같이 웃는다. [동사 수식]

「…みたいだ」는 「…ようだ」와 의미가 동일한 회화체 표현으로, 비유나 예시를 들 때 「명사+みたいだ」와 같이 활용할 수 있어요. 단, 접속 방법이 다르니 주의하세요!

まるでゆめみたいだ。　마치 꿈 같다.

先生(せんせい)みたいにりっぱな人(ひと)になりたい。　선생님처럼 훌륭한 사람이 되고 싶다.

Quick Check!

학습한 내용을 바탕으로 다음 한국어 문장을 일본어 문장으로 바꾸어 보세요.

정답 9p

● 비가 내릴 것 같다. ➡ ____________________

● 일기 예보에 따르면 눈이 내린다고 해요. ➡ ____________________

04 …らしい

❶ 추측 및 전문 표현

뜻	활용
N4&N5 8회 출제 ~인(한) 것 같다[추측], ~라고 한다[전문]	**역할** 객관적 근거에 의한 추측 및 전문 표현을 나타냅니다.
	접속 방법 동사·형용사·명사 보통체 + らしい (단, な형용사와 명사의 현재 긍정은 「な형용사 어간+らしい」, 「명사+らしい」 형식)
	예문 会社をやめるらしい。 회사를 그만둔다는 것 같다. /그만두는 것 같다. /그만둔다고 한다. 体に悪いらしい。 몸에 나쁘다는 것 같다. /몸에 나쁜 것 같다. /몸에 나쁘다고 한다. 仕事が大変らしい。 일이 힘들다는 것 같다. /일이 힘든 것 같다. /일이 힘들다고 한다. 彼はアメリカ人らしい。 그는 미국인이라는 것 같다. /미국인인 것 같다. /미국인이라고 한다.

❷ 전형(부류의 특징) 표현

뜻	활용
~다운, ~답다	**역할** 명사의 특징을 나타내는 표현으로, い형용사처럼 활용할 수 있습니다.
	접속 방법 명사 + らしい
	예문 男らしい。 남자답다. 春らしい天気 봄 다운 날씨 あなたらしくないですね。 당신답지 않네요.

최신 기출 유형 실전 모의고사

정답 및 해설 9p

다음 문제를 실제 시험처럼 풀어 보며 자신의 실력을 확인해 보세요.

1 これ、とても（　　　）ケーキですね。

1　おいしいらしい　　2　おいしいような

3　おいしいみたい　　4　おいしそうな

2 鈴木さんは、まるで人形（　　　）かわいいです。

1　のような　　2　のように　　3　らしい　　4　みたいな

3 A　「あ、さいふが（　　　）よ。」

B　「ほんとうだ。ありがとうございます。」

1　おちるそうです　　2　おちそうです

3　おとすそうです　　4　おとしそうです

4 公園では ＿＿＿ ＿★＿ ＿＿＿ ＿＿＿ います。

1　遊んで　　2　たくさんの

3　子どもたちが　　4　楽しそうに

5 田中さんは、留学生です。今、田中さんの家族は韓国に **1** 。田中さん **2** 、一人で生活するのは、今度がはじめてだそうです。

1　1　住みそうです　　2　住んでいるそうです

3　住んでいそうです　　4　住んだようです

2　1　まるで　　2　に　　3　によると　　4　らしい

Day 11 점수가 향상되는 '적중 문법2'

오늘의 핵심 내용 미리 보기!

오늘은 세 가지 동사와 관련된 표현을 학습합니다. 우선 '~하자', '~해야지'라는 뜻인 동사의 의지(권유)형에 대해 배워봅니다. 다음으로, '~할 수 있다'라는 뜻인 가능 표현과 가능 동사에 대해 구체적으로 살펴보고, 마지막으로 누군가와 주고받는 것을 나타내는 수수 표현에 대해 학습해 봅시다.

これを全部(ぜんぶ)食(た)べることができますか。
이걸 다 먹을 수 있어요? [가능]
田中(たなか)さんにこのケーキをもらいました。
다나카 씨에게 이 케이크를 받았어요. [수수]
早(はや)く来(き)て一緒(いっしょ)に食(た)べよう!
얼른 와서 같이 먹자! [의지, 권유]

이것만 알아두면 끝!

의지·가능·수수 표현

01 동사의 의지(권유)형

뜻	활용
~하자, ~해야지	**역할** 상대방에게 권유하는 상황이나 자기 자신에게 의지를 담아서 독백하는 상황에서 쓰입니다. **예문** 一緒(いっしょ)に行(い)こう。 같이 가자. はやく起(お)きよう。 일찍 일어나자. また来(こ)よう。 또 오자. もっと勉強(べんきょう)しよう。 좀 더 공부하자.

1그룹	어미 う단을 あ단으로 바꾸고 「…う」를 붙입니다.
	会(あ)う 만나다 ▸ 会(あ)おう 만나자, 만나야지
	行(い)く 가다 ▸ 行(い)こう 가자, 가야지
	読(よ)む 읽다 ▸ 読(よ)もう 읽자, 읽어야지
	遊(あそ)ぶ 놀다 ▸ 遊(あそ)ぼう 놀자, 놀아야지
2그룹	어미 「る」를 삭제하고 「…よう」를 붙입니다.
	起(お)きる 일어나다 ▸ 起(お)きよう 일어나자, 일어나야지
	食(た)べる 먹다 ▸ 食(た)べよう 먹자, 먹어야지
	見(み)る 보다 ▸ 見(み)よう 보자, 봐야지
3그룹	3그룹 동사는 불규칙하므로 「来(く)る」는 「来(こ)よう」, 「する」는 「しよう」라고 외우면 됩니다.
	来(く)る 오다 ▸ 来(こ)よう 오자, 와야지
	する 하다 ▸ しよう 하자, 해야지

기출+ …(よ)うと思(おも)う

N4&N5 9회 출제

'~하려고 (생각)하다'라는 뜻으로 「동사 의지형+と思(おも)う」 형식으로 쓰여, 단순한 의지형보다 상대방에게 자신의 의지를 보다 더 확실하게 나타내는 표현입니다.

私(わたし)はあした国(くに)へ帰(かえ)ろうと思(おも)います。 저는 내일 귀국하려고 합니다.

今日(きょう)デパートへ行(い)こうと思(おも)います。 오늘 백화점에 가려고 합니다.

02 동사의 가능형

'~할 수 있다'라는 뜻으로 동사의 가능을 나타내는 대표 표현과 가능 동사에 대해 학습해 봅시다.

❶ …ことができる

뜻	활용
N4&N5 3회 출제 ~할 수 있다	역할 어떤 것이 가능하거나 할 수 있는 능력이 있다는 것을 나타냅니다.
	접속 방법 동사 기본형 + ことができる

예문 日本語(にほんご)を話(はな)すことができますか。 일본어를 말할 수 있습니까?

一人(ひとり)でこわい映画(えいが)を見(み)ることができますか。
혼자서 무서운 영화를 볼 수 있습니까?

❷ 가능 동사

1그룹	어미 う단을 え단으로 바꾸고 「…る」를 붙입니다.		
	会(あ)う 만나다	▸	会(あ)える 만날 수 있다
	行(い)く 가다	▸	行(い)ける 갈 수 있다
	泳(およ)ぐ 수영하다	▸	泳(およ)げる 수영할 수 있다
	帰(かえ)る 돌아가다	▸	帰(かえ)れる 돌아갈 수 있다
2그룹	어미 「る」를 삭제하고 「…られる」를 붙입니다.		
	食(た)べる 먹다	▸	食(た)べられる 먹을 수 있다
	見(み)る 보다	▸	見(み)られる 볼 수 있다
	教(おし)える 가르치다	▸	教(おし)えられる 가르칠 수 있다
3그룹	3그룹 동사는 불규칙하므로 「来(く)る」는 「来(こ)られる」, 「する」는 「できる」라고 외우면 됩니다.		
	来(く)る 오다	▸	来(こ)られる 올 수 있다
	する 하다	▸	できる 할 수 있다

한걸음 더 TiP!

가능 동사 바로 앞에 오는 조사는 「を」가 아닌 「が」로 쓰이는 경우가 많습니다.

日本語(にほんご)が話(はな)せます。 일본어를 말할 수 있습니다.

一人(ひとり)で怖(こわ)い映画(えいが)が見(み)られますか。 혼자서 무서운 영화를 볼 수 있습니까?

料理(りょうり)ができますか。 요리를 할 수 있습니까?

03 수수 표현

❶ 사물의 수수 표현

N4&N5 9회 출제

주는 표현과 받는 표현을 통틀어서 '수수 표현'이라고 합니다. 한국어와 달리 일본어는 화자가 상대방에게 주는 표현과 상대방이 화자에게 주는 표현을 각각 다르게 나타내므로 주의해야 하며, 이때 존댓말인 경어 표현도 상황에 따라 알맞게 활용해야 합니다. 우선 수수 표현에서 주요 포인트만 알아두고 Day14에서 구체적으로 경어에 대해 학습해 봅시다.

의미	동사	경어
주다(나→남)	やる (손아랫사람에게) 주다	さしあげる 드리다(나를 낮추는 겸양 표현)
	あげる (일반적인 경우) 주다	
주다(남→나)	くれる 주다	くださる 주시다(상대방을 높이는 존경 표현)
받다	もらう 받다	いただく 받다(나를 낮추는 겸양 표현)

주다(나→남) 花(はな)に水(みず)をやりました。 꽃에 물을 주었습니다.

私(わたし)は田中(たなか)さんに誕生日(たんじょうび)のプレゼントをあげました。
저는 다나카 씨에게 생일 선물을 주었습니다.

私(わたし)は先生(せんせい)に花(はな)たばをさしあげました。 저는 선생님께 꽃다발을 드렸습니다.

주다(남→나) 田中(たなか)さんが私(わたし)ににんぎょうをくれました。 다나카 씨가 저에게 인형을 주었습니다.

校長先生(こうちょうせんせい)が私(わたし)に本(ほん)をくださいました。 교장 선생님이 저에게 책을 주셨습니다.

받다 わたしは父(ちち)に映画(えいが)のチケットをもらいました。 저는 아빠에게 영화 티켓을 받았습니다.

校長先生(こうちょうせんせい)に本(ほん)をいただきました。 교장 선생님께 책을 받았습니다.

한걸음 더 TiP!

「くださる(주시다)」**의 정중체는 앞서 학습한 동사 활용법과 달리** 「くださります」**가 아니라** 「くださいます(주십니다)」**라고 씁니다.**

❷ 행위의 수수 표현

N4&N5 20회 출제

앞서 배운 사물의 수수 표현과 달리 누군가가 특정한 행동을 해 주는 상황으로, 동사와 함께 쓰는 경우에는 다음과 같이 나타냅니다.

의미	동사	경어
~해 주다(나→남)	…てあげる ~해 주다	…てさしあげる ~해 드리다
~해 주다(남→나)	…てくれる ~해 주다	…てくださる ~해 주시다
~해 받다	…てもらう ~해 받다	…ていただく ~해 받다

~해 주다(나→남) 私は妹に誕生日のプレゼントを買ってあげました。

저는 여동생에게 생일 선물을 사 주었습니다.

私は先生に韓国料理を作ってさしあげました。

저는 선생님께 한국 요리를 만들어 드렸습니다.

~해 주다(남→나) 田中さんが私ににんぎょうを作ってくれました。

다나카 씨가 저에게 인형을 만들어 주었습니다.

校長先生が私に本を貸してくださいました。

교장 선생님이 저에게 책을 빌려 주셨습니다.

~해 받다 私は父に映画のチケットをよやくしてもらいました。

저는 아빠에게 영화 티켓을 예약해 받았습니다. (=아빠가 영화 티켓을 예약해 주었습니다.)

校長先生に本を貸していただきました。

교장 선생님께 책을 빌려 받았습니다. (=교장 선생님께서 책을 빌려 주셨습니다.)

Quick Check!

빈칸 안에 들어갈 알맞은 표현을 찾아 써 보세요.

정답 10p

- 私は先生に花たばを(　　　　　　)。 저는 선생님께 꽃다발을 드렸습니다.
- 私は妹に誕生日のプレゼントを買っ(　　　　　　)。
  저는 여동생에게 생일 선물을 사 주었습니다.

최신 기출 유형 실전 모의고사

정답 및 해설 10p

다음 문제를 실제 시험처럼 풀어 보며 자신의 실력을 확인해 보세요.

1 A 「こんどの　日曜日は　映画を　見に　行かない？」
B 「ごめん。図書館で　レポートを（　　　）と　思って　いるんだ。」

1 書ける　　2 書く　　3 書こう　　4 書かない

2 兄が　わたしに　とけいを　(　　　)。

1 あげました　　2 くれました
3 やりました　　4 くださいました

3 A 「わあ、きれいな　ふくですね。」
B 「たんじょうびに　母に　買って（　　　）。」

1 あげました　　2 くれました
3 もらいました　　4 いただきました

4 あそびながら　漢字を　＿＿　＿＿　＿★＿　＿＿　あります。

1 ソフトが　　2 ことが　　3 できる　　4 おぼえる

5 山本さんは、毎日午後５時から８時まで、大学の近くにあるきっさてんでアルバイトをしています。１時間で９００円を **1** 。アルバイトをしたお金で、りょこうに行ったり、友だちと遊んだりする **2** 。

1　1 もらいます　　2 あげます　　3 さしあげます　　4 やります
2　1 できます　　2 ことをできます
　　3 ことができます　　4 できません

Day 12

점수가 향상되는 '적중 문법3'

오늘의 핵심 내용 미리 보기!

오늘은 가정 표현인 「と、ば、たら、なら」를 학습합니다. '~하면', '~라면', '~면'처럼 한국어로는 크게 구분해서 쓸 필요가 없지만, 일본어는 각각 접속 방법과 뉘앙스가 다르기 때문에 위의 가정 표현을 잘 구분해서 활용해야 합니다. 조금은 헷갈릴 수 있는 네 가지 가정 표현을 함께 비교하며 학습해 봅시다.

깐깐한 냉철이 と	다재다능 똑순이 ば	자유로운 영혼 たら	사차원 なら
[일반 조건일 때]	[일반, 가정 조건 모두]	[가정 조건일 때]	[조언, 의견을 구할 때]

이것만 알아두면 끝! 가정 표현 비교

01 …と

N4&N5 17회 출제

「と」는 '~하면'이라는 뜻의 가정 표현입니다. 문장에서 'A하면 반드시 B가 된다'라는 의미로 필연적인 결과를 나타내는 경우에 쓰는 조건 표현입니다.

품사	접속 방법	예
동사	동사・형용사 기본형 + と	行(い)くと 가면
い형용사	동사・형용사 기본형 + と	近(ちか)いと 가까우면
な형용사	동사・형용사 기본형 + と	静(しず)かだと 조용하면
명사	명사 + だ + と	(いい)天気(てんき)だと (좋은) 날씨면

❶ 자연 현상 · 기계 조작

예문 春(はる)になると花(はな)が咲(さ)きます。 봄이 되면 꽃이 핍니다.

このボタンを押(お)すとドアが開(あ)きます。 이 버튼을 누르면 문이 열립니다.

❷ 길 안내

예문 この道(みち)をまっすぐ行(い)くと銀行(ぎんこう)があります。 이 길을 곧장 가면 은행이 있습니다.

ここを右(みぎ)に曲(ま)がると、スーパーがあります。 여기를 오른쪽으로 돌면 슈퍼가 있어요.

❸ 반복적인 습관

예문 朝(あさ)起(お)きると新聞(しんぶん)を読(よ)みます。 아침에 일어나면 신문을 읽습니다.

昼(ひる)ご飯(はん)を食(た)べると眠(ねむ)くなります。 점심을 먹으면 졸리게 돼요(잠이 와요).

한걸음 더 TiP!

「…と」는 일반적인 상황에서 조건을 나타내는 표현이므로, 문말에 '권유', '부탁', '희망', '명령'과 같은 주관적 표현은 함께 사용할 수 없습니다.

02 …ば

N4&N5 7회 출제

「…ば」는 '~하면'이라는 뜻으로 「…と」처럼 일반 조건을 나타낼 때 쓰이기도 하지만 그 밖에도 「…ば」는 'A하면 B하다'라는 뜻으로 가정 조건을 나타낼 수 있다는 차이점이 있습니다.

품사	접속 방법	예
동사	어미 う단 ▸ え단 + ば	行(い)く 가다 ▸ 行(い)けば 가면
		食(た)べる 먹다 ▸ 食(た)べれば 먹으면
		来(く)る 오다 ▸ 来(く)れば 오면
		する 하다 ▸ すれば 하면
い형용사	い형용사 어간 + ければ	高(たか)い 비싸다 ▸ 高(たか)ければ 비싸면

な형용사	な형용사 어간 + なら(ば)	静(しず)かだ 조용하다	▸ 静(しず)かなら(ば) 조용하면
명사	명사 + なら(ば)	雨(あめ) 비, 우천	▸ 雨(あめ)なら(ば) 비면(비오면)

❶ 일반적인 논리, 속담 (≒ と)

예문 春(はる)になれば花(はな)が咲(さ)きます。 봄이 되면 꽃이 핍니다.

このボタンを押(お)せば、ドアが開(あ)きます。 이 버튼을 누르면 문이 열립니다.

❷ 가정 조건: A하면 B하다 (A하지 않으면 B하지 않는다)

예문 薬(くすり)を飲(の)めば、治(なお)るでしょう。 약을 먹으면 나을 겁니다.

雨(あめ)が降(ふ)らなければ、行(い)きます。 비가 오지 않으면 갈게요.

기출 + …ば…ほど

'~하면 ~할수록'이라는 뜻으로 「…ば+기본형+ほど」 형식으로 쓰여, A의 정도가 강해지면 강해질수록 B의 정도도 마찬가지로 강해진다는 것을 나타내는 표현입니다.

れんしゅうをすればするほど難(むずか)しいです。 연습을 하면 할수록 어렵습니다.

03 …たら

N4&N5 12회 출제

'~하면'이라는 뜻의 「…たら」는 일반 조건에서는 쓸 수 없고 가정 조건에서만 사용 가능합니다. 또한 앞의 상황이 반드시 성립하고 나서 뒤의 상황이 발생하는 경우에도 쓸 수 있습니다.

품사	접속 방법	예
동사	동사・형용사・명사 과거형 + ら	降(ふ)ったら 오면, 내리면
い형용사		安(やす)かったら 저렴하면
な형용사		ひまだったら 한가하면
명사		夏休(なつやす)みだったら 여름 방학이면

❶ 가정 조건: A하면 B하다 (A하지 않으면 B하지 않는다)

예문 雨(あめ)が降(ふ)ったら、出(で)かけません。 비가 오면 나가지 않겠습니다.

❷ 반드시 성립될 사항 (たら≠と・ば)

예문 駅(えき)に着(つ)いたら、お電話(でんわ)ください。 역에 도착하면 전화 주세요.

冬休(ふゆやす)みになったら、国(くに)に帰(かえ)るつもりです。 겨울 방학이 되면 고향에 돌아갈 생각입니다.

한걸음 더 TiP!

「…たら」의 두 번째 용법은 앞에 언급된 상황이 성립한 뒤에 그 다음 상황이 발생하는 것을 나타냅니다. 따라서 위의 첫 번째 예문처럼 앞의 상황이 성립하게 될 시에 상대방에게 어떤 행동을 요청하는 경우에 「…ください」와 자주 함께 쓰입니다.

04 …なら

N4&N5 8회 출제

'~하면', '~(이)라면'이라는 뜻으로 앞에 제시된 화제를 받아 '조언'이나 '의견'을 말하는 상황에서 쓰입니다.

품사	접속 방법	예
동사	동사・형용사・명사 보통체 + なら (단, 현재 긍정일 때는 「な형용사 어간+なら」, 「명사+なら」 형식)	行(い)くなら 간다면
い형용사		おいしいなら 맛있다면
な형용사		静(しず)かなら 조용하면
명사		旅行(りょこう)なら 여행이라면

예문 Ⓐ あの、熱(ねつ)があるのですが…。 저기 열이 있는데요….

Ⓑ 熱(ねつ)があるなら、早(はや)く帰(かえ)って寝(ね)たほうがいいですよ。
열이 있다면 빨리 집에 가서 자는 편이 좋아요.

Ⓐ ノートパソコンがほしいんですが…。 노트북을 갖고 싶은데요….

Ⓑ ノートパソコンを買(か)うなら、韓国製(かんこくせい)がいいですよ。
노트북을 산다면 한국 제품이 좋아요.

Ⓐ 今週の土曜日、映画に行きませんか。 이번 주 토요일, 영화 보러 가지 않을래요?

Ⓑ 土曜日ならいいですよ。 토요일이라면 좋아요.

기출 + 발견의 용법, 의외의 사실을 나타내는 표현

지금까지 학습한 네 가지의 가정 표현 중 「…たら」, 「…と」는 '~하자', '~했더니'라는 뜻으로 어떤 사실을 발견하거나 의외의 사실을 나타낼 때 쓸 수도 있습니다. 문맥을 파악하여 가정 표현과 구분할 수 있습니다.

窓を開けたら、雨が降っていました。
창문을 열었더니(열자) 비가 내리고 있었습니다.
(=窓を開けると、雨が降っていました。)

教室に入ったら、先生がいました。
교실에 들어갔더니(들어가자) 선생님이 있었습니다.
(=教室に入ると、先生がいました。)

Quick Check!

문장 속 빈칸에 들어가기에 적합한 표현을 서로 연결해 보세요.

정답 11p

❶ と ・　　・(a) 駅に着い(　　), お電話ください。

❷ たら ・　　・(b) 春になる(　　)花が咲きます。

❸ なら ・　　・(c) ノートパソコンを買う(　　), 韓国製がいいですよ。

최신 기출 유형 실전 모의고사

정답 및 해설 11p

다음 문제를 실제 시험처럼 풀어 보며 자신의 실력을 확인해 보세요.

1 春が　来て、暖かく（　　　）さくらが　咲きます。

1　なると　　2　なるなら　　3　なるならば　　4　なっても

2 薬を（　　　）すぐ　治りますよ。

1　飲むなら　　2　飲めば　　3　飲めなら　　4　飲むば

3 窓を（　　　）雪が　降っていました。

1　あけると　　2　あけるなら　　3　あければ　　4　あけて

4 この　道を　まっすぐ　＿＿＿　＿★＿　＿＿＿　＿＿＿　あります。

1　スーパー　　2　と　　3　が　　4　行く

5 きょうも雨がふっている。日本ではいまの季節を「つゆ」という。つゆの季節に　**1**　雨がたくさんふる。あと1カ月くらい　**2**　つゆも終わるので、楽しみだ。

1　1　なると　　2　なったら　　3　なるなら　　4　なったなら

2　1　するば　　2　すれば　　3　するなら　　4　したなら

Day 13 점수가 향상되는 '적중 문법4'

오늘의 핵심 내용 미리 보기!

오늘은 수동형, 사역형, 사역수동형과 관련된 표현을 학습합니다. 한국어가 모국어인 학습자들에게는 다소 생소한 표현이기 때문에 어렵게 느껴질 수도 있지만, 다양한 예문과 함께 문장 단위로 학습하며 실제 쓰임을 잘 파악하는 것이 좋습니다.

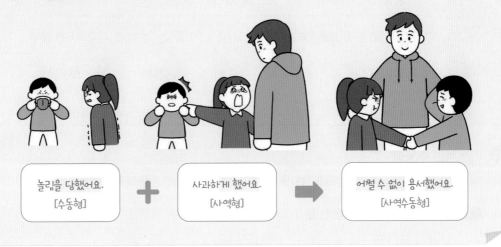

놀림을 당했어요. [수동형] + 사과하게 했어요. [사역형] → 어쩔 수 없이 용서했어요. [사역수동형]

이것만 알아두면 끝!

수동 · 사역 · 사역수동형

01 수동형

N4&N5 14회 출제

수동형은 '~당하다', '~되다', '~받다', '~지다'라는 뜻으로, 한국어로 직역이 가능한 경우와 직역이 어려운 경우가 있습니다. 직역이 어려운 표현들은 해석이 명확하지 않아 의역하는 경우가 많지만 정답을 고를 때 헷갈리는 경우가 생길 수 있으므로, 어색하더라도 우선 직역에 익숙해지는 것이 좋습니다.

1그룹	어미 う단을 あ단으로 바꾸고 「…れる」를 붙입니다. ※ 어미가 う인 경우 「われる」가 돼요!
	書(か)く 쓰다 ▸ 書(か)かれる 쓰여지다
	踏(ふ)む 밟다 ▸ 踏(ふ)まれる 밟히다

	怒(おこ)る 혼내다	▸	怒(おこ)られる 혼나다
	言(い)う 말하다	▸	言(い)われる 말을 듣다
2그룹	어미 「る」를 삭제하고 「…られる」를 붙입니다.		
	食(た)べる 먹다	▸	食(た)べられる 먹히다
	見(み)る 보다	▸	見(み)られる 봄을 당하다, 보여지다
	褒(ほ)める 칭찬하다	▸	褒(ほ)められる 칭찬받다
3그룹	3그룹 동사는 불규칙하므로 「来(く)る」는 「来(こ)られる」, 「する」는 「される」라고 외우면 됩니다.		
	来(く)る 오다	▸	来(こ)られる 옴을 당하다
	する 하다	▸	される 되다, 당하다

❶ 기본적인 수동형

'나'의 입장이 중심이 되어 어떤 행위를 당함을 강조하는 것으로 기본적인 수동 표현을 나타냅니다.

예문 母(はは)は私(わたし)を起(お)こしました。 엄마는 나를 깨웠습니다.

➡ 私(わたし)は母(はは)に起(お)こされました。 나는 엄마에게 깨움 당했습니다.

❷ 피해를 나타내는 수동형

신체의 일부, 소유물 등이 다른 사람의 행위를 받는 경우로, 상대방에게 무언가 당했다는 표현을 통해 곤란하고 난처한 화자 내면의 의도를 은연중에 드러내는 뉘앙스입니다.

예문 私(わたし)はどろぼうに財布(さいふ)を盗(ぬす)まれました。 나는 도둑에게 지갑을 도난 당했습니다.

私(わたし)は犬(いぬ)に手(て)をかまれました。 나는 개에게 손을 물렸습니다.

❸ 폐/성가심을 나타내는 수동형

피해를 입거나 번거롭다고 느껴지는 경우를 나타내며, 상대방에게 무언가 당했다는 표현을 통해 곤란하고 난처한 화자 내면의 의도를 은연중에 드러내는 뉘앙스입니다.

예문 きのう家(いえ)へ帰(かえ)る時(とき)、雨(あめ)に降(ふ)られました。 어제 집에 돌아갈 때 비를 맞았습니다.

昨日(きのう)、友(とも)だちに来(こ)られて勉強(べんきょう)できませんでした。

어제 친구가 와서 공부를 못 했습니다.

한걸음 더 TiP!

「雨(あめ)に降(ふ)られました。」는 '비를 맞았습니다.'라는 표현으로 시험에 자주 출제되는 문장이기 때문에 통으로 암기해 두는 것이 좋습니다.

④ 주어가 사람이 아닌 경우 & 사회적 사실을 말하는 경우

주어가 사람이 아닌 사물과 같은 경우나 사회적인 사실을 나타내는 경우에 다음과 같이 수동형을 만들 수 있습니다.

예문 2018年(ねん)の冬(ふゆ)のオリンピックは韓国(かんこく)で開(ひら)かれました。
2018년 동계 올림픽은 한국에서 개최되었습니다.

この小説(しょうせつ)は夏目漱石(なつめそうせき)によって書(か)かれました。
이 소설은 나쓰메 소세키에 의해 쓰여졌습니다.

02 사역형

N4&N5 9회 출제

'시키다', '~하게 하다'라는 뜻의 사역 표현입니다. 사역형은 한국어로 직역이 가능한 경우가 대부분이기 때문에 수동형에 비해 해석이 쉬운 편입니다.

1그룹	어미 う단을 あ단으로 바꾸고 「…せる」를 붙입니다. ※ 어미가 う인 경우 「わせる」가 돼요!		
	行(い)く 가다	▸	行(い)かせる 가게 하다
	読(よ)む 읽다	▸	読(よ)ませる 읽게 하다
	待(ま)つ 기다리다	▸	待(ま)たせる 기다리게 하다
	会(あ)う 만나다	▸	会(あ)わせる 만나게 하다
2그룹	어미 「る」를 삭제하고 「…られる」를 붙입니다.		
	食(た)べる 먹다	▸	食(た)べさせる 먹게 하다
	見(み)る 보다	▸	見(み)させる 보게 하다
	考(かんが)える 생각하다	▸	考(かんが)えさせる 생각하게 하다
3그룹	3그룹 동사는 불규칙하므로 「来(く)る」는 「来(こ)させる」, 「する」는 「させる」라고 외우면 됩니다.		
	来(く)る 오다	▸	来(こ)させる 오게 하다
	する 하다	▸	させる 시키다, 하게 하다

❶ 강제 용법

'~하게 시키다'라는 의미로 상대방에게 무언가를 강제로 시키는 경우를 나타냅니다.

예문 医者は山田さんにお酒をやめさせました。

의사는 야마다 씨에게 술을 끊게 했습니다.

毎日母は弟に本を読ませました。

매일 엄마는 남동생에게 책을 읽게 했습니다.

❷ 허가 용법

'~하게 하다'라는 의미로 상대방이 어떤 행위를 하도록 허가 및 방임하는 경우를 나타냅니다.

예문 先生はグラウンドで子どもたちを遊ばせました。

선생님은 운동장에서 아이들을 놀게 했습니다.

お母さんは子どもたちに毎日ゲームをさせています。

어머니는 아이들에게 매일 게임을 하게 허락하고 있습니다.

❸ 유발 용법

'~하게 하다'라는 의미로 상대방이 어떤 행위를 하도록 유발하는 경우를 나타냅니다.

예문 弟は病気をして、両親を心配させました。

남동생은 병이 나서 부모님을 걱정시켰습니다.

鈴木さんはいつもおもしろいことを言って、みんなを笑わせます。

스즈키 씨는 언제나 재미있는 이야기를 해서 모두를 웃깁니다.

기출+ 허락을 구하는 두 가지 표현

다음 두 표현은 상대방에게 허락을 구하는 표현입니다. 특히 청해 파트에서 출제될 때 바로 의미를 파악하기 어려울 수 있기 때문에 예문을 반복해서 읽어 보며 두 표현 모두 익숙하게 암기해 두는 것이 좋습니다.

우선 「…(さ)せてください」는 '~하게 해 주세요'라는 뜻으로 「(동사 사역형의) て형+ください」 형식으로 쓰여, 화자가 어떤 행동을 하기 위해 상대방에게 허락을 구하는 표현입니다.

部長、その仕事は私にやらせてください。

부장님, 그 일은 제가 하게 해 주세요. (저에게 시켜주세요.)

「…(さ)せていただけませんか」는 '~하게 해 주시지 않겠습니까?'라는 뜻으로 「(동사 사역형의) て형+いただけませんか」 형식으로 쓰여, 「…(さ)せてください」 보다 더욱 정중하게 부탁하는 표현입니다.

今日、調子が悪いですが、休ませていただけませんか。

오늘 컨디션이 안 좋은데요, 쉬게 해 주시지 않겠습니까? (쉬어도 될까요?)

03 사역수동형

N4&N5 4회 출제

사역수동형은 말그대로 사역형과 수동형이 합쳐진 문형으로 '시킴을 당하다'라는 의미입니다. 문장에서는 '억지로 ~하다', '어쩔 수 없이 ~하다'라는 뜻으로 자연스럽게 해석할 수 있습니다.

1그룹	어미 う단을 あ단으로 바꾸고 「…せられる」를 붙입니다. ※ 어미가 う인 경우 「わせられる」가 돼요!
	行(い)く 가다 ▸ 行(い)かせられる (억지로) 가다
	待(ま)つ 기다리다 ▸ 待(ま)たせられる (억지로) 기다리다
	飲(の)う 마시다 ▸ 飲(の)ませられる (억지로) 마시다
2그룹	어미 「る」를 삭제하고 「…させられる」를 붙입니다.
	食(た)べる 먹다 ▸ 食(た)べさせられる (억지로) 먹다
	見(み)る 보다 ▸ 見(み)させられる (억지로) 보다
3그룹	3그룹 동사는 불규칙하므로 「来(く)る」는 「来(こ)させられる」, 「する」는 「させられる」라고 외우면 됩니다.
	来(く)る 오다 ▸ 来(こ)させられる 오게 하다
	する 하다 ▸ させられる (억지로) 하다

한 걸음 더 TiP!

1그룹의 사역수동형 「せられる」는 「される」로 줄여 사용할 수 있습니다. 다만, 「す」로 끝나는 1그룹 동사는 줄여 쓰지 못합니다.

いく 가다 ➡ いかせられる = いかされる

まつ 기다리다 ➡ またせられる = またされる

はなす 이야기하다 ➡ はなさせられる [はなさされる(X)]

❶ 다른 사람이 시켜서 어쩔 수 없이 행동하는 경우

예문 先輩(せんぱい)は私(わたし)に歌(うた)を歌(うた)わせました。 사역형

선배는 나에게 노래를 부르게 했습니다.

➡ 私(わたし)は先輩(せんぱい)に歌(うた)を歌(うた)わせられました。 사역수동형

나는 (선배가 시켜서 어쩔 수 없이) 노래를 불렀습니다.

❷ 다른 사람의 행동으로 인해 감정을 억제할 수 없는 경우

예문 息子(むすこ)は私(わたし)を心配(しんぱい)させました。 사역형

아들은 나를 걱정시켰습니다.

➡ 私(わたし)は息子(むすこ)に心配(しんぱい)させられました。 사역수동형

나는 아들 때문에 걱정했습니다.

Quick Check!

빈칸 안에 들어갈 알맞은 표현을 찾아 써 보세요.

정답 11p

- 私(わたし)はどろぼうに財布(さいふ)を(　　　　　)。 나는 도둑에게 지갑을 도난당했습니다.
- 毎日母(まいにちはは)は弟(おとうと)に本(ほん)を(　　　　　)。 매일 엄마는 남동생에게 책을 읽게 했습니다.
- 私(わたし)は先輩(せんぱい)に歌(うた)を(　　　　　)。 나는 (선배가 시켜서 어쩔 수 없이) 노래를 불렀습니다.

최신 기출 유형 실전 모의고사

정답 및 해설 11p

다음 문제를 실제 시험처럼 풀어 보며 자신의 실력을 확인해 보세요.

1 おかあさんは　まいにち　子どもに　ピアノを（　　　）。

1　ひかせます　　2　ひかれます

3　ひけます　　4　ひかせられます

2 雨に（　　　）、すっかり　ぬれて　しまいました。

1　降られて　　2　降って

3　降らせて　　4　降らせられて

3 子どもの　とき、私は　すうがくが　きらいでしたが、よく　父に　すうがくの　べんきょうを（　　　）。

1　しました　　2　させられました

3　されました　　4　されさせました

4 田中さんは　病気が　重かったので、医者に　＿＿＿　＿★＿　＿＿＿　＿＿＿　ました。

1　すぐ　　2　入院　　3　られ　　4　させ

5 私は　＿＿＿　＿★＿　＿＿＿　＿＿＿　しまいました。

1　じゅぎょうに　　2　注意

3　されて　　4　おくれて

Day 14

점수가 향상되는 '적중 문법5'

오늘의 핵심 내용 미리 보기!

오늘은 일본어의 경어에 대해 학습해 봅니다. 한국어에도 존댓말 표현이 있기 때문에 개념을 이해하는 데는 어려움이 없지만 일본어에는 존경어, 겸양어, 정중어까지 경어의 종류가 다양하기 때문에 헷갈릴 수 있습니다. 따라서 나와 상대방의 위치를 이미지화하여 기억하고 반복적으로 연습이 필요한 부분입니다.

'상대방'이 가십니다.
'제'가 상대방에게 드립니다.
저기, 펜 좀 빌려주세요.
상대방의 행위를 높임
주어=상대방
[존경어]
자신의 행위를 낮춤
주어=나
[겸양어]
상대방에 대한 정중한 표현
です・ます체
[정중어]

이것만 알아두면 끝!

경어 동사와 공식 마스터

01 특수 경어 동사

기본 동사에 해당하는 겸양 동사와 존경 동사가 표현이 각각 따로 존재하기 때문에 해당하는 표현을 상황에 맞게 활용할 수 있도록 기억해 두어야 합니다.

특수 겸양 동사(나↓)	기본 동사	특수 존경 동사(상대↑)
まいる 오다/가다	来(く)る・行(い)く 오다/가다	いらっしゃる・ おいでになる★ 오시다/가시다/계시다
おる 있다	いる 있다	
…ておる★ ~하고 있다	…ている ~하고 있다	…ていらっしゃる ~하고 계시다

もうす・もうしあげる 말씀드리다	言う 말하다	おっしゃる 말씀하시다
ぞんじる 알다	知る 알다	ごぞんじだ★ 아시다
拝見する★ 보다	見る 보다	ごらんになる 보시다
いただく 마시다/먹다	飲む・食べる 마시다/먹다	めしあがる 드시다
いたす★ 하다	する 하다	なさる 하시다
うかがう 여쭙다/찾아뵙다	聞く・訪問する 묻다/방문하다	

한 걸음 더 TiP!

「いらっしゃる」**의 정중체는** 「いらっしゃいます」, 「おっしゃる」**의 정중체는** 「おっしゃいます」**인 점에 유의하세요!**

02 존경어

❶ お/ご…になる

뜻	활용
N4&N5 6회 출제 ~하시다	**역할** 상대방의 행위를 높이는 존경어 표현입니다. **접속 방법** お + **동사 ます형** + になる / ご + **명사** + になる **예문** 社長は５時にお帰りになりました。 사장님은 5시에 집에 가셨습니다. いつ国へお帰りになりますか。 언제 고국에 돌아가십니까? 社長もご出席になります。 사장님도 출석하십니다.

❷ お/ご…ください

뜻	활용
N4&N5 7회 출제 ~하십시오	**역할** ~해 주세요'라는 뜻의 「…てください」 보다 더 공손하게 예의를 갖춘 존경어 표현입니다. **접속 방법** お + 동사 ます형 + ください / ご + 명사 + ください **예문** 少々お待ちください。 잠시 기다려 주십시오. どうぞ、お入りください。 어서 들어오십시오. ご説明ください。 설명해 주십시오.

❸ 수동형의 존경어로써의 쓰임

N4&N5 14회 출제

'~하시다'라는 뜻으로, 존경의 정도가 비교적 낮은 편입니다. '~당하다'라는 의미의 일반적인 수동형 의미로 쓰일 때와 활용법이 동일합니다. 하지만 문맥을 파악하여 어떤 의미로 쓰였는지 쉽게 구분할 수 있습니다.

1그룹	어미 う단을 あ단으로 바꾸고 「…れる」를 붙입니다. ※ 어미가 う인 경우 「われる」가 돼요! 先生もこの本を読まれましたか。 선생님도 이 책을 읽으셨습니까? 先生が本を書かれました。 선생님이 책을 쓰셨습니다.
2그룹	어미 「る」를 삭제하고 「…られる」를 붙입니다. 何時に出られますか。 몇 시에 나가세요? 部長が新しい仕事を決められました。 부장님이 새로운 일을 정하셨습니다.
3그룹	3그룹 동사는 불규칙하므로 「来る」는 「来られる」, 「する」는 「される」라고 외우면 됩니다. 先生は明日学校へ来られますか。 선생님은 내일 학교에 오십니까? 社長が電話をされました。 사장님이 전화를 하셨습니다.

03 겸양어

❶ お/ご~する・いたす

뜻	활용
N4&N5 14회 출제 ~해 드리다	**역할** 자신의 행위를 낮추어 '~해 드리다'라는 뜻을 나타내는 겸양어입니다. **접속 방법** お + 동사 ます형 + する・いたす ご + 명사 + する・いたす **예문** どうぞよろしくお願(ねが)いします。 모쪼록 잘 부탁드립니다. 先生(せんせい)に手紙(てがみ)をお送(おく)りしました。 선생님께 편지를 보내 드렸습니다. お荷物(にもつ)は私(わたし)がお持(も)ちいたします。 짐은 제가 들어드리겠습니다. ご案内(あんない)します。 안내해 드리겠습니다.

04 정중어

상대방에 대한 정중한 표현인 정중어는 아래의 두 가지 표현 모두 사용 가능합니다.

표현	예문
…でございます **~입니다 (=…です)**	このバックはフランス製(せい)でございます。 이 가방은 프랑스 제품입니다.
…ございます **~있습니다 (=…あります)**	トイレは2階(かい)にございます。 화장실은 2층에 있습니다.

Quick Check!

빈칸 안에 들어갈 알맞은 경어 표현을 써 보세요.

정답 12p

- 社長(しゃちょう)も(　　)出席(しゅっせき)(　　　　)。 사장님도 출석하십니다.
- どうぞよろしく(　　)願(ねが)い(　　　　)。 모쪼록 잘 부탁드립니다.

최신 기출 유형 실전 모의고사

다음 문제를 실제 시험처럼 풀어 보며 자신의 실력을 확인해 보세요.

1 社長、わたしが　お荷物を　お持ち（　　　）。

1　います　　2　です　　3　なります　　4　します

2 先生は　いつ　お帰り（　　　）か。

1　します　　2　に　います

3　に　なります　　4　されます

3 必要な　ことが　ございましたら、何でも（　　　）ください。

1　おっしゃって　　2　はいけんして

3　もうして　　4　ぞんじて

4 こちらで　＿＿＿　＿★＿　＿＿＿　＿＿＿。

1　まち　　2　お　　3　少々　　4　ください

5 山田さんが先生に書いた手紙です。

先生

あすのクラス会についてご連絡しました。先生は、何時に［ 1 ］ますか。
明日はわたしが［ 2 ］。どうぞ、よろしくお願いします。

山田

정답 및 해설 12p

1 1 来る 2 来られ

3 来させ 4 来させられ

2 1 お案内します 2 ご案内します

3 お案内になります 4 ご案内になります

처음 JLPT

PART 2

문자·어휘 파트에서는 어휘 암기가 키포인트! 빈출 한자와 히라가나 위주로 학습하여 시험에서 바로바로 생각날 수 있도록 암기해 두어야 합니다. 시험 순서상 가장 처음에 출제되는 영역인만큼 빠르게 답을 고르며 자신감을 얻는 것이 중요합니다.

하루에 하나씩 JLPT N4 · N5 문자 · 어휘 학습 CHECK!

		달성 후 체크! ✓
Day 15~16	반드시 출제되는 '필수 어휘1, 2'	☐
Day 17	발음부터 표기까지 'N5 한자 읽기&표기'	☐
Day 18	문맥을 파악하는 'N5 문맥 규정'	☐
Day 19	비슷한 표현을 찾는 'N5 유의 표현'	☐
Day 20	발음부터 표기까지 'N4 한자 읽기&표기'	☐
Day 21	문맥을 파악하는 'N4 문맥 규정'	☐
Day 22	비슷한 표현을 찾는 'N4 유의 표현'	☐
Day 23	어휘의 올바른 쓰임을 찾는 'N4 용법'	☐

언어지식
문자·어휘

한 눈에 보는 JLPT N4 · N5 문자 · 어휘!

본격적인 학습을 시작하기에 앞서, 우선 문자·어휘 파트 출제 경향 및 문제 유형을 살펴봅시다.

1 출제 경향 핵심 키워드

품사별 빈도가 가장 높은 '명사'가 중요해요!

문자와 어휘 파트인만큼 '명사'의 중요도가 높은 파트입니다. 숫자, 날짜, 가족 등 주제별 어휘를 확실히 익혀 두고 특히 헷갈리는 한자와 히라가나를 비교하며 암기합니다.

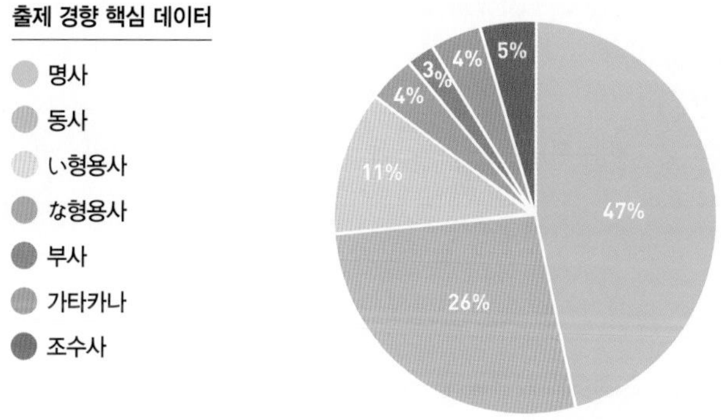

2 출제 유형 미리 보기

유형1 한자 읽기 ▷ 한자로 쓰인 어휘의 읽는 법을 묻는 문제 유형

もんだい 1 ＿＿＿＿＿ の ことばは ひらがなで どう かきますか。1・2・3・4から いちばん いいものを ひとつ えらんで ください。

7 かれは わたしの 兄です。

1 あね　　2 あに ✓　　3 あき　　4 あめ

문제 1 ＿＿＿＿＿의 어휘는 히라가나로 어떻게 씁니까? 1·2·3·4 중 가장 적절한 것을 하나 고르세요.

7 그는 나의 형(오빠)입니다.

1 누나(언니)　　2 형(오빠) ✓　　3 가을　　4 비

유형 분석 및 공략 꿀팁

- N5, N4 각각 7문항씩 출제되는 유형입니다.
- 훈독, 음독, 음/훈독 혼합 한자 골고루 출제됩니다.
- 명사를 중심으로 출제되는 경향이 있습니다.

문제 풀이 스텝

STEP1 가능하면 앞뒤 문맥 상관없이 오로지 밑줄 친 어휘의 발음을 읽기!

STEP2 요음, 촉음, 탁음, 장/단음 등을 틀리지 않았는지 확인하기!

STEP3 답을 빠르게 체크하여 시간을 단축시키는 것이 중요!

유형2 표기 ▷ 히라가나로 쓰인 어휘를 한자나 가타카나로 어떻게 쓰는지 묻는 문제 유형

もんだい 2 ＿＿＿＿ の ことばは どう かきますか。1・2・3・4から いちばん いい ものを ひとつ えらんで ください。

11 わたしは あまり ちょこれーとを たべません。

1 チョコルート　　2 チョニレート
✓3 チョコレート　　4 チョニルート

문제 2 ＿＿＿＿의 어휘는 어떻게 씁니까? 1·2·3·4 중 가장 적절한 것을 하나 고르세요.

11 나는 그다지 초콜릿(チョコレート)을 먹지 않습니다.

1 ×　　2 ×　　✓3 초콜릿　　4 ×

유형 분석 및 공략 꿀팁

- N5, N4 각각 5문항씩 출제되는 유형입니다.
- 모양이 비슷한 한자나 가타카나를 주의하여 비교해야 합니다.
- 일본어에 없는 한자가 선택지에 출제될 수 있으니 주의해야 합니다.

문제 풀이 스텝

STEP1 발음이 같은 한자도 선택지에 함께 제시되므로 앞뒤 문맥을 살펴보고 의미를 파악하기!

STEP2 훈독, 음독의 동음이의어, 헷갈리는 부수에 주의하기!

STEP3 빠른 풀이 속도도 중요하지만 비슷하게 생긴 오답을 피했는지 확실하게 체크하기!

유형3 문맥 규정 ▷ 문장 속 빈칸에 들어가기 적당한 어휘를 찾는 문제 유형

もんだい 3 (　　　)に　なにを　いれますか。1・2・3・4から　いちばん　いいものを　ひとつ　えらんで　ください。

17 しらない　もんだいは　せんせいに　(　　　　　)します。

1 なやみ　　2 はつおん　　3 こたえ　　4 しつもん ✓

문제 3 (　　　)에 무엇을 넣습니까? 1·2·3·4 중 가장 적절한 것을 하나 고르세요.

17 모르는 문제는 선생님께 (　　　)합니다.

1 고민　　2 발음　　3 대답　　4 질문 ✓

유형 분석 및 공략 꿀팁

- N5는 6문항, N4는 8문항씩 출제되는 유형입니다.
- 명사, 동사, 형용사, 부사에서 골고루 출제되기 때문에 기본 어휘 실력을 쌓아야 하며, 특히 관용 표현을 알고 있으면 정답 찾기 용이하므로 관용 표현도 많이 알아두어야 합니다.
- 의미, 음, 한자가 비슷한 어휘를 주의해서 선택해야 합니다.

문제 풀이 스텝

STEP1 문장을 차근히 읽으며 앞뒤 문맥을 우선 파악하기!

STEP2 괄호 주위에서 답을 찾을 수 있는 힌트 찾기!

STEP3 가장 적합해 보이는 보기부터 괄호에 넣어보며 정답 고르기!

유형4 유의 표현 ▷ 밑줄 친 어휘나 표현과 가장 의미가 가까운 것을 고르는 문제 유형

もんだい 4 ＿＿＿＿ の ぶんと だいたい おなじ いみの ぶんが あります。1・2・3・4から いちばん いいものを ひとつ えらんで ください。

[21] この　みちは　くらいです。

1 この　みちは　くろいです。

2 この　みちは　くろくないです。

3 この　みちは　あかるいです。

√4 この　みちは　あかるくないです。

문제 4 ＿＿＿＿의 문장과 대체로 같은 의미의 문장이 있습니다. 1·2·3·4 중 가장 적절한 것을 하나 고르세요.

[21] 이 길은 어둡습니다.

1 이 길은 검습니다.

2 이 길은 검지 않습니다.

3 이 길은 밝습니다.

√4 이 길은 밝지 않습니다.

유형 분석 및 공략 꿀팁

- N5는 3문항, N4는 4문항씩 출제되는 유형입니다.
- 형용사와 장소 관련 명사 출제 빈도가 높은 편입니다.
- 어휘의 다양한 의미와 비슷한 표현, 반대 표현을 함께 기억해 두면 좋습니다.

문제 풀이 스텝

STEP1 선택지의 문장 자체는 틀린 부분 없이 모두 의미가 성립하기 때문에 보기만으로 답을 찾을 수 없다!

STEP2 가타카나, 부정형을 먼저 체크하며 서로 다른 부분 파악하기!

STEP3 공통된 부분을 제외한 다른 부분을 체크하며 답 고르기!

유형5 용법 ▹ 주어진 어휘가 올바르게 쓰인 문장을 고르는 문제 유형 *N4만 해당하는 유형

もんだい 5 つぎの ことばの つかいかたで いちばん いい ものを 1・2・3・4から ひとつ えらんで ください。

33 けしき

1 もう そろそろ かえって くる けしきですね。

√2 この まちは 川も 山も あって けしきが いいです。

3 この りょうりは へんな けしきが します。

4 きのうは くびが いたくて れんしゅうを けしき しました。

문제 5 **다음 어휘의 사용법으로 가장 적절한 것을 1·2·3·4 중 하나 고르세요.**

33 경치, 풍경

1 이제 슬슬 돌아올 ________네요.

√ 2 이 마을은 강도 산도 있어서 ________가 좋습니다.

3 이 요리는 이상한 ________입니다.

4 어제는 목이 아파 연습을 ________했습니다.

유형 분석 및 공략 꿀팁

- N5에 없는 유형이며 N4에만 4문항씩 출제되는 유형입니다.
- 주어진 어휘가 히라가나인 경우가 많습니다.
- 문법적인 것이 아닌 의미적으로 적절한지 판단해야 합니다.
- 단어가 문장 안에서 어떻게 쓰이는지 알아야 하므로 문장을 통째로 외우는 것이 좋은 공부 방법입니다.

문제 풀이 스텝

STEP1 선택지의 모든 문장을 읽어 보며 1~4문장이 말하고자 하는 바를 확인하기!

STEP2 밑줄 친 어휘가 문장에서 자연스럽게 해석되는지 확인하기!

STEP3 어색한 경우 어떤 표현이 들어가야 할지 생각해 보며 다른 선택지 확인하기!

Day 15 반드시 출제되는 '필수 어휘1'

오늘의 핵심 내용 미리 보기!

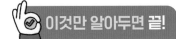

오늘은 일본어의 숫자, 금액, 조수사에 대해 알아봅시다. 숫자, 금액 관련 표현은 시험뿐만 아니라 일상 생활에서도 가장 기초적으로 알아두어야 하는 필수 어휘이므로 꼭 기억해 두어야 하며, 무언가를 세는 단위인 조수사는 N4, N5 문자·어휘 파트에서 매회 두세 문제 정도 꾸준하게 출제되는 편이므로 이번 과에서 상황별 조수사 표현을 확실히 기억해 둡시다.

이것만 알아두면 끝!

숫자, 금액, 조수사 표현

01 숫자

한국어와 마찬가지로 일본어에도 '일, 이, 삼…'과 같이 읽는 경우가 있고, '하나, 둘, 셋…'과 같이 읽는 경우가 있습니다. 관용적으로 나타내는 표현이므로 상황에 따라 적절하게 사용해야 합니다.

❶ 일반적인 숫자(한자어)

일반적으로 우리가 익히 알고 있는 한자어입니다. 이 중 숫자 0, 4, 7, 9는 읽는 법이 두 가지 이상이며 상황에 따라 다르게 쓰이기 때문에 각각의 쓰임을 모두 기억해 둡시다.

일(1)	이(2)	삼(3)	사(4)	오(5)
いち 一	に 二	さん 三	し·よ·よん 四	ご 五
육(6)	**칠(7)**	**팔(8)**	**구(9)**	**십(10)**
ろく 六	しち·なな 七	はち 八	きゅう·く 九	じゅう 十

십(10)	이십(20)	삼십(30)	사십(40)	오십(50)
十(じゅう)	二十(にじゅう)	三十(さんじゅう)	四十(よんじゅう)	五十(ごじゅう)
육십(60)	칠십(70)	팔십(80)	구십(90)	백(100)
六十(ろくじゅう)	七十(ななじゅう)	八十(はちじゅう)	九十(きゅうじゅう)	百(ひゃく)

천(1,000)	만(10,000)	영(0)
千(せん)	万(まん)	れい・ゼロ・まる

예문 010-1234-5678(ゼロいちゼロのいちにさんよんのごろくななはち)です。 010-1234-5678입니다.

904号(きゅうひゃくよんごう)です。 904호예요.

❷ 일본어 고유의 숫자

다음 표현들은 일본어 고유의 숫자입니다. 시험에서 한자 읽기, 표기 유형으로 출제된 바가 있으므로 한자 표현과 히라가나 표현 모두 알아두어야 합니다.

하나	둘	셋	넷	다섯
一(ひと)つ	二(ふた)つ	三(みっ)つ	四(よっ)つ	五(いつ)つ
여섯	일곱	여덟	아홉	열
六(むっ)つ	七(なな)つ	八(やっ)つ	九(ここの)つ	十(とお)

예문 Ⓐ あの人(ひと)の子(こ)どもはいくつですか。 저 사람의 아이는 몇 살입니까?

Ⓑ ふたつです。 두 살입니다.

기출+ いくつ(몇 개, 몇 살) & いくら(얼마)

'몇 개', '몇 살'을 뜻하는 「いくつ」라는 표현과 '얼마'를 뜻하는 「いくら」도 시험에 자주 출제되기 때문에 함께 기억해 두세요!

りんごはいくつありますか。 사과는 몇 개 있나요?

あのかばんはいくらですか。 저 가방은 얼마인가요?

02 금액

일본의 화폐 단위인 「円(えん)(엔)」은 한자와 히라가나 모두 익혀두어야 합니다. 또한 각 단위별로 읽는 법이 다른 숫자와는 달리 다소 상이한 단어에는 다른 색으로 표시해 두었으니, 해당 수 표현은 읽는 법에 유의해야 합니다.

❶ 100 단위

100	200	300	400	500
百(ひゃく)	二百(に ひゃく)	三百(さんびゃく)	四百(よんひゃく)	五百(ご ひゃく)
600	700	800	900	몇 백
六百(ろっぴゃく)	七百(ななひゃく)	八百(はっぴゃく)	九百(きゅうひゃく)	何百(なんびゃく)

❷ 1,000 단위

1,000	2,000	3,000	4,000	5,000
千(せん)	二千(に せん)	三千(さんぜん)	四千(よんせん)	五千(ご せん)
6,000	7,000	8,000	9,000	몇 천
六千(ろくせん)	七千(ななせん)	八千(はっせん)	九千(きゅうせん)	何千(なんぜん)

❸ 10,000 단위

10,000	20,000	30,000	40,000	50,000
一万(いちまん)	二万(に まん)	三万(さんまん)	四万(よんまん)	五万(ご まん)
60,000	70,000	80,000	90,000	몇 만
六万(ろくまん)	七万(ななまん)	八万(はちまん)	九万(きゅうまん)	何万(なんまん)

03 조수사

일본어에서 사람이나 동물, 기타 사물의 수를 셀 때 뒤에 붙는 단위를 단위를 '조수사'라고 합니다. 조수사와 결합하는 숫자들의 발음 변화에 유의하며 암기해 봅시다.

❶ 숫자 + 人(にん): ~명(사람을 세는 표현)

한 명	두 명	세 명	네 명	다섯 명	몇 명
一人(ひとり)	二人(ふたり)	三人(さんにん)	四人(よにん)	五人(ごにん)	何人(なんにん)
여섯 명	일곱 명	여덟 명	아홉 명	열 명	
六人(ろくにん)	七人(ななにん)	八人(はちにん)	九人(きゅうにん)	十人(じゅうにん)	

예문 A りゅうがくせいは 何人(なんにん) 来(き)ますか。 유학생은 몇 명 옵니까?

B 二人(ふたり)です。 두 명입니다.

❷ 숫자 + 枚(まい): ~장(종이나 옷 등 얇고 평평한 물건을 세는 표현)

한 장	두 장	세 장	네 장	다섯 장	몇 장
一枚(いちまい)	二枚(にまい)	三枚(さんまい)	四枚(よんまい)	五枚(ごまい)	何枚(なんまい)
여섯 장	일곱 장	여덟 장	아홉 장	열 장	
六枚(ろくまい)	七枚(ななまい)	八枚(はちまい)	九枚(きゅうまい)	十枚(じゅうまい)	

예문 きっぷを 二枚(にまい) かいました。 표를 두 장 샀습니다.

紙(かみ)を 三枚(さんまい) とって ください。 종이를 세 장 집어 주세요.

昨日(きのう) デパートで シャツを 一枚(いちまい) かいました。

어제 백화점에서 셔츠를 한 장 샀습니다.

❸ 숫자 + 冊(さつ): ~권(책, 공책 등을 세는 표현)

한 권	두 권	세 권	네 권	다섯 권	몇 권
一冊(いっさつ)	二冊(にさつ)	三冊(さんさつ)	四冊(よんさつ)	五冊(ごさつ)	何冊(なんさつ)
여섯 권	일곱 권	여덟 권	아홉 권	열 권	
六冊(ろくさつ)	七冊(ななさつ)	八冊(はっさつ)	九冊(きゅうさつ)	十冊(じゅっさつ)・十冊(じっさつ)	

예문 つくえの うえに 本(ほん)が 五冊(ごさつ) あります。 책상 위에 책이 다섯 권 있습니다.

❹ 숫자 + 歳(さい): ~살, ~세(나이를 세는 표현)

한 살	두 살	세 살	네 살	다섯 살	여섯 살
一歳(いっさい)	二歳(にさい)	三歳(さんさい)	四歳(よんさい)	五歳(ごさい)	六歳(ろくさい)
일곱 살	여덟 살	아홉 살	열 살	스무 살	몇 살
七歳(ななさい)	八歳(はっさい)	九歳(きゅうさい)	十歳(じゅっさい)	二十歳(はたち)	何歳(なんさい)

예문 娘(むすめ)が 今年(ことし)、二十歳(はたち)になりました。 딸이 올해 스무 살이 되었습니다.

❺ 숫자 + 個(こ): ~개(일반적인 사물을 세는 표현)

한 개	두 개	세 개	네 개	다섯 개	몇 개
一個(いっこ)	二個(にこ)	三個(さんこ)	四個(よんこ)	五個(ごこ)	何個(なんこ)
여섯 개	일곱 개	여덟 개	아홉 개	열 개	
六個(ろっこ)	七個(ななこ)	八個(はちこ)・八個(はっこ)	九個(きゅうこ)	十個(じゅっこ)	

예문 みかんが 六個(ろっこ) あります。 귤이 여섯 개 있습니다.

⑥ 숫자 + 階(かい): ~층(층수를 세는 표현)

1층	2층	3층	4층	5층	몇 층
一階(いっかい)	二階(にかい)	三階(さんがい)	四階(よんかい)	五階(ごかい)	
6층	**7층**	**8층**	**9층**	**10층**	何階(なんがい)
六階(ろっかい)	七階(ななかい)	八階(はっかい)	九階(きゅうかい)	十階(じゅっかい)	

예문 レストランは、九階(きゅうかい) でございます。 레스토랑은 9층입니다.

⑦ 숫자 + 回(かい): ~회(횟수를 세는 표현)

1회	2회	3회	4회	5회	몇 회
一回(いっかい)	二回(にかい)	三回(さんかい)	四回(よんかい)	五回(ごかい)	
6회	**7회**	**8회**	**9회**	**10회**	何回(なんかい)
六回(ろっかい)	七回(ななかい)	八回(はっかい)	九回(きゅうかい)	十回(じゅっかい)	

예문 チケットは、一回(いっかい)だけ 使(つか)えます。 티켓은 1회만 사용할 수 있습니다.

⑧ 숫자 + 杯(はい): ~잔(잔, 컵을 세는 표현)

한 잔	두 잔	세 잔	네 잔	다섯 잔	몇 잔
一杯(いっぱい)	二杯(にはい)	三杯(さんばい)	四杯(よんはい)	五杯(ごはい)	
여섯 잔	**일곱 잔**	**여덟 잔**	**아홉 잔**	**열 잔**	何杯(なんばい)
六杯(ろっぱい)	七杯(ななはい)	八杯(はっぱい)	九杯(きゅうはい)	十杯(じゅっぱい)	

예문 コーヒーを 一杯(いっぱい) おねがいします。 커피를 한 잔 부탁합니다.

❾ 숫자 + 匹(ひき): ~마리(동물을 세는 표현)

한 마리	두 마리	세 마리	네 마리	다섯 마리	몇 마리
一匹(いっぴき)	二匹(にひき)	三匹(さんびき)	四匹(よんひき)	五匹(ごひき)	何匹(なんびき)
여섯 마리	일곱 마리	여덟 마리	아홉 마리	열 마리	
六匹(ろっぴき)	七匹(ななひき)	八匹(はっぴき)	九匹(きゅうひき)	十匹(じゅっぴき)・十匹(じっぴき)	

예문 ねこが 三匹(さんびき) います。 고양이가 세 마리 있습니다.

❿ 숫자 + 本(ほん): ~자루, ~병, ~개(연필, 병, 우산 등 가늘고 긴 것을 세는 표현)

한 자루/병/개	두 자루/병/개	세 자루/병/개	네 자루/병/개	다섯 자루/병/개	몇 자루/병/개
一本(いっぽん)	二本(にほん)	三本(さんぼん)	四本(よんほん)	五本(ごほん)	何本(なんぼん)
여섯 자루/병/개	일곱 자루/병/개	여덟 자루/병/개	아홉 자루/병/개	열 자루/병/개	
六本(ろっぽん)	七本(ななほん)	八本(はっぽん)	九本(きゅうほん)	十本(じゅっぽん)・十本(じっぽん)	

예문 えんぴつは 三本(さんぼん) あります。 연필은 세 자루 있습니다.

かさを 一本(いっぽん) ください。 우산을 한 개 주세요.

⓫ 숫자 + 台(だい): ~대(차, 기계 등을 세는 표현)

한 대	두 대	세 대	네 대	다섯 대	몇 대
一台(いちだい)	二台(にだい)	三台(さんだい)	四台(よんだい)	五台(ごだい)	何台(なんだい)
여섯 대	일곱 대	여덟 대	아홉 대	열 대	
六台(ろくだい)	七台(ななだい)	八台(はちだい)	九台(きゅうだい)	十台(じゅうだい)	

예문 車(くるま)が 一台(いちだい) 止(と)まっています。 자동차가 한 대 세워져 있습니다.

⑫ 숫자 + 軒(けん): ~채, ~동(집 등을 세는 표현)

한 채	두 채	세 채	네 채	다섯 채	몇 채
一軒(いっけん)	二軒(にけん)	三軒(さんげん)	四軒(よんけん)	五軒(ごけん)	何軒(なんげん)
여섯 채	**일곱 채**	**여덟 채**	**아홉 채**	**열 채**	
六軒(ろっけん)	七軒(ななけん)	八軒(はっけん)	九軒(きゅうけん)	十軒(じゅっけん)・十軒(じっけん)	

예문 山(やま)の中(なか)に　家(いえ)が　一軒(いっけん)だけ　あります。 산 속에 집이 한 채만 있습니다.

기출+ 가타카나 조수사

다음과 같은 가타카나 조수사도 시험에 종종 출제되므로 잘 기억해 둡시다.

센티미터(cm)	미터(m)	킬로(km, kg 등)	그램(g)	페이지(page)
センチ	メートル	キロ	グラム	ページ

Quick Check!

빈칸 안에 들어갈 알맞은 일본어 어휘를 써 보세요.

정답 13p

❶ 800 (　　　)

❷ 여섯 장 (　　　)

❸ 아홉 권 (　　　)

❹ 몇 층 (　　　)

❺ 여섯 마리 (　　　)

❻ 세 채 (　　　)

최신 기출 유형 실전 모의고사

다음 문제를 실제 시험처럼 풀어 보며 자신의 실력을 확인해 보세요.

1 この　がっこうには　学生が　<u>何人</u>　いますか。

1　なんじん　　2　なにじん　　3　なんにん　　4　なににん

2 いもうとは　りんごを　<u>五つ</u>　食べました。

1　やっつ　　2　よっつ　　3　みっつ　　4　いつつ

3 さいふの　なかに　<u>三万円</u>が　あります。

1　さんびゃくえん　　2　さんぜんえん

3　さんせんえん　　4　さんまんえん

4 はがきを　<u>いちまい</u>　ください。

1　一個　　2　一枚　　3　一人　　4　一台

5 ビールを　<u>さんぼん</u>　のみました。

1　三本　　2　三軒　　3　三匹　　4　三回

정답 및 해설 13p

6 わたしの　がっこうには　ひゃくにんの　せいとが　います。

1　万人　　2　千人　　3　百人　　4　十人

7 きょうは　ほんを（　　　）よみました。

1　5センチ　　2　5キロ　　3　5グラム　　4　5ページ

8

はこに　ボールが（　　　）あります。

1　やっつ　　2　よっつ　　3　いつつ　　4　むっつ

Day 16

반드시 출제되는 '필수 어휘2'

오늘의 핵심 내용 미리 보기!

오늘은 일본어의 날짜, 요일, 시간 표현에 대해 알아봅시다. 앞서 학습한 숫자, 금액, 조수사 관련 표현과 마찬가지로 날짜, 요일, 시간 표현 역시 일상에서 매우 자주 쓰이는 표현이므로 반드시 기억해야 하는 필수 어휘입니다. 시험 기출 연도를 참고하여 빈출 어휘는 더욱 확실히 암기해 두세요.

이것만 알아두면 끝!

날짜, 시간 표현

다른 색으로 표시된 어휘들은 읽는 법이 조금 다르기 때문에 주의해서 읽어야 합니다. 또한 다음 모든 어휘는 한자와 히라가나 표현을 모두 암기해야 합니다.

01 날짜

❶ 월 표현

1월	2월	3월	4월	5월	6월	몇 월
いちがつ 一月	にがつ 二月	さんがつ 三月	しがつ 四月 ㉒	ごがつ 五月	ろくがつ 六月	なんがつ 何月
7월	**8월**	**9월**	**10월**	**11월**	**12월**	
しちがつ 七月	はちがつ 八月	くがつ 九月 ⑲	じゅうがつ 十月	じゅういちがつ 十一月	じゅうにがつ 十二月	

* 월을 나타낼 때는 4, 7, 9 발음에 주의하세요.

❷ 요일 표현

월요일	화요일	수요일	목요일	금요일
月(げつ)よう日(び)	火(か)よう日(び)⑯㉑	水(すい)よう日(び)	木(もく)よう日(び)⑰㉒	金(きん)よう日(び)㉑㉓
토요일	일요일	무슨 요일		
土(ど)よう日(び)㉔	日(にち)よう日(び)⑲	何(なん)よう日(び)		

한걸음 더 TiP!

'월, 화, 수, 목, 금, 토, 일'이라고 말하듯 일본어도 「月(げつ)、火(か)、水(すい)、木(もく)、金(きん)、土(ど)、日(にち)」라고 줄여 말하기도 합니다.

❸ 일 표현 ★

1일	2일	3일	4일	5일
一日(ついたち)	二日(ふつか)	三日(みっか)	四日(よっか)	五日(いつか)㉒
6일	7일	8일	9일	10일
六日(むいか)	七日(なのか)	八日(ようか)	九日(ここのか)	十日(とおか)
11일	12일	13일	14일	15일
十一日(じゅういちにち)	十二日(じゅうににち)	十三日(じゅうさんにち)	十四日(じゅうよっか)	十五日(じゅうごにち)
16일	17일	18일	19일	20일
十六日(じゅうろくにち)	十七日(じゅうしちにち)	十八日(じゅうはちにち)	十九日(じゅうくにち)	二十日(はつか)
21일	22일	23일	24일	25일
二十一日(にじゅういちにち)	二十二日(にじゅうににち)	二十三日(にじゅうさんにち)	二十四日(にじゅうよっか)	二十五日(にじゅうごにち)
26일	27일	28일	29일	30일
二十六日(にじゅうろくにち)	二十七日(にじゅうしちにち)	二十八日(にじゅうはちにち)	二十九日(にじゅうくにち)	三十日(さんじゅうにち)
31일	며칠			
三十一日(さんじゅういちにち)	何日(なんにち)			

* 1~10일까지는 읽는 방식이 많이 다르기 때문에 발음을 유의해서 기억해 두어야 합니다.

기출 + 시간 표현(1)

시간의 흐름에 따라 시간 표현을 기억해 두세요!

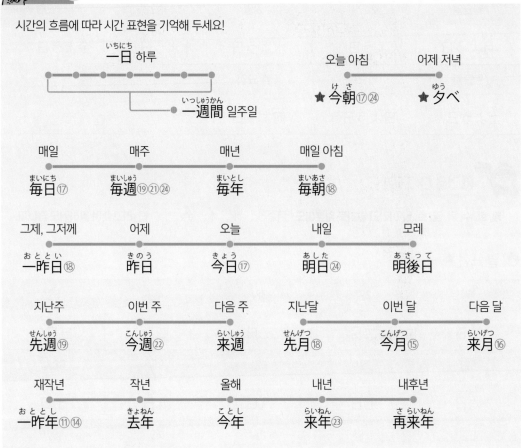

いちにち
一日 하루

いっしゅうかん
一週間 일주일

오늘 아침	어제 저녁
★ 今朝(けさ)⑰㉔	★ 夕べ(ゆう)

매일	매주	매년	매일 아침
毎日(まいにち)⑰	毎週(まいしゅう)⑲㉑㉔	毎年(まいとし)	毎朝(まいあさ)⑱

그제, 그저께	어제	오늘	내일	모레
一昨日(おととい)⑱	昨日(きのう)	今日(きょう)⑰	明日(あした)㉔	明後日(あさって)

지난주	이번 주	다음 주	지난달	이번 달	다음 달
先週(せんしゅう)⑲	今週(こんしゅう)㉒	来週(らいしゅう)	先月(せんげつ)⑱	今月(こんげつ)⑮	来月(らいげつ)⑯

재작년	작년	올해	내년	내후년
一昨年(おととし)⑪⑭	去年(きょねん)	今年(ことし)	来年(らいねん)㉓	再来年(さらいねん)

02 시간

❶ 시 표현

1시	2시	3시	4시	5시
一時(いちじ)	二時(にじ)	三時(さんじ)	四時(よじ)㉓	五時(ごじ)
6시	**7시**	**8시**	**9시**	**10시**
六時(ろくじ)	七時(しちじ)	八時(はちじ)	九時(くじ)⑮	十時(じゅうじ)
11시	**12시**	**몇 시**		
十一時(じゅういちじ)	十二時(じゅうにじ)	何時(なんじ)		

❷ 분 표현

1분	2분	3분	4분	5분
いっぷん 一分	に ふん 二分	さんぷん 三分	よんぷん 四分	ご ふん 五分㉑
6분	**7분**	**8분**	**9분**	**10분**
ろっぷん 六分⑱	ななふん 七分	はっぷん　はちふん 八分・八分	きゅうふん 九分	じゅっぷん　じっぷん 十分・十分
반	**몇 분**			
はん 半	なんぷん 何分			

기출 + 시간 표현(2)

이 밖의 시간 표현 중에 출제 빈도가 높은 어휘입니다.

~쯤, 경	~전	~정도	시간	오전	오후
ごろ	まえ 前	く(ぐ)らい	じ かん 時間	ご ぜん 午前	ご ご 午後⑱⑲㉒

いま 九時(くじ) 十分前(じゅっぷんまえ)です。 지금 9시 10분 전입니다.

六時半(ろくじはん)ごろ かえります。 6시 반쯤에 돌아갑니다.

Quick Check!

빈칸 안에 들어갈 알맞은 일본어 어휘를 써 보세요.

정답 13p

❶ 4월 (　　　　)　　❷ 금요일 (　　　　)

❸ 재작년 (　　　　)　　❹ 오늘 아침 (　　　　)

❺ 11시 (　　　　)　　❻ 오후 (　　　　)

최신 기출 유형 실전 모의고사

다음 문제를 실제 시험처럼 풀어 보며 자신의 실력을 확인해 보세요.

1 わたしは　毎朝　5じに　おきます。

1　めえあさ　　2　まいあさ　　3　まえあさ　　4　めいあさ

2 いま　ごじ　一分です。

1　いっぷん　　2　いっふん　　3　いちふん　　4　いちぷん

3 火よう日に　しけんが　あります。

1　すいようび　　2　もくようび　　3　きんようび　　4　かようび

4 こんしゅうの　どようびに　やくそくが　あります。

1　今週　　2　来週　　3　今月　　4　来月

5 ろくがつ　ここのかは　わたしの　たんじょうびです。

1　六日　　2　八日　　3　九日　　4　三日

6 きのうの　ごご　へやで　ほんを　よみました。

1　午役　　2　午後　　3　牛役　　4　牛後

정답 및 해설 13p

7 なのかの　つぎの　日は（　　　）です。

1　ふつか　2　みっか　3　よっか　4　ようか

8 （　　　）は　とても　さむかったです。

1　らいしゅう　2　あさって　3　ゆうべ　4　あした

9 （　　　）、かいものに　いきませんか。

1　あした　2　きのう　3　おととい　4　きょねん

Day 17 발음부터 표기까지 'N5 한자 읽기&표기'

오늘의 핵심 내용 미리 보기!

오늘 학습부터는 각 문제 유형별로 풀이 전략을 세워 보며 시험을 대비해 봅시다. 오늘은 N5 한자 읽기와 표기 유형에서 자주 등장하는 비슷하지만 다른 한자와 유사한 발음을 세밀하게 파악해 봅시다. 또한 모르는 어휘를 보고 당황하지 않도록 품사별 빈출 어휘를 주제별로 암기해 봅시다.

이것만 알아두면 끝! 유형 파악 & 어휘 학습

01 문제 유형 파악하기

❶ N5 문자·어휘 한자 읽기

밑줄 친 한자의 발음을 고르는 문제입니다.

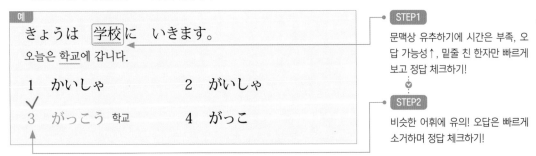

예

きょうは 学校に いきます。

오늘은 학교에 갑니다.

1 かいしゃ　　2 がいしゃ

✓ 3 がっこう 학교　　4 がっこ

STEP1 문맥상 유추하기에 시간은 부족, 오답 가능성↑, 밑줄 친 한자만 빠르게 보고 정답 체크하기!

STEP2 비슷한 어휘에 유의! 오답은 빠르게 소거하며 정답 체크하기!

N5 한자 읽기 유형은 명사 훈독, 동사, 조수사, 명사 음독, い형용사, 부사 순으로 출제되는 편입니다. 한자의 읽는 방식을 묻는 문제이므로 단어 암기 시 요음, 촉음, 탁음, 장/단음을 정확하게 암기해야 합니다. 하나의 한자가 음독과 훈독이 모두 가능하기 때문에 단어에 따라 다르게 발음하는 경우에 주의해서 암기해야 합니다.

❷ N5 문자·어휘 **표기**

히라가나로 쓰인 어휘가 한자나 가타카나로 어떻게 쓰이는지 고르는 문제입니다.

예

きょうは がっこうに いきます。
오늘은 학교에 갑니다.

1 学枚　　　2 学校 학교 ✓

3 字枚　　　4 字校

STEP1
동음이의어에 주의하여 적합한 한자 찾기!

STEP2
모양, 소리, 의미가 비슷한 한자에 주의하기!

N5 표기 유형은 명사 음독, 동사, 명사 훈독, い형용사, 조수사 순으로 출제되는 편입니다. 한자의 생김새, 일본어 발음, 한국어 발음이 비슷한 한자들을 잘 구별해서 알아두어야 합니다. 형용사와 동사의 경우, 끝부분이 동일하게 끝나는 어휘들을 묶어서 암기하면 좋습니다.

02 명사 적중 어휘

❶ 생활 관련 어휘

인사	자동차	전철	학생	학교	회사
挨拶(あいさつ)⑭	車(くるま)⑪⑭⑰	電車(でんしゃ)㉑	学生(がくせい)㉔	学校(がっこう)⑪⑮⑯⑰	会社(かいしゃ)⑭⑮⑯㉒㉔
쉬는 날	**이야기**	**지갑**	**돈**	**가게**	**신문**
休(やす)み⑲	話(はなし)㉔	財布(さいふ)㉒㉔	お金(かね)⑫	店(みせ)⑭⑱㉔	新聞(しんぶん)⑯⑰㉒㉓

❷ 가족, 호칭 관련 어휘

아버지		어머니		남자아이	여자아이
父(ちち)㉑㉓㉔	お父(とう)さん	母(はは)㉑	お母(かあ)さん㉒	男(おとこ)の子(こ)⑱	女(おんな)の子(こ)⑭㉒

❸ 방향, 위치 관련 어휘

동쪽 출입구	서쪽 출입구	남쪽 출입구	북쪽 출입구	안, 속
東口(ひがしぐち)⑱	西口(にしぐち)⑮⑲	南口(みなみぐち)	北口(きたぐち)⑭⑰㉔	中(なか)⑭⑯㉔

밖	위	아래	절반	사이
外(そと)⑪	上(うえ)⑱⑲	下(した)⑰	半分(はんぶん)⑪⑭⑮⑯	間(あいだ)⑯

❹ 자연 관련 어휘

날씨	일기 예보	비	강	산	바다
天気(てんき)⑮⑲	天気予報(てんきよほう)⑭㉔	雨(あめ)⑯⑱	川(かわ)⑭⑮⑯	山(やま)⑪⑬⑰	海(うみ)⑮⑯㉔

03 동사 적중 어휘

서다	쓰다, 적다	읽다	가다	오다
立(た)つ⑲㉑㉔	書(か)く⑭㉒	読(よ)む㉔	行(い)く⑰	来(く)る⑪⑮⑰㉔
놀다	**나가(오)다**	**들어가(오)다**	**보다**	**마시다**
遊(あそ)ぶ	出(で)る⑰㉑㉒	入(はい)る⑰㉑㉒	見(み)る⑯	飲(の)む⑪⑮⑲㉑

04 い형용사 적중 어휘

❶ 색깔 관련 어휘

파랗다	빨갛다	검다	하얗다	노랗다
青(あお)い⑪	赤(あか)い⑬⑲㉒	黒(くろ)い⑮	白(しろ)い⑪㉑㉓	黄色(きいろ)い

❷ 짝꿍 어휘

새롭다	낡다, 오래되다
新(あたら)しい⑬㉔	古(ふる)い⑱⑲㉔

높다, 비싸다	싸다, 저렴하다	낮다
高(たか)い⑭⑰㉒	安(やす)い⑪㉑	低(ひく)い

크다	작다
大(おお)きい⑬⑯⑱⑲㉒	小(ちい)さい⑭⑮⑲

길다	짧다
長(なが)い⑮⑯㉑	短(みじか)い⑭⑮⑯

05 な형용사 적중 어휘

건강하다	능숙하다	서툴다, 못하다	유명하다	필요하다
元気(げんき)だ⑫⑭⑯	上手(じょうず)だ⑰	下手(へた)だ㉒	有名(ゆうめい)だ	必要(ひつよう)だ㉑㉔

06 부사 적중 어휘

반드시	절대로	조금	이미, 벌써	계속
必(かなら)ず㉑	絶対(ぜったい)に	少(すこ)し㉓	もう㉔	ずっと⑲㉒

07 가타카나 적중 어휘

아파트	와이셔츠	수영장	티켓	엘리베이터
アパート⑪⑭㉑	ワイシャツ⑯	プール⑯	チケット㉒㉔	エレベーター㉔

Quick Check!

빈칸 안에 들어갈 알맞은 일본어 어휘를 써 보세요.

정답 14p

❶ 회사 (　　　)　　❷ 절반 (　　　)

❸ 일기 예보 (　　　)　　❹ 마시다 (　　　)

❺ 싸다, 저렴하다 (　　　)　　❻ 건강하다 (　　　)

최신 기출 유형 실전 모의고사

다음 문제를 실제 시험처럼 풀어 보며 자신의 실력을 확인해 보세요.

1 きの　上に　とりが　います。

1　うえ　　2　まえ　　3　した　　4　よこ

2 きのう　ともだちに　母の　しゃしんを　みせました。

1　ちち　　2　はは　　3　あに　　4　あね

3 きのうの　よるは　雨が　ふりました。

1　かわ　　2　あめ　　3　うみ　　4　やま

4 わたしの　いもうとは　あしが　長いです。

1　ちいさい　　2　おおきい　　3　ながい　　4　みじかい

5 せいとたちは　立って　ください。

1　のって　　2　すわって　　3　まって　　4　たって

6 けさ　コーヒーを　飲みました。

1　よみました　　2　すみました

3　やすみました　　4　のみました

정답 및 해설 14p

7 すずきさんの　たんじょうびに　わいしゃつを　あげました。

1　ウイショツ　　2　ウイシャツ

3　ワイショツ　　4　ワイシャツ

8 きんじょに　あたらしい　アパートが　できました。

1　新しい　　2　親しい　　3　優しい　　4　悲しい

9 らいねんは　にほんへ　いきたいです。

1　行きたい　　2　書きたい　　3　歩きたい　　4　履きたい

10 あした　おとうとと　えいがを　みに　いきます。

1　見に　　2　貝に　　3　具に　　4　自に

11 ほっかいどうは　にほんの　いちばん　きたに　あります。

1　東　　2　北　　3　南　　4　西

12 その　みせの　かどを　ひだりに　まがって　ください。

1　店　　2　底　　3　圧　　4　床

Day 18 문맥을 파악하는 'N5 문맥 규정'

오늘의 핵심 내용 미리 보기!

오늘은 N5 문맥 규정 유형을 세밀하게 파악해 봅시다. '문맥 규정'은 제목 그대로, 빈칸에 들어갈 말을 문맥을 살펴 맞추는 문제입니다. N5 문맥 규정 유형은 명사, 동사, 가타카나, い형용사, 조수사, な형용사, 부사 순으로 출제되는 편으로, 품사별로 자주 출제되는 어휘를 익혀봅시다.

이것만 알아두면 끝!

유형 파악 & 어휘 학습

01 문맥 규정 유형 파악하기

예

あついので (　　　) を　あけましょう。

더우니까 (　　　)을 엽시다.

1　エアコン 에어컨　　✓2　まど 창문

3　ストーブ 스토브, 난로　　4　でんき 전등

STEP1 앞뒤로 호응하는 단어를 먼저 파악하기!

STEP2 주로 출제되는 명사와 동사를 호응하는 어휘끼리 세트로 알아두고 올바른 조합을 찾아 체크하기!

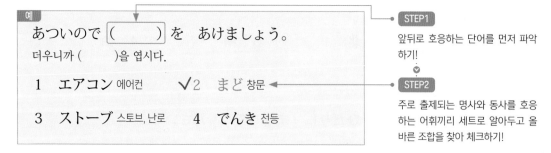

N5 문맥 규정 유형은 괄호의 전후 문맥을 꼼꼼히 살피고 문맥상 가장 잘 어울리는 선택지를 골라야 합니다. 다양한 품사가 출제되므로 단어를 외울 때 같이 쓰이는 명사 또는 동사를 함께 외우면 도움이 됩니다. 풍부한 예문 학습을 통해 어휘의 '쓰임'을 숙지해 둡시다!

02 명사 적중 어휘

① 階段(かいだん)	계단 ㉑	かいだんを　おりる。 계단을 내려가다.
② 切手(きって)	우표 ⑭⑱	はがきと　きってを　かう。 엽서와 우표를 사다.
③ 切符(きっぷ) (≒ チケット)	차표 ㉒㉔ (≒ 티켓)	ひこうきの　きっぷを　よやくする。 비행기 표를 예약하다.
④ 薬(くすり)	약 ⑬⑭㉓㉔	くすりを　のむ。 약을 먹다.
⑤ 信号(しんごう)	신호, 신호등 ㉓	しんごうを　わたる。 신호등을 건너다.
⑥ 砂糖(さとう)	설탕 ⑰	コーヒーに　さとうを　いれる。 커피에 설탕을 넣다.
⑦ 宿題(しゅくだい)	숙제 ⑲	しゅくだいは　まだです。 숙제는 아직입니다.
⑧ 掃除(そうじ)	청소 ⑱⑲	へやの　そうじを　する。 방 청소를 하다.
⑨ 地図(ちず)	지도 ⑬	ちずを　かきます。 지도를 그립니다.
⑩ 病院(びょういん)	병원 ㉑㉒	びょういんへ　いきました。 병원에 갔습니다.
⑪ 旅行(りょこう)	여행 ⑬	にほんへ　りょこうに　いく。 일본으로 여행을 가다.

03 동사(+명사) 적중 어휘

① 開(あ)ける	열다(타동사) ⑪㉑	まどを　あける・しめる。 창문을 열다/닫다.
② 閉(し)める	닫다(타동사) ㉑	
③ 開(あ)く	열리다(자동사)	まどが　あく・しまる。 창문이 열리다/닫히다.
④ 閉(し)まる	닫히다(자동사) ⑰	
⑤ あびる	(샤워를) 하다 ⑮⑱⑲㉔	シャワーを　あびる。 샤워를 하다.
⑥ 生(う)まれる	태어나다 ⑪⑮	こどもが　うまれる。 아이가 태어나다.

⑦ 置(お)く	두다, 놓다	ここに　おいて　ください。 여기에 두세요.
⑧ 下(お)りる (=降(お)りる)	내리다	バスから　おりる。 버스에서 내리다.
⑨ かかる	(시간, 돈 등) 걸리다, 소요되다, 들다 ㉑	30ぷん　かかる。 30분 걸리다.
⑩ かける	(안경을) 쓰다, 걸다	めがねを　かける。 안경을 쓰다.
⑪ かぶる	(모자를) 쓰다	ぼうしを　かぶる。 모자를 쓰다.
⑫ ぼうし	모자 ⑮㉓	
⑬ つける	켜다 ⑯	でんきを　つける・けす。 (전깃)불을 켜다/끄다.
⑭ 消(け)す	끄다 ⑪⑯	
⑮ 並(なら)べる	나열하다	はしを　ならべて　ください。 젓가락을 나열해(놔) 주세요.
⑯ はく	(바지 등) 입다, (신발 등) 신다 ⑱㉒㉔	ズボンを　はく。 바지를 입다.
⑰ 弾(ひ)く	치다, 연주하다 ⑯	ピアノを　ひく。 피아노를 치다.
⑱ 吹(ふ)く	불다 ⑯⑱	かぜが　ふく。 바람이 불다.
⑲ 風(かぜ)	바람 ⑪	
⑳ 降(ふ)る	(눈, 비 등) 내리다	ゆきが　ふる。 눈이 내리다.
㉑ 雪(ゆき)	눈 ⑪	
㉒ 待(ま)つ	기다리다 ⑪⑬⑮㉓㉔	ともだちを　まつ。 친구를 기다리다.
㉓ みがく	닦다 ⑲	はを　みがく。 이를 닦다.
㉔ 忘(わす)れる	잊어버리다, 잃어버리다 ⑮⑰	でんしゃに　かさを　わすれる。 전철에 우산을 두고 내리다.
㉕ 渡(わた)る	건너다 ⑭⑮	はしを　わたる。 다리를 건너다.

04 형용사 적중 어휘

① 甘(あま)い	달다 ⑭⑯	この りょうりは あまい。 이 요리는 달다.
② 辛(から)い	맵다	からく する。 맵게 하다.
③ 忙(いそが)しい	바쁘다 ⑲㉑	そうじや せんたくで いそがしい。 청소나 빨래로 바쁘다.
④ うるさい	시끄럽다 ⑱	テレビの おとが うるさい。 TV 소리가 시끄럽다.
⑤ 寒(さむ)い	춥다 ⑭⑰㉒㉔	ふゆは さむい。 겨울은 춥다.
⑥ 涼(すず)しい	시원하다 ⑫	あきは すずしい。 가을은 시원하다.
⑦ 冷(つめ)たい	차갑다 ⑫㉓	つめたい ビールを のむ。 차가운 맥주를 마시다.
⑧ 強(つよ)い	강하다 ⑬⑮	かれは とても つよい。 그는 매우 강하다.
⑨ 遠(とお)い	멀다 ⑩⑮㉑㉔	かいしゃは えきから とおい。 회사는 역에서 멀다.
⑩ 低(ひく)い	낮다, (키가) 작다	こえが ひくい。 목소리가 낮다. せが ひくい。 키가 작다.
⑪ 早(はや)い	이르다, 빠르다 ㉔	はやく ねる。 일찍 자다.
⑫ きれいだ	예쁘다, 깨끗하다	この はなは きれいです。 이 꽃은 예쁩니다.
⑬ 丈夫(じょうぶ)だ	튼튼하다 ⑱⑲	この かばんは じょうぶだ。 이 가방은 튼튼하다.
⑭ 賑(にぎ)やかだ	번화하다 ㉔	ここは いつも にぎやかだ。 여기는 항상 번잡하다.
⑮ 立派(りっぱ)だ	훌륭하다	あの ビルは とても りっぱだ。 저 빌딩은 정말 훌륭하다.

05 부사/가타카나 적중 어휘

① 少(すこ)し	조금 ㉓	さとうを　すこし　いれる。　설탕을 조금 넣다.
② だんだん	점점	だんだん　むずかしく　なる。　점점 어려워지다.
③ ちょうど	마침, 꼭, 정각 ⑪⑬	ちょうど　にじに　おわる。　정각 2시에 끝나다.
④ まっすぐ	곧장 ⑱	まっすぐ　いって　ください。　곧장 가 주세요.
⑤ エアコン	에어컨 ㉒	エアコンを　つける。　에어컨을 켜다.
⑥ コート	코트	コートを　きる。　코트를 입다.

06 기타 적중 어휘

① どうして	어째서	どうして　かいしゃを　やすみましたか。 어째서 회사를 쉬었습니까?
② なぜ	왜	なぜですか。　왜입니까?

07 기타 적중 문장

❶ おねがいします。
부탁합니다.

❷ しつれいします。
실례합니다.

❸ どういたしまして。
천만의 말씀입니다.

Quick Check!

빈칸 안에 들어갈 알맞은 표현을 히라가나로 써 보세요.

정답 15p

- コーヒーに（　　　　　）を　いれる。　커피에 설탕을 넣다.
- でんしゃに　かさを（　　　　　）。　전철에 우산을 두고 내리다.
- （　　　　　）にじに　おわる。　정각 2시에 끝나다.
- こどもが（　　　　　）。　아이가 태어나다.

최신 기출 유형 실전 모의고사

다음 문제를 실제 시험처럼 풀어 보며 자신의 실력을 확인해 보세요.

1 父は　まいあさ（　　　）を　よみます。

1　しんぶん　　2　しゅみ　　3　きって　　4　きっぷ

2 なつやすみの（　　　）は　もう　おわりましたか。

1　ちず　　2　びょういん　　3　さとう　　4　しゅくだい

3 ちいさい　ころは　びょうきを　して　よく　がっこうを　やすみましたが、いまは　とても（　　　）に　なりました。

1　にぎやか　　2　じょうぶ　　3　きれい　　4　ひま

4 でんしゃの　えきまでは　すこし（　　　）です。

1　すくない　　2　みじかい　　3　たかい　　4　とおい

5 かぜを　ひいたので　くすりを（　　　）。

1　のりました　　2　のみました　　3　でました　　4　かぶりました

6 きょうは（　　　）が　ふいて　います。

1　あめ　　2　ゆき　　3　かぜ　　4　くも

정답 및 해설 15p

7 （　　　）ものが　たべたいですね。

1　さむい　　2　うるさい　　3　いそがしい　　4　あまい

8 （　　　）を　かぶって　いる　ひとが　きむらさんです。

1　めがね　　2　ぼうし　　3　とけい　　4　くつした

9 あついですから（　　　）を　つけて　ください。

1　アパート　　2　エアコン　　3　プール　　4　エレベーター

10 けっこんして　3ねんめに　おんなの　こが（　　　）。

1　はなしました　　2　あけました

3　あそびました　　4　うまれました

Day 19 비슷한 표현을 찾는 'N5 유의 표현'

오늘의 핵심 내용 미리 보기!

오늘은 N5 유의 표현 유형에 대해 학습해 봅시다. 유의 표현 유형은 제시된 문장과 가장 유사한 뜻을 지닌 문장을 고르는 문제로, N5에서는 명사, い형용사, 동사, な형용사, 부사 순으로 출제되는 편입니다. 이 유형은 말 그대로 유의 표현을 고르는 문제이기 때문에 비슷한 뜻을 가진 어휘들을 함께 학습해 보고, 반대 뜻을 가진 어휘들까지 묶어서 학습하면서 어휘력을 더욱 풍성하게 향상시켜 봅시다.

この方(かた)は　どなた？
이 분은 누구셔?
おばさん(=父(ちち)の姉(あね))だよ。
고모야.

이것만 알아두면 끝! 유형 파악 & 어휘 학습

01 유의 표현 유형 파악하기

예

わたしは　キムさんに　ペンを　かしました。
나는 김 씨에게 펜을 빌려주었습니다.

1 わたしは　キムさんに　ペンを　あげました。
나는 김 씨에게 펜을 주었습니다.

2 わたしは　キムさんに　ペンを　もらいました。
나는 김 씨에게 펜을 받았습니다.

✓ 3 キムさんは　わたしに　ペンを　かりました。
김 씨는 나에게 펜을 빌렸습니다.

4 キムさんは　わたしに　ペンを　かえしました。
김 씨는 나에게 펜을 돌려주었습니다.

STEP1 문제와 선택지에서 공통된 내용은 제외, 다른 부분을 유의 깊게 체크하기!

STEP2 유의 표현, 부정형, 주체자에 특히 주의하여 틀린 문항은 소거하며 답을 찾기!

주의! 「かす(빌려주다)」, 「かりる(빌리다)」, 「かえす(돌려주다)」와 같이 해석이 헷갈리는 단어에 주의!

유의 표현이라고 해서 같은 품사, 같은 형식으로 출제되는 것은 아닙니다. 한자어를 가타카나로 바꿔 말하거나 (예 意見(いけん) 의견 ≒ アイディア 아이디어), 단어를 문장 형식으로 풀어서 말하는 등의 예상을 벗어나는 변화구 문제들이 자주 출제되니 당황하지 않도록 다양한 뜻으로 익혀두는 게 중요합니다.

02 명사 적중 어휘

❶ 가족

주제	유의 표현
① 부모님	両親(りょうしん) 부모님 ⑪⑬
	≒ 父(ちち)と母(はは) 아빠와 엄마
	≒ お父(とう)さんと　お母(かあ)さん 아빠와 엄마 * **ちち / はは**으로 바꿔서 출제 가능
② 친척	おじ 남자 친척 어른 / おば 여자 친척 어른 * **おじさん / おばさん**으로 바꿔서 출제 가능
	≒ 父(ちち)(母(はは))の兄(あに)・弟(おとうと) 아빠(엄마)의 형(오빠)·아빠(엄마)의 남동생 / ≒ 父(ちち)(母(はは))の姉(あね)・妹(いもうと) 아빠(엄마)의 누나(언니)·아빠(엄마)의 여동생
③ 조부모	祖父(そふ) 할아버지 ㉔ / 祖母(そぼ) 할머니 * **おじいさん / おばあさん**으로 바꿔서 출제 가능
	≒ 父(ちち)(母(はは))の父(ちち) 아빠(엄마)의 아빠 / 父(母)の母(はは) 아빠(엄마)의 엄마

❷ 위치/장소

주제	유의 표현
① 우체국	郵便局(ゆうびんきょく) 우체국 ⑭⑱
	≒ はがきを　うっている　ところ 엽서를 파는 곳
	≒ きってを　うっている　ところ 우표를 파는 곳
② 찻집, 카페	喫茶店(きっさてん) 찻집
	≒ コーヒーを　のむ　ところ 커피를 마시는 곳
	≒ 紅茶(こうちゃ)を　のむ　ところ 홍차를 마시는 곳

③ 화장실	お手洗(てあら)い 화장실	≒	トイレ 화장실		
④ 근처, 곁, 옆	そば 근처, 곁	≒	よこ 옆	≒	となり 옆
⑤ 건물, 빌딩	建物(たてもの) 건물	≒	ビル 빌딩		

❸ 기념일/날짜

① 誕生日(たんじょうび) 생일 ⑰	≒	うまれた日(ひ) 태어난 날
② 二年前(にねんまえ) 2년 전	≒	おととし 재작년 ⑰

❹ 자연/동물

① いい天気(てんき) 좋은 날씨	≒	はれ 맑음		
② 動物(どうぶつ)・ペット 동물/애완동물	≒	いぬや　ねこ 개나 고양이	≒	とり 새

03 동사 적중 어휘

① 洗濯(せんたく)する 빨래하다, 세탁하다 ⑬⑯⑳㉒	≒	洗(あら)う 씻다, 세척하다, 세탁하다
② 習(なら)う 배우다 ⑭⑱⑲⑳㉑㉔	≒	勉強(べんきょう)する 공부하다 ⑫
③ Aは　Bに　ペンを　かす A는 B에게 펜을 빌려준다 ⑮⑯	≒	Bは　Aに　ペンを　かりる B는 A에게 펜을 빌린다 ⑲
④ 働(はたら)く 일하다 ⑲ ≒ アルバイトを　する 아르바이트를 하다	≒	しごとを　する 일을 하다
⑤ 掃除(そうじ)をする 청소를 하다 ⑱⑲ ↔ きたない 더럽다 ⑭㉓	≒	きれいに　する・なる 깨끗하게 하다/깨끗해지다
⑥ ご飯(はん)を作(つく)る 밥을 하다, 밥을 짓다 ㉑	≒	りょうりを　する 요리를 하다 ⑪⑰
⑦ 散歩(さんぽ)をする 산책을 하다 ⑰⑲	≒	あるく 걷다 ⑪

04 형용사 적중 어휘

① まずい 맛이 없다	≒	おいしくない 맛있지 않다
② うるさい 시끄럽다 ⑱	≒	しずかじゃない 조용하지 않다 ⑫⑱
③ かるい 가볍다 ⑪⑫⑭⑱㉒	≒	おもくない 무겁지 않다 ⑫⑭⑲㉒
④ やさしい 쉽다 ⑪⑯㉔	≒	簡単(かんたん)だ 간단하다 ㉔
⑤ くらい 어둡다 ⑬⑭⑯⑱⑳㉒	≒	あかるくない 밝지 않다 ⑫㉑
⑥ 下手(へた)だ 서투르다 ㉒	≒	上手(じょうず)じゃない 능숙하지 않다 ⑰
⑦ ひまだ 한가하다 ⑲	≒	忙(いそが)しくない 바쁘지 않다 ⑲㉑

05 부사 적중 어휘

① 少(すこ)し 약간, 조금 ㉓	≒	ちょっと 조금 ⑱㉓

Quick Check!

서로 바꾸어 쓸 수 있는 비슷한 어휘끼리 연결해 보세요.

정답 16p

❶ 誕生日(たんじょうび) •		• (a) おもくない
❷ 両親(りょうしん) •		• (b) うまれた日(ひ)
❸ かるい •		• (c) 父(ちち)と母(はは)

최신 기출 유형 실전 모의고사

다음 문제를 실제 시험처럼 풀어 보며 자신의 실력을 확인해 보세요.

1 ゆうびんきょくで　しごとが　したいです。

1　ゆうびんきょくで　あそびたいです。
2　ゆうびんきょくで　はたらきたいです。
3　ゆうびんきょくで　やすみたいです。
4　ゆうびんきょくで　あらいたいです。

2 そぼは　とても　げんきです。

1　ちちの　あねは　とても　げんきです。
2　ははの　あには　とても　げんきです。
3　ちちの　ははは　とても　げんきです。
4　ははの　ちちは　とても　げんきです。

3 わたしは　にほんごを　ならって　います。

1　わたしは　にほんごを　おしえて　います。
2　わたしは　にほんごを　つくって　います。
3　わたしは　にほんごを　かして　います。
4　わたしは　にほんごを　べんきょうして　います。

4 この　りょうりは　まずいです。

1　この　りょうりは　おいしいです。
2　この　りょうりは　おいしく　ないです。
3　この　りょうりは　たかいです。
4　この　りょうりは　たかく　ないです。

5 かんじの　べんきょうは　かんたんです。

1　かんじの　べんきょうは　やさしいです。
2　かんじの　べんきょうは　やさしく　ないです。

3　かんじの　べんきょうは　おもしろいです。
4　かんじの　べんきょうは　おもしろく　ないです。

6 にねんまえに　かいました。

1　おととい　かいました。
2　おととし　かいました。
3　きょねん　かいました。
4　きのう　かいました。

7 ここは　としょかんです。

1　ここは　きってを　うっている　ところです。
2　ここは　コーヒーを　のむ　ところです。
3　ここは　てを　あらう　ところです。
4　ここは　ほんを　かりる　ところです。

8 ちかくに　たかい　たてものが　あります。

1　ちかくに　たかい　ケーキが　あります。
2　ちかくに　たかい　くだものが　あります。
3　ちかくに　たかい　ビルが　あります。
4　ちかくに　たかい　プールが　あります。

9 きょうは　いい　てんきです。

1　きょうは　はれて　います。
2　きょうは　あめが　ふって　います。
3　きょうは　くもって　います。
4　きょうは　かぜが　ふいて　います。

10 ペンを　かして　ください。

1　ペンを　かえしたいです。
2　ペンを　かりたいです。
3　ペンを　かしたいです。
4　ぺんを　かいたいです。

Day 20 발음부터 표기까지 'N4 한자 읽기&표기'

오늘의 핵심 내용 미리 보기!

오늘은 N4 한자 읽기와 표기 유형을 세밀하게 파악해보고 해당 유형에서 가장 자주 출제되는 적중 어휘를 익혀 봅시다. 풀이 방식은 앞서 학습한 N5 한자 읽기, 표기 유형과 동일하므로 N4 수준의 어휘량을 늘려 문제 풀이에 익숙해지는 것에 집중하여 학습해 봅시다.

이것만 알아두면 끝! 유형 파악 & 어휘 학습

01 문제 유형 파악하기

❶ N4 문자·어휘 한자 읽기

밑줄 친 한자의 발음을 고르는 문제입니다.

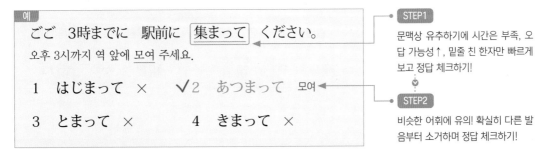

예

ごご 3時までに 駅前に 集まって ください。

오후 3시까지 역 앞에 모여 주세요.

1 はじまって ×　✓2 あつまって 모여

3 とまって ×　4 きまって ×

STEP1 문맥상 유추하기에 시간은 부족, 오답 가능성↑, 밑줄 친 한자만 빠르게 보고 정답 체크하기!

STEP2 비슷한 어휘에 유의! 확실히 다른 발음부터 소거하며 정답 체크하기!

N4 한자 읽기 유형은 명사 음독, 동사, 명사 훈독, い형용사, 조수사 순서로 출제되는 편으로 비교적 な형용사와 가타카나의 비율이 적습니다. 한자의 읽는 방식을 묻는 문제이므로 단어 암기 시 요음, 촉음, 탁음, 장/단음을 정확하게 암기해야 합니다.

❷ N4 문자·어휘 **표기**

예

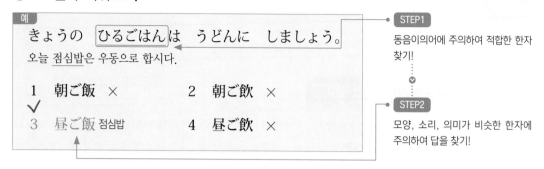

きょうの [ひるごはん]は　うどんに　しましょう。

오늘 점심밥은 우동으로 합시다.

1　朝ご飯　×　　2　朝ご飲　×

✓ 3　昼ご飯 점심밥　　4　昼ご飲　×

STEP1
동음이의어에 주의하여 적합한 한자 찾기!

STEP2
모양, 소리, 의미가 비슷한 한자에 주의하여 답을 찾기!

N4 표기 유형은 명사 음독, 동사, 명사 훈독, い형용사, 조수사, 가타카나, な형용사 순으로 출제되는 편입니다. 한자의 생김새, 일본어 발음, 한국어 발음이 비슷한 한자들을 잘 구별해서 알아 두어야 합니다. 형용사와 동사의 경우, 끝부분이 동일하게 끝나는 어휘들을 묶어서 암기하면 좋습니다.

02 명사 적중 어휘

❶ 가족

누나, 언니		형, 오빠		여동생	남동생
姉(あね)	お姉(ねえ)さん㉑	兄(あに)	お兄(にい)さん	妹(いもうと)	弟(おとうと)

❷ 교통

교통	출발	특급	급행
交通(こうつう)⑫㉒㉔	出発(しゅっぱつ)⑪⑳㉑	特急(とっきゅう)⑭	急行(きゅうこう)

❸ 사람/직업

여성	남성	얼굴	엄지 손가락	역무원	담당(자)
女性(じょせい)㉑㉔	男性(だんせい)⑫⑬	顔(かお)⑭⑱	親指(おやゆび)㉔	駅員(えきいん)⑬	係(かか)り⑭

❹ 시간/일정

저녁	최근, 요즘	최후, 마지막	이번, 이 다음	형편, 스케줄
夕方(ゆうがた)⑪	最近(さいきん)㉓	最後(さいご)⑪⑱㉑	今度(こんど)⑬	都合(つごう)⑫㉑㉓㉔

❺ 위치/장소

항구	공항	매장	회장	공장	근처, 이웃
港(みなと)⑪	空港(くうこう)⑩㉑㉔	売り場(うりば)⑭	会場(かいじょう)	工場(こうじょう)⑬㉓	近所(きんじょ)⑬⑭㉒

❻ 학업/일

설명	예습	계획	영업
説明(せつめい)⑩㉒	予習(よしゅう)⑳㉑	計画(けいかく)⑮㉑	営業(えいぎょう)⑩⑬⑲㉑㉒

❼ 취미/여가

영화	운동	소설	여행
映画(えいが)⑭㉑	運動(うんどう)⑫㉑	小説(しょうせつ)⑪	旅行(りょこう)⑬

❽ 기타

이상	이하	이외
以上(いじょう)⑱㉑㉒	以下(いか)㉔	以外(いがい)

03 동사 적중 어휘

옮기다, 운반하다	나아가다	충분하다	(수를) 세다
運ぶ(はこぶ)⑩	進む(すすむ)⑩⑭⑳㉑㉒	足りる(たりる)⑬⑮㉓㉔	数える(かぞえる)⑫㉒
답하다	**생각하다**	**정해지다[자동사]**	**정하다[타동사]**
答える(こたえる)⑮㉑	考える(かんがえる)⑬⑲㉔	決まる(きまる)⑩⑱㉒	決める(きめる)⑫⑬
빼다, 끌다, 당기다	**누르다, 밀다**	**보내다**	**도착하다**
引く(ひく)㉑	押す(おす)⑬㉒	送る(おくる)⑩⑪⑬⑭	着く(つく)⑮㉓

사용하다	행하다, 실행하다	자르다	베끼다, (사진) 찍다
使(つか)う㉒	行(おこな)う	切(き)る⑯	写(うつ)す⑰
끝나다	서두르다	열리다, 열다	닫히다, 닫다
終(お)わる⑭㉔	急(いそ)ぐ⑬⑮	開(ひら)く	閉(と)じる⑩⑱

04 い형용사 적중 어휘

강하다	약하다	즐겁다	졸리다
強(つよ)い⑬⑮	弱(よわ)い⑩⑱㉓	楽(たの)しい⑭	眠(ねむ)い⑪⑳

05 な형용사/부사 적중 어휘

친절하다	불편하다	편리하다	특히
親切(しんせつ)だ⑪㉑	不便(ふべん)だ⑭⑲	便利(べんり)だ⑪⑯	特(とく)に⑩

Quick Check!

빈칸 안에 들어갈 알맞은 일본어 어휘를 써 보세요.

정답 18p

❶ 교통 (　　　　) ❷ 누나, 언니 (　　　　)

❸ 영업 (　　　　) ❹ 근처, 이웃 (　　　　)

❺ 나아가다 (　　　　) ❻ 보내다 (　　　　)

최신 기출 유형 실전 모의고사

다음 문제를 실제 시험처럼 풀어 보며 자신의 실력을 확인해 보세요.

1 朝早く　起きたので、とても　眠かったです。

1　たのしかった　2　よわかった　3　つよかった　4　ねむかった

2 いえの　近所に　デパートが　あります。

1　きんじょ　2　こうじょう　3　ぎんこう　4　ちかく

3 この　店の　店員は　とても　親切です。

1　ゆうめい　2　しんせつ　3　べんり　4　ていねい

4 いすが　ひとつ　足りません。

1　たりません　2　つくりません　3　かりません　4　きりません

5 今度の　にちようび、映画を　見に　行きませんか。

1　こんどう　2　こんと　3　こんど　4　こんとう

6 まいにち　こうえんで　運動して　います。

1　うんどん　2　うんとん　3　うんてん　4　うんどう

7 きょうは　えいぎょう　しません。

1　宮行　　2　営行　　3　宮業　　4　営業

8 きむらさんは　みなとくに　すんで　います。

1　北区　　2　南区　　3　港区　　4　漁区

9 せんせいの　しつもんに　こたえる。

1　応える　　2　答える　　3　応たえる　　4　答たえる

10 この　しゃしんに　うつっている　ひとは　きむらさんの　おねえさんです。

1　お兄さん　　2　お姉さん　　3　お妹さん　　4　お弟さん

11 あなたの　かんがえかたは　ただしいです。

1　教え方　　2　孝え方　　3　老え方　　4　考え方

12 この　つくえを　きょうしつに　はこんで　ください。

1　運んで　　2　週んで　　3　送んで　　4　遊んで

Day 21

문맥을 파악하는 'N4 문맥 규정'

오늘의 핵심 내용 미리 보기!

오늘은 N4 문맥 규정 유형을 세밀하게 파악해 봅시다. 문맥 규정 유형은 제목 그대로, 빈칸에 들어갈 말을 문맥을 통해 맞추는 문제입니다. N4 문맥 규정 유형은 명사, 동사, い형용사, な형용사, 가타카나, 부사, 조수사 순으로 출제되는 편으로, 품사별로 자주 출제되는 어휘를 익혀봅시다.

みんなで　クリスマスツリーを（　　）た。
다같이 크리스마스 트리를 (　　)다.
きこえる(들리다)?
かわく(마르다)?
かよう(다니다)?
かざる
꾸미다, 장식하다

이것만 알아두면 끝!

유형 파악 & 어휘 학습

01 문맥 규정 유형 파악하기

예

コップを（　　　　　）われて　しまった。

컵을 (　　　　) 깨져 버렸다.

1　おして 눌러서　　2　おくって 보내서

3　おとして 떨어뜨려서 ✓　　4　おちて 떨어져서

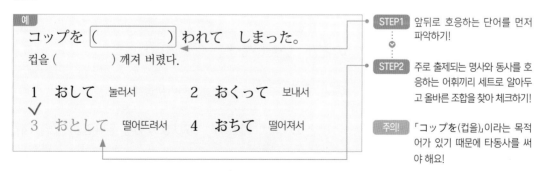

STEP1 앞뒤로 호응하는 단어를 먼저 파악하기!

STEP2 주로 출제되는 명사와 동사를 호응하는 어휘끼리 세트로 알아두고 올바른 조합을 찾아 체크하기!

주의! 「コップを(컵을)」이라는 목적어가 있기 때문에 타동사를 써야 해요!

N5와 마찬가지로 N4 문맥 규정 유형도 괄호의 전후 문맥을 꼼꼼히 살피고 문맥상 가장 잘 어울리는 선택지를 고릅니다. 다양한 품사가 출제되므로 단어를 외울 때 같이 쓰이는 명사 또는 동사를 함께 외우면 도움이 됩니다. 풍부한 예문 학습을 통해 어휘의 '쓰임'을 숙지해 둡시다!

02 명사 적중 어휘

① 夢(ゆめ)	꿈 ⑬	ゆめを みました。꿈을 꾸었습니다.
② 引(ひ)っ越(こ)し	이사 ⑫⑬㉒	せんげつ、ひっこしした。지난달에 이사했다.
③ 留守(るす)	부재중 ⑪⑮	たなかさんは るすの ようだ。 다나카 씨는 부재중인 모양이다.
④ 受付(うけつけ)	접수(처) ㉒	びょういんの うけつけ 병원의 접수처
⑤ 理由(りゆう)	이유 ⑬⑮㉒	りゆうを せつめいして ください。 이유를 설명해 주세요.
⑥ 説明(せつめい)	설명 ⑩㉒㉔	
⑦ 意見(いけん)	의견 ⑭㉑㉓	かれの いけんは おもしろいです。 그의 의견은 재미있습니다.
⑧ 結果(けっか)	결과 ⑮㉑	しけんの けっかが よかったです。 시험 결과가 좋았습니다.
⑨ 世話(せわ)	돌봄, 보살핌 ⑬⑭㉓	ペットの せわを する。 애완동물을 보살피다.
⑩ 習慣(しゅうかん)	습관 ⑬⑳	はやく おきる しゅうかんが あります。 일찍 일어나는 습관이 있습니다.
⑪ かたち	모양, 형태	まるい かたちの ケーキを つくる。 둥근 모양의 케이크를 만들다.
⑫ 値段(ねだん)	가격 ㉒	ここの すしは ねだんが たかい。 여기 초밥은 가격이 비싸다.
⑬ 喉(のど)	목 ㉑	のどが いたいです。목이 아픕니다.
⑭ かわく	(목, 옷 등) 마르다	のどが かわきました。 목이 마릅니다.
⑮ 経験(けいけん)	경험 ⑪⑬⑲㉓	しごとの けいけんが ありますか。일의 경험이 있습니까?
⑯ 家賃(やちん)	집세	やちんを はらいました。집세를 냈습니다.
⑰ 興味(きょうみ)	흥미	にほんごに きょうみが ある。 일본어에 흥미가 있다.

⑱ 用意(ようい)	준비	にもつを ようい する。 짐을 챙기다.
⑲ 相談(そうだん)	상의, 상담	ははと そうだんして えらぶ。 어머니와 상의해서 고르다.
⑳ おみまい	병문안 ⑬⑳	おみまいに いく。 병문안을 가다.
㉑ 予約(よやく)	예약 ⑪⑬	レストランを よやくする。 레스토랑을 예약하다.
㉒ えんりょ	사양, 겸손, 조심스러움 ⑬㉒	どうぞ、えんりょしないで ください。 부디, 사양하지 마세요.

03 동사 적중 어휘

① 手伝(てつだ)う	돕다 ⑬	ははの しごとを てつだいました。 엄마의 일을 도왔습니다.
② 頼(たの)む	부탁하다 ㉑	ともだちに たのみました。 친구에게 부탁했습니다.
③ 届(とど)く	닿다, 도착하다 ㉓	はがきが とどく。 엽서가 오다.
④ 過(す)ぎる	지나다	10時が すぎました。 10시가 지났습니다.
⑤ 叱(しか)る	혼내다[타동사] ⑪⑭㉓	せんせいが わたしを しかりました。 선생님이 저를 혼냈어요.
⑥ 叱(しか)られる	혼나다[수동형]	ちこくして、 ははに しかられました。 지각해서 엄마에게 혼났습니다.
⑦ 覚(おぼ)える	기억하다, 암기하다	この かんじを おぼえましたか。 이 한자를 외웠습니까?
⑧ 通(とお)る	지나가다, 통하다 ⑲	しょくどうの まえを とおる。 식당 앞을 지나다.
⑨ 混(こ)む	붐비다 ⑪⑬⑮㉑	バスが こんでいる。 버스가 혼잡하다.
⑩ 包(つつ)む	포장하다 ⑫	プレゼントを つつみました。 선물을 포장했습니다.
⑪ 貼(は)る	붙이다	かべに ポスターを はる。 벽에 포스터를 붙이다.

⑫ 誘(さそ)う	권유하다, 초대하다	ともだちを パーティーに さそう。 친구를 파티에 초대하다.
⑬ 比(くら)べる	비교하다	ねだんを くらべて みました。 가격을 비교해 보았습니다.
⑭ みつかる	발견되다	めがねが みつからない。 안경이 발견되지 않는다(못 찾겠다).
⑮ 探(さが)す	찾다 ⑬㉔	あたらしい アパートを さがして います。 새 아파트를 찾고 있습니다.
⑯ 止(と)める	세우다(타동사)	くるまを とめる。 차를 세우다.
⑰ 止(と)まる	멈추다(자동사)	くるまが とまる。 차가 멈추다.
⑱ 止(や)む	멈추다, 그치다 ⑬	あめが やむ。 비가 그치다.
⑲ やめる	그만두다, 끊다 ⑬	たばこを やめる。 담배를 끊다.
⑳ 乗(の)り換(か)える	갈아타다, 환승하다	バスに のりかえました。 버스로 갈아탔습니다.
㉑ 迎(むか)える	맞이하다, 마중하다	いもうとを むかえに いく。 여동생을 데리러 가다.
㉒ 噛(か)む	씹다, 깨물다	よく かんで たべましょう。 꼭꼭 씹어 먹읍시다.
㉓ 飾(かざ)る	장식하다	テーブルに はなを かざる。 테이블에 꽃을 장식하다.
㉔ 寄(よ)る	들르다	かえりに ぎんこうに よる。 귀갓길에 은행에 들르다.
㉕ さす	(우산을) 쓰다	かさを さして あるく。 우산을 쓰고 걷다.
㉖ 慣(な)れる	익숙해지다	にほんの せいかつに なれて きた。 일본 생활에 익숙해졌다.

04 い형용사 적중 어휘

① 苦い(にが)	쓰다 ⑪	この くすりは にがいです。 이 약은 씁니다.
② さびしい	외롭다	ひとりで いると さびしいです。 혼자 있으면 외롭습니다.
③ かたい	단단하다, 질기다 ⑫	この にくは かたいです。 이 고기는 질겨요.
④ 深い(ふか)	깊다 ⑮㉑	この かわは とても ふかいです。 이 강은 매우 깊습니다.
⑤ 浅い(あさ)	얕다 ⑫㉒	この プールは あさいです。 이 수영장은 얕습니다.
⑥ おとなしい	얌전하다 ⑩⑪⑬	かのじょは とても おとなしい人です。 그녀는 매우 얌전한 사람입니다.

05 な형용사 적중 어휘

① 安全だ(あんぜん)	안전하다	ここは とても あんぜんです。 여기는 매우 안전합니다.
② 危険だ(きけん)	위험하다 ⑮	よるおそく あるくのは きけんです。 밤늦게 걷는 것은 위험합니다.
③ 残念だ(ざんねん)	안타깝다, 유감이다 ⑬⑮	しあいに まけて ざんねんです。 경기에서 져서 안타깝습니다.
④ 十分だ(じゅうぶん)	충분하다 ⑫⑮㉓	おかねは これで じゅうぶんです。 돈은 이것으로 충분합니다.
⑤ 必要だ(ひつよう)	필요하다 ㉑㉔	パスポートが ひつようです。 여권이 필요합니다.

06 부사/가타카나 적중 어휘

① 自由(じゆう)に	자유롭게	じゆうに　はなしても　いいです。 자유롭게 이야기해도 됩니다.
② ねっしんに	열심히	かれは　ねっしんに　はたらいて　いる。 그는 열심히 일하고 있다.
③ どんどん	점점	にほんごが　どんどん　じょうずになる。 일본어가 점점 능숙해진다.
④ スイッチ	스위치 ⑫⑬㉒	テレビの　スイッチを　いれて　ください。 TV 스위치를 켜 주세요.
⑤ レジ	계산대	レジで　おかねを　はらいました。 계산대에서 돈을 냈습니다.
⑥ アイディア	아이디어 ⑩	あたらしい　アイディアが　うかびました。 새로운 아이디어가 떠올랐습니다.

Quick Check!

빈칸 안에 들어갈 알맞은 표현을 히라가나로 써 보세요.

정답 19p

- (　　　　　)を　(　　　　　)して　ください。 이유를 설명해 주세요.
- くるまを　(　　　　　)。 차를 세우다.
- テーブルに　はなを　(　　　　　)。 테이블에 꽃을 장식하다.

최신 기출 유형 실전 모의고사

다음 문제를 실제 시험처럼 풀어 보며 자신의 실력을 확인해 보세요.

1 きのう　すずきさんの（　　　）を　てつだいました。

1　おみまい　　2　るす　　3　しゅうかん　　4　ひっこし

2 たばこは　ご（　　　）ください。

1　えんりょ　　2　しつれい　　3　どうぞ　　4　よやく

3 スーパーの（　　　）で　お金を　はらいます。

1　レンジ　　2　レジ　　3　チェック　　4　チケット

4 あにと　せの　たかさを（　　　）。

1　とめました　　2　くらべました　　3　やめました　　4　かざりました

5 バスから　でんしゃに（　　　）。

1　すぎました　　2　のこりました

3　のりかえました　　4　のぼりました

6 この　川は（　　　）ので、きを　つけて　ください。

1　あさい　　2　ふかい　　3　かたい　　4　さびしい

정답 및 해설 19p

7 この　品物は（　　　）が　やすいです。

1　ねだん　　2　かいだん　　3　ゆだん　　4　しんだん

8 （　　　）ばしょで　あそんでは　いけません。

1　じゅうぶんな　　2　ひつような

3　あんぜんな　　4　きけんな

9 はやしさんは　びょういんの（　　　）で　はたらいて　います。

1　きょうみ　　2　やちん　　3　うけつけ　　4　しゅみ

10 だいじな　ことなので、（　　　）ください。

1　さして　　2　やめて　　3　おぼえて　　4　さそって

Day 22

비슷한 표현을 찾는 'N4 유의 표현'

오늘의 핵심 내용 미리 보기!

오늘은 N4 문맥 규정 유형을 세밀하게 파악해 봅시다. 유의 표현 유형은 제시된 문장과 가장 유사한 뜻을 지닌 문장을 고르는 문제로, N4에서는 명사, 동사, 부사, い형용사, な형용사 순으로 출제되는 편입니다. 이 유형은 말 그대로 유의 표현을 고르는 문제이기 때문에 비슷한 뜻을 가진 어휘들을 함께 학습해 보고, 반대 뜻을 가진 어휘들까지 묶어서 학습하면서 어휘력을 더욱 풍성하게 향상시켜 봅시다.

이것만 알아두면 끝!

유형 파악 & 어휘 학습

01 유의 표현 유형 파악하기

예

ともだちと　あう　やくそくが　あります。

친구와 만날 약속이 있습니다.

✓ 1　ともだちと　あう　よていです。 친구와 만날 예정입니다.

2　ともだちと　あう　わけです。 친구와 만날 이유입니다.

3　ともだちと　あう　ばしょです。 친구와 만날 장소입니다.

4　ともだちと　あう　げんいんです。 친구와 만날 원인입니다.

STEP1 문제와 선택지에서 공통된 내용은 제외, 다른 부분을 유의 깊게 체크하기!

STEP2 유의 표현, 부정형, 주체자에 특히 주의하여 틀린 문항은 소거하며 답을 찾기!

주의! 「あう　やくそくが　あります」와 「あう　よていです」처럼 의미는 동일하지만 풀어서 나타내는 문항에 주의!

N5와 마찬가지로 유의 표현이라고 해서 같은 품사, 같은 형식으로 출제되는 것은 아닙니다. 한자어를 가타카나로 바꾸어 제시된 경우나 단어를 문장 형식으로 풀어서 제시된 경우와 같은 변화구 문항에 주의하고, 선택지도 모두 성립되는 문장이기 때문에 가타카나나 부정형이 나오는 경우에 유의해서 살펴 봅시다.

02 명사 적중 어휘

❶ 일반

① きそく 규칙	≒	ルール 룰
② 水泳(すいえい) 수영	≒	泳(およ)ぐの 수영하는 것
③ 出発(しゅっぱつ) 출발 ⑪⑳㉑	≒	出(で)る 나가다 ⑰㉑㉒
④ 生産(せいさん) 생산 ⑫⑭⑮⑱	≒	作(つく)ること 만드는 것
⑤ かぐ 가구	≒	つくえや　ベッド 책상이나 침대

❷ 장소

① 駐車場(ちゅうしゃじょう) 주차장	≒	車(くるま)を　止(と)める　場所(ばしょ)・ところ 차를 세우는 곳
② 空港(くうこう) 공항 ⑩㉑	≒	ひこうきに　のる　ところ 비행기를 타는 곳

❸ 변화구(의미를 풀어서 나타내는 경우)

① どくしん 독신	≒	けっこんしていない 결혼하지 않았다
② …と結婚(けっこん)する ~와 결혼하다	≒	…のおくさん(おっと)になる ~의 부인(남편)이 되다
③ 輸入(ゆにゅう) 수입 ⑱	≒	ほかの　国(くに)から　買(か)っている 다른 나라로부터 사고 있다
④ 輸出(ゆしゅう) 수출 ⑬	≒	ほかの　国(くに)に　売(う)っている 다른 나라에 팔고 있다
⑤ ねぼう 늦잠 ⑪⑬⑭	≒	おきるのが　おそくなってしまう 일어나는 게 늦어지다
⑥ きんえん 금연 ⑭	≒	たばこを　すってはいけない 담배를 피워서는 안 된다
⑦ うそ 거짓말 ⑬⑮⑳	≒	ほんとうじゃない 진짜가 아니다
⑧ ひみつ 비밀	≒	誰(だれ)にも　言(い)わないで 아무에게도 말하지 말아줘
⑨ るすだ 부재중이다 ⑪⑮	≒	だれも　いない 아무도 없다 ≒ でかけている 외출했다

03 동사 적중 어휘

❶ 상태 표현

① 汚(よご)れている 더럽다, 오염됐다	≒	汚(きたな)い 더럽다, 지저분하다 ⑭㉓
② 冷(ひ)えている 차갑다 ⑫	≒	冷(つめ)たい 차갑다 ⑫㉓
③ すいている 비어 있다, 한산하다	≒	お客(きゃく)さんが少(すく)ない 손님이 적다 ㉔
④ 増(ふ)える 증가하다, 늘어나다 ⑮	≒	多(おお)くなる 많아지다, 늘어나다

❷ 행동 표현

① おどろく 놀라다 ⑬	≒	びっくりする 깜짝 놀라다
② 謝(あやま)る 사과하다 ⑩⑪	≒	「ごめんなさい」と言(い)う '미안합니다'라고 말하다
③ 頼(たの)む 부탁하다 ㉑	≒	お願(ねが)いする 부탁하다
④ 届(とど)ける 배달하다, 전달하다 ⑭	≒	つく 도착하다 ⑮㉓
⑤ 届(とど)く 도달하다, 닿다, 전달되다 ㉓	≒	つく 도착하다 ⑮㉓
⑥ 戻(もど)る 돌아가(오)다 ⑬	≒	かえってくる 돌아오다
⑦ おそわる 배우다	≒	ならう 배우다 ⑭⑱⑲⑳㉑㉔
⑧ …の　けいけんが　ある ~의 경험이 있다	≒	…た　ことが　ある ~한 적이 있다
⑨ ぬすまれる 도둑 맞다	≒	とられる 빼앗기다
⑩ ぬすむ 훔치다 ㉔	≒	とる 빼앗다
⑪ まちがえやすい 틀리기 쉽다	≒	まちがえる　人(ひと)が　多(おお)い 틀리는 사람이 많다

⑫ ほめられる 칭찬받다 ⑪⑬㉑
≒「とてもよかったですね / よくできましたね」と言(い)う
'아주 좋았어요/잘하셨네요'라고 말하다

⑬ かいものに　さそいました　쇼핑을 권유했습니다

≒「いっしょに　かいものに　いきませんか」という

'같이 쇼핑 가지 않을래요?'라고 하다

⑭ かちょうの　かわりに　かいぎに　いった　과장님 대신에 회의에 갔다

≒ かいぎに　いったが、かちょうは　いかなかった

회의에 갔지만 과장님은 가지 않았다

04 형용사 적중 어휘

① やわらかい 부드럽다	≒	かたくない 딱딱하지 않다 ⑫
② うつくしい 아름답다 ⑬	≒	きれいだ 예쁘다, 아름답다
③ 上手(うま)い 잘하다, 능숙하다 ⑪	≒	上手(じょうず)だ 잘하다, 능숙하다 ⑰
④ ぬるい 미지근하다	≒	あつくない 뜨겁지 않다
⑤ じが　こまかい 글씨가 세세하다(작다)	≒	じが ちいさい 글씨가 작다
⑥ 安全(あんぜん)だ 안전하다	≒	危(あぶ)なくない 위험하지 않다 ⑮
⑦ 大事(だいじ)だ 중요하다, 소중하다	≒	大切(たいせつ)だ 중요하다, 소중하다 ⑭㉔

05 부사/기타 적중 어휘

① にこにこ 방긋방긋 ⑬㉒ ≒ 笑(わら)う 웃다

② さいしょに 먼저, 처음으로 ≒ はじめに 먼저, 우선, 처음으로 ≒ まず 먼저, 우선

③ 雨(あめ)が ざあざあ 降(ふ)る 비가 쏴쏴 내리다 ≒ 雨(あめ)が 強(つよ)く 降(ふ)る 비가 거세게 내리다

④ 丁寧(ていねい)に かく 꼼꼼하게(정성스럽게) 쓰다 ≒ きれいに かく 예쁘게 쓰다

⑤ アルバイト 아르바이트 ⑬⑱ ≒ はたらいている 일하고 있다

⑥ 田中(たなか)さん 以外(いがい)は 来(き)ました 다나카 씨 이외에는 왔습니다
≒ 田中(たなか)さんは 来(き)ませんでしたが、ほかの 人(ひと)は 来(き)ました
다나카 씨는 오지 않았지만 다른 사람은 왔습니다

Quick Check!

서로 바꾸어 쓸 수 있는 비슷한 어휘끼리 연결해 보세요. 정답 20p

❶ きそく • • (a) はじめに

❷ 大事(だいじ)だ • • (b) 大切(たいせつ)だ

❸ さいしょに • • (c) ルール

최신 기출 유형 실전 모의고사

다음 문제를 실제 시험처럼 풀어 보며 자신의 실력을 확인해 보세요.

1 じが　ちいさくて　よめません。

1　じが　こまかくて　よめません。

2　じが　かたくて　よめません。

3　じが　きたなくて　よめません。

4　じが　すくなくて　よめません。

2 この　ペンは　にほんで　せいさんされています。

1　この　ペンは　にほんで　つかわれています。

2　この　ペンは　にほんで　つくられています。

3　この　ペンは　にほんで　かわれています。

4　この　ペンは　にほんで　うられています。

3 わたしは　さいきん　アルバイトを　しています。

1　わたしは　さいきん　べんきょうを　しています。

2　わたしは　さいきん　ダンスを　しています。

3　わたしは　さいきん　はたらいています。

4　わたしは　さいきん　やすんでいます。

4 しゃちょうは　いま　るすです。

1　しゃちょうは　いま　ねています。

2　しゃちょうは　いま　いそがしいです。

3　しゃちょうは　いま　しごとを　しています。

4　しゃちょうは　いま　いません。

5 <u>たなかさんは　えいごを　おそわっています。</u>

1　たなかさんは　えいごを　おしえています。

2　たなかさんは　えいごを　はなしています。

3　たなかさんは　えいごを　わすれています。

4　たなかさんは　えいごを　ならっています。

6 <u>きむらさんは　ほんとうに　うつくしいです。</u>

1　きむらさんは　ほんとうに　きれいです。

2　きむらさんは　ほんとうに　ていねいです。

3　きむらさんは　ほんとうに　くらいです。

4　きむらさんは　ほんとうに　あかるいです。

7 <u>この　まちは　あんぜんだそうです。</u>

1　この　まちは　にぎやかだそうです。

2　この　まちは　人が　多いそうです。

3　この　まちは　道が　こむそうです。

4　この　まちは　あぶなくないそうです。

정답 및 해설 20p

8 ていねいに　そうじして　ください。

1　かんたんに　そうじして　ください。

2　きれいに　そうじして　ください。

3　はやく　そうじして　ください。

4　かるく　そうじして　ください。

9 きむらさんの　かわりに　すずきさんが　きました。

1　きむらさんは　いきましたが、すずきさんは　いきませんでした。

2　きむらさんは　きましたが、すずきさんは　きませんでした。

3　すずきさんは　きましたが、きむらさんは　きませんでした。

4　すずきさんは　かえりましたが、きむらさんは　かえりませんでした。

10 わたしは　りゅうがくの　けいけんが　ありません。

1　わたしは　りゅうがくを　しに　いきました。

2　わたしは　りゅうがくを　したく　ありません。

3　わたしは　りゅうがくを　しない　つもりです。

4　わたしは　りゅうがくを　した　ことが　ありません。

Day 23 어휘의 올바른 쓰임을 찾는 'N4 용법'

오늘의 핵심 내용 미리 보기!

오늘은 N5에는 출제되지 않고 N4에만 등장하는 유형인 용법 유형을 알아봅시다. 용법 유형은 제시된 단어의 올바른 사용법을 묻는 문제로, 선택지의 밑줄 친 단어 중 해당 단어가 적절히 쓰인 것을 골라야 합니다. 총 4문항이 출제되며 명사, 동사, い형용사, な형용사, 부사 순으로 자주 출제되는 편입니다.

이것만 알아두면 끝!

유형 파악 & 어휘 학습

01 용법 유형 파악하기

예

おいわい 축하, 축하 선물

1 お金もちに　なれるように、<u>おいわい</u>しました。

부자가 될 수 있도록 (　　　)했습니다.

→ おいのり 기도

✓ 2 あにが　大学を　そつぎょうしたので、<u>おいわい</u>しました。

형(오빠)이 대학을 졸업해서 (　　　)했습니다.

STEP1 제시된 단어의 정확한 뜻과 뉘앙스에 대해 한국어로 적어보기!

STEP2 밑줄 친 해당 단어를 유의하여 하나씩 해석해 보고, 앞뒤 말이 부자연스러운 문장은 소거해 나가며 답을 찾기!

3 ともだちが　にゅういんしたので、<u>おいわい</u>に　いきます。

친구가 입원을 해서 (　　　)하러 갑니다.

→ おみまい 병문안

4 すてきな　プレゼントを　いただいたので、<u>おいわい</u>を　いいました。

멋진 선물을 받아서 (　　　)를 말했습니다.

→ おれい 사례, 답례, 감사의 말

단어의 의미를 익힐 때 단순히 의미와 뜻을 1대1 대응으로 암기해 나가는 것이 아니라 명사와 동사의 다양한 쓰임을 알아두고 예문을 통해 문장 속에서 정확한 사용법을 익히는 것이 중요합니다.

02 명사 적중 어휘

① お礼(れい) 사례, 답례의 말 ⑪⑭㉔	「ありがとう」と　おれいを　いう。 '고마워'라고 답례의 말을 하다.
② 近所(きんじょ) 근처, 이웃 ⑬⑭㉒	いえの　きんじょに　デパートが　あります。 집 근처에 백화점이 있습니다.
③ 遅刻(ちこく) 지각 ⑪	あしたは ぜったいに ちこくしないで ください。 내일은 절대로 지각하지 마세요.
④ 思い出(おもいで) 추억 ⑭	りょこうの　おもいでを　はなす。 여행의 추억을 이야기하다.
⑤ ゆしゅつ 수출 ⑬	がいこくへ　ゆしゅつする。　외국에 수출하다.  한 걸음 더 TiP! **'무역'이라는 뜻의 「ぼうえき」도 함께 알아두세요! 「ぼうえき」는 조사 「と(~와/과)」와 함께 사용합니다.**
⑥ おおぜい 많은 사람 ⑭	おおぜいの　まえで　はっぴょうする。 많은 사람 앞에서 발표하다.
⑦ ねつ 열 ⑬⑮㉓	ねつが　ある。　열이 있다. ねつが　でる。　열이 나다.

⑧ しょうたい 초대 ⑬㉓	きむらさんを パーティーに しょうたいしましょう。 기무라 씨를 파티에 초대합시다.
⑨ にんき 인기 ㉔	あの かしゅは にんきが あります。 저 가수는 인기가 있습니다.
⑩ れんらく 연락	にほんに ついたら、れんらく ください。 일본에 도착하면 연락 주세요.
⑪ けいかく 계획 ⑮㉑	らいねんの けいかくを たてる。 내년 계획을 세우다.
⑫ しんぱい 걱정 ⑮㉑	ははを しんぱい させて しまいました。 어머니를 걱정시키고 말았습니다.
⑬ こしょう 고장 ⑪⑫㉑㉔	テレビが こしょうした。 TV가 고장 났다.
⑭ さいきん 최근 ㉓	さいきん、にほんごを ならって います。 최근 일본어를 배우고 있습니다.
⑮ おと 소리 ㉔	へんな おとが します。 이상한 소리가 납니다.
⑯ けんがく 견학	こうじょうの けんがくを する。 공장 견학을 하다.
⑰ こうじ 공사 ⑫㉒	この みちは いま こうじを しています。 이 길은 지금 공사를 하고 있습니다.
⑱ やくそく 약속 ⑭	さんじに あう やくそくを する。 3시에 만날 약속을 하다.
⑲ せんたく 세탁, 빨래 ⑬⑯⑳㉒ ≒ あらう 씻다	シャツを せんたくする。 셔츠를 세탁하다.
⑳ けしき 경치 ⑫㉒㉔	とても きれいな けしきですね。 매우 아름다운 경치네요.
㉑ るす 부재중 ⑪⑮	きむらさんは るすのようです。 기무라 씨는 부재중인 모양입니다.
㉒ とちゅう 도중 ⑲	じゅぎょうの とちゅうに おなかが いたくなった。 수업 도중에 배가 아파졌다.

03 동사 적중 어휘

① ぬれる 젖다 ⑭	あめに　ふられて ふくが　ぬれてしまいました。 비를 맞아서 옷이 젖고 말았습니다.
② かう 사다 ⑱⑲㉓	あたらしい　ラジオを　かう。　새 라디오를 사다.
③ わかす 끓이다	おゆを　わかす。　물을 끓이다. ふろを　わかす。　목욕물을 데우다.
④ やむ 그치다 ⑬	あめが　やみました。　비가 그쳤습니다.
⑤ 足(た)す 더하다	1に　1を　たすと　2です。 1에 1을 더하면 2입니다.
⑥ 足(た)りる 충분하다 ⑬⑮㉓㉔	100円(えん)が　たりない。　100엔이 모자라다. 한 걸음 더 TiP! ない형인 「たりない(부족하다)」의 형태로 자주 출제됩니다.
⑦ こわれる 고장 나다 ⑮⑲㉒	パソコンが　こわれる。　컴퓨터가 고장 나다.
⑧ そだてる 키우다, 기르다 ⑫⑬⑳㉑㉔	子(こ)どもを　そだてる。　아이를 키우다.
⑨ 寝(ね)る 자다	あかちゃんが　ねている。　아기가 자고 있다.
⑩ こむ 붐비다 ⑪⑬⑮㉑	みちが　こんで　いる。　길이 붐비고 있다.
⑪ にあう 어울리다 ⑩⑬⑲	ワンピースが　よく　にあいます。 원피스가 잘 어울립니다. 한 걸음 더 TiP! 「こむ・にあう」 모두 진행 상태를 나타내는 「…ている(하고 있다, ~해져 있다)」의 형태로 자주 쓰입니다.
⑫ おどろく 놀라다 ⑬ ≒ びっくりする	その　はなしを　きいて、おどろきました。 그 이야기를 듣고 놀랐습니다.

⑬ ひろう 줍다 ⑬⑭	こうえんの　ゴミを　ひろいます。 공원의 쓰레기를 줍습니다.
⑭ わたす 주다, 건네주다 ⑫	おかねを　わたす。　돈을 건네주다(지불하다).
⑮ つたえる 전하다, 전달하다 ⑩⑪⑮	はなしを　つたえる。　이야기를 전하다.
⑯ かたづける 정리하다 ⑪	へやを　かたづける。　방을 정리하다

04 형용사 적중 어휘

① きびしい 엄격하다 ⑫⑮㉔	こどもを　きびしく　そだてる。　아이를 엄하게 기르다.
② むしあつい 무덥다 ㉑	むしあつい　てんきが　つづいています。 무더운 날씨가 계속되고 있습니다.
③ せまい 좁다 ⑭⑮⑯⑰㉒	へやが　せまいので、ひっこしたいです。 방이 좁아서 이사하고 싶습니다.
④ にがい 쓰다 ⑪	この　たべものは　とても　にがいです。 이 음식은 매우 씁니다.
⑤ おとなしい 얌전하다 ⑩⑪⑬	おとなしい　いぬ　얌전한 강아지
⑥ ねっしんだ 열심이다	ねっしんに　べんきょうする。　열심히 공부하다.  한 걸음 더 TiP! **「명사+ねっしんだ」라고 하면 '~을 열심히 하는 사람'이라는 표현이 됩니다.**
⑦ しんせつだ 친절하다 ⑪㉑	この　みせの　てんいんは　ほんとうに　しんせつだ。 이 가게의 점원은 정말 친절하다.
⑧ ていねいだ 정성스럽다, 꼼꼼하다, 정중하다 ⑪⑭⑳	じを　ていねいに　かいて　ください。 글씨를 정성스럽게(예쁘게) 쓰세요.

05 부사 적중 어휘

① はっきり 분명히	じぶんの　いけんを　はっきり　いう。 자신의 의견을 분명하게 말하다. 한 걸음 더 TiP! 「はっきりする(확실히 하다, 분명히 하다)」**라는 동사 형태로도 자주 출제됩니다.**
② ぜひ 꼭 ⑪	ぜひ、また　あいましょう。　꼭, 또 만납시다.

Quick Check!

빈칸 안에 들어갈 알맞은 표현을 히라가나로 써 보세요.

정답 21p

- いえの　(　　　　　　　)に　デパートが　あります。　집 근처에 백화점이 있습니다.
- テレビが　(　　　　　　　)した。　TV가 고장 났다.
- シャツを　(　　　　　　　)する。　셔츠를 세탁하다.
- ワンピースが　よく　(　　　　　　　)。　원피스가 잘 어울립니다.

최신 기출 유형 실전 모의고사

다음 문제를 실제 시험처럼 풀어 보며 자신의 실력을 확인해 보세요.

1 おもいで

1　問題を　かいけつする　いいおもいでは　ありませんか。

2　ひこうきの　じかんに　おくれて　困った　おもいでが　あります。

3　日本で　すごした　日々は　わすれられない　おもいでです。

4　ペンを　どこに　おいたか　おもいでに　ありません。

2 ひろう

1　これは　いらないから　ひろって　ください。

2　がっこうに　ほんを　ひろって　いきます。

3　みちで　お金を　ひろいました。

4　へやの　なかを　きれいに　ひろいます。

3 そだてる

1　りょうしんが　たいせつに　そだてて　くれました。

2　いすに　そだてて　まってください。

3　びょうきで　かいしゃを　そだてて　います。

4　よるは　あぶないので、そだてない　ほうが　いいです。

4 わかす

1　おふろを　わかして　いる　ところです。

2　シャワーを　わかして　体を　あらいます。

3　さむいので　ストーブを　わかして　ください。

4　ぶたにくは　よく　わかしてから　たべて　ください。

5 はっきり

1　きょうは　はっきり　あるきました。

2　はっきり　きぶんが　よく　なりました。

3　どうするか　はっきり　して　ください。

4　この　もんだいは　むずかしくて　はっきり　とけます。

6 きびしい

1　母は　わたしたちを　きびしく　そだてました。

2　ボールペンは　えんぴつより　すこし　きびしいです。

3　いちばん　きびしい　りょうりは　なんですか。

4　この　にくは　きびしくて　かめない。

7 ねっしんだ

1　あかんぼうが　ねっしんに　ねて　います。

2　あには　べんきょう　ねっしんです。

3　しゅくだいが　おわって　ねっしんです。

4　この　かばんは　かるくて　ねっしんです。

정답 및 해설 21p

8 きんじょ

1 すずきさんの　年と　わたしの　年は　きんじょです。

2 エレベーターは　トイレの　きんじょに　あります。

3 きんじょと　はなしを　しました。

4 きんじょに　スーパーが　あると、べんりです。

9 るす

1 たいふうで、学校が　るすに　なりました。

2 えいがかんが　るすだったので、えいがが　見られませんでした。

3 ともだちの　いえを　たずねましたが、るすでした。

4 きってを　買いに　ゆうびんきょくへ　行きましたが、るすでした。

10 足りる

1 一週間前に　出した　はがきが　まだ　足りて　いません。

2 お金が　足りなくて、プレゼントを　買えませんでした。

3 いそぎましたが、かいぎの　時間に　足りませんでした。

4 道が　足りて　いて、おくれました。

처음 JLPT

PART 3

독해 파트에서는 문맥의 흐름을 파악하는 것이 키포인트! '단문 내용 이해', '중문 내용 이해', '정보 검색'까지 총 세 가지 유형의 문제가 출제됩니다. 메일, 메모, 안내문, 에세이 등 다양한 형식의 지문에 익숙해지고 지문 유형에 따라 문맥을 빠르게 파악할 수 있는 연습을 해 봅시다.

1. 메일, 메모 형식

2. 안내문, 주의사항 형식

3. 일반적인 에세이 형식

하루에 하나씩 JLPT N4 · N5 독해 학습 CHECK!

달성 후 체크! ✓

Day 24	단문을 읽고 답을 찾는 '내용 이해1'	☐
Day 25	중문을 읽고 답을 찾는 '내용 이해2'	☐
Day 26	정보문을 분석하는 '정보 검색'	☐

독해

한 눈에 보는 JLPT N4 · N5 독해!

본격적인 학습을 시작하기에 앞서, 우선 독해 파트 출제 경향 및 문제 유형을 살펴봅시다.

1 출제 경향 핵심 키워드

압도적인 퍼센트를 차지하는 '포인트 이해'!

'언제/어디서/누가/무엇을/어떻게 ~합니까?', '어떤 ~입니까?', '~은 무엇입니까?'와 같이 주요 포인트를 알아야 풀 수 있는 문제가 자주 출제됩니다. 문장을 읽으며 주요 부분에 밑줄을 치며 정답의 핵심이 되는 내용을 바로 확인할 수 있도록 체크합니다.

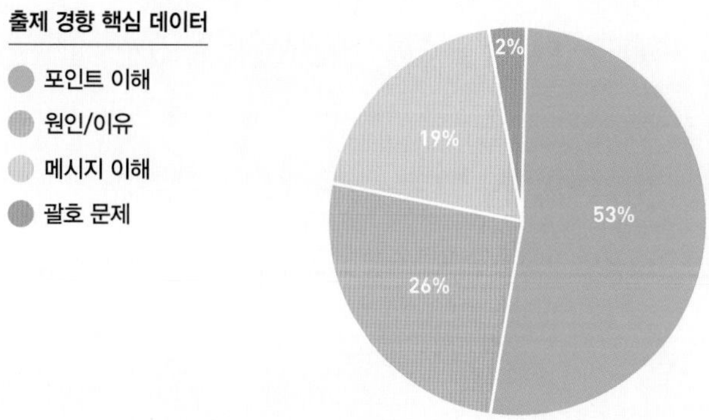

2 출제 유형 미리 보기

유형1 내용 이해(단문) ▹ 100~200자 내외의 단문을 읽고 답을 찾는 문제 유형

もんだい 4　つぎの　(1)から　(2)の　文章(ぶんしょう)を　読(よ)んで、しつもんに　こたえて　ください。こたえは、1・2・3・4から　いちばん　いい　ものを　一(ひと)つ　えらんで　ください。

(1) テーブルの　上(うえ)に　母(はは)の　メモが　あります。

はなこ 学校(がっこう)は　楽(たの)しかったですか。お母(かあ)さんは　夜(よる)　おそく　かえります。 カレーを　作(つく)って　おいたから　食(た)べて　ください。 そして　午後(ごご)　3時(じ)に　ゆうびんきょくの　人(ひと)が　にもつを　持(も)ってきます。　お金(かね)は　要(い)りません。 にもつは　重(おも)いので　中(なか)に　持(も)って　こなくても　いいです。 ドアの　ところに　おいて　ください。 よろしく！ 母(はは)

23　母(はは)は　はなこさんに　何(なに)が　言(い)いたいですか。

1　午後(ごご)　3時(じ)に　カレーを　作(つく)って　食(た)べて　ください。
2　ゆうびんきょくの　人(ひと)に　お金(かね)を　わたして　ください。
3　にもつを　もらった　あと、中(なか)に　持(も)って　きて　ください。
✓4　にもつを　もらった　あと、ドアの　ところに　おいて　ください。

문제 4 **다음 (1)~(2)의 문장을 읽고 질문에 답하세요. 답은 1·2·3·4 중 가장 적절한 것을 하나 고르세요.**

(1) 테이블 위에 엄마의 메모가 있습니다.

> 하나코
> 학교는 즐거웠나요? 엄마는 밤 늦게 올 거예요.
> 카레를 만들어 두었으니 먹어요.
> 그리고 오후 3시에 우체국 사람(직원)이 짐을 가지고 올 거예요.
> 돈은 필요 없어요. 짐은 무거우니까 안에 가져오지 않아도 돼요.
> 문 쪽에 두세요.
> 잘 부탁해요!
>
> 엄마

23 엄마는 하나코에게 무엇을 말하고 싶습니까?

1 오후 3시에 카레를 만들어서 먹어요.
2 우체국 사람(직원)에게 돈을 건네주세요.
3 짐을 받은 후, 안에 가져와 주세요.
✓ 4 짐을 받은 후, 문 쪽에 두세요.

유형 분석 및 공략 꿀팁

- N5는 2문항씩, N4는 3문항씩 출제됩니다.
- 학습, 생활, 업무와 관련된 비교적 쉬운 난이도의 100~200자 정도의 글입니다.
- 글 전체 내용을 이해했는지 묻는 질문이 주로 출제됩니다.
- 편지, 메모, 메일, 안내문이 주로 제시되고 짧은 설명문도 출제됩니다. 따라서 다양한 문제를 통해 여러 유형의 글에 익숙해져야 합니다.

문제 풀이 스텝

STEP1 먼저 질문과 선택지를 읽고 찾으려는 내용이 무엇인지 파악하기!

STEP2 전체 지문을 읽으며 선택지에서 말한 부분에 체크하며 풀기!

STEP3 반복해서 나오는 핵심 키워드를 파악하는 것이 중요!

유형2 내용 이해(중문) ▷ 비교적 쉬운 난이도의 450자 내외의 중문을 읽고 답을 찾는 문제 유형

もんだい 5　つぎの　文章(ぶんしょう)を　読(よ)んで、しつもんに　こたえて　ください。こたえは、1・2・3・4から、いちばん　いい　ものを　一(ひと)つ　えらんで　ください。

これは　えびなさんが　書(か)いた　さくぶんです。

たいへんな　こと

えびな・けんいち

わたしの　家(いえ)には　先月(せんげつ)から　ねこが　います。なまえは　クロです。わたしは　クロと　あそぶことが　とても　すきです。

先週(せんしゅう)、わたしは　はじめて　クロを　せっけんで　あらいました。ねこは　水(みず)の　中(なか)に　入(はい)る　ことが　きらいです。だから　あらう　ことが　いやな　クロは　①はしりました。わたしは　はやく　あらいたかったですが　とても　むずかしくて　たいへんでした。

そのとき　母(はは)が、クロが　すきな　食(た)べものを　もって　きました。クロは　それを　見(み)て、しずかに　食(た)べました。そして　わたしは　クロを　あらう　ことが　できました。母(はは)は「クロを　あらう　ことは　たのしい」と　言(い)いましたが、わたしは　勉強(べんきょう)や　アルバイトよりも　もっと　②たいへんな　ことだと　思(おも)いました。

27　どうして　クロは　①はしりましたか。

1　せっけんが　きらいだから

✓2　水(みず)の　中(なか)に　入(はい)る　ことが　きらいだから

3　はやく　食(た)べものを　食(た)べたいから

4　あらう　ことが　むずかしいから

⋮

문제 5　다음 문장을 읽고 아래 질문에 답하세요. 답은 1·2·3·4에서 가장 적당한 것을 하나 고르세요.

이것은 에비나 씨가 쓴 작문입니다.

> 힘든 것
>
> 에비나 · 켄이치
>
> 우리 집에는 지난달부터 고양이가 있습니다. 이름은 쿠로입니다. 나는 쿠로와 노는 것이 매우 좋습니다.
>
> 지난주, 나는 처음으로 쿠로를 비누로 씻겼습니다. 고양이는 물 안에 들어가는 것을 싫어합니다. 그래서 씻는 게 싫은 쿠로는 ①달렸습니다. 나는 빨리 씻기고 싶었지만 매우 어렵고 힘들었습니다.
>
> 그때 엄마가 쿠로가 좋아하는 음식을 가져왔습니다. 쿠로는 그것을 보고 조용히 먹었습니다. 그리고 나는 쿠로를 씻길 수 있었습니다. 엄마는 '쿠로를 씻기는 것은 즐거워'라고 말했지만 나는 공부나 아르바이트보다 더 ②힘든 것이라고 생각했습니다.

27　왜 쿠로는 ①달렸습니까?

1　비누가 싫기 때문에　　✓2　물 안에 들어가는 것이 싫기 때문에

3　빨리 음식을 먹고 싶기 때문에　　4　씻는 것이 어렵기 때문에

⋮

유형 분석 및 공략 꿀팁

- N5는 1지문 2문항씩, N4는 1지문 3문항씩 출제됩니다.
- 일상적인 화제, 장면을 다룬 비교적 쉬운 난이도의 450자 정도의 글입니다.
- 1~2개 단락을 읽으면 풀 수 있는 문제가 대부분이나, 전체 내용을 이해했는지 묻는 문제도 1문제 정도 출제되는 경우가 있습니다.
- 밑줄 문제는 밑줄이 있는 단락을 집중적으로 읽어 보며 밑줄에 들어가기에 적절한 말을 찾습니다.

문제 풀이 스텝

STEP1 무턱대고 전체 지문부터 읽어나가지 말고 먼저 질문을 읽고 체크하기!

STEP2 한 단락씩 나누어 읽으며 해당 단락에서 질문의 근거가 나왔는지 확인하기!

STEP3 다음 단락에서 근거가 나올 수도 있으니 선택지를 대조하며 내용 좁혀 나가기!

もんだい6　みぎの　ページを　見て、下の　しつもんに　こたえて　ください。こたえは、1・2・3・4から　いちばん　いい　ものを　一つ　えらんで　ください。

28 大島さんは、友だちの　こどもと　いっしょに　花の　テーマパークに　行きたいです。おとな　一人と　こども　10人で　いきます。チケットは　ぜんぶで　いくらですか。

1　5,900円　✓2　6,000円　3　9,000円　4　18,000円

▼ 시험지상에서는 오른쪽 페이지에 놓이는 이미지입니다.

花の　テーマパーク

朝9：00～夜6：00

電話(03-6316-0520)

チケットのお金

おとな	1,000円
こども	800円
おとな(5人から)	900円
こども(5人から)	500円

＊　駅から　テーマパークまでの　バスの　お金は　むりょうです。

＊　チケットは　インターネットでも　買う　ことが　できます。

문제 6 **오른쪽 페이지를 읽고 아래 질문에 답하세요. 답은 1·2·3·4에서 가장 적당한 것을 하나 고르세요.**

28 오시마 씨는 친구의 아이와 함께 꽃의 테마파크에 가고 싶습니다. 어른 1명과 아이 10명이서 갑니다. 티켓은 전부해서 얼마입니까?

1 5,900엔 ✓2 6,000엔 3 9,000엔 4 18,000엔

꽃의 테마파크

아침 9:00 ~ 저녁 6:00

전화 (03-6316-0520)

티켓 금액

성인	1,000엔
아이	800엔
성인(5명부터)	900엔
아이(5명부터)	500엔

※ 역에서부터 테마파크까지의 버스 요금은 무료입니다.

※ 티켓은 인터넷에서도 살 수 있습니다.

유형 분석 및 공략 꿀팁

- N5는 1지문 1문항씩, N4는 1지문 2문항씩 출제됩니다.
- 안내문, 공지사항, 광고, 팸플릿, 잡지 등 주로 표 유형의 정보문입니다.
- 강조와 예외를 나타내는 표현에 주의합니다.

문제 풀이 스텝

STEP1 질문을 읽고 지문에서 체크해야 하는 조건이나 세부 항목을 먼저 파악하기!

STEP2 정보문을 보며 주요 내용을 파악하기!

STEP3 ※ 표시에 결정적 힌트가 나와 있는 경우가 많으니 주의하며 답 고르기!

Day 24 단문을 읽고 답을 찾는 '내용 이해1'

오늘의 핵심 내용 미리 보기!

오늘은 독해 파트의 첫 번째 유형인 내용 이해 유형을 학습해 봅시다. 내용 이해 유형은 주로 메일, 메모 형식의 지문과 안내문, 주의사항 형식의 지문, 일반적인 에세이 형식의 지문 형식이 주어집니다. 그리고 질문 형식에 따라 포인트 이해, 원인/이유, 메시지 이해, 괄호 문제 유형으로 나뉘며 이 순서대로 출제 빈도가 높습니다. 오늘은 출제 비율의 절반 정도를 차지하는 메시지 이해, 원인/이유 문제 위주로 공략팁을 학습해 보고, 100~200자의 단문 스타일의 지문을 통해 실력을 확인해 봅시다.

1. 메일, 메모 형식

2. 안내문, 주의사항 형식

3. 일반적인 에세이 형식

이것만 알아두면 끝!

유형 파악 & 핵심 표현

01 내용 이해(단문) 유형 파악하기

예

僕は将来日本のホテルで働きたいです。ホテルには毎日たくさんのお客さんが来るし、ずっと立っていることが多いので、それができる体じゃなければなりません。上手な日本語ももちろん必要ですが、お客さんは日本人だけじゃないので、色々な外国語をたくさん話せることも必要です。そして暗い顔や小さい声で話さないように気をつけなければなりません。

STEP1 질문 유형(실행 과제/화자의 주장등)부터 빠르게 파악하기!

STEP2 문제를 읽고 키워드가 포함된 문단에서 정답의 단서를 찾기!

だからその前に、日本でアルバイトをしたり勉強を一生懸命(いっしょうけんめい)したりしようと思っています。

ホテルで働(はたら)くときに必要(ひつよう)でないことは何ですか。

1 体が元気なこと
2 日本語を上手(じょうず)に話すこと
3 色々(いろいろ)な外国語(がいこくご)をたくさん話せること
✓4 暗(くら)い顔(かお)や小さい声(こえ)で話すこと

STEP3 본문과 다른 말로 표현하는 선택지에 주의하고, 시제나 부정문의 경우 유의 깊게 살피며 소거법으로 답을 찾기!

주의! '필요하지 않은 것'을 고르는 문제예요. 반대로 지문에 나온 '필요한 것'을 고르지 않도록 주의해야 해요!

해석

저는 장래에 일본의 호텔에서 일하고 싶습니다. 호텔에는 매일 많은 손님이 오고 계속 서 있을 때가 많아서 그것이 가능한 몸이 아니면 안 됩니다. 능숙한 일본어도 물론 필요하지만, 손님은 일본인뿐만 아니기 때문에 다양한 외국어를 많이 할 수 있는 것도 필요합니다. 그리고 어두운 얼굴이나 작은 목소리로 말하지 않도록 주의하지 않으면 안 됩니다. 그래서 그 전에 일본에서 아르바이트를 하거나 공부를 열심히 하려고 생각하고 있습니다.

호텔에서 일할 때 필요하지 않은 것은 무엇입니까?

1 몸이 건강할 것
2 일본어가 능숙할 것
3 다양한 외국어를 많이 말할 수 있을 것
4 어두운 얼굴이나 작은 목소리로 이야기할 것

•
•
•

유형마다 질문 스타일과 자주 출제되는 어휘가 다르기 때문에 질문 유형을 미리 파악해 두고 접근하면 정답을 빠르게 찾을 수 있습니다.

02 빈출 질문 유형

각 유형에 따라 자주 출제되는 질문 유형을 미리 숙지하여 시험에 익숙하도록 대비해 봅시다. 질문 유형을 알아두면 지문을 읽을 때 어떤 부분에 더욱 초점을 맞추어 읽어야 하는지 미리 파악할 수 있습니다.

❶ 메시지 이해 유형

- 메시지 이해 유형은 주로 편지나 메일, 메모 형태의 지문에서 출제되는 유형입니다.
- 글쓴이가 지문 속에서 말하고자 하는 바를 알아내는 것이 핵심입니다.

① …は…に何が言いたいですか。

~은 ~에게 무엇이 말하고 싶습니까?

② この手紙/メール/メモを読んで、はじめに何をしますか。

이 편지/메일/메모를 읽고 처음에 무엇을 합니까?

③ この手紙/メール/メモからわかることはどれですか。

이 편지/메일/메모에서 알 수 있는 것은 어느 것입니까?

❷ 원인/이유 찾기 유형

- 글에서 원인이나 이유를 찾는 유형입니다.
- 일기, 에세이 등 작문 지문에서 자주 출제되는 편입니다.

① なぜ…ですか。 왜 ~입니까?

② どうして…ですか。 어째서 ~입니까?

❸ 포인트 이해 유형

- 지문에서 디테일한 부분을 포인트로 콕 짚어서 물어보는 유형입니다.

① いつ/どこで/だれが/何を/どうやって…しますか/しましたか。

언제/어디서/누가/무엇을/어떻게 ~합니까?/~했습니까?

② …はどれ/何ですか。 ~은 어느 것/무엇입니까?

③ どんな…ですか。 어떤 ~입니까?

❹ 괄호 문제 유형

- 괄호 안에 들어갈 말을 찾아 글을 완성하는 문제 유형입니다.
- 출제 빈도는 한두 번 정도로 매우 적은 편이지만 알아두어야 하는 유형입니다.

① （　）に入れるのに、いちばんいい文はどれですか。

(　)에 들어가기에 가장 좋은 문장은 어느 것입니까?

02 질문별 핵심 표현

독해 문제에서는 반복적으로 등장하는 단어가 핵심 키워드이므로 해당 키워드가 등장하는 문장은 특히 주의 깊게 살펴야 합니다. 뿐만 아니라 질문 스타일에 따라 정답의 길잡이가 되는 표현들을 기억해 두면 보다 빠르게 답을 찾을 수 있습니다.

❶ 메시지 이해 유형 핵심 표현

의지 표현	□ …と思(おも)います。★	~라고 생각합니다.
	□ …したいです。	~하고 싶습니다.
	□ …ことにします。★	~하기로 하겠습니다.
	□ …ようにします。	~하도록 하겠습니다.
	□ …つもりです。	~할 생각입니다.
권유·초대 표현	□ …ましょう。	~합시다.
	□ …ませんか。★	~하지 않겠습니까?
부탁 표현	□ …てください。	~해 주세요.
	□ …ないでください。★	~하지 마세요.
	□ …ていただけませんか。★	~해 주실 수 없겠습니까?
	□ お…ください。	~해 주세요.
제안·요청 표현	□ …なければなりません。★	~해야 합니다.
	□ …なくてもいいです。	~하지 않아도 됩니다.
	□ …たほうがいいです。★	~하는 편이 좋습니다.

품사별 주요 표현	접속사 (글 흐름 파악)	☐ しかし 그러나 ★	☐ だから 그러니까, 그래서
		☐ そして 그리고	☐ または 또는
		☐ でも 하지만 ★	☐ だけど 그러나, 그렇지만 ★
	부사 (뉘앙스 파악)	☐ すこし 조금, 약간	☐ とても 매우, 몹시
		☐ ぜんぜん…ない 전혀 ~하지 않다	☐ あまり…ない ★ 그다지 ~하지 않다
	시제 긍/부정 표현 (디테일 파악)	☐ …ます ~합니다	☐ …ません ~하지 않습니다
		☐ …ました ~했습니다	☐ …ませんでした ~하지 않았습니다

❷ 원인/이유 찾기 유형 핵심 표현

☐ だから 그러니까, 그래서	☐ それで 그래서
☐ …ので ~하기 때문에	☐ …から ~하기 때문에 ★
☐ …くて ~해서	☐ …し…し ~하고 ~하고 ★
☐ …ために ~하기 위해서, ~때문에 ★	☐ なぜなら 왜냐하면

Quick Check!

각 표현의 뜻과 어떤 상황에서 활용되는지 간단히 적어 보세요. (권유·제안 등)

정답 23p

❶ …ことにします ________

❷ …ていただけませんか ________

❸ …たほうがいいです ________

❹ …ましょう ________

❺ お…ください ________

❻ …ませんでした ________

최신 기출 유형 실전 모의고사

다음 문제를 실제 시험처럼 풀어 보며 자신의 실력을 확인해 보세요.

1）（会社(かいしゃ)で）キムさんの　机(つくえ)の　上(うえ)に　この　メモが　ありました。

> キムさん
> 　おはようございます。
> 　今日(きょう)は　10時(じ)から　みんなで　そうじする　日(ひ)です。キムさんと　わたしは　かいぎ室(しつ)を　そうじします。
> わたしは　今(いま)から　シウォン工場(こうじょう)の　木村(きむら)さんと かいぎが　ありますから、すこし　おくれます。キムさんは　さきに　かいぎ室(しつ)へ　行(い)って　そうじを　して　ください。
> 　そうじが　おわったら、いっしょに　昼(ひる)ごはんを　食(た)べに　行(い)きましょう。
>
> 林(はやし)

1 この　メモを　読(よ)んで、キムさんは　はじめに　何(なに)を　しますか。

1　シウォン工場(こうじょう)に　行(い)きます。

2　昼(ひる)ごはんを　たべます。

3　かいぎ室(しつ)を　そうじします。

4　かいぎに　出(で)ます。

2) みかさんが　うちに　帰ると、テーブルの　上に、お母さんの　メモが　ありました。

> みかへ
> 　おばあさんが　にゅういんする　ことに　なったから、今から　おみまいに行ってきます。帰りが　遅く　なりそうなので、カレーを　作って　おきました。カレーは　だいどころに　あるから、あたためて　食べてね。
> 　そして、使った　お皿は　きれいに　洗ってくれる？　片づけるのは　お母さんが　帰って　やるから　大丈夫です。
>
> 母より

2 この　メモを　読んで、みかさんは　はじめに　何を　しなければ　なりませんか。

1　お皿を　洗います。

2　だいどころを　片づけます。

3　おみまいに　行きます。

4　カレーを　あたためます。

3) これはカタリーナさんが書いた作文です。

アルバイトの店長

カタリーナ・ミヤコフ

私は、日本のレストランでアルバイトをしています。そこでは、いろいろな国の人が働いています。私は国でアルバイトをしたことがありませんでしたから、①<u>最初はとても大変でした</u>。でも、みんな親切なので、すぐに仕事になれました。だけど、一度だけ店長に②<u>注意をされた</u>ことがあります。

ある日、パスタを食べに来たお客さんに「トイレはどこですか。」と聞かれたので、まじめな顔ではっきりと「はい、トイレはあちらです。」と言って、案内をしました。お客さんは少しびっくりしていました。お客さんが帰った後で、店長に「カタリーナさんの話し方はちょっとこわいから、もっと優しく話してください。」と言われました。ミスをしないようにと考えすぎて、冷たい言い方になっていたようです。店長は「家族や友だちがお店に来たと思えばいいんだよ。」と教えてくれました。

他にも、店長は時間があるとき、日本料理をごちそうしてくれたり、いろいろな話を聞いてくれたりしますから、家族に会えなくてもさびしくないです。困ったとき、店長は母のようにいつも私を助けてくれます。私は③<u>店長を家族のような人だ</u>と思っています。

3 なぜ①<u>最初はとても大変でした</u>か。

1 店長にいろいろ注意をされてしまったから

2 アルバイトをするのが初めてだったから

3 日本語がぜんぜん話せなかったから

4 いろいろな国の人がアルバイトをしていたから

정답 및 해설 23p

4 「私」は、なぜ店長に②注意をされましたか。

1 同じミスを何度もしたから

2 仕事をまじめにしていなかったから

3 話し方がこわかったから

4 お客様に返事をしなかったから

5 「私」は、なぜ③店長を家族のような人だと思いましたか。

1 困ったとき、お母さんみたいに手伝ってくれるから

2 いろいろな話をしてくれるから

3 ミスをしないように助けてくれるから

4 おいしいパスタをごちそうしてくれるから

Day 25 중문을 읽고 답을 찾는 '내용 이해2'

오늘의 핵심 내용 미리 보기!

오늘은 지난 시간에 이어서 내용 이해 파트를 학습해 봅시다. 앞서 소개한 듯이 내용 이해 파트는 질문 형식에 따라 포인트 이해, 원인/이유, 메시지 이해, 괄호 문제 유형으로 나뉘며 이 순서대로 출제 빈도가 높습니다. 오늘은 출제 비율 중 절반 이상의 많은 비중을 차지하는 포인트 이해 유형과 종종 출제되는 괄호 문제 질문 유형 위주로 공략팁을 학습해 보고, 중간 정도 길이의 지문을 통해 실력을 확인해 봅시다.

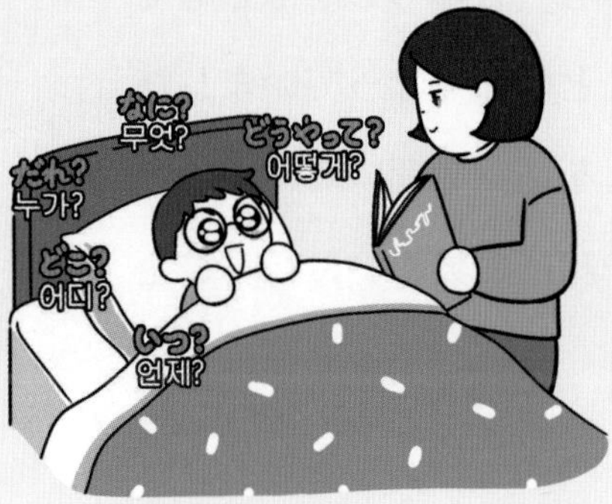

이것만 알아두면 끝!

유형 파악 & 핵심 표현

01 내용 이해(중문) 유형 파악하기

예

これはゆいさんが書いた作文です。

> 私の父
>
> 鈴木ゆい
>
> 私の父は、中学校の先生です。休みの日はいつも家で新聞や本を静かに読んでいて、私たちと遊んでくれたことはありません。テレビもほとんど見ません。家族でどこかレストランに

STEP1 글의 유형(실행 과제 유형/화자의 주장 유형 등)부터 빠르게 파악하기!

行ってご飯を食べるのも、年に２、３回だけでした。 私と弟は小さい頃によく「勉強をしろ」と怖い顔で父に叱られていました。それで私たちは、①「父は私たちのことがきっと嫌いなのだろう」といつも考えていました。

ある日、父が病気になり、入院しました。大人になって、私も弟も一人暮らしをはじめてからあまり父と話すことはなくなっていましたが、母から②そのことを電話で聞いて、少し怖かったですが、弟と一緒にお見舞いに行くことにしました。

久しぶりに会った父は、やせて小さくなっていました。父は私たちを見て「心配しなくてもいい。」と言いましたが、父の顔が少し笑っているように見えました。それから何度も父の病院に行くようになりましたが、昔とは違ってたくさん話してくれるようになりました。私たちは父のことをまだよく知らなかっただけなのかもしれないと思い、嬉しくなりました。

STEP2 문제를 읽고 키워드가 포함된 문단에서 정답의 단서를 찾기! (내용 흐름에 따라 문제 제시)

STEP3 주로 본문 마지막에 권유나, 제시, 필자의 의견 등이 숨어있고 이는 문제로 출제될 가능성이 높음!

예1 父の説明とあっているものはどれですか。

✓1 真面目で、厳しい人

2 静かで、おもしろい人

3 元気で、頭がいい人

4 背が高くて、やせている人

주의! 본문에서는 「静かに(조용하게)」와 「怖い顔で…叱る(무서운 얼굴로 혼내다)」고 표현, 선택지에서는 「真面目で、厳しい(성실하고 엄격하다)」로 비슷한 표현으로 제시되었어요!

예2 ①「父は私たちのことがきっと嫌(きら)いなのだろう」と考えた理由じゃないものはどれですか。

주의! 밑줄이 위치한 문장은 「それで(그래서)」로 시작! 따라서 해당 문장은 결과가 되므로, 그 앞에 원인이 되는 내용이 있어요. 따라서 접속사는 매우 유의해서 봐야 해요!

1 父は休みの日にいつも家にいて、遊んでくれなかったから
2 父はレストランにあまり連(つ)れて行ってくれなかったから
3 勉強をしろといつも父に叱(しか)られていたから
✓4 電話をしても父があまり話してくれないから

해석

이것은 유이 씨가 쓴 작문입니다.

나의 아빠

스즈키 유이

우리 아빠는 중학교 선생님입니다. 쉬는 날에는 항상 집에서 신문이나 책을 조용히 읽고 있으며, 우리들과 놀아 준 적은 없습니다. TV도 거의 보지 않습니다. 가족끼리 어딘가 레스토랑에 가서 밥을 먹는 것도 1년에 2, 3번뿐이었습니다. 나와 남동생은 어렸을 때에 자주 "공부 해"라고 무서운 얼굴로 아빠에게 혼났었습니다. 그래서 우리들은 '①아빠는 우리를 분명 싫어하는 거야'라고 항상 생각하고 있었습니다.

어느 날 아빠가 병이 나서 입원했습니다. 어른이 되고 나도 남동생도 혼자 살기 시작 하고 나서부터 그다지 아빠와 이야기 하는 일은 없어졌었는데, 엄마로부터 ②'그 일'을 전화로 듣고 조금 무서웠지만 남동생과 함께 병문안을 가기로 했습니다.

오랜만에 만난 아빠는 마르고 왜소해져 있었습니다. 아빠는 우리들을 보고 '걱정하지 않아도 된다'고 말했지만, 아빠의 얼굴이 조금 웃고 있는 듯이 보였습니다. 그러고 나서 몇 번이나 아빠가 있는 병원에 가게 되었는데 옛날과 다르게 많이 이야기해 주시게 되었습니다. 우리들은 아빠를 아직 잘 몰랐을 뿐일지도 모른다고 생각하고 기뻐졌습니다.

예1 아빠의 설명으로 맞는 것은 어느 것입니까?

1 성실하고 엄격한 사람
2 조용하고 재미있는 사람
3 활기차고 머리가 좋은 사람
4 키가 크고 마른 사람

예2 '①아빠는 우리를 분명 싫어하는 거야'라고 생각한 이유가 아닌 것은 어느 것입니까?

1 아빠는 쉬는 날에 항상 집에 있으면서 놀아주지 않았기 때문에
2 아빠는 레스토랑에 그다지 데려가 주지 않았기 때문에
3 공부를 하라고 항상 아빠에게 혼났기 때문에
4 전화를 해도 아빠가 그다지 이야기해 주지 않았기 때문에

•
•
•

텍스트가 꽤 긴 편이므로 문제를 풀기 전부터 압박감을 받을 수 있습니다. 하지만 빠른 문제 풀이를 위해서는 꼭 전체 내용을 다 읽지 않아도 됩니다. 각 단락별로 문제에서 요구하는 부분 위주로 읽으며 모든 단락의 내용을 크게 이해하고, 이를 잘 조합해서 전체적인 주제를 파악할 수 있는 스킬을 기르는 것이 좋습니다.

02 질문별 핵심 표현

독해 문제에서는 반복적으로 등장하는 단어가 핵심 키워드이므로 해당 키워드가 등장하는 문장을 주의 깊게 읽어 봅시다.

❶ 포인트 이해 유형 핵심 표현

- 독해 유형에서 출제 빈도수가 가장 높은 문제 유형입니다.
- 주로 설명문이나 에세이, 일기 형태의 지문에서 출제됩니다.
- 언제, 어디서, 누가, 무엇을, 어떻게 등 육하원칙과 관련된 질문이 주로 출제되는 편입니다.

언제?	**시간 표현** ★朝(あさ) 아침 / 昼(ひる) 점심 / ★夜(よる) 밤 / …時(じ) ~시 / …月(がつ) ~월 / …曜日(ようび) ~요일 / 子(こ)どもの時(とき) 어렸을 때…
	시간의 전후 관계 표현 ★…前(まえ)に ~하기 전에 / …たあとで ~한 후에 / …年前(ねんまえ) ~년 전 / ★…から…まで ~부터 ~까지 / ★…たばかり ~한 지 얼마 안 됨 / …たところ 막 ~한 참 / …ながら ~하면서…
어디서?	**장소 표현** ★教室(きょうしつ) 교실 / ★学校(がっこう) 학교 / 会社(かいしゃ) 회사 / 公園(こうえん) 공원 / 病院(びょういん) 병원 / スーパー 슈퍼 / ★日本(にほん) 일본…
	위치 표현 ★前(まえ) 앞 / 後(うし)ろ 뒤 / 横(よこ) 옆 / となり 옆 / 上(うえ) 위 / 下(した) 아래 / ★中(なか) 안, 속 / 外(そと) 밖…
누가?	**사람 이름** …さん ~씨 / …様(さま) ~님(고객의 경우 주로 쓰임) / …ちゃん ~양, ~야(여자인 또래를 부르는 경우) / …くん ~군, ~야(남자인 또래를 부르는 경우) …
	관계성 ★父(ちち) 아빠 / ★母(はは) 엄마 / 兄(あに) 형, 오빠 / 弟(おとうと) 남동생 / 姉(あね) 누나, 언니 / 妹(いもうと) 여동생 / 友(とも)だち 친구…
	社長(しゃちょう) 사장님 / お客様(きゃくさま) 손님 / 先生(せんせい) 선생님 / 学生(がくせい) 학생…

무엇을?	대상 표현(명사) 「何を食べますか。(무엇을 먹습니까?)」 ▸ 음식 키워드 찾기: バナナ(바나나), ケーキ (케이크)…
	행동 표현(동사) 「何をしましたか。(무엇을 했습니까?)」 ▸ 행동 키워드 찾기: 遊ぶ(놀다), 泳ぐ(수영하다), 運動する(운동하다)…
어떻게?	이동 방법 ★電車 전철 / 飛行機 비행기 / ★車 자동차 / 自転車 자전거 / 歩いて 걸어서…
	도구 활용 携帯 휴대 전화 / パソコン 컴퓨터 / ペン 펜 / ★手 손…

❷ 괄호 문제 유형 핵심 표현

- 출제 빈도가 높지 않은 유형이지만 언제 출제될지 모르기 때문에 미리 대비해 두어야 합니다.
- 작문 지문에서 주로 출제되는 경향이 있습니다.
- (　　　)의 앞뒤 문맥을 잘 살펴보고 지문의 흐름에 적절한 내용을 고릅니다.

Quick Check!

정답 25p

빈칸 안에 들어갈 알맞은 일본어 어휘를 써 보세요.

❶ 어렸을 때	(　　　)	❷ ~하기 전에	(　　　)
❸ 손님	(　　　)	❹ 병원	(　　　)
❺ 비행기	(　　　)	❻ 컴퓨터	(　　　)

최신 기출 유형 실전 모의고사

다음 문제를 실제 시험처럼 풀어 보며 자신의 실력을 확인해 보세요.

1)

> チョウさんは　アナさんと　りょこうに　行きました。朝10時から　12時まで　テニスをして、昼ご飯を　食べました。午後1時から　5時までは　スキーを　しました。それから　ホテルで　おふろに　入って、少し　休んでから町を　さんぽしました。その　あと、ばんご飯を　食べて　カラオケに　行きました。

[1] チョウさんと　アナさんは　昼ご飯を　食べる　すぐ　前に　何を　しましたか。

1　スキーを　しました。

2　さんぽを　しました。

3　カラオケに　いきました。

4　テニスを　しました。

2)

> 私は　野球が　好きです。でも、するのは　あまり　好きでは　ありません。時々　友だちと　パソコンで　野球の　ゲームを　しますが、それも　あまり　楽しく　ありません。私は、するより　見るほうが　好きです。それも、テレビで　見るのでは　なくて、広い　野球場で　みんなで　見るのが　好きなのです。

[2] 「私」が　好きなことは　何ですか。

1　みんなで　野球を　すること

2　友だちと　パソコンで　野球の　ゲームを　すること

3　みんなで　テレビで　野球を　見ること

4　みんなで　野球場で　野球を　見ること

3) これは、チンさんが書いた作文です。

パソコンとスマートフォン

チン・スンフン

私が初めてパソコンをさわったのは１９９０年でした。大学を卒業して、会社に入ったときです。あのときはなかなか使い方が覚えられなくて、とても大変だったのを覚えています。でも、今の若い人たちはみんな、生まれたときからパソコンがあるので、きっと簡単にパソコンが使えるのだろうと私は思っていました。

しかし、①これは少し違ったようです。私の会社に、大学を卒業したばかりの人が入ってきましたが、彼はパソコンが苦手です。なぜかと聞いてみると、あまり使ったことがないからだと言われました。パソコンは高校の授業で少しさわっただけで、大学ではほとんど使わなかったそうです。それに、レポートを書くときは、スマートフォンを使って書いていたので、困らなかったと言っていました。これを聞いて、私はとてもおどろきました。

いつか、会社でもスマートフォンやタブレットだけを使って働く時代が来るのかもしれません。でも、（　　　）。だから、会社で働きたい人たちには、会社に入る前にパソコンの使い方を覚えてほしいです。

정답 및 해설 25p

3 チンさんは、いつ初めてパソコンを使いましたか。

1 大学に入ってから

2 会社に入ってから

3 生まれたときから

4 会社に入る前から

4 ①これとは何ですか。

1 若い人はみんなパソコンが得意だということ

2 若い人はみんなパソコンが苦手だということ

3 会社員はみんなパソコンが得意だということ

4 会社員はみんなパソコンが苦手だということ

5 （　）に入れるのに、いちばんいい文はどれですか。

1 大学ではパソコンを使ってレポートを書いたほうが早いです。

2 今の会社ではパソコンを使えることがとても大切です。

3 仕事ではスマートフォンをうまく使ったほうがいいです。

4 パソコンができなくても、仕事がよくできる人はたくさんいます。

Day 26 정보문을 분석하는 '정보 검색'

오늘의 핵심 내용 미리 보기!

오늘은 독해 파트에서 내용 이해 유형 외에 또 다른 유형인 정보 검색 유형을 학습해 봅시다. 정보 검색 유형은 생활 속에서 자주 접할 수 있는 안내문이나 알림문 형태의 지문이 출제됩니다. 지문이 표 형식인 경우가 많으며 주로 실행 과제를 묻거나 주어진 조건으로 계산하는 형식의 문제가 출제됩니다.

이것만 알아두면 끝! 유형 파악 & 어휘 학습

01 정보 검색 유형 파악하기

예

ジョセフさんは、雨(あめ)が　降(ふ)らない時(とき)　外(そと)で　スポーツが　したいです。ジョセフさんは　いつ　スポーツセンターに　行(い)って、どんな　スポーツを　しますか。

✓1　月曜日(げつようび)に　サッカーを　します。
2　火曜日(かようび)に　テニスを　します。
~~3~~　水曜日(すいようび)に　ジムで　うんどうします。
~~4~~　木曜日(もくようび)に　プールで　およぎます。

STEP1
우선 문제에서 주요 조건을 파악! 이 문제에서는 '비가 내리지 않을 때', '밖에서'라는 두 가지 조건에 해당하는 내용을 표에서 찾기!

スマイルスポーツセンター

サッカーグラウンド	スポーツジム
使(つか)える日(ひ)： 月曜日(げつようび)/金曜日(きんようび)	使(つか)える日(ひ)： 水曜日(すいようび)/金曜日(きんようび) ＊ジムは　たてものの中(なか)に　あります。
テニスコート	**プール**
使(つか)える日(ひ)： 火曜日(かようび)/土曜日(どようび)	使(つか)える日(ひ)： 木曜日(もくようび)/日曜日(にちようび) ＊プールは　たてものの中(なか)に　あります。

<今週(こんしゅう)の　天気(てんき)>

月	火	水	木	金	土	日

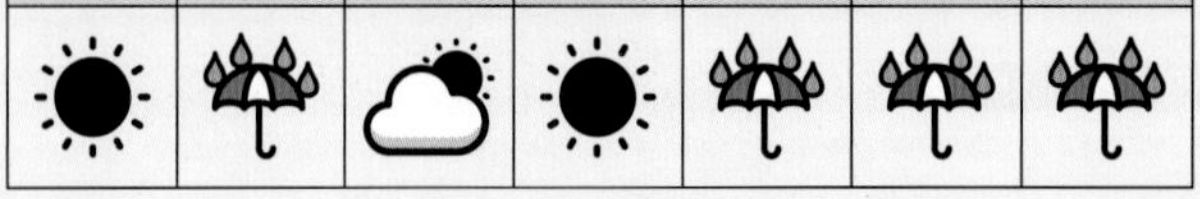

STEP2

*표시된 부분을 꼼꼼하게 확인하기! 이 문제에서는 질문 조건에 '밖에서' 하는 스포츠를 원한다고 했으니 건물 안에서 하는 스포츠인 3, 4번은 소거해요!

해석 조셉 씨는 비가 내리지 않을 때 밖에서 스포츠를 하고 싶습니다. 조셉 씨는 언제 스포츠 센터에 가서 어떤 스포츠를 합니까?

1 월요일에 축구를 합니다.

2 화요일에 테니스를 칩니다.

3 수요일에 체육관에서 운동합니다.

4 목요일에 수영장에서 헤엄칩니다.

스마일 스포츠 센터

축구장	체육관
사용할 수 있는 날: 월요일/금요일	사용할 수 있는 날: 수요일/금요일 * 체육관은 건물 안에 있습니다.
테니스장	**수영장**
사용할 수 있는 날: 화요일/토요일	사용할 수 있는 날: 목요일/일요일 * 수영장은 건물 안에 있습니다.

<이번 주 날씨>

월	화	수	목	금	토	일

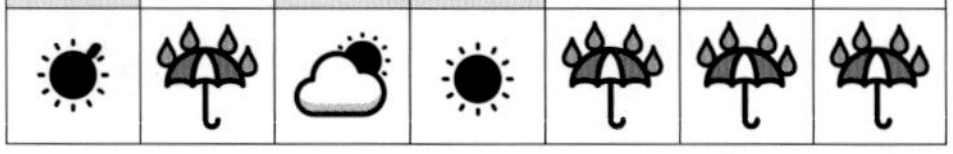

02 정보 검색 유형 공략팁

❶ 질문을 읽고 안내문 속에서 어떤 정보를 찾아야 하는지 의도를 파악해야 합니다.

- 우선 질문을 읽고 찾아야 하는 정보에 대한 포인트를 확인합니다.
- 특히 시간(朝(あさ)・昼(ひる)・夜(よる)・午前(ごぜん)・午後(ごご))이나 장소(病院(びょういん)・公園(こうえん)), 방법(メール・電話(でんわ)) 등을 나타내는 키워드를 유심히 살펴봐야 합니다.

❷ 문제 풀이에 필요한 정보를 빠르고 정확하게 찾아야 합니다.

- 지문을 전부 읽을 필요는 없으므로 필요한 정보가 있는 부분 위주로 주의해서 읽습니다.
- '언제', '얼마'와 같은 질문은 금액과 같이 숫자가 등장하는 부분을 꼼꼼하게 확인하고 계산이 필요한 문제는 계산에 오류가 없도록 합니다.
- '주의(注意(ちゅうい))' 혹은 '※' 표시가 있는 조건 부분에도 중요한 정보가 있으니 잘 읽어야 합니다. 글씨가 작게 제시되는 경우가 많으니 놓치지 말고 읽어야 합니다.

03 정보 검색 유형 빈출 어휘

기본적인 시간, 금액, 숫자와 관련된 어휘는 앞서 학습한 Day15, 16 어휘를 다시 복습해 보고, 그 밖에 정보 검색 유형에서 가장 자주 출제되는 주요 표현을 학습해 봅시다.

❶ 비용(입장료)과 관련된 표현

□ 値段(ねだん) 가격	□ いくら 얼마
□ 安(やす)い 싸다, 저렴하다 ★	□ 高(たか)い 비싸다 ★
□ 大人(おとな) 어른	□ 子供(こども) 어린이
□ 割引(わりびき) 할인	□ 半額(はんがく) 반값
□ 無料(むりょう) 무료	

❷ 행사·일정과 관련된 표현

☐ 開(ひら)く 열다	☐ 閉(し)まる 닫다 ★
☐ 開店(かいてん) 개점	☐ 閉店(へいてん) 폐점
☐ 予約(よやく) 예약 ★	☐ 予定(よてい) 예정 ★
☐ 受付(うけつけ) 접수	☐ 案内(あんない) 안내 ★
☐ 申(もう)し込(こ)み 신청	☐ 連絡(れんらく) 연락
☐ 詳(くわ)しい 자세하다	☐ 締(し)め切(き)り 마감일
☐ 時間割(じかんわり) 시간표	☐ 定休日(ていきゅうび) 정기 휴일

❸ 기타 적중 표현

☐ 覚(おぼ)える 기억하다 ★	☐ 忘(わす)れる 잊다 ★
☐ 使(つか)う 사용하다 ★	☐ 急(いそ)ぐ 서두르다 ★
☐ 使用(しよう) 사용	☐ 禁止(きんし) 금지
☐ 中止(ちゅうし) 중지 ★	☐ 必要(ひつよう) 필요 ★

Quick Check!

다음은 한 안내문에 적힌 내용입니다. 빈칸에 들어갈 적절한 표현을 넣어 보세요. 정답 26p

(❶ 　　　)! 中級(ちゅうきゅう)クラス(❷ 　　　)の人だけできます。

주의! 중급반 이상의 사람만 가능합니다.

최신 기출 유형 실전 모의고사

다음 문제를 실제 시험처럼 풀어 보며 자신의 실력을 확인해 보세요.

1)

1 シウォンさんは　お米「ゆめひかり」を　10キログラム　買いたいです。500円　安く　なる　チケットを　持って　います。この　チケットは　7月15日まで　使うことが　できます。いちばん　安く　買うことが　できるのは　いつですか。シウォンさんは　午後だけ　スーパーへ　行く　ことが　できます。

1　①

2　②

3　③

4　④

7月はお米がやすい！

① 7月7日（土）10:00～12:00

「ゆめひかり」

10キログラム　3,700円　／　30キログラム　10,000円

② 7月8日（日）15:00～17:00

「シルキークイーン」

2キログラム　700円　／　10キログラム　3,400円

③ 7月14日（土）13:00～15:00

「ゆめひかり」

5キログラム　1,800円　／　10キログラム　3,500円

④ 7月21日（土）10:00～12:00

「ゆめひかり」

2キログラム　800円　／　10キログラム　3,600円

木村屋スーパー

10:00～22:00

電話　01-2345-6789

2)

2 シウォンさんは　ハミンさんの　「たんじょう日パーティー」に　行きたいです。何を　しなければ　なりませんか。

1　おかしと　ジュースを　買います。

2　じむしょに　れんらくを　します。

3　ハミンさんに　プレゼントを　買います。

4　ハミンさんに　手紙を　書きます。

さくら日本語学校

学生のみなさんへ

6月9日は　ハミンさんの　たんじょう日です。
「たんじょう日パーティー」を　しますから、来て　ください。

○ 時間：6月9日　土曜日　18時から19時まで
○ ばしょ：さくら日本語学校　A教室
○ お金：いりません
※ パーティーに　来たい　人は、6月5日　火曜日まで　じむしょに　れんらくを　ください。
※ 学校が　おかしと　ジュースを　買います。

＜パーティーで　すること＞
○ ハミンさんの　スピーチを　聞きましょう。
○ みんなで　ゲームを　しましょう。
○ みんなで　写真を　とりましょう。

＜おねがい＞
学校が　ハミンさんに　あげる　花を　じゅんびしますから、プレゼントは買わないで　ください。手紙は　書いて　わたしても　いいです。

3)

3　留学生のハミンさんは竹村市の日本文化教室に参加しようと思っています。ハミンさんが参加できるのは土曜日と日曜日です。そして、1,000円以下でできるものに参加したいと思っています。ハミンさんが参加できるのはどれですか。

1　①と②

2　①と④

3　②と④

4　①と④と⑤

4　留学生のシウォンさんは、7月30日の午前の授業で「日本の文化」という作文を書くことになりました。シウォンさんは日本文化をあまりよく知りませんから、竹村市の日本文化教室の中から、何かやってみてから書きたいと思っています。今日は7月15日です。シウォンさんが参加できるのはいくつありますか。

1　1つ

2　2つ

3　3つ

4　4つ

竹村市　日本文化教室

留学生のみなさん、竹村市民センターで日本文化を体験してみませんか。

［申し込み方法］教室が開かれる一週間前までに、電話か窓口で予約してください。

［参加料金］500円

※その他にお金がかかる教室がありますから、注意してください。

［7月の予定］

教室名	月日・時間	持ってくるもの
① 着物 着物を着て散歩をしましょう。	7/5 (日) 10時～12時	着物はこちらで準備します。
② お花 「生け花」という日本のお花の飾り方を習います。	7/11(土) 14時～15時	花代が1,200円かかります。
③ 歌舞伎 歌舞伎の歴史を学んだ後で、歌舞伎の動きを習います。	7/17(金) 14時～15時	準備するものはありません。
④ おどり 日本に昔からある音楽を聞きながら、おどりましょう。	7/18(土) 14時～15時	準備するものはありません。
⑤ 料理 日本料理を作りましょう。	7/25(土) 10時～12時	材料代が1,000円かかります。
⑥ 音楽 日本の楽器をひいてみましょう。	7/30(木) 10時～12時	楽器はこちらで準備します。

처음 JLPT

PART 4

청해 파트에서는 구체적인 정보를 듣고 앞으로 해야 할 적절한 행동을 묻는 '과제 이해' 문제, 내용의 포인트를 들을 수 있는지 묻는 '포인트 이해' 문제, 그림을 보고 적절한 발화 표현을 선택하는 '발화 표현' 문제, 짧은 발화를 듣고 이어지는 말을 바로 답하는 '즉시 응답' 문제까지 총 네 가지 유형의 문제가 출제됩니다. 각 문제 유형별로 주의해서 들어야 하는 포인트와 풀이 노하우를 미리 유념하여 당황하지 않고 답을 찾도록 합시다.

상황 예시 1

상황 예시 2

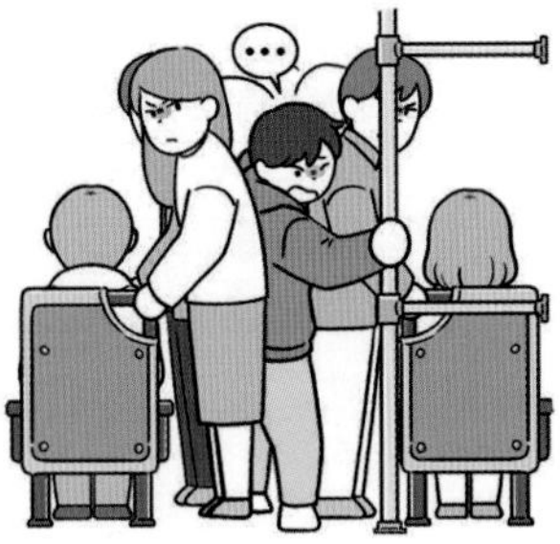

상황 예시 3

하루에 하나씩 JLPT N4 · N5 청해 학습 CHECK!

		달성 후 체크! ✓
Day 27	앞으로 할 일을 찾는 '과제 이해'	☐
Day 28	주요 포인트를 찾는 '포인트 이해'	☐
Day 29	그림을 보고 이어질 말을 찾는 '발화 표현'	☐
Day 30	상대방의 말에 대한 답을 찾는 '즉시 응답'	☐

청해

한 눈에 보는 JLPT N4 · N5 청해!

본격적인 학습을 시작하기에 앞서, 우선 청해 파트 출제 경향 및 문제 유형을 살펴봅시다.

1 출제 경향 핵심 키워드

질문 유형에도 큰 차이가 나는 청해 1, 2번 & 3, 4번 문제!

우선 청해 1, 2번은 과제 이해와 포인트 이해 문제로 해야 할 일이나 중요 포인트에 중점을 두어 문제를 풀어야 합니다. 출제 비율로 보면 '무엇을(대상)' 가져가야 하는가, 골랐는가, 먹는가 등의 문제 비율이 가장 많고, 그 다음으로 해야 할 일을 묻는 문제 유형이 주로 출제됩니다.

청해 1, 2번 출제 경향 핵심 데이터

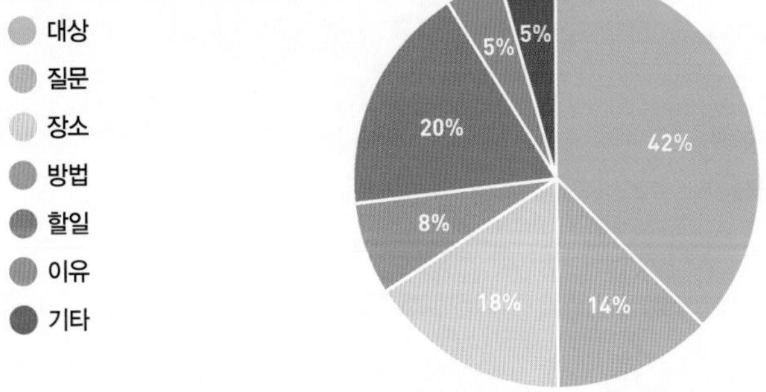

청해 3, 4번은 발화 표현과 즉시 응답 문제로 짧은 대화 속 상황을 잘 캐치하는 능력이 중요한 문제입니다. 출제 비율을 보면 다양한 유형의 질문이 가장 많은 비중을 차지하고 부탁, 의뢰, 인사말 등이 그 뒤를 따르고 있습니다.

청해 3, 4번 출제 경향 핵심 데이터

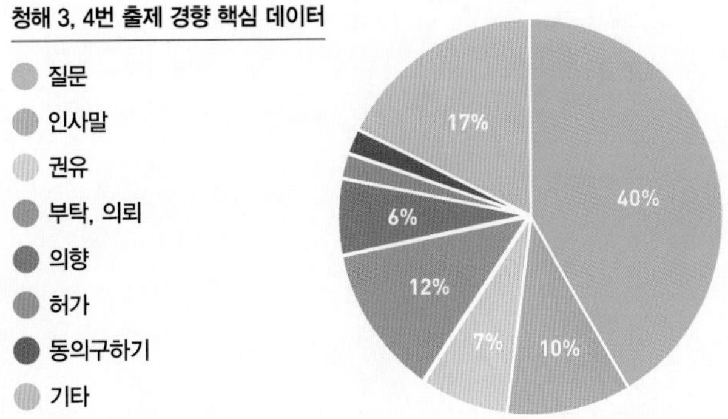

2 출제 유형 미리 보기

유형1 과제 이해 ▹ 대화를 듣고 앞으로 해야 할 적절한 행동을 묻는 문제 유형

もんだい 1　もんだい 1では、まず　しつもんを　聞いて　ください。それから　話を　聞いて、もんだいようしの　1から4の　中から、いちばん　いい　ものを　一つ　えらんで　ください。

Track 04-01

듣기 스크립트

ペットショップで男の人と女の人が話しています。男の人はどの犬を選びますか。

女: かわいい犬がたくさんいますね。どれにしますか。

男: 大きい犬はちょっと怖いですから小さい方がいいですね。

女: この犬はどうですか。

男: いいですが、ちょっと毛が長いですね。毛が長い犬は、部屋を掃除するのが大変です。

女: そうですか。じゃあ、あの犬はどうですか。

男: かわいいですね。この犬にします。

男の人はどの犬を選びますか。

1 1

2

3

√4

문제 1 **문제1에서는 우선 질문을 들어주세요. 그러고 나서 이야기를 듣고 문제지의 1~4 중 가장 적절한 것을 하나 고르세요.**

애완동물 가게에서 남자와 여자가 이야기하고 있습니다. 남자는 어느 강아지를 고릅니까?

여: 귀여운 강아지가 많이 있네요. 어느 강아지로 하시겠어요?

남: 큰 강아지는 조금 무서우니까 작은 쪽이 좋겠네요.

여: 이 강아지는 어떠신가요?

남: 좋은데 조금 털이 기네요. 털이 긴 강아지는 방을 청소하는 것이 힘들어요.

여: 그런가요? 그럼, 저 강아지는 어떠신가요?

남: 귀엽네요. 이 강아지로 할게요.

남자는 어느 강아지를 고릅니까?

유형 분석 및 공략 꿀팁

- N5는 7문항씩, N4는 8문항씩 출제됩니다.
- 선택지가 그림으로 제시되는 문제와 문장으로 제시되는 문제가 각각 50%씩 차지합니다.
- 과제 해결에 필요한 정보를 듣고, 무엇을 해야 하는지 찾는 문제입니다.

문제 풀이 스텝

STEP1 선택지인 그림이나 문장의 내용을 가장 먼저 확인하기!

STEP2 상황 설명문과 질문을 듣고 대화문 듣기!

STEP3 정답 체크 후 다시 한 번 들려주는 질문을 들으며 정답 확인하기!

もんだい 2

N5 もんだい2では、はじめに　しつもんを　きいて　ください。それから　はなしをきいて、もんだいようしの　1から4の　中から、いちばん　いい　ものを　ひとつ　えらんで　ください。

N4 もんだい2では、まず　しつもんを　聞いて　ください。そのあと、もんだいようしを　見て　ください。読む　時間が　あります。それから　話を　聞いて、もんだいようしの　1から4の　中から、いちばん　いい　ものを　一つえらんで　ください。

Track 04-02

듣기 스크립트

男の人と女の人が話しています。男の人はどんな部屋に住んでいますか。

女: ジョージさんは日本のテレビをよく見ますか。

男: 見たいですが、最近日本に来ましたから、私の部屋にはまだテレビはありません。

女: そうですか。じゃあ、ひとりでいる時は、何をしていますか。

男: 部屋に本が あるから、それを ベッドの上で読んだり、つくえで日本語を勉強したりしています。

女: ジョージさんは真面目ですね。

男の人はどんな部屋に住んでいますか。

2　1

✓2

3
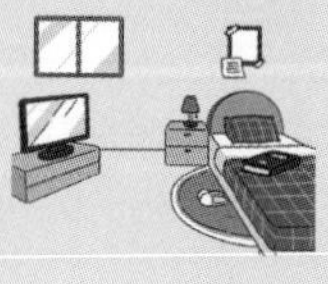

4

문제 2

N5: 문제2에서는 우선 질문을 들어주세요. 그러고 나서 이야기를 듣고 문제지의 1~4 중 가장 적절한 것을 하나 고르세요.

N4: 문제2에서는 우선 질문을 들어주세요. 그 후에 문제지를 봐 주세요. 읽을 시간이 있습니다. 그러고 나서 이야기를 듣고 문제지의 1~4 중 가장 적절한 것을 하나 고르세요.

> 남자와 여자가 이야기하고 있습니다. 남자는 어떤 방에 살고 있습니까?
>
> 여: 조지 씨는 일본 TV를 자주 봅니까?
> 남: 보고 싶지만, 최근에 일본에 왔기 때문에 제 방에는 아직 텔레비전이 없습니다.
> 여: 그렇습니까? 그럼 혼자 있을 때에는 무엇을 하고 있습니까?
> 남: 방에 책이 있기 때문에 그것을 침대 위에서 읽거나, 책상에서 일본어를 공부하거나 하고 있습니다.
> 여: 조지 씨는 성실하네요.
>
> 남자는 어떤 방에 살고 있습니까?

유형 분석 및 공략 꿀팁

- N5는 6문항씩, N4는 7문항씩 출제됩니다.
- 대화나 혼자 말하는 내용을 듣고 포인트를 파악하는 문제입니다.
- 육하원칙에 맞춰 지문의 디테일을 확실하게 체크해 두는 것이 중요합니다.
- 이유나 원인을 묻는 문제도 종종 출제됩니다.

문제 풀이 스텝

STEP1 상황 설명문과 질문 듣기!(N4의 경우, 선택지 확인 시간 동안 꼼꼼하게 확인하기)

STEP2 선택지를 대략적으로 보며 본문 회화를 듣기!

STEP3 정답 체크 후 다시 한 번 들려주는 질문을 들으며 정답 확인하기!

유형3 발화 표현 ▹ 그림을 보고 이어질 만한 발화 내용을 고르는 문제 유형

もんだい 3　もんだい 3 では、えを　みながら　しつもんを　きいて　ください。➡(やじるし)の　ひとは　なんと　いいますか。1 から 3 の　なかから、いちばん　いい　ものを　ひとつ　えらんで　ください。

Track 04-03

듣기 스크립트

私(わたし)が作(つく)ったケーキを友達(ともだち)にあげます。何(なん)といいますか。

女: ✓ 1　このケーキどうですか。

2　このケーキあげませんか。

3　このケーキ食(た)べてもいいですか。

3

문제 3　오른쪽 문제 3에서는 그림을 보면서 질문을 들으세요. ➡(화살표)가 가리킨 사람은 뭐라고 말합니까? 1에서 3 중에서 가장 알맞은 것을 하나 고르세요.

내가 만든 케이크를 친구에게 줍니다. 뭐라고 말합니까?

여: ✓1　이 케이크 어때요?

2　이 케이크 주지 않을래요?

3　이 케이크 먹어도 되나요?

유형 분석 및 공략 꿀팁

- N5, N4 각각 5문항 출제됩니다.
- 화살표가 가리키는 사람이 해야 하는 말을 고르는 문제로 여러 인물 중 화살표가 가리키는 대상에 집중해야 합니다.
- 부탁, 권유, 허가, 주의, 인사말 등의 주제가 주로 출제되는 편입니다.

문제 풀이 스텝

STEP1 그림 속 상황이 어떤 상황인지 먼저 파악하기!

STEP2 틀렸다고 생각하는 선택지부터 바로 소거하기!

STEP3 대화문에 등장한 단어가 선택지에서도 들린다고 모두 정답은 아니므로 주의하며 정답 찾기!

유형4 즉시 응답 ▷ 상대방의 말에 대한 대답으로 적합한 것을 고르는 문제 유형

もんだい 4 もんだい 4では、えなどが　ありません。まず　ぶんを　聞(き)いて　ください。それから、そのへんじを　聞(き)いて、1から3の　中(なか)から、いちばん　いい　ものを　一(ひと)つ　えらんで　ください。

Track 04-04

듣기 스크립트

女: マイケルさん、夏休(なつやす)みはいつまでですか。

男: 1　海(うみ)で泳(およ)ぎます。

2　来週(らいしゅう)までです。

3　1か月(げつ)くらいです。

1　1　✓2　3

문제 4 문제 4에서는 그림 등이 없습니다. 우선 문장을 들어주세요. 그리고 나서 그 답변을 듣고 1~3 중 가장 적절한 것을 하나 고르세요.

1　여: 마이클 씨, 여름방학은 언제까지입니까?

남:　1　바다에서 헤엄칩니다.

✓2　다음 주까지입니다.

3　1개월 정도입니다.

유형 분석 및 공략 꿀팁

- N5는 6문항씩, N4는 8문항씩 출제됩니다.
- 짧은 문장을 듣고 적절한 응답을 찾는 문제 유형입니다.
- 그림이나 문장 제시 없이 선택지가 비어 있으므로 선택지에 주요 내용은 체크하면서 듣는 습관을 들이면 좋습니다.

문제 풀이 스텝

STEP1 질문과 선택지 모두 텍스트로 제시되지 않으니 메모하며 듣기!

STEP2 질문 속 단어가 선택지에서 들리는지 확인하며 정답 고르기!

STEP3 혹시라도 정답을 놓친 경우에는 과감하게 잊고 다음 문제에 집중하기!

Day 27 앞으로 할 일을 찾는 '과제 이해'

오늘의 핵심 내용 미리 보기!

청해의 첫 번째 문제 유형인 과제 이해 문제는 대화문이 끝난 뒤에 해야 할 적절한 행동을 묻는 유형입니다. 일의 순서, 날짜, 시간 표현에 주의해야 하며 질문에서 묻는 대상의 성별도 잘 들어야 합니다. 또한 대화에 등장하는 지시어도 주의해서 들어야 합니다. 선택지 순서와 대화 흐름은 대부분 동일하므로 들으면서 오답인 것을 과감히 소거하면서 정답을 체크하면 됩니다.

이것만 알아두면 끝! 유형 파악 & 공략팁

01 과제 이해 유형 파악하기

Track 27-01

예

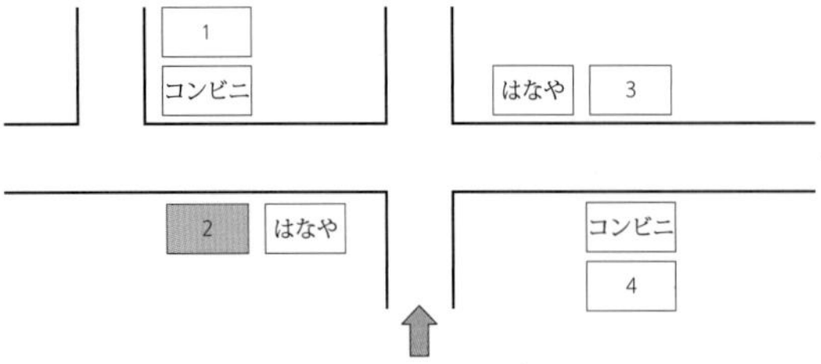

STEP1

주로 그림으로 제시되는 경우가 많으니 어떤 주제인지 그림부터 보며 상황을 파악하기!
(그림이 아닌 경우는 선택지를 빠르게 읽어 보며 키워드에 밑줄 그어두기)

주의!

보기에서 지도가 등장하는 경우 방향과 위치에 관련된 표현들이 등장하므로 주의!

듣기 스크립트

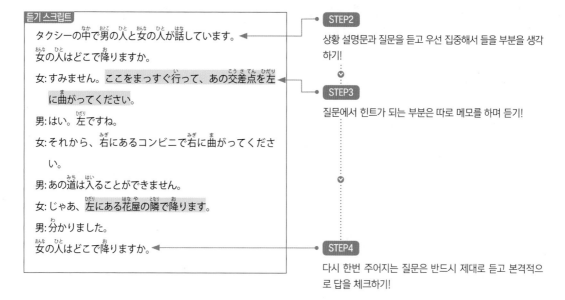

タクシーの中で男の人と女の人が話しています。
女の人はどこで降りますか。

女: すみません。ここをまっすぐ行って、あの交差点を左に曲がってください。

男: はい。左ですね。

女: それから、右にあるコンビニで右に曲がってください。

男: あの道は入ることができません。

女: じゃあ、左にある花屋の隣で降ります。

男: 分かりました。

女の人はどこで降りますか。

STEP2
상황 설명문과 질문을 듣고 우선 집중해서 들을 부분을 생각하기!

STEP3
질문에서 힌트가 되는 부분은 따로 메모를 하며 듣기!

STEP4
다시 한번 주어지는 질문은 반드시 제대로 듣고 본격적으로 답을 체크하기!

해석

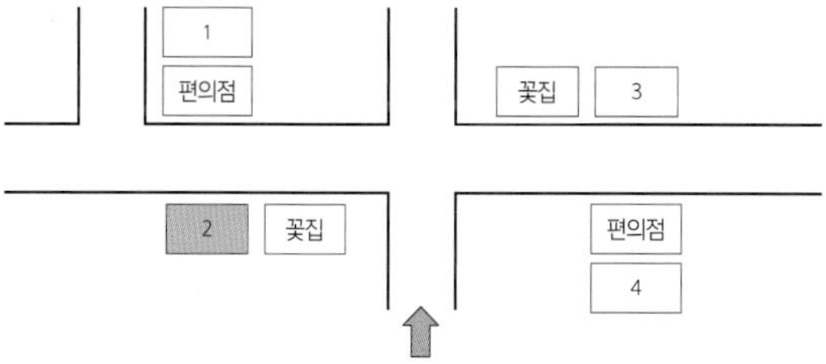

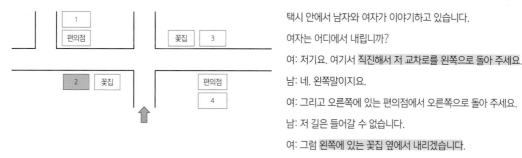

택시 안에서 남자와 여자가 이야기하고 있습니다.
여자는 어디에서 내립니까?

여: 저기요. 여기서 직진해서 저 교차로를 왼쪽으로 돌아 주세요.

남: 네. 왼쪽말이지요.

여: 그리고 오른쪽에 있는 편의점에서 오른쪽으로 돌아 주세요.

남: 저 길은 들어갈 수 없습니다.

여: 그럼 왼쪽에 있는 꽃집 옆에서 내리겠습니다.

남: 알겠습니다.

여자는 어디서 내립니까?

02 상황 설명-질문 예시

Track 27-02

문제의 가장 앞에 제시되는 상황 설명문과 질문 예시입니다. 상황 설명문과 질문은 연결해서 들어야 내용을 빠르게 이해할 수 있고 집중해서 답을 고를 수 있습니다.

상황 설명문	질문
男の人と女の人が話しています。 남자와 여자가 이야기하고 있습니다.	女の人は、このあと何をしますか。 여자는 이후에 무엇을 합니까?

学校(がっこう)で先生(せんせい)がテストについて話(はな)しています。 학교에서 선생님이 시험에 대해 말하고 있습니다.	学生(がくせい)は何(なに)を持(も)ってこなければなりませんか。 학생은 무엇을 들고 와야 합니까?
受付(うけつけ)の人(ひと)が男(おとこ)の人(ひと)に話(はな)しています。 접수처 사람이 남자에게 이야기하고 있습니다.	いつまでに書類(しょるい)を出(だ)さなければなりませんか。 언제까지 서류를 내야 합니까?

03 과제 이해 유형 공략팁

Track 27-03

(1) 질문을 들을 때, '누가 그 행동을 하는가'에 주의합니다. 맨 처음 질문에서 잘 듣는 것도 중요하지만, 행여 놓치더라도 지문 이후에 마지막으로 질문을 다시 한 번 읽어주기 때문에 그때 정확히 듣고 답을 체크하면 됩니다.

① 男(おとこ)の人(ひと)は、これから何(なに)をしますか。
남자는 앞으로 무엇을 합니까?

② 学生(がくせい)は、これから何(なに)をしなければなりませんか。
학생은 앞으로 무엇을 해야 합니까?

(2) 지시나 의뢰를 나타내는 말에 특히 주의해서 들어야 합니다. 무엇을 부탁하고 있는지 듣고 메모하는 습관을 가져야 합니다.

① 「…てください」 ~해 주세요
▸ ここに名前(なまえ)を書(か)いてください。 여기에 이름을 써 주세요.

② 「…てくれませんか」 ~해 주지 않겠습니까?
▸ 本(ほん)を貸(か)してくれませんか。 책을 빌려주지 않겠습니까?

③ 「…をお願(ねが)いします」 ~을 부탁합니다
▸ コーヒーとジュースをお願(ねが)いします。 커피와 주스를 부탁합니다.

④ 「…ないでください」 ~하지 마세요
▸ 写真(しゃしん)をとらないでください。 사진을 찍지 마세요.

(3) 하나의 대화 안에 지시나 의뢰 사항이 두 가지 이상 등장할 때에는 어느 것을 먼저 하는지 순서를 주의하며 들어야 합니다.

① 「Aをしてから、Bをしてください」 A를 하고 나서 B를 해 주세요

▸ A를 먼저 한다

② 「Aをしたあとで、Bをしてください」 A를 한 후에 B를 해 주세요

▸ A를 먼저 한다

③ 「Aをする前(まえ)に、Bをしてください」 A를 하기 전에 B를 해 주세요

▸ B를 먼저 한다

한 걸음 더 TiP!

청해 파트에서 메모할 때 너무 메모에만 집중하는 것도 듣기 흐름을 놓칠 수 있습니다. 따라서 집중하면서 듣되, 적당하게 포인트를 메모하는 습관을 들여봅시다.

Quick Check!

녹음 속 문장과 같은 의미를 나타내는 문장을 고르세요.

정답 29p

Track 27-04

❶ 운동을 하기 전에 식사를 먼저 한다.

❷ 식사를 하기 전에 운동을 먼저 한다.

최신 기출 유형 실전 모의고사

다음 문제를 실제 시험처럼 풀어 보며 자신의 실력을 확인해 보세요.

Track 27-05

1

1

2

3

4

2

1

2

3

4

정답 및 해설 29p

3

1　2かいの　左(ひだり)の　へや

2　2かいの　右(みぎ)の　へや

3　おみやげうりば

4　カフェ

Day 28 주요 포인트를 찾는 '포인트 이해'

오늘의 핵심 내용 미리 보기!

청해 두 번째 문제 유형인 포인트 이해 문제는 대화와 질문을 듣고 질문의 포인트를 맞추는 문제입니다. 주로 시간, 장소, 이유 등에 대해 물을 수 있기 때문에 지문을 들으면서 해당 어휘가 나올 때 집중해서 들어야 합니다. 또한, 직접적인 단어가 아닌 다른 표현으로도 나올 수 있으니 비슷한 표현을 다양하게 익혀야 합니다.

女(おんな)の学生(がくせい)はいすをいくつ持(も)ってきますか。

여학생은 의자를 몇 개 가져옵니까?

이것만 알아두면 끝! 유형 파악 & 빈출 어휘

01 포인트 이해 유형 파악하기

Track 28-01

예

1　30こ　　2　50こ

3　70こ　　4　90こ

듣기 스크립트

学校で先生と女の学生が話しています。女の学生はいすをいくつ持ってきますか。

女: 先生、明日の音楽コンサートの準備ですか。私も何かしましょうか。

男: ああ、山本さん。ありがとうございます。ピアノとカメラはもうチェックしましたが…。

女: じゃあ、私はお客さんが座るいすを持ってきますね。いくつ持ってきますか。

男: そうですね。先生のいすが10個、学生が座るいすを30個、全部で40個お願いします。

女: 家族が座るいすも必要ですよね？

男: ああ、そうですね。家族のいすも、学生と同じでいいです。

女: 分かりました。

女の学生はいすをいくつ持ってきますか。

1　30こ
2　50こ
3　70こ
4　90こ

STEP1

질문을 먼저 듣고, 보기를 확인할 시간이 주어지므로 그때 선택지를 확인! 이때 질문에 나온 의문사를 기억해두기!

STEP2

대화문을 들을 땐, 질문 속 의문사와 관련된 부분은 특히 집중해서 들으며 선택지에서 오답을 소거하기!

주의!

계산 문제는 숫자는 물론 「同じだ(같다, 동일하다)」처럼 앞에서 언급한 숫자와 동일하다는 표현이 나올 수도 있으므로 주의!

STEP3

다시 한 번 질문을 들으며, 올바른 답을 골랐는지 최종 확인하기!

해석

학교에서 선생님과 여학생이 이야기하고 있습니다. 여학생은 의자를 몇 개 가져옵니까?

여: 선생님, 내일 음악 콘서트 준비하시나요? 저도 무언가 할까요?

남: 아, 야마모토 씨. 감사합니다. 피아노와 카메라는 이미 체크했습니다만…

여: 그럼 저는 손님이 앉을 의자를 가져올게요. 몇 개 가져올까요?

남: 글쎄요. 선생님 의자가 10개, 학생이 앉을 의자를 30개, 전부해서 40개 부탁합니다.

여: 가족이 앉을 의자도 필요하지요?

남: 아 그렇네요. 가족 의자도 학생과 동일하면 됩니다.

여: 알겠습니다.

여학생은 의자를 몇 개 가져옵니까?

1　30개
2　50개
3　70개
4　90개

02 상황 설명-질문 예시

Track 28-02

문제의 가장 앞에 제시되는 상황 설명문과 질문 예시입니다. 상황 설명에 따라 어떤 식의 포인트 질문이 출제될 수 있을지 아래 예시를 통해 파악해 봅시다.

상황 설명문	질문
男(おとこ)の人(ひと)と女(おんな)の人(ひと)が話(はな)しています。 남자와 여자가 이야기하고 있습니다.	男(おとこ)の人(ひと)はどうしてパーティーへ行(い)きませんか。 남자는 어째서 파티에 가지 않습니까?
会社(かいしゃ)で男(おとこ)の人(ひと)と女(おんな)の人(ひと)が話(はな)しています。 회사에서 남자와 여자가 이야기하고 있습니다.	女(おんな)の人(ひと)は、何(なん)の写真(しゃしん)を撮(と)りましたか。 여자는 무슨 사진을 찍었습니까?
スーパーで店(みせ)の人(ひと)が話(はな)しています。 슈퍼에서 가게 사람(점원)이 말하고 있습니다.	卵(たまご)は、12個(こ)でいくらですか。 달걀은 12개에 얼마입니까?

03 포인트 이해 빈출 어휘

Track 28-03

지문 속 정답으로 출제될 수 있는 어휘를 두루 익혀 두어야 합니다. 특히 시간 순서를 나타내는 어휘는 다양하게 알아 두고 귀 기울여 들어야 합니다.

질문 포인트① 언제	시간 표현 …曜日(ようび) ~요일 / …日(にち) ~일 / …時(じ) ~시 / 午前(ごぜん) 오전 / 午後(ごご) 오후 시간 순서 표현 その前(まえ) 그 전에 / その後(あと) 그 후에
질문 포인트② 어디서	장소 표현 映画館(えいがかん) 영화관 / ★図書館(としょかん) 도서관 / ★プール 수영장 / 公園(こうえん) 공원 / ★学校(がっこう) 학교 / ★会社(かいしゃ) 회사 위치 표현 ★右(みぎ) 오른쪽 / ★左(ひだり) 왼쪽 / ★前(まえ) 앞 / 後(うし)ろ 뒤

질문 포인트③ 무엇을	의사/취향 표현 …がいい ~이 좋다 / …が一番(いちばん) ~이 제일
	목적/대상 표현 …を買(か)う ~을 사다 / …を見(み)る ~을 보다 / …をする ~을 하다
질문 포인트④ 몇 개/얼마	수량 표현 …個(こ) ~개 / 半分(はんぶん) 절반 / 足(た)りる 충분하다 / ★足(た)りない 부족하다 / もう一(ひと)つ 하나 더
	가격 표현 ★…円(えん) ~엔 / あと…円(えん) ~엔 더
질문 포인트⑤ 어떤/어떻게	기분 표현 ★楽(たの)しい 즐겁다 / ★新(あたら)しい 새롭다 / 難(むずか)しい 어렵다
	성격 표현 優(やさ)しい 자상하다 / ★静(しず)かな 조용한 / ★親切(しんせつ)な 친절한
	상태/상황 표현 疲(つか)れた 지쳤다, 피곤하다 / 困(こま)った 곤란하다 / 混(こ)んでいる 붐빈다
질문 포인트⑥ 왜	이유 표현 …から ~하기 때문에 / だから 그러니까 / それで 그래서

04 포인트 이해 유형 공략팁

- 녹음을 들으면서 선택지에 바로바로 X 표시하며 소거해 나가는 습관을 갖습니다.
- 언제, 어디서, 무엇을, 왜 등을 묻는 의문사에 주의해야 합니다.
- 요일, 가격, 날짜, 시간, 번호 등 유사한 어휘나 숫자가 반복해서 제시되는 경우가 있으므로 유의합니다.
- 대화 속에 등장한 어휘를 선택지에서는 의미는 같지만 표현만 다르게 바꾸어 표현할 수 있습니다. 따라서 단순히 단어만 보고 문제를 푸는 게 아니라 빠르게 정확한 의미를 파악하는 것이 중요합니다.

예문 レストランは、いつも6時(じ)までですが、明日(あした)は８時(じ)までです。
레스토랑은 평소 6시까지입니다만, 내일은 8시까지입니다.

≒ 明日(あした)、レストランは８時(じ)まででございます。
내일 레스토랑은 8시까지입니다.

≒ 明日(あした)、レストランは８時(じ)まで開(あ)いています。
내일 레스토랑은 8시까지 열려 있습니다.

≒ 明日(あした)、レストランはいつもより遅(おそ)く閉(し)まります。
내일 레스토랑은 평소보다 늦게 닫습니다.

Quick Check!

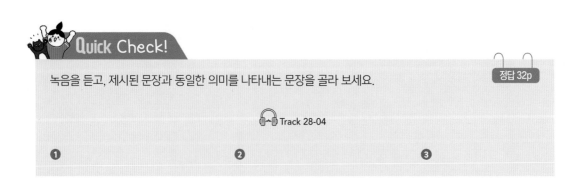

녹음을 듣고, 제시된 문장과 동일한 의미를 나타내는 문장을 골라 보세요.

정답 32p

Track 28-04

❶ ❷ ❸

최신 기출 유형 실전 모의고사

정답 및 해설 32p

다음 문제를 실제 시험처럼 풀어 보며 자신의 실력을 확인해 보세요.

Track 28-05

1

1　じゅぎょうが　おそく　なったから

2　ごはんを　たべて　いたから

3　クッキーを　つくって　いたから

4　でんわを　して　いたから

2

1

2

3

4

3

1　花(はな)の　写真(しゃしん)を　とりたいから

2　200円(えん)で　1年中(ねんじゅう)　こうえんに　入(はい)れるから

3　毎日(まいにち)　さんぽしたいから

4　こうえんの　中(なか)を　通(とお)れば、駅(えき)まで　10分(ぷん)だから

Day 29 그림을 보고 이어질 말을 찾는 '발화 표현'

오늘의 핵심 내용 미리 보기!

청해 세 번째 문제 유형인 발화 표현 문제는 N5~N3까지만 출제되는 유형으로 그림을 보면서 질문을 듣고 화살표가 가리키는 사람이 할 말을 고르는 문제입니다. 주로 부탁, 권유, 허가 구하기, 주고받는 표현, 인사말 등의 표현을 다루는 문제가 출제됩니다. 대화문 자체는 짧아도 간단한 문장을 듣고 바로 답을 골라야 하기 때문에 오히려 어렵다고 느껴질 수 있는 유형이지만, 풀이 방식을 잘 숙지하고 다양한 발화 표현 문제에 익숙해지도록 여러 기출 문제를 접해봅시다.

何(なん)と言(い)いますか。 뭐라고 말합니까?

이것만 알아두면 끝! 유형 파악 & 공략팁

01 발화 표현 유형 파악하기

Track 29-01

예

STEP1

우선 화살표가 가리키는 인물을 정확히 파악하기!(화살표가 가리키는 사람이 아닌 사람이 할 말이 나오기도 함)

STEP2

전체적인 상황을 훑기!(예시 상황에서는 말하는 사람 표정이 좋지 않은 점을 통해 어떤 뉘앙스의 말을 할 수 있을지 유추해 볼 수 있음)

듣기 스크립트

男: レストランで出てきたラーメンが温かくないです。何と言いますか。

女: 1 冷たくしてください。

2 ちょっと寒いんですけど。

3 替えてもらえませんか。

주의!

「温かい(음식 등의 온도가 따뜻하다)」와 「暖かい(날씨 등이 따뜻하다)」를 혼동했을 때 헷갈릴 수 있는 문제! 평소에 다양한 유의어를 쓰임에 맞게 잘 기억해 두기!

주의!

문제지에 선택지가 쓰여 있지 않고 음원상으로만 들려주므로 듣기에 더욱 집중하기!

해석

남: 레스토랑에서 나온 라면이 따뜻하지 않습니다. 뭐라고 말합니까?

여: 1 차갑게 해 주세요.

2 조금 추운데요.

3 바꿔 주시지 않겠습니까?

02 상황 설명-질문 예시

Track 29-02

문제의 가장 앞에 제시되는 상황 설명문과 질문 예시입니다. 상황 설명에 따라 어떤 식의 포인트 질문이 출제될 수 있을지 아래 예시를 통해 파악해 봅시다.

상황 설명문	질문
レストランでお店の人を呼びます。 레스토랑에서 가게 사람(점원)을 부릅니다.	何と言いますか。 뭐라고 말합니까?
部長の荷物が重そうです。手伝いたいです。 부장님의 짐이 무거워 보입니다. 도와드리고 싶습니다.	部長に何と言いますか。 부장님에게 뭐라고 말합니까?

03 발화 표현 유형 공략팁

그림 속 화살표에 주의해야 합니다. 말하는 사람에게 화살표가 표시되어 있는데 그림 속 인물이 두 명 있는 경우 화살표가 가리키는 사람이 아닌 상대방이 할 만한 말이 선택지로 제시되는 경우가 있어 답을 선택할 때 헷갈릴 수 있습니다. 따라서 화살표를 잘 확인하여 행동의 주체를 파악해야 합니다. 다음과 같은 표현이 들리면 유의하세요!

수동/사역	[일반 동사] する 하다	[수동형] される 당하다	[사역형] させる 시키다
수수 표현	あげる (나 ▸ 상대방) 주다	くれる (상대방 ▸ 나) 주다	もらう 받다
관계 파악	貸す 빌려주다 ★	借りる 빌리다 ★	返す 돌려주다

· 그림을 보고 어디서 대화하는 장면인지 미리 파악해 두고, 화살표가 가리키는 사람의 표정도 정답을 고를 때 힌트가 될 수 있으니 잘 봐둡니다.

· 헷갈리기 쉬운 표현들을 잘 듣고 구분할 수 있도록 평소에 어휘 실력을 향상시켜야 합니다.

· 인사말을 묻는 표현도 자주 출제됩니다. 인사말의 가장 기본 표현뿐만 아니라 또 다른 의미까지도 확실하게 암기해 둡시다.

Track 29-03

おはようございます 안녕하세요(아침 인사)	こんにちは 안녕하세요(낮 인사)	こんばんは 안녕하세요(저녁 인사)

さようなら 안녕히 가세요	またあした 내일 또 봐
おやすみなさい 안녕히 주무세요	どうぞよろしく 잘 부탁해
お大事(だいじ)に 몸 조심하세요 ★	お元気(げんき)で 잘 지내세요
ごめんください 실례합니다	すみません 죄송합니다, 실례합니다, 고맙습니다 ★
いただきます 잘 먹겠습니다	ごちそうさまでした 잘 먹었습니다 ★
かしこまりました・承知(しょうち)しました 알겠습니다 [매우 공손한 표현]	

한걸음 더 TiP!

「すみません」은 '죄송합니다', '실례합니다'의 의미로 많이 알려져 있지만, 예를 들어 누군가에게 선물을 받는 상황에서 '뭘 이런 걸 다' 느낌으로 '고맙습니다'라는 뜻을 나타낼 수도 있습니다.

Quick Check!

녹음 속 문장은 무슨 의미인가요?

정답 35p

Track 29-04

❶ 저는 친구에게 펜을 빌렸어요.

❷ 저는 친구에게 펜을 빌려줬어요.

최신 기출 유형 실전 모의고사

다음 문제를 실제 시험처럼 풀어 보며 자신의 실력을 확인해 보세요.

Track 29-05

1

2

3

4

정답 및 해설 35p

5

6

Day 30

상대방의 말에 대한 답을 찾는 '즉시 응답'

오늘의 핵심 내용 미리 보기!

청해 마지막 문제 유형인 즉시 응답 문제는 짧은 문장을 듣고 해당 문장에 대한 알맞은 답변을 고르는 문제입니다. 이 문제는 그림이나 질문이 주어지지 않는 유형입니다. 선택지 또한 문제지에 표시되어 있지 않기 때문에 빈 시험지 메모를 하면서 온전히 듣기에 집중하며 푸는 문제입니다. 의뢰, 허가 요청, 의향 묻기, 동의 구하기, 알림, 감사, 사과 표현과 관련된 문제가 출제되는 편입니다.

이것만 알아두면 끝!

유형 파악 & 공략팁 & 빈출 표현

01 즉시 응답 유형 파악하기

Track 30-01

예

1　　　2　　　3

STEP1

문제는 이와 같이 질문과 선택지 내용 없이 선택지 번호만 제시되므로 번호 옆에 간단히 메모하며 듣기! 혹은 맞는 것이나 틀린 것에 O, X 표시하며 들어야 나중에 헷갈리지 않아요!

듣기 스크립트

女: ねえ、ちょっと鉛筆を貸してくれない？

男: 1　ありがとう。助かったよ。

2　ごめん、僕のしかないんだ。

3　いいよ。今日の夜送るね。

해석

여: 있잖아, 잠시 연필 빌려주지 않을래?

남: 1　고마워. (네 덕분에) 살았다.

2　미안해, 내 것밖에 없어.

3　좋아. 오늘 밤에 보낼게.

주의!

「…てくれない(~해 주지 않을래?)」와 같은 부탁 표현에 주의!

STEP2

행동하는 사람에 따라 부탁과 권유하는 표현이나 허가하는 표현 등이 다르기 때문에 상황에 맞게 상응하는 표현을 잘 찾아내기!

주의!

못 듣고 놓친 문제는 미련을 가져봐야 다음 문제까지 놓치기 쉬우니 간단히 메모만 남겨두고 다음 문제에 집중!

02 질문 및 답변 예시

Track 30-02

짧은 문장으로 제시되는 질문과 이에 대한 답변 예시입니다. 주로 어떤 질문-답변이 세트로 출제되는지 아래 예시를 통해 파악해 봅시다.

질문 예시	답변 예시
これ、使ってもいいですか。 이거 사용해도 됩니까?	はい、どうぞ。 네, 여기요.
日曜日に映画を見に行きませんか。 일요일에 영화를 보러 가지 않겠습니까?	いいですね。一緒に行きましょう。 좋네요. 같이 갑시다.
お先に失礼します。 먼저 실례하겠습니다.	お疲れさまでした。 수고하셨습니다.

03 즉시 응답 유형 공략팁

Track 30-03

(1) 어떠한 행위에 대한 질문이 제시될 때 '그 행위를 이제부터 하는지', '이미 완료한 행위인지'와 같이 시제, 시점을 주의해서 듣습니다.

문제

男：旅行(りょこう)はどうでしたか。 여행은 어땠습니까? 과거형 질문

답변

女：1 楽(たの)しいでしょう？ 즐겁죠?
2 楽(たの)しいと思(おも)います。 즐겁다고 생각합니다.
3 楽(たの)しかったです。 즐거웠습니다. 과거형 대답

(2) 행위를 하는 사람이 말하는 사람인지 대답하는 사람인지, 행위의 주체자에 주의해서 듣고 답을 고릅니다.

문제

女：明日(あした)の授業(じゅぎょう)の時間(じかん)がわかったら、メールしてください。
내일 수업 시간을 알면 메일 보내 주세요.
'연락'하는 행위를 해야 할 사람 = 대답하는 사람(남자)

답변

男：1 はい、早(はや)くしてくださいね。 네, 빨리 해 주세요.
2 はい、そうします。 네, 그렇게 할게요. 행위자가 남자
3 はい、すぐにお願(ねが)いします。 네, 바로 부탁합니다.

04 즉시 응답 유형 빈출 문형 및 표현

Track 30-04

제시문과 답변으로 자주 출제되는 조합을 정리한 표입니다. 반드시 함께 암기해 두세요.

제시문	답변
もう…ましたか。 벌써/이미 ~했습니까?	いいえ、まだです。 아니요, 아직입니다.
	まだ…ていません。 아직 ~하지 않았습니다.
…てもいいですか。 ~해도 됩니까?	はい、どうぞ。 네, 그러세요.
	いいえ、…ないでください。 아니요, ~하지 마세요.
どうして…か。 어째서 ~까?	…からです。 ~기 때문입니다.
	…んです。 ~거든요. ★
…しましょうか。 ~할까요?	はい、お願(ねが)いします。 네, 부탁합니다.
	いいえ、けっこうです。 아니요, 괜찮아요. ★
…ませんか。 ~하지 않을래요?	ええ、いいですね。…ましょう。 네, 좋네요. ~합시다.
	すみません、ちょっと……。 죄송합니다, 그건 좀…….
…いかがですか。 ~어떠십니까?	いただきます。 받겠습니다.(수락)
	けっこうです。 됐습니다.(거절)
どうぞお入(はい)りください。 들어오세요.	失礼(しつれい)します。 실례합니다.
お先(さき)に失礼(しつれい)します。 먼저 실례하겠습니다.	お疲(つか)れさまでした。 수고하셨습니다.
ありがとうございます。 감사합니다.	どういたしまして。 천만에요.
お元気(げんき)ですか。 잘 지내십니까?	ええ、おかげさまで。 네, 덕분에요.

行ってきます。 다녀오겠습니다.	いってらっしゃい。 다녀오세요.
ただいま。 다녀왔습니다.	おかえりなさい。 어서 오세요.
おめでとうございます。 축하합니다.	ありがとうございます。 감사합니다.

한걸음 더 TiP!

인토네이션(억양)에 주의하세요! 같은 어휘라도 끝음을 올리느냐, 내리느냐에 따라 문장의 의미가 바뀌는 경우가 있습니다. 따라서 특히 문장 끝 부분을 주의해서 들어야 합니다.

これ、いい？↗ 이거, 좋아? ▸ 좋은지 상대방에게 확인하는 의미

これ、いい。↘ 이거, 좋다. ▸ 좋다는 의견 전달

Quick Check!

녹음 속 문장에 대한 가장 적절한 답변은 무엇인가요?

정답 37p

Track 30-05

❶ ❷ ❸

최신 기출 유형 실전 모의고사

정답 및 해설 37p

다음 문제를 실제 시험처럼 풀어 보며 자신의 실력을 확인해 보세요.

Track 30-06

1 1 2 3

2 1 2 3

3 1 2 3

4 1 2 3

5 1 2 3

6 1 2 3

7 1 2 3

JLPT N5
JLPT N4

실전 모의고사

N5

げんごちしき (もじ・ごい)

(20ぷん)

ちゅうい

Notes

1. しけんが　はじまるまで、この　もんだいようしを　あけないで　ください。
   Do not open this question booklet until the test begins.
2. この　もんだいようしを　もって　かえる　ことは　できません。
   Do not take this question booklet with you after the test.
3. じゅけんばんごうと　なまえを　したの　らんに、じゅけんひょうと　おなじように　かいて　ください。
   Write your examinee registration number and name clearly in each box below as written on your test voucher.
4. この　もんだいようしは、ぜんぶで　5ページ　あります。
   This question booklet has 5 pages.
5. もんだいには　かいとうばんごうの　1、2、3 …があります。かいとうは、かいとうようしに　ある　おなじ　ばんごうの　ところに　マークして　ください。
   One of the row numbers 1, 2, 3 … is given for each question. Mark your answer in the same row of the answer sheet.

じゅけんばんごう　Examinee Registration Number	

なまえ　Name	

もんだい１ ＿＿＿の ことばは ひらがなで どう かきますか。１・２・３・４から いちばん いい ものを ひとつ えらんで ください。

(れい) かばんは つくえの 下に あります。

1 ちた　　2 した　　3 ちだ　　4 しだ

(かいとうようし)

れい	① ● ③ ④

1 バスで 会社へ いきます。

1 かいしゃ　　2 がっこう　　3 だいがく　　4 びょういん

2 これは 姉の かばんです。

1 あに　　2 あね　　3 おとうと　　4 いもうと

3 こうえんは 近いですか。

1 ちかい　　2 とおい　　3 ひろい　　4 ふるい

4 毎日 とても いそがしいです。

1 まいげつ　　2 まいつき　　3 まいとし　　4 まいにち

5 がくせいたちが 立って います。

1 とって　　2 かって　　3 しって　　4 たって

6 きょうは 雨です。

1 あめ　　2 くもり　　3 ゆき　　4 はれ

7 空が あおいです。

1 うみ　　2 そら　　3 やま　　4 かわ

もんだい2　＿＿＿の　ことばは　どう　かきますか。1・2・3・4から　いちばん　いい　ものを　ひとつ　えらんで　ください。

(れい)　わたしの　へやには　ほんが　おおいです。

1　山　　2　川　　3　花　　4　本

(かいとうようし)

れい	①　②　③　●

8　おとうとは　ちからが　つよいです。

1　刀　　2　力　　3　丸　　4　九

9　ここは　ひとが　すくないですね。

1　小ない　　2　小い　　3　少ない　　4　少い

10　あなたの　くには　とおいですか。

1　国　　2　凶　　3　区　　4　囲

11　ともだちが　うちに　きました。

1　木ました　　2　来ました　　3　半ました　　4　午ました

12　きのうは　ぷーるで　およぎました。

1　ポール　　2　プール　　3　ポーソ　　4　プーソ

もんだい３（　　　　）に　なにが　はいりますか。１・２・３・４から　いちばん　いいものを　ひとつ　えらんで　ください。

(れい)　あそこで　バスに　(　　　)。

1　あがりました　　2　のりました

3　つきました　　4　はいりました

(かいとうようし)

れい	① ● ③ ④

13　きょうは　かいものに（　　　）。

1　いきます　　2　おきます　　3　かきます　　4　はきます

14　くらいですから、でんきを（　　　）ください。

1　けして　　2　しめて　　3　つけて　　4　あけて

15　あついですから、（　　　）を　あびます。

1　エアコン　　2　スーパー　　3　タクシー　　4　シャワー

16　いもうとは　かみのけが（　　　）です。

1　ひろい　　2　ふるい　　3　ながい　　4　せまい

17　レストランは　ごご　７じに（　　　）。

1　あるきます　　2　しまります　　3　でかけます　　4　あそびます

18　（　　　）を　かぶります。

1　とけい　　2　くつ　　3　ぼうし　　4　めがね

もんだい4　＿＿＿の　ぶんと　だいたい　おなじ　いみの　ぶんが　あります。1・2・3・4から　いちばん　いい　ものを　ひとつ　えらんで　ください。

(れい) けさ　しゅくだいを　しました。

1　おとといの　あさ　しゅくだいを　しました。
2　おとといの　よる　しゅくだいを　しました。
3　きょうの　あさ　しゅくだいを　しました。
4　きょうの　よる　しゅくだいを　しました。

(かいとうようし)

れい	①　②　●　④

19　この　たてものは　ふるいです。

1　この　たてものは　きれいじゃ　ありません。
2　この　たてものは　ゆうめいじゃ　ありません。
3　この　たてものは　たかくないです。
4　この　たてものは　あたらしくないです。

20　キムさんは　すずきさんに　ほんを　かしました。

1　すずきさんは　キムさんに　ほんを　もらいました。
2　キムさんは　すずきさんに　ほんを　もらいました。
3　すずきさんは　キムさんに　ほんを　かりました。
4　キムさんは　すずきさんに　ほんを　かりました。

21　かぞくに　れんらくします。

1　かぞくに　まいにち　あいます。
2　かぞくに　でんわや　メールを　します。
3　かぞくに　プレゼントを　おくります。
4　かぞくに　かいものを　たのみます。

N5

言語知識（文法）・読解

(40ぷん)

注　意
Notes

1. 試験が始まるまで、この問題用紙をあけないでください。
   Do not open this question booklet until the test begins.
2. この問題用紙を持ってかえることはできません。
   Do not take this question booklet with you after the test.
3. 受験番号となまえをしたの欄に、受験票とおなじようにかいてください。
   Write your examinee registration number and name clearly in each box below as written on your test voucher.
4. この問題用紙は、全部で10ページあります。
   This question booklet has 10 pages.
5. 問題には解答番号の[1]、[2]、[3]…があります。解答は、解答用紙にあるおなじ番号のところにマークしてください。
   One of the row numbers [1], [2], [3] … is given for each question. Mark your answer in the same row of the answer sheet.

受験番号　Examinee Registration Number	

なまえ　Name	

もんだい１（　　　　）に 何を 入れますか。１・２・３・４から いちばん いい ものを 一つ えらんで ください。

(れい)　これ(　　　　) ざっしです。

１ に　　２ を　　３ は　　４ や

(かいとうようし)

れい	① ② ● ④

1 けさ 駅で 友だち（　　）会いました。

１ で　　２ に　　３ を　　４ へ

2 木村「田中さん（　　）歌（　　）上手ですね。カラオケが 好きですか。」
田中「はい。きのうも カラオケに 行きました。」

１ は／が　　２ は／を　　３ が／は　　４ が／を

3 かばんは つくえ（　　）うえに おきます。

１ を　　２ の　　３ に　　４ で

4 弟 は 私（　　）足が はやいです。

１ だけ　　２ など　　３ より　　４ まで

5 学校から わたしの いえまで 20分（　　）かかります。

１ を　　２ ごろ　　３ ぐらい　　４ に

6 この りんごは 五つ（　　）1,000円です。

１ に　　２ や　　３ と　　４ で

7 この レストランの 料理(りょうり)は あまり（　　　）と 思(おも)います。

1 おいしい　　2 おいしくない　　3 おいしいです　　4 おいしくないです

8 この ワンピースは かわいいです（　　　）、高(たか)いです。

1 で　　2 と　　3 か　　4 が

9 鈴木(すずき)さんは ギターを ひく（　　　）が できます。

1 ところ　　2 とき　　3 こと　　4 もの

もんだい2 ＿★＿ に 入る(はい) ものは どれですか。1・2・3・4から いちばん いい ものを 一つ(ひと) えらんで ください。

(もんだいれい) あの ＿＿ ＿＿ ＿★＿ ＿＿ ですか。

1 くるま　　2 の　　3 だれ　　4 は

(こたえかた)

1. ただしい 文(ぶん)を つくります。

あの ＿＿ ＿＿ ＿★＿ ＿＿ ですか。

1 くるま　　4 は　　3 だれ　　2 の

2. ＿★＿ に 入る(はい) ばんごうを くろく ぬります。

(かいとうようし)

れい	① ② ● ④

10 たんじょうびに ＿＿ ＿＿ ＿★＿ ＿＿ です。

1 うれしかった　　2 プレゼントを　　3 すてきな　　4 もらって

11 この ＿＿ ＿★＿ ＿＿ ＿＿ とき べんりです。

1 かいぎの　　2 ペンは　　3 かるくて　　4 かきやすいから

12 その 角(かど)を ＿＿ ＿＿ ＿★＿ ＿＿ コンビニが あります。

1 へ　　2 右(みぎ)　　3 曲(ま)がる　　4 と

13 私(わたし)は ＿＿ ＿★＿ ＿＿ ＿＿ を 聞(き)きます。

1 ラジオ　　2 に　　3 前(まえ)　　4 ねる

もんだい3　[14]から[17]に　何を　入れますか。文章の　意味を　考えて、1・2・3・4から　いちばん　いい　ものを　一つ　えらんで　ください。

下の　ぶんしょうは　りゅうがくせいが　書いた　さくぶんです。

(1)　シウォンさんの　さくぶん

> 私の　しゅみは　歌を　聞くことです。さいきん、日本の　歌や　イギリスの　歌 [14]、いろいろな　国の　歌を　聞いて　います。上手に　歌いたくて　れんしゅうも　しています。でも、言葉の　いみは　よく [15]。この　日本語学校には、いろいろな　国の　人が　いますから、みなさんの　国の　歌を　しょうかいして　ください。よろしく　おねがいします。

(2)　ハミンさんの　さくぶん

> 私の　しゅみは　えいがを　見る　ことです。国では、よく　かぞくや　友だちと　いっしょに　えいがを　見に　行きました。日本では、まだ [16] 見た　ことが　ありません。えいがかんが　ある　場所が　わからないからです。いっしょに　見る　友だちも　まだ　いません。もし、えいがが　好きな　人が　いたら、いっしょに [17]。

14

1 など　　2 か

3 は　　4 や

15

1 わかります　　2 わかりません

3 わかりました　　4 わかりませんでした

16

1 よく　　2 たいてい

3 いつも　　4 いちども

17

1 見(み)たいです　　2 見(み)ません

3 見(み)たら　いいです　　4 見(み)ると　いいです

もんだい４　つぎの　(1)から(2)の文章を　読んで、しつもんに　こたえて　ください。こたえは、１・２・３・４から　いちばん　いい　ものを　一つ　えらんで　ください。

(1)　友だちから　メールが　来ました。

> ハンナさん
>
> 今日の　13時に　しんじゅくで　会いましょうと　言いました。でも、今日の　昼　わたしは　じゅぎょうが　ありますから、会うことが　できません。すみませんが、あしたの　15時に　しぶやで　会いませんか。おへんじ　ください。
>
> リカ

18　リカさんは　ハンナさんに　何が　言いたいですか。

1　今日　しぶやで　ハンナさんに　会いたいです。
2　今日　13時に　しぶやへ　行きたいです。
3　あした　しごとが　したいです。
4　あした　15時に　ハンナさんに　会いたいです。

(2)

> 母が　新しい　車を　買いました。古い　車は　もう　使いませんから、売ります。わたしは　古い　車が　好きでした。その　車が　ほしいですが、わたしは　うんてんが　できませんから、もらうことが　できません。ざんねんです。

19　わたしは　どうして　ざんねんですか。

1　母の　車を　売ることが　できないから
2　新しい　車を　もらうことが　できないから
3　古い　車を　買うことが　できないから
4　古い　車を　もらうことが　できないから

もんだい５　つぎの　文章を　読んで、しつもんに　こたえて　ください。こたえは、１・２・３・４から　いちばん　いい　ものを　一つ　えらんで　ください。

これは、留学生の作文です。

としょかん

パク・ミラン

私の　しゅみは　本を　読む　ことです。家の　近くに　としょかんが　あるので、よく　行きます。今日の　午後、としょかんへ　本を　かえしに　行きました。そこで、大学の　友だちに　会いました。友だちも　本を　かえしに　来ていました。私たちは　自分が　読んだ　本の　話を　しました。私が　読んだ　本は　日本の　有名な　本で『心』です。友だちは「読んだことが　あるよ。とても　おもしろいよね。」と　言いました。友だちが　読んだ　本は　英語の　本で『老人と　海』です。友だちは「とても　有名な　本だよ。」と　言いました。その　本は　私も　知っている　有名な　本で、私も　読みたく　なりました。でも、私は　日本語を　べんきょうしたいから、日本の　本を　読むことに　しました。早く　日本語が　上手に　なりたいです。

20　「私」は　どうして　としょかんへ　行きましたか。

1　友だちに　会いたかったから
2　本を　かりたかったから
3　本を　かえしたかったから
4　べんきょうしたかったから

21　「私」は　どうして　『老人と　海』を　かりなかったですか。

1　英語が　下手だから
2　日本語の　べんきょうが　したかったから
3　英語の　べんきょうが　したかったから
4　日本語が　上手だったから

**もんだい6　右の　ページを　見て、下の　質問に　答えて　ください。答えは、
1・2・3・4から　いちばん　いい　ものを　一つ　えらんで　ください。**

22　リンさんは、たまごが　やすい　日に　スーパーへ　行きたいです。肉も　やすい　日が　いいです。いつ　行きますか。

1　7日(水)

2　7日(水)か8日(木)

3　7日(水)か10日(土)

4　10日(土)

こんしゅうの　やすい　もの

7月5日～7月10日

5日(月)	6日(火)	7日(水)
にんじん 200円➡150円	ぎゅうにゅう 150円➡100円	たまご 300円➡200円

8日(木)	9日(金)	10日(土)
にんじん 200円➡150円	にんじん 150円➡100円	たまご 300円➡200円

※まいしゅう、水(すい)よう日(び)、木(もく)よう日(び)、金(きん)よう日(び)は　肉(にく)も　やすいです。

スーパー「中村屋」
なかむら町　123-4
電話：123-456-7890
休み：日よう日

N5

聴解

(35ふん)

注　意

Notes

1. 試験が始まるまで、この問題用紙をあけないでください。
   Do not open this question booklet until the test begins.
2. この問題用紙を持ってかえることはできません。
   Do not take this question booklet with you after the test.
3. 受験番号となまえをしたの欄に、受験票とおなじようにかいてください。
   Write your examinee registration number and name clearly in each box below as written on your test voucher.
4. この問題用紙は、全部で12ページあります。
   This question booklet has 12 pages.
5. この問題用紙にメモをとってもいいです。
   You may make notes in this question booklet.

受験番号　Examinee Registration Number	

名　前　Name	

もんだい1

もんだい１では、まず　しつもんを　聞いて　ください。それから　話を　聞いて、もんだいようしの　１から４の　中から、いちばん　いい　ものを　一つ　えらんで　ください。

1ばん

1　５じ

2　５じ　はん

3　７じ　はん

4　８じ

2ばん

1

2

3

4

3ばん

1

2

3

4

4ばん

1

2

3

4

5ばん

1　こうえんへ　いきます。

2　ひるごはんを　たべます。

3　さくひんを　えらびます。

4　チケットを　もらいます。

6ばん

1

2

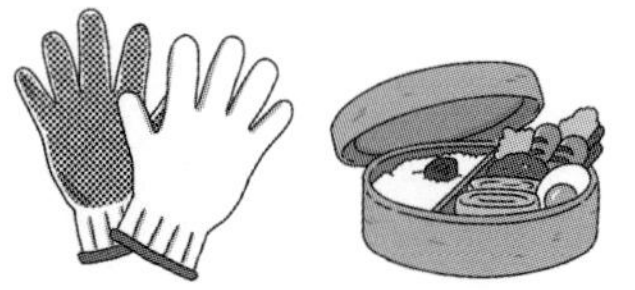

3

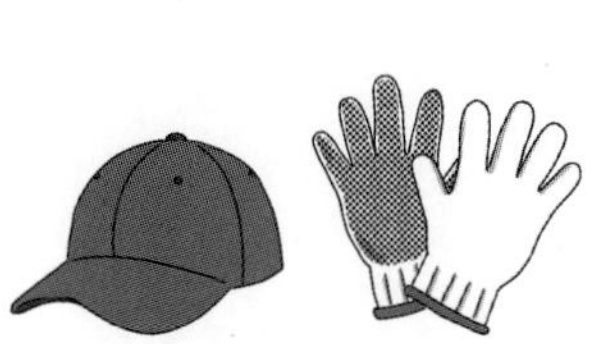

4

7ばん

1

2

3

4

もんだい2

もんだい２では、はじめに　しつもんを　きいて　ください。それから　はなしを　きいて、もんだいようしの　１から４の　なかから、いちばん　いい　ものを　ひとつ　えらんで　ください。

1ばん

1　つま

2　いもうと

3　むすこ

4　むすめ

2ばん

1　ひとり

2　ふたり

3　さんにん

4　よにん

3ばん

1

2

3

4

4ばん

1

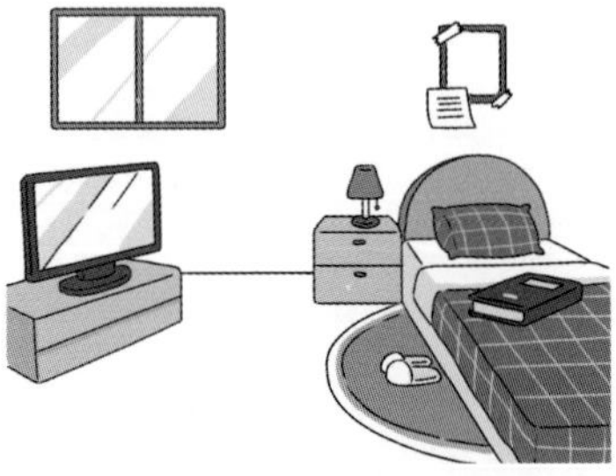

2

3

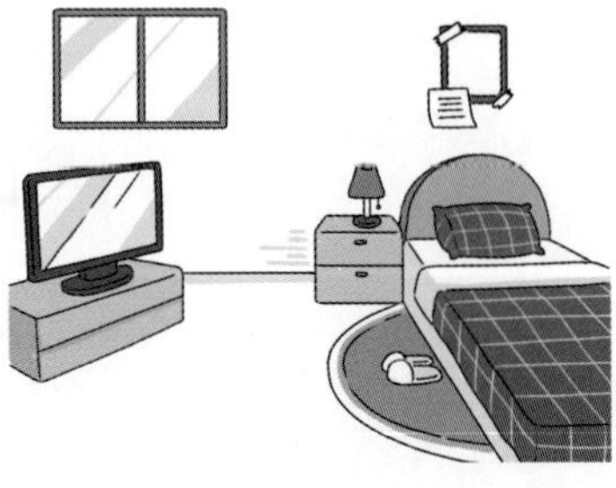

4

5ばん

1　2,000えん

2　700えん

3　950えん

4　800えん

6ばん

1

2

3

4

もんだい3

もんだい３では、えを　みながら　しつもんを　きいて　ください。➡(やじるし)の　ひとは　なんと　いいますか。１から３の　なかから、いちばん　いいものを　ひとつ　えらんで　ください。

1ばん

2ばん

3ばん

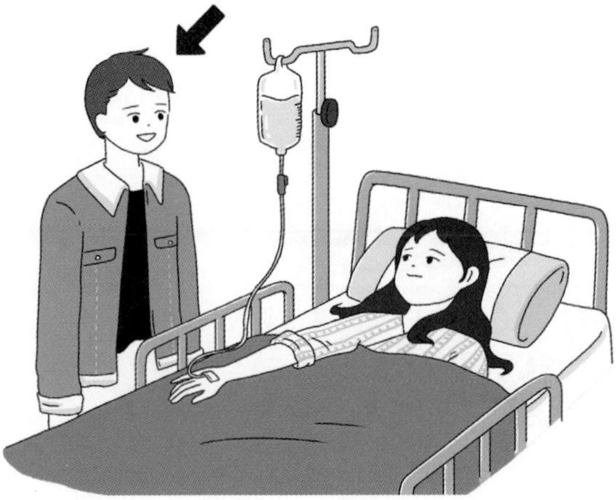

4ばん

5ばん

もんだい4

もんだい４では、えなどが　ありません。ぶんを　きいて、１から３の　なかから、いちばん　いいものを　ひとつ　えらんで　ください。

—メモ—

N4

げんごちしき (もじ・ごい)

(25ふん)

ちゅうい
Notes

1. しけんが　はじまるまで、この　もんだいようしを　あけないで　ください。
Do not open this question booklet until the test begins.

2. この　もんだいようしを　もって　かえる　ことは　できません。
Do not take this question booklet with you after the test.

3. じゅけんばんごうと　なまえを　したの　らんに、じゅけんひょうと　おなじように　かいて　ください。
Write your examinee registration number and name clearly in each box below as written on your test voucher.

4. この　もんだいようしは、ぜんぶで　8ページ　あります。
This question booklet has 8 pages.

5. もんだいには　かいとうばんごうの　1、2、3 …があります。かいとうは、かいとうようしに　ある　おなじ　ばんごうの　ところに　マークして　ください。
One of the row numbers 1, 2, 3 … is given for each question. Mark your answer in the same row of the answer sheet.

じゅけんばんごう　Examinee Registration Number	

なまえ　Name	

もんだい１　＿＿＿の　ことばは　ひらがなで　どう　かきますか。１・２・３・４から　いちばん　いい　ものを　ひとつ　えらんで　ください。

(れい)　あしたは　雨ですか。

1　はれ　　2　あめ　　3　ゆき　　4　くもり

(かいとうようし)

(れい)	① ● ③ ④

1　キムさんの車は　あの　赤いのです。

1　しろい　　2　あおい　　3　くろい　　4　あかい

2　最近、とても　忙しいです。

1　すいしん　　2　すいきん　　3　さいしん　　4　さいきん

3　きょねんの夏、日本を　旅行しました。

1　あき　　2　ふゆ　　3　なつ　　4　はる

4　少し　早く　着きました。

1　ききました　　2　ひきました　　3　おきました　　4　つきました

5　今日は　とても　楽しかったです。

1　すずしかった　　2　たのしかった　　3　かなしかった　　4　さびしかった

6　電車が　3時に　出発します。

1　しゅっはつ　　2　しゅうはつ　　3　しゅっぱつ　　4　しゅうぱつ

7　すみません、あしたは　都合が　悪いです。

1　つあい　　2　つごう　　3　とごう　　4　とあい

もんだい２　＿＿＿の　ことばは　どう　かきますか。１・２・３・４から　いちばん　いい　ものを　ひとつ　えらんで　ください。

(れい)　この　ざっしを　<u>みて</u>　ください。 1　買て　　2　見て　　3　貝て　　4　目て (かいとうようし)　(れい)　①　●　③　④

8　わたしは　友だちを　<u>まって</u>います。

1　侍って　　2　特って　　3　持って　　4　待って

9　あの　ひとは　わたしの　<u>いもうと</u>です。

1　姉　　2　妹　　3　弟　　4　兄

10　前より　<u>つよく</u>　なりました。

1　弱く　　2　強く　　3　軽く　　4　重く

11　あしたは　野球の　<u>しあい</u>が　あります。

1　誠会　　2　誠合　　3　試会　　4　試合

12　先生は　とても　<u>しんせつ</u>です。

1　親切　　2　新切　　3　親功　　4　新功

もんだい３（　　　　）に　なにを　いれますか。１・２・３・４から　いちばん　いいものを　ひとつ　えらんで　ください。

(れい)　くるまが　３(　　　)　あります。

１　さつ　　２　まい　　３　だい　　４　ひき

(かいとうようし)

(れい)	①　②　●　④

13　わたしには、あなたが（　　　）です。

１　ねっしん　　２　ひつよう　　３　ていねい　　４　べんり

14　この　りょうりは（　　　）ですから、気をつけて　ください。

１　さむい　　２　あつい　　３　ふかい　　４　せまい

15　昨日　買った　テレビが　今日　いえに（　　　）。

１　むかいました　　２　うごきました

３　とどきました　　４　よりました

16　子どものころ、おとうとと　けんかして　よく　父に（　　　）。

１　ほめられました　　２　しかられました

３　いじめられました　　４　たのまれました

17　さんぽに　つれて　いったり、えさを　やったり、毎日　犬の（　　　）を　して　います。

１　せわ　　２　うんどう　　３　ようい　　４　しゅみ

18　たなかさんの　いえの　電気が　ついて　いません。たなかさんは（　　　）の　ようです。

１　うそ　　２　ちゅうし　　３　るす　　４　しつれい

19　いもうとの　プレゼントを　買ったので、さいふに　５００円しか（　　　）いません。

１　はらって　　２　かえして　　３　のこって　　４　わたして

20　テストの（　　　）が　よかったので、うれしいです。

１　けっか　　２　ごうかく　　３　いけん　　４　せいこう

もんだい4　＿＿＿の　ぶんと　だいたい　おなじ　いみの　ぶんが　あります。1・2・3・4から　いちばん　いい　ものを　ひとつ　えらんで　ください。

(れい)　あの　人は　うつくしいですね。

1　あの　人は　きれいですね。
2　あの　人は　元気ですね。
3　あの　人は　おもしろいですね。
4　あの　人は　わかいですね。

(かいとうようし)

(れい)	● ② ③ ④

21　えきは　ここから　とおいですか。

1　でんしゃに　のる　ところは　ここから　とおいですか。
2　ひこうきに　のる　ところは　ここから　とおいですか。
3　たべものを　買う　ところは　ここから　とおいですか。
4　きってを　買う　ところは　ここから　とおいですか。

22　部屋が　よごれていますね。

1　部屋が　ふるいですね。
2　部屋が　きたないですね。
3　部屋が　きれいですね。
4　部屋が　あたらしいですね。

23 <u>この　ビールは　ひえています。</u>

1　この　ビールは　あついです。

2　この　ビールは　あまいです。

3　この　ビールは　からいです。

4　この　ビールは　つめたいです。

24 <u>学校の　きそくを　まもりましょう。</u>

1　学校の　アイディアを　まもりましょう。

2　学校の　チャンスを　まもりましょう。

3　学校の　ルールを　まもりましょう。

4　学校の　アルバイトを　まもりましょう。

もんだい5　つぎの　ことばの　つかいかたで　いちばん　いい　ものを　1・2・3・4から　ひとつ　えらんで　ください。

(れい)　おたく

1　こんど　おたくに　遊びに　きて　ください。
2　また、おたくをする　ときは　おしえて　ください。
3　もしもし、田中（たなか）さんの　おたくですか。
4　こどもには　おたくが　ひつようです。

(かいとうようし)

(れい)	①　②　●　④

25　わかす

1　さむいので、シャワーを　わかします。
2　みんなで　にくや　魚を　わかして　食べました。
3　出かける　とき、コートや　マフラーで　からだを　わかします。
4　おゆを　わかして、お茶を　入れます。

26　しょうたい

1　鈴木さんを　パーティーに　しょうたいしました。
2　友だちに　かぞくを　しょうたいしました。
3　すずしい　かぜを　へやに　しょうたいしました。
4　本に　書いて　あった　ことを　レポートに　しょうたいしました。

27 かざる

1　おきゃくさんが 来ますから、へやに　花を　かざりましょう。

2　天気がいいので、せんたくものを　外に　かざります。

3　この　エアコンを へやの かべに　かざってください。

4　先生が　テストのおしらせを　きょうしつに　かざりました。

28 おと

1　テレビのおとが　うるさいので、小さく　して　ください。

2　日本語の　おとが　じょうずに　なりたいので、毎日　れんしゅうします。

3　犬が　大きな　おとで　ほえました。

4　先生に　大きな　おとで　名前を　よばれました。

Language Knowledge(Grammar) · Reading

問題用紙

N4

言語知識（文法）・読解

(55ふん)

注　意

Notes

1. 試験が始まるまで、この問題用紙を開けないでください。

   Do not open this question booklet until the test begins.

2. この問題用紙を持って帰ることはできません。

   Do not take this question booklet with you after the test.

3. 受験番号と名前を下の欄に、受験票と同じように書いてください。

   Write your examinee registration number and name clearly in each box below as written on your test voucher.

4. この問題用紙は、全部で14ページあります。

   This question booklet has 14 pages.

5. 問題には解答番号の [1]、[2]、[3] …があります。解答は、解答用紙にある同じ番号のところにマークしてください。

   One of the row numbers [1], [2], [3] … is given for each question. Mark your answer in the same row of the answer sheet.

受験番号　Examinee Registration Number	

名前　Name	

もんだい１（　　　　）に　何を　入れますか。１・２・３・４から　いちばん　いい ものを　一つ　えらんで　ください。

(れい)　電車(　　　)　会社へ　行きます。 １　し　　２　と　　３　で　　４　に (かいとうようし)　(れい)　①　②　●　④	

1　子どもの　ころ、よく　母（　　　）野菜を　食べさせられました。

1　の　　2　を　　3　に　　4　が

2　鈴木さんは　この　映画を　5かい（　　　）見たそうです。

1　も　　2　で　　3　まで　　4　しか

3　弟は、小さいとき　体が　弱くて、両親（　　　）心配させました。

1　が　　2　を　　3　の　　4　へ

4　町の　図書館は（　　　）使えますが、予約が　ひつようです。

1　だれに　　2　だれが　　3　だれにも　　4　だれでも

5　とても　おいしいですね。（　　　）料理は　はじめて　食べました。

1　こう　　2　これ　　3　こんな　　4　ここ

6 ぎゅうにゅうは　れいぞうこに　ありますから、買って（　　　）。

1　こなければ　いけません　　2　こなくても　いけません
3　こなくても　いいです　　4　こないのに　いいです

7 娘が　アイスクリームを（　　　）ので、買って　あげます。

1　食べたい　　2　食べて　ほしい
3　食べたがって　いる　　4　食べて　いる

8 家族が　家に　帰る　前に　エアコンを（　　　）。

1　ついて　います　　2　ついて　あります
3　つけて　おきます　　4　ついて　しまいます

9 くつは　少し　ねだんが　高くても（　　　）ものが　いい。

1　歩きやすい　　2　歩きにくい　　3　歩きすぎる　　4　歩きながら

10 田中「明日、パソコンを　買いに　行きます。」
島田「いいですね。パソコンを（　　　）、あそこの店が　安いですよ。」

1　買うと　　2　買えば　　3　買ったら　　4　買うなら

11 山田「森さん、おそいですね。」
西内「そうですね。電車が　おくれて　いる（　　　）。」

1　つもりです　　2　予定です
3　ことに　なります　　4　のかもしれません

12 妹「お兄ちゃん、何かてつだうよ。」

兄「ありがとう、じゃあ、この　荷物を（　　　）?」

妹「うん、わかった。」

1　運んである　　2　運んでもらえる

3　運んでもいい　　4　運んだほうがいい

13 木村「アナさんは、今年の夏休みに国へ帰りますか。」

アナ「いいえ。今年は日本でアルバイトをするので、（　　　）。」

1　帰らないといけません　　2　帰ったほうがいいです

3　帰ったことがありません　　4　帰らないことにしました

もんだい2　＿★＿に　入る　ものは　どれですか。1・2・3・4から　いちばん　いい　ものを　一つ　えらんで　ください。

(問題例)

すみません。＿＿＿　＿＿＿　＿★＿　＿＿＿か。

　1　です　　2　は　　3　トイレ　　4　どこ

(答え方)

1.　正しい　文を　作ります。

すみません。＿＿＿　＿＿＿　＿★＿　＿＿＿か。

　3　トイレ　　2　は　　4　どこ　　1　です

2.＿★＿に　入る　番号を　黒く　塗ります。

(解答用紙)

(例)	①　②　③　●

14　妹は　＿＿＿　＿＿＿　＿★＿　＿＿＿　寝て　しまいました。

　1　を　　2　かけた　　3　めがね　　4　まま

15　＿＿＿　＿＿＿　＿★＿　＿＿＿　私は　小さいとき、甘いものが　大好きだった　そうです。

　1　によると　　2　話　　3　の　　4　父

16　どんなに　＿＿＿　＿＿＿　＿★＿　＿＿＿　寝ます。

　1　ねむくても　　2　してから　　3　テストの　　4　べんきょうを

17　山本「新しく　できた　レストラン、おいしいですよ。」
田中「じゃあ、＿＿＿　＿★＿　＿＿＿　＿＿＿。」

　1　食べに　　2　学校の　　3　行きましょう　　4　後で

もんだい3　18 から 21 に　何を　入れますか。文章の　意味を　考えて、
1・2・3・4から　いちばん　いい　ものを　一つ　えらんで　ください。

下の　文章は　ダワドルジさんの　作文です。

日本の　電車

　私は　日本に　来てから　電車に　18 。私の　生まれた　町では　電車に　乗る　人は　あまり　いませんでしたが、日本では　電車で　学校や　会社に　通う　人が　たくさん　います。

　日本に　19　の　ときは、日本の　こうつう　ルールを　知らなかったので、アルバイトの　店長に　20 。駅の　中には、ショッピングモールや　いろいろな　お店が　あって　とても　楽しいです。

　電車に　乗ると　外の　景色が　見えるので、気分も　いいです。日本に　いる　間に　もっと　いろいろな　所に　電車で　21 。

18

1　乗ったことが　ありました　　2　乗らなくても　いいです
3　乗れることに　しました　　4　乗るように　なりました

19

1　来たまま　　2　来おわる
3　来た　ばかり　　4　来はじめる

20

1　教えて　あげました　　2　教えて　もらいました
3　教えて　くれました　　4　教えて　おきました

21

1　行ってみる　つもりです　　2　行ってみる　ようです
3　行ってみる　ためです　　4　行きたがって　います

もんだい４　つぎの　(1)から(3)の　文章を　読んで、質問に　答えて　ください。答えは、１・２・３・４から　いちばん　いい　ものを　一つ　えらんで　ください。

(1)

太郎さんが起きると、テーブルの上にお母さんからのメモがありました。

> 太郎へ
>
> 　となりのおばあさんが入院したので、おみまいに行ってきます。天気予報によると夕方から雨が降るそうです。出かける前に、洗濯物を家の中に入れてください。帰りがおそくなるかもしれないので、晩ご飯は自分で買って食べてください。犬の散歩もお願いしますね。
>
> 母より

22　メモに書かれていることと<u>合っている</u>ものはどれですか。

1　雨が降る前に、太郎さんは洗濯をしようと思っています。
2　お母さんは家に帰ってから、晩ご飯を作るつもりです。
3　雨なので、太郎さんは犬を散歩させなくてもいいです。
4　お母さんは、病院に行かなければなりません。

(2)

（学校で）このお知らせが教室にあります。

> 皆さん
> 　来週から使うテキストは学校の本屋で買うことができます。テキストが買える時間は、10時から15時までです。12時から13時までは昼休みですから、買えません。クラスでテキストの名前と値段が書いてある紙を渡します。必要なテキストに○をつけて、払うお金を準備してください。クレジットカードは使えないので、注意してください。お金と○をつけた紙をお店の人に渡してください。

23　テキストの買い方について、<u>正しいもの</u>はどれですか。

1　12時にお店に行けば、テキストを買うことができます。

2　クレジットカードを使って、お金を払わなければなりません。

3　紙に○をつければ、お店の人が値段を教えてくれます。

4　テキストのお金と紙を用意しておく必要があります。

(3)

（会社で）中西さんの机の上に、このメモがあります。

> 中西さん
>
> さくら工場の早田さんから電話がありました。7月に工場見学ができるのは、10日(金)10時、11時と16日(木)15時、16時だそうです。見学の日と時間は私が早田さんに伝えますから、決まったら電話をください。行く人の数も教えてください。
>
> 木村

24 このメモを読んで、中西さんは何をしなければなりませんか。

1 工場見学に行く日と時間と、行く人の数を早田さんに教える。
2 工場見学に行く日と時間と、行く人の数を木村さんに伝える。
3 工場見学に行く人の数だけ早田さんに伝える。
4 工場見学に行く人の数だけ木村さんに教える。

もんだい５　つぎの　文章を　読んで、質問に　答えて　ください。答えは、１・２・３・４から　いちばん　いい　ものを　一つ　えらんで　ください。

２カ月前の話をします。ある日、息子が熱を出したので、病院に連れて行きました。病院で医者は「かぜの薬を出しておきます。熱が高くなったら、また来てください。」と言いました。私は薬をもらって、息子と家に帰りました。病院でもらった薬は、とても甘いです。ジュースのような味がするので、息子は①たくさんほしがります。

次の日、息子の熱は下がりました。でも、泣いたり笑ったりしなくなって、一日中静かでした。ご飯も食べないし、大好きな薬も飲みませんでした。いつもなら、息子はとてもうるさいです。ご飯もたくさん食べて、一日中大きな声を出します。

私はとても心配になって、息子を病院に連れて行きました。すると、息子は病院で入院をさせられました。熱は低かったですが、病気がもっと悪くなっていたのです。入院したら、息子の病気はどんどんよくなって、二日後に退院することができました。②本当によかったです。

25　どうして息子は薬を①たくさんほしがりますか。

1　甘いジュースがもっと飲みたいから
2　甘い薬がもっと飲みたいから
3　甘いジュースをもっと飲んでほしいから
4　甘い薬をもっと飲んでほしいから

26　息子について、わかることは何ですか。

1　いつもは泣いたり笑ったり、とても大人しいです。
2　いつもは一日中ご飯も食べないし、とても静かです。
3　いつもはよく大きな声を出したりして、とてもうるさいです。
4　いつもはあまり食べたり飲んだりしなくて、とても元気です。

27　②本当(ほんとう)によかったとありますが、何(なに)についてよかったと思(おも)いましたか。

1　入院(にゅういん)しなくてもよかったこと
2　熱(ねつ)が高(たか)くならなかったこと
3　すぐ病気(びょうき)がよくなったこと
4　退院(たいいん)する日(ひ)がわかったこと

読解

もんだい6　右のページの旅行会社のお知らせを見て、下の質問に答えてください。答えは、1・2・3・4からいちばんいいものを一つえらんでください。

28　サムさんは、日本で初めて花見をしてみたいと思っています。食事ができるツアーがいいです。サムさんが選べるのは、どれですか。

1　①

2　③

3　④

4　⑤

29　エミリーさんは古い建物が見られるツアーに参加したいと思っています。平日は仕事があるので、行けません。エミリーさんが選べるのはどれですか。

1　②

2　③

3　④

4　⑥

[4月の予定]

ツアーの名前	内容	日にちと時間
① お花見ツアー	きれいな桜を見ながら、有名なお店の弁当を食べます。	4月1日(火)～20日(日) 10:00～16:00
② テンプルステイツアー	500年前に建てられた寺で泊まります。お昼ご飯は、そばを食べます。	4月5日(土)～6日(日) 10:00～次の日の10:00
③ 船旅ツアー	船の中から、川のそばに咲いている桜を見ます。	4月1日(火)～20日(日) 10:00～16:00
④ 神社ツアー	800年前に建てられた神社を見ます。	毎週月・水 10:00～14:00
⑤ 景色と食事ツアー	高いビルの上の階のレストランで、景色を見ながら食事をします。	毎週水・土 18:00～21:00
⑥ 歴史体験ツアー	300年前の景色が残る町をゆっくり見ます。昼ご飯がついています。	毎週火・金 13:00～17:00

N4

聴解

(40ぷん)

注　意

Notes

1. 試験が始まるまで、この問題用紙を開けないでください。
   Do not open this question booklet until the test begins.
2. この問題用紙を持って帰ることはできません。
   Do not take this question booklet with you after the test
3. 受験番号と名前を下の欄に、受験票と同じように書いてください。
   Write your examinee registration number and name clearly in each box below as written on your test voucher.
4. この問題用紙は、全部で14ページあります。
   This question booklet has 14 pages.
5. この問題用紙にメモをとってもいいです。
   You may make notes in this question booklet.

受験番号　Examinee Registration Number	

名前　Name	

もんだい1

　もんだい１では、まず　しつもんを　聞いて　ください。それから　話を　聞いて、もんだいようしの　１から４の　中から、いちばん　いい　ものを　一つ　えらんで　ください。

1ばん

1

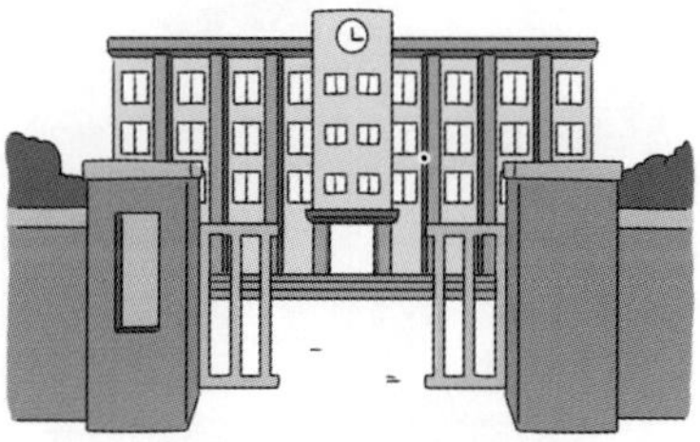

2

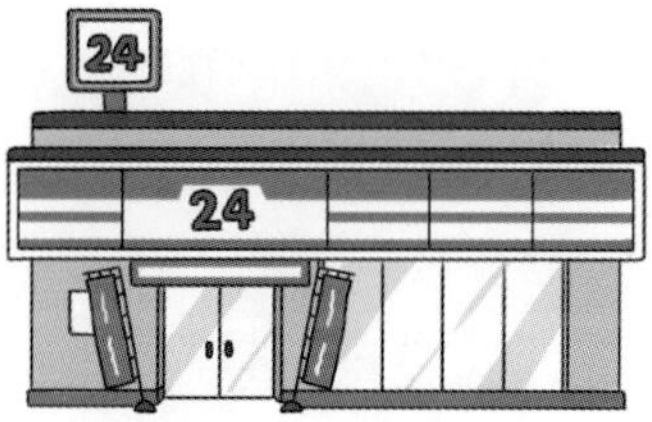

3

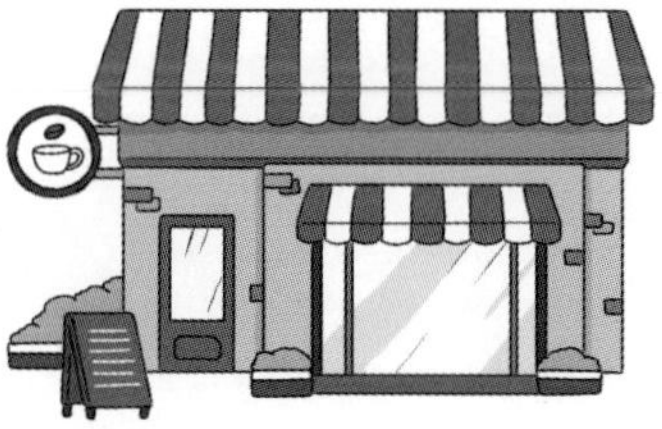

4

2ばん

1

2

3

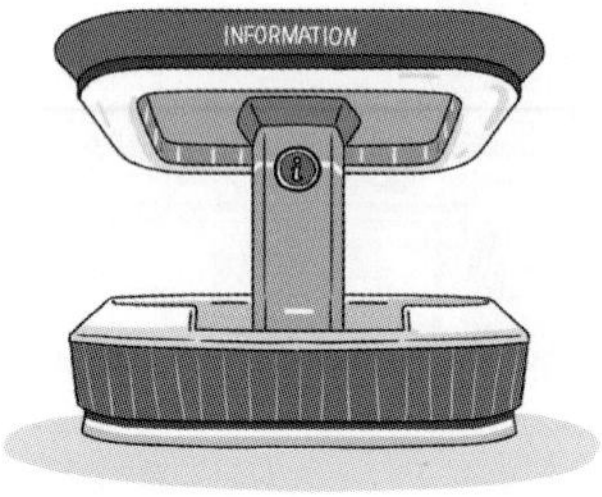

4

3ばん

1　101きょうしつ

2　しょくどう

3　201きょうしつ

4　びょういん

4ばん

1

2

3

4

5ばん

1

2

3

4

6ばん

1　9じ10ぷん

2　8じ50ぷん

3　9じ20ぷん

4　8じ20ぷん

7ばん

1

2

3

4

8ばん

1　311きょうしつ
2　312きょうしつ
3　310きょうしつ
4　411きょうしつ

もんだい2

もんだい２では、まず　しつもんを　聞いて　ください。そのあと、もんだいようしを見て　ください。読む　時間が　あります。それから　話を　聞いて、もんだいようしの１から４の　中から、いちばん　いい　ものを　一つ　えらんで　ください。

1ばん

1　２２０えん

2　１１０えん

3　９８えん

4　１９８えん

2ばん

1　おいしい　ものの　写真

2　おもしろい　ばしょの　写真

3　きれいな　けしきの　写真

4　のった　電車の　写真

3ばん

1　火曜日(かようび)の午後(ごご)

2　木曜日(もくようび)の午前(ごぜん)

3　木曜日(もくようび)の午後(ごご)

4　土曜日(どようび)の午前(ごぜん)

4ばん

1　ほんを　かりたかったから

2　ほんを　かえしたかったから

3　ほんを　なくしたから

4　ほんが　おもしろかったから

5ばん

1　あつく　なる

2　雨(あめ)が　ふる

3　くもりに　なる

4　はれる

6ばん

1　びじゅつかん

2　ほんや

3　きっさてん

4　えいがかん

7ばん

1　うけつけの　ひとに　チケットを　見(み)せる

2　好(す)きな　どうぶつの　えを　かく

3　おみやげを　買(か)いに　行(い)く

4　さんぽを　する

もんだい3

もんだい３では、えを　みながら　しつもんを　きいて　ください。➡(やじるし)の ひとは　なんと　いいますか。１から３の　なかから、いちばん　いいものを　ひとつ えらんで　ください。

1ばん

2ばん

3ばん

4ばん

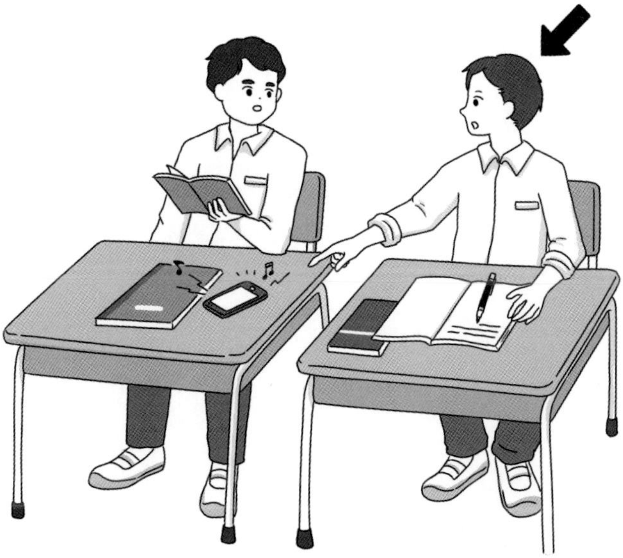

5ばん

もんだい4

もんだい４では、えなどが　ありません。まず　ぶんを　聞いて　ください。それから、そのへんじを　聞いて、１から３の　中から、いちばん　いい　ものを　一つ　えらんで　ください。

―メモ―

MEMO

MEMO

처음 JLPT N4·N5

단숨에 합격하기

해설서

시원스쿨닷컴

처음 JLPT N4·N5 단숨에 합격하기

해설서

영역별 실전 모의고사

JLPT N5·N4 실전 모의고사

처음 JLPT N4·N5 단숨에 합격하기

해설서

정답 및 해설

영역별 실전 모의고사

JLPT N5·N4 실전 모의고사

처음 JLPT | Part 1 문법

Day 01 문장 구성 파악의 기본 '조사1'

Quick Check!

① で	② まで

실전 모의고사

1

2 일이 매우 바쁘다.

해설 주어를 나타내는 표현은 2번「が」예요.

단어 仕事 일, 업무 | とても 매우, 아주 | 忙しい 바쁘다

2

3 자전거를 탔습니다.

해설 '~을 타다'에 해당하는 표현은「…に乗る」이므로 답은 3번이에요.「を」를 쓰지 않도록 주의하세요.

단어 自転車 자전거 | 乗る 타다

3

2 이 달걀은 12개에 250엔입니다.

해설 '(수량)+~해서, ~합쳐서'를 나타내는 표현은 2번「で」예요.

단어 この 이 | たまご 달걀 | …個 ~개 | 円 엔(일본 화폐 단위)

4

3 병원에 혼자서 갔습니다.

해설 우선 장소 이동을 나타내는「へ」를「びょういん(병원)」뒤에 붙어야 하며,「ひとり(한 명)」에「で」를 붙인 '혼자서'라는 표현이 다음으로 접속해요. 마지막으로「行きました(갔습니다)」를 동사 자리에 놓습니다. 따라서 올바른 순서는 4-2-3-1이며, 답은 3번이에요.

단어 病院 병원 | 行く 가다

5

1 자동차의 뒤에 아이가 있습니다.

해설 마지막에「…がいます(~가 있습니다)」를 확인하고「子ども(아이)」를 빈칸 맨 끝에 놓습니다. 그 다음「くるま(자동차)」와「うしろ(뒤)」는 각각 명사이므로 중간에「の」를 넣어서 연결합니다. 따라서 올바른 순서는 3-1-4-2이며, 답은 1번이에요.

단어 車 자동차, 차 | 後ろ 뒤 | 子ども 아이 | いる 있다

Day 02 문장 구성 파악의 기본 '조사2'

Quick Check!

① く(ぐ)らい	② や

실전 모의고사

1

4 A: 무슨 색 우산을 삽니까?
B: 검은 것이나 빨간 것을 삽니다.

해설 '여럿 중 하나'를 말할 때 4번「か(~이나)」를 써요.

단어 なにいろ 무슨 색 | かさ 우산 | かう 사다 | くろい 검다 | の 것 | あかい 빨갛다

2

1 내일은 오전도 오후도 한가합니다.

해설 오전, 오후가 모두 한가하다는 의미이므로 나열을 나타내는 1번「も(~도)」가 정답이에요.

단어 あした 내일 | 午前 오전 | 午後 오후 | ひまだ 한가하다

3

2 이 셔츠는 어제 샀다.

해설 주어를 나타내는 '~은/는'에 해당하는 표현은 2번「は」예요.

단어 シャツ 셔츠 | きのう 어제

4

2 이 요리는 소고기나 돼지고기를 사용한다.

해설 우선 소고기, 돼지고기 사이를「か(~이나)」로 연결하고, 문장 끝 동사「つかう(사용하다)」앞에 목적어와 연결하는「を」를 넣으면 문장이 완성돼요. 따라서 올바른 순서는 3-4-2-1이며, 답은 2번이에요.

단어 りょうり 요리 | ぎゅうにく 소고기 | ぶたにく 돼지고기 | つかう 사용하다, 쓰다

5

1 사진을 10장 정도 찍는다.

해설 우선 빈칸 맨 앞에는 목적어를 알려주는「を」를 놓아요.「ぐらい(~정도)」는 수량 뒤에 쓰는 표현이므로「10まいぐらい(10장 정도)」로 붙일 수 있어요. 그리고 동사「とる(찍

다)」는 마지막에 놓습니다. 따라서 올바른 순서는 2-1-4-3이며, 답은 1번이에요.

단어 しゃしん 사진 | …まい ~장, 매 | とる (사진을) 찍다

Day 03 내용 이해의 핵심 '명사'

Quick Check!

① こんな色はどうですか。

② 昨日は土曜日では(じゃ)ありませんでした。

실전 모의고사

1

3 이것은 어디(어느) 나라의 카메라입니까?

해설 장소를 묻는 표현은 3번 「どこ(어디)」예요.

단어 くに 나라, 국가 | カメラ 카메라

2

4 어제는 토요일이었습니다.

해설 '토요일'은 명사이고, 「きのう(어제)」라고 과거임을 나타내고 있으므로 과거 긍정형인 4번 「でした」로 연결해요.

단어 どようび 토요일

3

3 저는 영어 선생님이 아닙니다.

해설 '영어 선생님'은 명사이고, 명사의 부정을 나타내는 3번 「じゃありません」이 놓일 수 있습니다.

단어 英語 영어 | せんせい 선생님

4

2 저 방이 일본어(의) 교실입니다.

해설 「あの(저)」 뒤에는 명사가 놓이므로 의미상 가장 적합한 「へや(방)」을 붙입니다. 그 다음 「…の きょうしつ(~의 교실)」 앞에도 명사가 와야 되므로 「にほんご(일본어)」를 맨 끝 빈칸에 놓아요. 따라서 올바른 순서는 1-2-4-3이며, 답은 2번이에요.

단어 へや 방 | にほんご 일본어 | きょうしつ 교실

5

3 여동생은 17살이고 학생입니다.

해설 명사인 「いもうと(여동생)」 뒤에는 조사가 필요하므로 「は(은/는)」를 넣고, 마지막 부분은 「명사+です(입니다)」로 마무리해요. 중간에는 「17さいで(17살이고)」를 넣어 설명을 나열합니다. 따라서 올바른 순서는 2-3-4-1이며, 답은 3번이에요.

단어 いもうと 여동생 | 学生 학생

Day 04 구분해서 알아두어야 하는 'い형용사·な형용사'

Quick Check!

① この部屋は明るくて、静かです。

② ここはあまりきれいではありません(=きれいじゃありません)。

실전 모의고사

1

3 그저께는 덥지 않았습니다.

해설 「おととい(그저께)」는 과거를 나타내는 표현이므로 「あつい(덥다)」의 올바른 과거 형태를 고르면 돼요. 정답은 3번이고, 참고로 과거 긍정형 '더웠습니다'는 「あつかったです」예요.

단어 おととい 그저께 | あつい 덥다

2

3 글씨는 크게 씁시다.

해설 'い형용사 어간+く' 형태로 쓰면 동사를 꾸며주는 부사 역할을 하게 돼요.

단어 字 글씨, 글자 | 大きい 크다 | かく 쓰다, 적다

3

2 저 가게의 케이크는 맛있고 저렴하네요.

해설 い형용사를 단순히 나열하고자 할 때에는 'い형용사 어간+くて'를 붙여요.

단어 みせ 가게 | ケーキ 케이크 | おいしい 맛있다 | やすい 저렴하다, 싸다

4

1 오늘은 좋은 날씨네요.

해설 い형용사를 명사에 수식할 때는 원형으로 바로 접속해요.

단어 きょう 오늘 | てんき 날씨

5

1 이 영화는 재미있지 않았어.

해설 명사인 「えいが(영화)」 뒤에는 조사가 필요하므로 우선 「は」를 붙여요. 그 다음 「おもしろい(재미있다)」에 과거 부정형인 「なかった(~하지 않았다)」를 붙이고, 마지막으로 주장을 나타내는 종조사 「よ」를 붙여요. 따라서 올바른 순서는 2-4-1-3이며, 답은 1번이에요.

단어 えいが 영화

6

4 이 건물은 엘리베이터가 없어서 불편합니다.

해설 엘리베이터 뒤에 조사가 필요하므로 우선 「が」를 붙여요. 그 다음 「なくて(없고, 없어서)」를 붙이고, な형용사인 「ふべんだ(불편하다)」에 「です」를 붙여서 문장을 마무리해요. 따라서 올바른 순서는 1-2-4-3이며, 답은 4번이에요.

단어 ビル 건물, 빌딩 | エレベーター 엘리베이터 | ない 없다 | ふべんだ 불편하다

7

3이 방은 깨끗하고 넓습니다.

해설 な형용사를 '~하고', '~해서'라는 뜻으로 연결해서 쓸 때는 'な형용사 어간+で'로 접속해요.

단어 広(ひろ)い 넓다

8

3 저는 피아노를 잘하지 않습니다.

해설 な형용사인 「じょうずだ(잘하다)」는 부정형으로 바꿀 때 'な형용사 어간+では(じゃ)+ありません'로 접속해요. 따라서 빈칸에는 「じょうずでは」가 놓여야 해요.

단어 ピアノ 피아노

9

2 야마다 씨는 어제 기운이 없었습니다.

해설 「きのう(어제)」는 과거를 나타내는 표현이므로 な형용사 「げんきだ(기운차다)」의 과거형을 고르면 돼요. 답은 2번이에요.

단어 元気(げんき)だ 기운차다, 건강하다

10

1 김 씨는 매우 성실했다.

해설 「キムさん(김 씨)」는 명사이므로 우선 뒤에 조사 「は」를 붙여요. 그 뒤에 「まじめ(성실)」+「だった(했다)」를 붙이고, 남아있는 「とても(매우)」는 형용사 앞에 놓아요. 따라서 올바른 순서는 3-4-1-2이며, 답은 1번이에요.

단어 とても 매우 | 真面目(まじめ)だ 성실하다

11

4 나의 아파트는 조용하고 좋다.

해설 우선 명사인 「アパート(아파트)」 뒤에는 조사 「は」를 붙이고, な형용사 「しずか(조용함)」와 「いい(좋다)」 사이에는 「で」를 넣어서 연결해요. 따라서 올바른 순서는 2-3-4-1이며, 답은 4번이에요.

단어 アパート 아파트

Day 05 다양하게 활용되는 '동사'

Quick Check!

① 7時(しちじ)に起(お)きます。

② 週末(しゅうまつ)も休(やす)みませんでした。

실전 모의고사

1

3 A: 우리 집에 오지 않을래요?
B: 네, 갈게요.

해설 A가 '오지 않을래요?'라고 권유형으로 질문했고, B가 '네'라고 긍정형으로 대답했으니 뒤에는 가겠다는 내용이 나와야 해요. 답은 3번이에요.

단어 うち 집

2

2 수업은 8시에 시작되고 12시에 끝납니다.

해설 「はじまる(시작되다)」라는 동사를 '시작되고'로 연결해야 하는데, 1그룹 동사이므로 う・つ・る→って로 변형해요.

단어 授業(じゅぎょう) 수업 | …時(じ) ~시 | 始(はじ)まる 시작되다

3

2 여기에 김 씨는 없다.

해설 선택지를 보면 부정형을 묻는 문제임을 알 수 있어요. 김 씨는 사람이므로 「いる(있다)」를 써야 하고, 그에 대한 부정형은 「いない」가 돼요. 따라서 답은 2번이에요. 참고로 무생물(+식물)은 「ある(있다)」를 써야 하고, 그에 대한 부정형은 「ない」예요.

4

3 어제 교실(의) 불을 껐습니까?

해설 「きょうしつの(교실의)」 뒤에는 명사가 놓이는 자리이므로 우선 「電気(불)」를 넣어요. 그 뒤에 목적어를 나타내는 조사 「を」를 동사 「けす(끄다)」의 앞에 놓고 문장 마지막에 의문사 「か」를 넣어요. 따라서 올바른 순서는 2-4-3-1이고, 답은 3번이에요.

단어 教室 교실 | 電気 불, 전등 | 消す (불을) 끄다

5

1 술은 싫어해서 그다지 마시지 않습니다.

해설 명사인 「おさけ(술)」 뒤에 조사 「は」를 붙인 뒤 이유에 해당하는 「きらいで(싫어해서)」를 연결해요. 다음으로 부사 「あまり(그다지)」는 서술어 「のみません(마시지 않습니다)」 앞에 붙여요. 부사의 위치는 회화에서 비교적 자유로운 편이지만 시험에서는 서술어 앞에 놓아야 해요. 따라서 올바른 순서는 3-4-1-2이며, 답은 1번이에요.

단어 お酒 술 | 嫌いだ 싫어하다 | あまり 그다지, 별로

6

2 친구와 회사(의) 앞에 있는 가게에서 만난다.

해설 위치를 나타내는 「まえ(앞)」은 '명사+の+まえ' 형태로 연결해요. 먼저 「かいしゃのまえに(회사의 앞에)」를 붙여두고, 그 다음 「ある(있다)」를 「お店(가게)」 앞에 붙여서 수식해요. 따라서 올바른 순서는 1-3-2-4이며, 답은 2번이에요.

단어 友だち 친구 | 前 앞 | お店 가게

Day 06 반드시 출제되는 '필수 문법1'

Quick Check!

① たがっています ② ながら

실전 모의고사

1

2 내일은 느긋하게 쉬고 싶습니다.

해설 '~하고 싶다'라는 희망을 나타내는 「…たい」는 동사 ます형에 접속해요.

단어 明日 내일 | ゆっくり 느긋하게, 마음 편히

2

3 이번 일요일 같이 식사를 하지 않겠습니까?

해설 「こんどの にちよう日(이번 일요일)」은 아직 오지 않은 때이죠. 따라서 권유하는 표현인 「…ませんか」가 어울려요.

단어 今度 이번, 이 다음 | 日曜日 일요일 | 一緒に 같이, 함께 | 食事 식사

3

1 야마다 씨는 커피를 마시면서 신문을 읽었습니다.

해설 커피를 마시는 동작과 신문을 읽는 동작이 연이어서 제시되어 있기 때문에 동시에 진행함을 나타내는 「ながら(~하면서)」로 연결해요.

단어 コーヒー 커피 | 新聞 신문

4

2 어제 저녁은 엽서를 계속 써서 손이 피로해졌습니다.

해설 동사 ます형+つづける는 '계속 ~하다'라는 뜻으로, 「書き+つづけて(계속 써서)」를 연결해요. 조사 「を」 뒤에 동사가 놓여야 하므로 「書きつづけて」를 빈칸 맨 앞에 놓아요. 마지막으로 「手が(손이)」를 제시된 동사 앞에 연결해야 의미상으로 적절해요. 따라서 올바른 순서는 1-4-2-3이며, 답은 2번이에요.

단어 夕べ 어제 저녁 | 葉書き 엽서 | 手 손 | 書く 쓰다 | 疲れる 지치다, 피로해지다

5

4 아이들은 100미터를 다 달렸습니다(완주했습니다).

해설 가타카나 「メートル(미터)」를 보고 우선 숫자 100과 붙여요. 그 다음 동사 ます형+おわる가 '다 ~하다'라는 의미이므로 마지막 빈칸에 「はしり(달려)」를 놓아요. 따라서 올바른 순서는 1-3-4-2이며, 답은 4번이에요.

단어 子ども 아이 | メートル(m) 미터 | 走る 달리다

Day 07 반드시 출제되는 '필수 문법2'

Quick Check!

① くださいませんか　② ても

실전 모의고사

1

2 여기서는 사진을 찍어서는 안 됩니다.

해설 마지막의「いけません(안 됩니다)」을 확인하고 금지 표현인「…ては いけない」을 떠올려야 해요.「とる(찍다)」는「とって」형태로 연결되므로 답은 2번이에요.

단어 写真 사진 | 撮る (사진을) 찍다

2

1 이 바지는 이제 낡았으니까 더러워져도 상관없습니다.

해설 문맥 흐름에 따라 '~해도 상관없다'라는 허가 표현인「かまいません」이 가장 적합함을 알 수 있어요.

단어 ズボン 바지 | もう 이제, 이미, 벌써 | 古い 낡다, 오래되다 | 汚れる 더러워지다

3

3 A: 여기서 테니스를 쳐도 돼요?
B: 네, 해도 돼요.

해설 허가를 구하는 상황이에요.「はい(네)」로 대답한다면 이어지는 내용은「…しても いいです(~해도 됩니다)」가 적절하고,「いいえ(아니오)」로 대답한다면「…しては いけません(~해서는 안 됩니다)」로 이어져야 적절해요. 따라서 답은 3번이에요.

단어 テニスをする 테니스를 치다

4

4 선생님: 다나카 군, 리포트는 끝났나요?
다나카: 저는 지금 하고 있는 중입니다만, 야마다 군은 끝났어요.

해설 문맥과 선택지를 통해「…ている ところだ(~하고 있는 중이다)」구문을 만들어야 되는 것을 알 수 있어요. 마지막으로 부사「今(지금)」는 동사 앞에 놓아요. 따라서 올바른 순서는 1-2-4-3이며, 답은 4번이에요.

단어 …くん ~군 | レポート 리포트 | 終わる 끝나다 | ぼく 나(남성이 쓰는 표현) | 今 지금 | やる 하다

5

1 아침밥을 다 먹고 나서 축구를 했습니다.

해설 명사「あさごはん(아침밥)」뒤에 조사「を」를 붙이고, 그 다음 동사 ます형+終わる에「…てから」형태로 연결해요. 따라서 올바른 순서는 4-1-3-2이며, 답은 1번이에요.

단어 朝ご飯 아침(밥) | サッカー 축구

Day 08 반드시 출제되는 '필수 문법3'

Quick Check!

정답 X

이유「わかる」는 '알다'라는 뜻의 동사로, '~을/를'을 나타낼 때 조사「を」대신에「が」를 사용해야 합니다.

실전 모의고사

1

2 전철이 멈춘 채 움직이지 않는다.

해설 '동사 た형+まま'는 '~한 채(로)' 같은 상태가 변하지 않고 유지되는 것을 나타내요.

단어 電車 전철, 전차 | 止まる 멈추다 | 動く 움직이다

2

4 그 우산은 오늘 돌려주지 않아도 됩니다.

해설 마지막에「…いいです(~됩니다)」가 있으니「かえす(돌려주다)」라는 동작을 하지 않아도 된다는 허용 표현으로 바꿔야 해요. 따라서 허용 표현「…なくてもいいです」를 나타내는 4번이 정답이에요. 참고로 3번「かえさなくては(돌려주지 않으면)」뒤에는「いけません(안 됩니다)」을 붙여서 의무 표현으로 연결할 수 있어요.

단어 傘 우산 | 今日 오늘 | 返す 돌려주다, 반납하다

3

4 A: 요즘 살이 찌기 시작해서 걱정이에요.
B: 다이어트를 하면 어때요?

해설 '~하면 어때?'라는 뜻의 제안 표현은 '동사 た형+らどう'예요.「する(하다)」는 3그룹 동사로 た형은 した가 되어서, 정답은 4번「したら」가 돼요.

단어 最近 요즘, 최근 | 太る 살찌다 | 心配 걱정 | ダイエット 다이어트

4

2 가족이 외출한 후에 방 청소를 합니다.

해설　선택지를 통해 '~한 후에'라는 뜻의 '동사 た형+あとで' 표현을 만들어야 함을 알 수 있어요. 따라서 우선 3-2-4를 붙이고, 맨 앞에 명사 「かぞく(가족)」 뒤에 조사 「が」를 연결하면 돼요. 따라서 올바른 순서는 1-3-2-4이며, 답은 2번이에요.

단어　家族(かぞく) 가족 | 掃除(そうじ) 청소

5

2 오늘은 아내의 생일입니다. 그래서 빨리 집에 가지 않으면 안 됩니다.

해설　접속사 「だから(그래서, 그러니까)」는 빈칸 맨 앞에 접속하고, 마지막 「なりません(안 됩니다)」를 확인한 후 그 앞에 「帰ら(돌아가)+なければ(~지 않으면)」을 붙여요. 따라서 올바른 순서는 3-2-1-4이며, 답은 2번이에요.

단어　妻(つま) 아내 | 誕生日(たんじょうび) 생일 | だから 그러니까, 그래서

Day 09 반드시 출제되는 '필수 문법4'

Quick Check!

① なので/だから　　② の前(まえ)に/する前(まえ)に

실전 모의고사

1

4 장래에는 의사가 될 생각입니다.

해설　'~할 생각(작정)이다'라는 의미로 '동사 기본형/ない형+つもりだ'를 활용한 문장이에요. 따라서 '되다'라는 뜻의 동사 기본형인 4번 「なる」가 답이에요. 참고로 '명사+になる'는 '~이 되다'라는 의미예요.

단어　将来(しょうらい) 장래, 미래 | 医者(いしゃ) 의사

2

1 비가 내려서 역까지 데리러 가기로 했어요.

해설　'동사 기본형/ない형+ことにする'는 '~하기로 하다'의 뜻으로, 자신의 의지로 결정하는 것을 나타내는 표현이에요.

단어　雨(あめ) 비 | 降(ふ)る (눈, 비 등이) 내리다, 오다 | 駅(えき) 역 | 迎(むか)えに行(い)く 데리러 가다, 마중 가다

3

2 사전을 잊지 않도록 해 주세요.

해설　「…ようにする」는 '~하도록 (노력)하다'라는 뜻으로 의미상 적절해요. 참고로 「…ことにする」는 '~하기로 (결정)하다'라는 의미예요.

단어　辞書(じしょ) 사전 | 忘(わす)れる 잊어버리다

4

1 스즈키 씨는 내년에 결혼할지도 모릅니다.

해설　우선 「けっこん(결혼)」+「する(하다)」를 붙이고, 마지막에 「かも(할지도)」+「しれません(모릅니다)」이 되도록 붙여요. 순서대로 나열하면 4-1-3-2가 되며, 답은 1번이에요.

단어　来年(らいねん) 내년 | 結婚(けっこん) 결혼

5

1 A: 밥을 먹고 나서 목욕해요?
B: 아니요, 저는 밥 먹기 전에 (목욕)해요.

해설　「…まえに(~하기 전에)」 앞에 명사 「ごはん(밥)」을 접속할 때는 중간에 「…の」를 넣어야 돼요. 마지막에는 동사 정중형인 「入ります」를 놓으면 돼요. 올바른 순서는 4-3-1-2가 되며, 답은 1번이에요.

단어　お風呂(ふろ)に入(はい)る 목욕하다

Day 10 점수가 향상되는 '적중 문법1'

Quick Check!

① 雨(あめ)が降(ふ)りそうだ。/ 雨(あめ)が降(ふ)るようだ。/ 雨(あめ)が降(ふ)るみたいだ。
② 天気予報(てんきよほう)によると雪(ゆき)が降(ふ)るそうです。

실전 모의고사

1

4 이거, 무척 맛있어 보이는 케이크네요.

해설　케이크를 먹기 전에 맛있어 보인다고 추측하는 상황이니까 'おいし(맛있다)+そうな(~해 보이는)'으로 나타낼 수 있어요. 다른 선택지들은 모두 '맛있는 것 같은'이라고 해석돼요.

단어　ケーキ 케이크

2

2 스즈키 씨는 마치 인형처럼 귀엽습니다.

해설 비유를 나타낼 때에는 「まるで(마치)+명사+のようだ、みたいだ(~같다)」를 쓸 수 있어요. '~처럼', '~같이'로 수식할 때는 「…ように、…みたいに」로 바꾸죠. 따라서 정답은 2번이에요.

단어 まるで 마치 | 人形(にんぎょう) 인형 | 可愛(かわい)い 귀엽다

3

2 A: 아, 지갑이 떨어질 것 같아요.
B: 정말이네. 감사합니다.

해설 선택지 1, 2번의 동사 「おちる」는 '떨어지다', 3, 4번의 동사 「おとす」는 '떨어뜨리다'라는 뜻으로, 각각 해석해보면 1번은 '떨어진다고 합니다', 2번은 '떨어질 것 같아요', 3번은 '떨어뜨린다고 합니다', 4번은 '떨어뜨릴 것 같아요'라는 의미예요. A가 '아'하고 뭔가 깨달은 것에 힌트를 얻어서 정답은 2번이 돼요.

단어 財布(さいふ) 지갑 | 落(お)ちる 떨어지다 | 落(お)とす 떨어뜨리다

4

3 공원에는 많은 아이들이 즐거운 듯 놀고 있습니다.

해설 수식어 「たくさんの(많은)」 뒤에 명사가 붙어야 하므로 2-3을 우선 붙여요. 그 다음 4번 '즐거워 보이게, 즐거운 듯이'가 동사인 1번을 수식하게 묶어요. 따라서 올바른 순서는 2-3-4-1이며, 답은 3번이에요.

단어 公園(こうえん) 공원 | 遊(あそ)ぶ 놀다 | たくさんの 많은 | 子(こ)どもたち 아이들 | 楽(たの)しい 즐겁다

5

다나카 씨는 유학생입니다. 지금 다나카 씨의 가족은 1)②한국에 살고 있다고 합니다. 다나카 씨2)③에 의하면, 혼자서 생활하는 것은 이번이 처음이라고 합니다.

1번 해설 다나카 씨의 가족은 지금 한국에 살고 있는 거죠. 1번은 '살 것 같습니다', 3번은 '살고 있을 것 같습니다', 4번은 '살았던 것 같습니다'이며, 2번은 '살고 있다고 합니다'라고 다나카 씨의 상황을 전하는 전문 표현이므로 답은 2번이에요.

2번 해설 다나카 씨가 한 말을 「…そうです(~라고 합니다)」라는 표현을 통해 전달하고 있기 때문에 출처를 나타내는 「…によると(~에 의하면)」가 정답이에요.

단어 留学生(りゅうがくせい) 유학생 | 住(す)む 살다 | 家族(かぞく) 가족 | 韓国(かんこく) 한국 | 一人(ひとり)で 혼자서 | 生活(せいかつ) 생활 | 初(はじ)めて 처음

Day 11 점수가 향상되는 '적중 문법2'

Quick Check!

①さしあげました ②てあげました

실전 모의고사

1

3 A: 이번 일요일은 영화를 보러 가지 않을래?
B: 미안. 도서관에서 리포트를 쓰려고 생각하고 있거든.

해설 A가 이번 일요일에 함께 영화를 보러 가자고 했고, B는 그날 일정이 있어서 거절하는 상황이므로, '~하려고 (생각)하다'라는 뜻의 '동사 의지형+と思(おも)う' 표현을 쓰면 돼요.

단어 図書館(としょかん) 도서관

2

2 형(오빠)이 나에게 시계를 줬습니다.

해설 수수 표현 중 상대방이 나에게 '주다'라고 나타낼 때는 「くれる」를 써요.

단어 兄(あに) 형, 오빠 | 時計(とけい) 시계

3

3 A: 와, 예쁜 옷이네요.
B: 생일에 엄마에게 사 받았어요.

해설 「母に(엄마에게)」라고 앞에 제시되어 있기 때문에 「…てもらう(해 받다)」로 연결해요. 참고로 「母が(엄마가)」라는 뜻으로 주어가 「母(엄마)」라면 「…てくれる(해 주다)」를 써야 해요.

단어 きれいだ 예쁘다, 깨끗하다 | 服(ふく) 옷 | 買(か)う 사다

4

3 놀면서 한자를 외울 수 있는 소프트(웨어)가 있습니다.

해설 목적어를 나타내는 조사 「を」 뒤에 우선 동사를 붙여야 돼요. '한자를 외우다'가 자연스러우니 「おぼえる(외우다)」를 연결하고, '동사 기본형+ことが できる'는 '~할 수 있다'는 뜻으로 순서대로 연결해요. 따라서 올바른 순서는 4-2-3-1이며, 답은 3번이에요.

단어 漢字(かんじ) 한자 | 覚(おぼ)える 외우다, 암기하다 | ソフト 소프트

5

야마모토 씨는 매일 오후 5시부터 8시까지 대학 근처에 있는 찻집에서 아르바이트를 하고 있습니다. 1시간에 900엔을 1)①받습니다. 아르바이트를 한 돈으로 여행에 가거나 친구와 놀거나 할 2)③수 있습니다.

1번 해설 첫 문장에서 아르바이트를 하는 중이라고 하니, 뒤에는 900엔을 '받고 있다'고 연결해야 돼요. 답은 1번이에요.

2번 해설 선택지를 통해 '~할 수 있다'는 형태를 연결하고자 하는 것을 알 수 있어요. 동사 기본형인 「…する」가 빈칸 앞에 있으니 「…ことが できる」로 연결하면 돼요.

단어 毎日 매일 | 大学 대학(교) | 近く 근처 | 喫茶店 찻집 | アルバイト 아르바이트 | 時間 시간 | お金 돈 | 旅行 여행

Day 12 점수가 향상되는 '적중 문법3'

Quick Check!

① (b) 春になる(と)花が咲きます。
봄이 되면 꽃이 핍니다.

② (a) 駅に着い(たら)、お電話ください。
역에 도착하면 전화 주세요.

③ (c) ノートパソコンを買う(なら)、韓国製がいいですよ。
노트북을 산다면 한국 제품이 좋아요.

실전 모의고사

1

1 봄이 와서 따뜻해지면 벚꽃이 핍니다.

해설 'A하면 반드시 B가 된다'는 자연 현상을 나타내는 조건 표현은 「…と」를 써요.

단어 春 봄 | 暖かい 따뜻하다 | 桜 벚꽃 | 咲く 피다

2

2 약을 먹으면 금방 나을 거예요.

해설 'A하지 않으면 B가 성립하지 않는다'는 표현은 「…ば」를 쓰고, 바르게 연결하면 「飲めば」가 돼요.

단어 薬を飲む 약을 먹다 | すぐ 바로, 금방 | 治る 낫다

3

1 창문을 열자 눈이 내리고 있었습니다.

해설 과거 문장에서 「と」와 「たら」를 연결하면 가정 표현이 아닌, '~하자', '~했더니'라는 발견의 의미가 돼요.

단어 窓 창문 | 開ける 열다 | 雪 눈

4

2 이 길을 곧장 가면 슈퍼가 있습니다.

해설 길 안내에 자주 사용하는 '동사 기본형+と'를 붙이고 먼저 연결해요(4-2). 그리고 마지막에 「あります(있습니다)」를 붙이고 앞에는 주어인 「スーパーが(슈퍼가)」를 붙여요. 따라서 올바른 순서는 4-2-1-3이며, 답은 2번이에요.

단어 道 길 | まっすぐ 곧장 | スーパー 슈퍼

5

오늘도 비가 내리고 있다. 일본에서는 지금의 계절을 '장마'라고 한다. 장마의 계절이 1)①되면 비가 많이 내린다. 앞으로 한 달 정도 2)②지나면 장마도 끝나기 때문에 기대가 된다.

1번 해설 'A하면 반드시 B가 된다'는 자연 현상을 나타내는 조건 표현은 「…と」를 써요.

2번 해설 시간 뒤에 「する」를 붙이면 '지나다'라는 의미가 되고, '~하면'이라는 뜻으로 일반적인 논리에 사용할 수 있는 가정 표현 「~ば」가 놓이면 적합해요. 바르게 연결된 답은 2번이고, 「…なら」는 앞의 키워드를 받아 조언할 때 주로 사용하므로 오답이에요.

단어 季節 계절 | 梅雨 장마 | たくさん 많이 | あと 앞으로 | する (때, 시간) 지나다 | 楽しみ 기대함

Day 13 점수가 향상되는 '적중 문법4'

Quick Check!

① 盗まれました ② 読ませました
③ 歌わせられました

실전 모의고사

1

1 엄마는 매일 아이에게 피아노를 치게 합니다.

해설 문제를 읽어 보면 '엄마가 아이에게'라고 시작하죠. 따라서 뒤에 올 내용은 '~시킨다'라는 내용의 사역문이 이어지는 게 자연스러워요. 「ひく」는 '(악기를) 치다'라는 의미를 갖고 있어, 이를 사역형으로 변형하면 돼요. 따라서 답은 1번이에요. 2번은 수동형, 3번은 가능형, 4번은 사역수동형이에요.

단어 弾く (악기를) 치다

2

1 비를 맞아서 완전히 젖어 버리고 말았습니다.

해설 주어가 없을 때는 화자 자신이 주어가 돼요. 비에게(비로 인해) 피해를 당한 상황이 나오고 있으므로 답은 수동형인 1번이 돼요.

단어 すっかり 완전히 | ぬれる 젖다

3

2 어렸을 때, 저는 수학을 싫어했습니다만, 자주 아버지 때문에 수학 공부를 어쩔 수 없이 했습니다.

해설 '(어쩔 수 없이) 하다'라고 표현할 때는 사역수동형을 써요. 답은 2번이고, 1번은 과거형, 3번은 수동형, 4번은 잘못된 표현이에요.

단어 数学 수학 | 嫌いだ 싫어하다 | よく 자주 | 父 아버지 | 勉強 공부

4

2 다나카 씨는 병이 위중했기 때문에, 의사로 인해 바로 어쩔 수 없이 입원했습니다.

해설 4번-3번 순서로 사역수동형을 만들어 빈칸 맨 뒤에 붙이고, 나머지 선택지 1, 2를 문맥상 앞에 놓으면 올바른 순서는 1-2-4-3가 돼요. 답은 2번이에요.

단어 病気 병 | 重い (정도가) 심하다, 무겁다 | 入院 입원

5

4 저는 수업에 늦어서 주의받고 말았습니다.

해설 선택지를 의미상 짝지어 보면, 'じゅぎょうに(수업에)+おくれる(늦다)', '注意(주의)+される(받다)'임을 알 수 있어요. 순서대로 연결하면 1-4-2-3가 되고, 답은 4번이에요.

단어 遅れる 늦다 | 注意 주의

Day 14 점수가 향상되는 '적중 문법5'

Quick Check!

① ご / になります　　② お / します

실전 모의고사

1

4 사장님, 제가 짐을 들어드리겠습니다.

해설 청자는 사장님이고, 화자는 「持つ(들다)」라는 행위를 하는 「わたし(나)」이므로 빈칸에 겸양어가 놓여야 해요. 겸양어 공식은 'お+동사 ます형+します'이므로 답은 4번이에요.

단어 社長 사장(님) | お荷物 짐

2

3 선생님은 언제 집에 가십니까?

해설 「帰る(돌아가다)」라는 행위를 하는 사람은 '선생님'이므로 화자에 비해 높여서 표현하는 게 적절하겠죠. 따라서 빈칸에 존경어가 놓여야 해요. 존경어 공식은 'お+동사 ます형+になります'이므로 답은 3번이에요.

단어 いつ 언제

3

1 필요한 것이 있으면 뭐든지 말씀해 주세요.

해설 상대방에게 어떤 동작을 하라고 상대방의 행동을 높여 부탁하는 것이므로 괄호에는 존경어가 놓여야 돼요. 1번은 말씀하시다(존경), 2번은 보다(겸양), 3번은 말씀드리다(겸양), 4번은 알다(겸양)이므로 답은 1번이에요.

단어 必要だ 필요하다 | 何でも 무엇이든지, 모두

4

2 이쪽에서 잠시 기다려 주십시오.

해설 우선 4번의 「ください(주세요)」가 문장 마지막에 놓이는 것을 알 수 있어요. 상대방에게 부탁하는 존경어는 'お+동사 ます형+ください'이므로 2-1-4가 붙어야 돼요. 따라서 올바른 순서는 3-2-1-4이며, 답은 2번이에요.

단어 こちら 이쪽

5

야마다 씨가 선생님에게 쓴 편지입니다.

> 선생님
> 　내일 학급회에 대해 연락 드립니다. 선생님은 몇 시에 1) ②오십니까? 내일은 제가 2) ②안내해드리겠습니다. 아무쪼록 잘 부탁드립니다.
> 야마다

1번 해설 선생님께 질문하는 상황에서 상대의 행위를 높이는 것이므로 존경어를 써야 돼요. 2번의 수동형이 가벼운 존경어로 사용될 수 있어요.

2번 해설 화자가 선생님께 안내하는 행위를 낮춰서 겸손하게 표현하므로 겸양어가 필요해요. 'ご+명사+します'로 쓰이므로 정답은 2번이에요.

단어 手紙 편지 | クラス会 학급회 | …について ~에 대해 | 連絡 연락

Day 15 반드시 출제되는 '필수 어휘1'

Quick Check!

① 八百(はっぴゃく)	② 六枚(ろくまい)	③ 九冊(きゅうさつ)
④ 何階(なんがい)	⑤ 六匹(ろっぴき)	⑥ 三軒(さんげん)

실전 모의고사

1

3 이 학교에는 학생이 몇 명 있습니까?

해설 숫자를 물을 때 숫자 앞에 「なん(몇)」을 써요. 인원수를 나타내는 단위는 「…にん(~명)」이므로 정답은 3번이에요. 참고로 2번의 「なにじん」은 '어느 나라 사람'이라는 뜻이에요.

단어 学校(がっこう) 학교

2

4 여동생은 사과를 5개 먹었습니다.

해설 「五」는 숫자 5이고, '다섯 개'는 「いつつ」로 읽어요. 1번 「やっつ」는 '여덟 개', 2번 「よっつ」는 '네 개', 3번 「みっつ」는 '세 개'예요.

단어 妹(いもうと) 여동생 | りんご 사과

3

4 지갑 안에 3만 엔이 있습니다.

해설 「万」은 숫자 '만'을 나타내요. 따라서 답은 4번이에요. 참고로 1번은 '3백 엔', 2번은 '3천 엔', 3번은 틀린 표현이에요.

단어 財布(さいふ) 지갑 | 中(なか) 안, 속 | ある (사물/식물) 있다

4

2 엽서를 한 장 주세요.

해설 「…まい」는 '~장', '~매'라는 뜻으로 종이처럼 얇고 평평한 것을 셀 때 쓰며, 한자로는 「枚」라고 써요. 따라서 답은 2번이에요. 1번은 '한 개', 3번은 '한 명', 4번은 '한 대'예요.

단어 葉書(はが)き 엽서

5

1 맥주를 3병 마셨습니다.

해설 「…ほん」은 가늘고 긴 것을 세는 단위로, 병을 셀 때에도 쓸 수 있어요. 따라서 답은 1번이에요. 참고로 2번은 '세 채', 3번은 '세 마리', 4번은 '세 번'이에요.

단어 ビール 맥주

6

3 저희 학교에는 100명의 (중고등)학생이 있습니다.

해설 「ひゃく」는 숫자 '백', 한자로는 「百」이라고 써요. 따라서 답은 3번이며, 1번은 '만 명', 2번은 '천 명', 4번은 '열 명'이에요.

단어 生徒(せいと) 중고등학생

7

4 오늘은 책을 5페이지 읽었습니다.

해설 읽은 책의 양을 나타내는 표현을 찾아야 해요. 1번은 '5센치', 2번은 '5키로', 3번은 '5그램', 4번은 '5페이지'이므로 답은 4번이에요.

단어 本(ほん) 책

8

2 상자에 공이 4개 있습니다.

해설 공의 개수를 묻는 문제예요. 그림 속 상자에 공이 네 개 들어 있으니 정답은 2번이에요. 1번은 '8개', 3번은 '5개', 4번은 '6개'예요.

단어 箱(はこ) 상자 | ボール 볼, 공

Day 16 반드시 출제되는 '필수 어휘2'

Quick Check!

① 四月(しがつ)	② 金(きん)よう日(び)	③ 一昨年(おととし)
④ 今朝(けさ)	⑤ 十一時(じゅういちじ)	⑥ 午後(ごご)

실전 모의고사

1

2 저는 매일 아침 5시에 일어납니다.

해설 「毎朝」의 「毎」는 「まい」로 읽어요. 따라서 답은 2번이에요.

단어 起(お)きる 일어나다

2

1 지금 5시 1분입니다.

해설 원래 '~분'은 「…ふん」이지만 숫자 1이 붙으면 「いっぷん」으로 발음이 바뀌어요.

3

4 화요일에 시험이 있습니다.

해설 「火よう日」는 '화요일'이죠. 「かようび」라고 발음해요. 1번은 수요일, 2번은 목요일, 3번은 금요일이에요.

단어 試験(しけん) 시험

4

1 이번 주 토요일에 약속이 있습니다.

해설 「こんしゅう」는 '이번 주'라는 의미죠. '이번'을 의미하는 「今」에 '주'를 의미하는 「週」를 붙인 1번이 정답이에요. 3번은 '이번 달'이에요.

단어 約束(やくそく) 약속

5

3 6월 9일은 제 생일입니다.

해설 「ここのか」는 「九日(9일)」이에요. 따라서 정답은 3번이에요. 1번은 '6일' 「むいか」, 2번은 '8일' 「ようか」, 4번은 '3일' 「みっか」로 발음해요.

6

2 어제 오후 방에서 책을 읽었습니다.

해설 「ごご」는 '오후'이고, 「午後」라고 써요. 특히 「午」라는 한자는 '낮'을 뜻하는데, 오답 3, 4번과 같이 「牛(소 우)」자와 헷갈리지 않도록 주의해요.

단어 部屋(へや) 방

7

4 7일 다음 날은 8일입니다.

해설 「なのか(7일)」의 「つぎ(다음)」 날을 묻고 있으므로 답은 8일, 「ようか」가 돼요.

단어 次(つぎ) 다음

8

3 어제 저녁은 매우 추웠습니다.

해설 마지막에 「さむかったです(추웠습니다)」라고 과거형이 적혀 있으니 선택지 중 과거를 나타내는 표현을 골라야 돼요. 답은 3번 '어제 저녁'이고, 1번은 '다음 주', 2번은 '모레', 4번은 '내일'로, 미래를 나타내는 표현이에요.

단어 寒い(さむい) 춥다

9

1 내일 쇼핑하러 가지 않을래요?

해설 선택지는 모두 시간 표현이고, 문제의 뒤 내용은 앞으로의 제안을 하고 있으니 미래를 나타내는 표현이 정답이 되어야 해요. 답은 1번 '내일'이고, 2번은 '어제', 3번은 '그저께', 4번은 '작년'이에요.

단어 買い物(かいもの) 쇼핑

Day 17 발음부터 표기까지 'N5 한자 읽기&표기'

Quick Check!

① 会社(かいしゃ) ② 半分(はんぶん) ③ 天気予報(てんきよほう)

④ 飲む(のむ) ⑤ 安い(やすい) ⑥ 元気だ(げんきだ)

실전 모의고사

1

1 나무 위에 새가 있습니다.

해설 「上(위)」는 「うえ」로 읽어요. 답은 1번이고, 2번은 「前(앞)」, 3번은 「下(아래)」, 4번은 「横(옆)」이에요.

단어 木(き) 나무 | 鳥(とり) 새 | 前(まえ) 앞 | 横(よこ) 옆

2

2 어제 친구에게 엄마의 사진을 보여줬습니다.

해설 「母(엄마)」는 「はは」로 읽어요. 답은 2번이고, 1번은 「父(아빠)」, 3번은 「兄(형, 오빠)」, 4번은 「姉(누나, 언니)」예요.

단어 見せる(みせる) 보여주다 | 姉(あね) 누나, 언니

3

2 어젯밤은 비가 내렸습니다.

해설 「雨(비)」는 「あめ」로 읽어요. 답은 2번이고, 1번은 「川(강)」, 3번은 「海(바다)」, 4번은 「山(산)」이에요.

단어 夜(よる) 밤

4

3 제 여동생은 다리가 깁니다.

해설 「長い(길다)」는 「ながい」로 읽어요. 답은 3번이고, 1번은 「小さい(작다)」, 2번은 「大きい(크다)」, 4번은 「短い(짧다)」예요.

단어 あし 다리

5

4 학생들은 일어서 주세요.

해설 「立って」는 「たって」로 읽어요. 원형은 「立つ(일어서다)」죠. 1번은 「乗る:のる(타다)」, 2번은 「座る:すわる(앉다)」, 3번은 「待つ:まつ(기다리다)」예요.

단어 座る 앉다 | 待つ 기다리다

6

4 오늘 아침 커피를 마셨습니다.

해설 「飲みました」는 「のみました」로 읽어요. 원형은 「飲む(마시다)」예요. 1번은 「読む:よむ(읽다)」, 2번은 「住む:すむ(살다)」, 3번은 「休む:やすむ(쉬다)」예요.

단어 休む 쉬다

7

4 스즈키 씨의 생일에 와이셔츠를 주었습니다.

해설 가타카나로 표기할 수 있는지 묻는 문제예요. 「わ:ワ」와 「う:ウ」를 구분하는 게 중요하죠. 답은 4번이에요.

8

1 근처에 새로운 아파트가 생겼습니다.

해설 「あたらしい(새롭다)」는 「新しい」로 써요. 답은 1번이고, 2번은 「したしい(친하다)」, 3번은 「やさしい(상냥하다)」, 4번은 「かなしい(슬프다)」예요.

단어 近所 근처 | できる 생기다 | 親しい 친하다 | 優しい 상냥하다 | 悲しい 슬프다

9

1 내년에는 일본에 가고 싶습니다.

해설 「いきたい(가고 싶다)」는 「行きたい」로 써요. 2번은 「かきたい(적고 싶다)」, 3번은 「あるきたい(걷고 싶다)」, 4번은 「はきたい(신고 싶다)」예요.

단어 歩く 걷다 | 履く (하의) 입다, 신다

10

1 내일 남동생과 영화를 보러 갑니다.

해설 「えいがを(영화를)」을 보면 알 수 있듯이 「みに」는 '보러' 간다는 의미죠. 한자로는 「見に」라고 써요.

단어 弟 남동생

11

2 홋카이도는 일본의 가장 북쪽에 있습니다.

해설 「きた」는 '북쪽', 「北」로 써요. 1번은 「ひがし(동쪽)」, 3번은 「みなみ(남쪽)」, 4번은 「にし(서쪽)」이에요.

단어 北海道 홋카이도 | 一番 가장, 제일

12

1 그 가게의 모퉁이를 왼쪽으로 도세요.

해설 「みせ」는 가게이고, 「店」로 써요. 답은 1번이에요.

단어 角 모퉁이 | 左 왼쪽 | 曲がる 돌다, 꺾다

Day 18 문맥을 파악하는 'N5 문맥 규정'

Quick Check!

① さとう ② わすれる

③ ちょうど ④ うまれる

실전 모의고사

1

1 아버지는 매일 아침 신문을 읽습니다.

해설 「よみます(읽습니다)」와 연결했을 때 자연스러운 단어는 1번 「しんぶん(신문)」이에요. 2번은 취미, 3번은 우표, 4번은 표, 티켓이에요.

단어 趣味 취미

2

4 여름 방학 숙제는 벌써 끝났습니까?

해설 「なつやすみ(여름 방학)」과 문장 끝의 「おわりましたか(끝났습니까)」를 해석해 보면, 빈칸에 4번 「しゅくだい(숙제)」를 넣어야 하는 것을 알 수 있어요. 1번은 지도, 2번은 병원, 3번은 설탕이에요.

단어 夏休み 여름 방학, 여름 휴가

3

2 어렸을 때는 아파서 자주 학교를 쉬었습니다만, 지금은 아주 튼튼해졌습니다.

해설 어렸을 때는 자주 아팠다는 내용이 나오는데, 「…ましたが、いまは(~했습니다만, 지금은)」을 보면 지금은 상황이 바뀌었음을 알 수 있어요. 답은 2번 '튼튼한'이에요.

단어 小さい頃 어렸을 때 | 暇だ 한가하다

4

4 전철 역까지는 조금 멉니다.

해설 「えきまでは(역까지는)」을 보면 '거리'를 묻고 있는걸 알 수 있어요. 답은 4번 「とおい(멀다)」이고, '가깝다'는 「ちかい」예요. 1번은 '적다', 2번은 '짧다', 3번은 '비싸다, 높다'예요.

단어 近い 가깝다 | 少ない 적다

5

2 감기에 걸려서 약을 먹었습니다.

해설 「くすり(약)」은 「のむ(마시다)」와 함께 써야 해요. 「たべる(먹다)」와 쓰면 안 되므로 주의해요. 1번은 '탔습니다', 3번은 '나갔(왔)습니다', 4번은 '(모자를) 썼습니다'예요.

단어 風邪を引く 감기에 걸리다

6

3 오늘은 바람이 불고 있습니다.

해설 「ふいて います(불고 있습니다)」를 보고 어울리는 단어를 찾아요. 「ふく」는 '(바람이) 불다'라는 뜻이니 답은 3번이에요. 1번은 비, 2번은 눈, 4번은 구름이에요.

단어 雲 구름

7

4 단 것이 먹고 싶네요.

해설 「たべたい(먹고 싶다)」를 읽고 음식과 관련된 표현을 찾아요. 답은 4번 '달다'이고, 1번은 '춥다', 2번은 '시끄럽다', 3번은 '바쁘다'예요.

단어 さむい 달다 | うるさい 시끄럽다

8

2 모자를 쓰고 있는 사람이 기무라 씨입니다.

해설 선택지 중 「かぶっている」와 연결할 수 있는 표현을 골라요. 「かぶる」는 '(모자를) 쓰다'라는 뜻이므로 정답은 2번이에요. 1번은 안경, 2번은 시계, 4번은 양말이에요.

단어 人 사람 | めがね 안경 | くつした 양말

9

2 더우니까 에어컨을 켜 주세요.

해설 「つける(켜다)」와 함께 쓸 수 있는 단어는 2번 에어컨이에요. 1번은 아파트, 3번은 수영장, 4번은 엘리베이터예요.

단어 プール 수영장

10

4 결혼해서 3년차에 여자 아이가 태어났습니다.

해설 「3ねんめに おんなの こが(3년차에 여자 아이가)」를 읽고 뒤에 이어질 말을 골라요. 답은 4번 '태어났습니다'이고, 1번은 '이야기했습니다', 2번은 '열었습니다', 3번은 '놀았습니다'예요.

단어 …年目 ~년차, ~년째 | 話す 이야기하다

Day 19 비슷한 표현을 찾는 'N5 유의 표현'

Quick Check!

① 誕生日 생일 - (b) うまれた日 태어난 날
② 両親 부모님 - (c) 父と母 아버지와 어머니
③ かるい 가볍다 - (a) おもくない 무겁지 않다

실전 모의고사

1

우체국에서 일이 하고 싶습니다.

1 우체국에서 놀고 싶습니다.
2 우체국에서 일하고 싶습니다.
3 우체국에서 쉬고 싶습니다.
4 우체국에서 씻고 싶습니다.

해설 「しごと」는 '일'이라는 뜻이에요. 일을 하고 싶다는 의미의 같은 문장을 고르면 2번 「はたらきたい(일하고 싶다)」가 돼요. 동사 원형은 「はたらく」예요.

단어 郵便局 우체국 | 仕事 일 | 働く 일하다

2

할머니는 매우 건강합니다.

1 아버지의 누나는 매우 건강합니다.
2 어머니의 오빠는 매우 건강합니다.
3 아버지의 어머니는 매우 건강합니다.
4 어머니의 아버지는 매우 건강합니다.

해설 「そぼ」는 '할머니'라는 뜻이에요. 선택지 중에서 '아버지의 어머니'라는 표현을 사용한 3번과 의미가 같아요.

단어 元気だ 건강하다, 잘 지내다

3

<u>나는 일본어를 배우고 있습니다.</u>

1 나는 일본어를 가르치고 있습니다.

2 나는 일본어를 만들고 있습니다.

3 나는 일본어를 빌려주고 있습니다.

4 나는 일본어를 공부하고 있습니다.

해설 「ならって います」와 같은 의미의 문장을 찾아요. 「ならう」는 '배우다'라는 뜻이죠. 선택지 중에서 '공부하고 있습니다'라는 표현을 사용한 4번과 의미가 같아요.

단어 日本語(にほんご) 일본어 | 教(おし)える 가르치다 | 作(つく)る 만들다 | 貸(か)す 빌려주다

4

<u>이 요리는 맛없습니다.</u>

1 이 요리는 맛있습니다.

2 이 요리는 맛있지 않습니다.

3 이 요리는 비쌉니다.

4 이 요리는 비싸지 않습니다.

해설 「まずい」는 '맛없다'라는 뜻이에요. 선택지 중에서 '맛있지 않습니다'라는 표현을 사용한 2번과 의미가 같아요.

5

<u>한자 공부는 간단합니다.</u>

1 한자 공부는 쉽습니다.

2 한자 공부는 쉽지 않습니다.

3 한자 공부는 재미있습니다.

4 한자 공부는 재미있지 않습니다.

해설 「かんたん」은 '간단하다'라는 뜻이에요. 선택지 중에서 '쉽습니다'라는 표현을 사용한 1번과 의미가 같아요. 참고로 3번의 「おもしろい」는 '재미있다'는 의미예요.

단어 簡単(かんたん)だ 간단하다 | 易(やさ)しい 쉽다 | 面白(おもしろ)い 재미있다

6

<u>2년 전에 샀습니다.</u>

1 그저께 샀습니다.

2 재작년에 샀습니다.

3 작년에 샀습니다.

4 어제 샀습니다.

해설 「にねんまえ」은 '2년 전'이라는 뜻이에요. 선택지 중에서 「おととし(재작년)」이 같은 의미이므로 2번이 답이에요. 시간 표현은 정말 중요하니 꼭 외워두세요.

단어 一昨年(おととし) 재작년 | 去年(きょねん) 작년, 지난해

7

<u>여기는 도서관입니다.</u>

1 여기는 우표를 팔고 있는 곳입니다.

2 여기는 커피를 마시는 곳입니다.

3 여기는 손을 씻는 곳입니다.

4 여기는 책을 빌리는 곳입니다.

해설 「としょかん(도서관)」과 같은 의미의 문장을 찾아야 하므로 답은 4번이에요. 1번은 「ゆうびんきょく(우체국)」, 2번은 「きっさてん(찻집)」, 3번은 「おてあらい(화장실)」과 같은 의미가 돼요.

단어 売(う)る 팔다 | ところ 곳, 장소 | 借(か)りる 빌리다

8

<u>근처에 높은 건물이 있습니다.</u>

1 근처에 비싼 케이크가 있습니다.

2 근처에 비싼 과일이 있습니다.

3 근처에 높은 빌딩이 있습니다.

4 근처에 비싼 수영장이 있습니다.

해설 「たてもの(건물)」와 같은 의미의 단어를 찾는 문제로 3번 「ビル(빌딩)」이 답이에요. 생김새가 비슷한 「ビール(맥주)」와 헷갈리지 않도록 주의해요.

단어 果物(くだもの) 과일

9

<u>오늘은 좋은 날씨입니다.</u>

1 오늘은 맑습니다.

2 오늘은 비가 내리고 있습니다.

3 오늘은 흐립니다.

4 오늘은 바람이 불고 있습니다.

해설 「いい てんき」는 '좋은 날씨'라는 의미로, 1번 '맑습니다'라는 표현이 같은 뜻으로 쓰였어요. 동사 원형은 「はれる(맑다)」예요.

단어 晴(は)れる 맑아지다, 개다 | くもる 흐리다

10

<u>펜을 빌려 주세요.</u>

1 펜을 돌려주고 싶습니다.

2 펜을 빌리고 싶습니다.

3 펜을 빌려주고 싶습니다.

4 펜을 사고 싶습니다.

해설 「かす(빌려주다)」 동사를 활용하여 화자가 청자에게 부탁하는 표현이에요. 선택지가 모두 「…たい(~하고 싶다)」 형태를 취하고 있는데, 1번은 「かえす(돌려주다)」, 2번은 「かりる(빌리다)」, 3번은 「かす(빌려주다)」, 4번은 「かう(사다)」이므로 같은 의미가 되는 답은 2번이에요.

Day 20 발음부터 표기까지 'N4 한자 읽기&표기'

Quick Check!

① 交通(こうつう)	② 姉(あね)/お姉(ねえ)さん	③ 営業(えいぎょう)
④ 近所(きんじょ)	⑤ 進(すす)む	⑥ 送(おく)る

실전 모의고사

1

4 아침 일찍 일어났기 때문에 너무 졸렸습니다.

해설 「眠い(졸리다)」는 「ねむい」로 읽으므로 답은 4번이에요. 1번은 「楽しい(즐겁다)」, 2번은 「弱い(약하다)」, 3번은 「強い(강하다)」예요.

단어 朝(あさ) 아침 | 早(はや)く 일찍, 빨리

2

1 집 근처에 백화점이 있습니다.

해설 「近所(근처, 이웃)」은 「きんじょ」로 읽으므로 답은 1번이에요. 2번은 「工場(공장)」, 3번은 「銀行(은행)」, 4번은 「近く(근처)」예요.

단어 デパート 백화점 | 銀行(ぎんこう) 은행

3

2 이 가게의 점원은 매우 친절합니다.

해설 「親切(친절함)」은 「しんせつ」로 읽으므로 답은 2번이에요. 1번은 「有名(유명함)」, 3번은 「便利(편리함)」, 4번은 「丁寧(정중함)」이에요.

단어 店員(てんいん) 점원 | 丁寧(ていねい)だ 정중하다, 공손하다

4

1 의자가 하나 부족합니다.

해설 「足りる(충분하다)」는 「たりる」로 읽으므로 답은 1번이에요. 2번은 「作る(만들다)」, 3번은 「借りる(빌리다)」, 4번은 「切る(자르다)」예요.

단어 椅子(いす) 의자 | 足(た)りない 부족하다

5

3 이번 일요일, 영화를 보러 가지 않을래요?

해설 시간을 나타내는 「今度(이번)」은 「こんど」로 읽으므로 답은 3번이에요. 참고로 「一度(한 번)」은 「いちど」라고 읽어요.

단어 映画(えいが) 영화

6

4 매일 공원에서 운동하고 있습니다.

해설 「運動(운동)」은 「うんどう」로 읽으므로 답은 4번이에요. 'ㅇ' 받침은 장음으로 읽는 경우가 많아요.

단어 運転(うんてん) 운전

7

4 오늘은 영업하지 않습니다.

해설 「えいぎょう」는 '영업'이라는 뜻으로 한자로는 「営業」라고 써요. 시험에 자주 나오니 반드시 외워 두세요.

8

3 기무라 씨는 미나토구에 살고 있습니다.

해설 뒤에 「…く」는 공통이니까 「みなと(항구)」 부분을 한자로 어떻게 쓰는지 고르면 돼요. 답은 3번이고, 1번은 「きた(북쪽)」, 2번은 「みなみ(남쪽)」, 4번은 「さかな(생선)」이에요.

단어 区(く) 구

9

2 선생님의 질문에 대답하다.

해설 「こたえる」는 '대답하다'라는 뜻으로 한자로는 「答える」라고 써요.

단어 質問(しつもん) 질문

10

2 이 사진에 찍혀 있는 사람은 기무라 씨의 누나입니다.

해설 「おねえさん」은 '누나', '언니'라는 뜻으로 한자로는 「お姉さん」라고 써요. 답은 2번이고, 1번은 「おにいさん(형, 오빠)」, 3번은 「いもうと(여동생)」, 4번은 「おとうと(남동생)」이에요.

단어 写(うつ)る (사진에) 찍히다

11

4 당신의 사고방식은 옳습니다.

해설 뒷부분「…方(かた)」는 공통이니까「かんがえ(생각)」부분을 한자로 어떻게 쓰는지 고르면 돼요. 답은 4번이고, 1번은「おしえ(가르침)」, 2번의「孝」는 효도의 '효', 3번의「老」는 노인의 '노'예요.

단어 考え方(かんがえかた) 사고방식 | 正しい(ただしい) 옳다, 바르다

12

1 이 책상을 교실에 옮겨 주세요.

해설「はこんで」의 원형은「はこぶ(옮기다)」예요. 답은「運ぶ」이고, 2번의「週」는 '~주일'의 '주', 3번은「おくる(보내다)」, 4번은「あそぶ(놀다)」예요.

단어 机(つくえ) 책상

Day 21 문맥을 파악하는 'N4 문맥 규정'

Quick Check!

① りゆう / せつめい ② とめる

③ かざる

실전 모의고사

1

4 어제 스즈키 씨의 이사를 도왔습니다.

해설 뒷부분의「てつだいました(도왔습니다)」를 읽고 무엇과 연결할 때 자연스러운 단어를 찾아봐요. 1번은 '병문안', 2번은 '부재중', 3번은 '습관', 4번은 '이사'이므로 답은 4번이에요.

2

1 담배는 삼가해 주십시오.

해설「たばこ(담배)」에 관련해서 부탁하는 표현이에요. 답은 1번으로 삼가해 달라는 의미예요. 2번은 '실례', 3번은 '부디', 4번은 '예약'이에요.

단어 たばこ 담배 | 失礼(しつれい) 실례

3

2 슈퍼 계산대에서 돈을 지불합니다.

해설 뒷부분의「お金を はらいます(돈을 지불합니다)」에서 알 수 있듯 괄호에는 이 행위가 가능한 장소를 넣어야 해요. 1번은 '전자레인지', 2번은 '계산대', 3번은 '체크', 4번은 '티켓'이므로 답은 2번이에요.

단어 レンジ 전자레인지 | チェック 체크

4

2 형(오빠)과 키 높이를 비교했습니다.

해설「たかさ」는 '높이'라는 뜻으로 이와 자연스럽게 연결할 수 있는 동사를 찾아야 해요. 1번은 '멈췄습니다', 2번은 '비교했습니다', 3번은 '그만뒀습니다', 4번은 '장식했습니다'이므로 답은 2번이에요.

단어 背(せ) 키 | 高さ(たかさ) 높이

5

3 버스에서 전철로 갈아탔습니다.

해설「バスから でんしゃに(버스로부터 전철로)」를 읽고 뒷부분을 추측해 봐요. 1번은 '지났습니다', 2번은 '남았습니다', 3번은 '갈아탔습니다', 4번은 '올랐습니다'이므로 답은 3번이에요.

단어 バス 버스 | 残る(のこる) 남다 | のぼる 오르다

6

2 이 강은 깊기 때문에 조심해 주세요.

해설「川(강)」에 대한 내용이고 뒤에「きを つけて ください(조심하세요)」라고 나와있으므로 의미상 2번「ふかい(깊다)」가 답이 되어야 해요. 1번은 '얕다', 3번은 '단단하다', 4번은 '외롭다'예요.

단어 気(き)をつける 조심하다, 신경 쓰다

7

1 이 상품은 가격이 저렴합니다.

해설 뒤에「やすいです(저렴합니다)」를 통해 무엇이 저렴한지 연결하면 돼요. 의미상 1번「ねだん(가격)」이 답이고, 참고로 2번은 '계단'이라는 의미예요.

단어 品物(しなもの) 상품, 물건 | 階段(かいだん) 계단

8

4 위험한 장소에서 놀지 마세요.

해설「ばしょ(장소)」와 함께 쓸 수 있는 단어는 3번의 '안전한' 또는 4번의 '위험한'이죠. 뒤에「あそんでは いけません(놀아서는 안 됩니다)」라는 내용이 이어지므로 답은 4번이에요.

단어 場所(ばしょ) 장소

9

3 하야시 씨는 병원의 접수처에서 일하고 있습니다.

해설 「…で はたらいて います(~에서 일하고 있습니다)」를 보면 빈칸에 장소가 놓여야 되는 것을 알 수 있어요. 1번은 흥미, 2번은 집세, 3번은 접수처, 4번은 취미이므로 답은 3번이에요.

10

3 중요한 일이기 때문에 기억해 주세요.

해설 「だいじな こと(중요한 일)」을 통해 3번 「おぼえて(기억해)」가 적합한 것을 알 수 있어요. 1번은 '(우산을) 쓰다', 2번은 '그만두다', 4번은 '권유하다'예요.

단어 大事(だいじ)だ 중요하다

Day 22 비슷한 표현을 찾는 'N4 유의 표현'

Quick Check!

① きそく 규칙
(c) ルール 룰
② 大事(だいじ)だ 중요하다, 소중하다
(b) 大切(たいせつ)だ 중요하다, 소중하다
③ さいしょに 먼저, 처음으로
(a) はじめに 먼저, 우선, 처음으로

실전 모의고사

1

글씨가 작아서 읽을 수 없습니다.

1 글씨가 세세해서 읽을 수 없습니다.
2 글씨가 딱딱해서 읽을 수 없습니다.
3 글씨가 더러워서 읽을 수 없습니다.
4 글씨가 적어서 읽을 수 없습니다.

해설 「ちいさい(작다)」와 같은 표현을 찾는 문제예요. 답은 1번 「こまかい」이고, '자잘하다', '세세하다'라는 의미로 이 문장에서 유사하게 사용되고 있어요.

2

이 펜은 일본에서 생산되고 있습니다.

1 이 펜은 일본에서 사용되고 있습니다.
2 이 펜은 일본에서 만들어지고 있습니다.
3 이 펜은 일본에서 구매되고 있습니다.
4 이 펜은 일본에서 팔리고 있습니다.

해설 「せいさんされています(생산되고 있습니다)」와 비슷한 의미의 문장을 찾는 문제예요. 「つくる(만들다)」의 수동형태로 사용된 2번의 「つくられています(만들어지고 있습니다)」가 답이에요.

단어 生産(せいさん)する 생산하다

3

저는 요즘 아르바이트를 하고 있습니다.

1 저는 요즘 공부를 하고 있습니다.
2 저는 요즘 댄스를 하고 있습니다.
3 저는 요즘 일하고 있습니다.
4 저는 요즘 쉬고 있습니다.

해설 「アルバイトを しています」와 같은 의미의 문장을 찾아야 해요. '아르바이트를 하고 있습니다'라는 의미이므로 3번의 「はたらいて います(일하고 있습니다)」가 가장 유사한 의미가 돼요. 동사 원형은 「はたらく(일하다)」예요.

단어 ダンス 댄스, 춤

4

사장님은 지금 부재중입니다.

1 사장님은 지금 자고 있습니다.
2 사장님은 지금 바쁩니다.
3 사장님은 지금 일을 하고 있습니다.
4 사장님은 지금 없습니다.

해설 「るすです」와 같은 표현을 찾아야 해요. 「るす」는 '부재중'이라는 의미이므로 지금 없다는 의미인 4번이 답이에요.

단어 社長(しゃちょう) 사장(님)

5

다나카 씨는 영어를 배우고 있습니다.

1 다나카 씨는 영어를 가르치고 있습니다.
2 다나카 씨는 영어를 이야기하고 있습니다.
3 다나카 씨는 영어를 잊고 있습니다.
4 다나카 씨는 영어를 배우고 있습니다.

해설 「おそわっています」와 같은 의미의 문장을 찾는 문제예요. 「おそわる」는 '가르침을 받다', '배우다'라는 의미이므로 「ならう(배우다)」를 사용한 4번이 답이에요.

단어 忘(わす)れる 잊다

6

기무라 씨는 정말로 아름답습니다.

1 기무라 씨는 정말로 예쁩니다.

2 기무라 씨는 정말로 공손합니다.

3 기무라 씨는 정말로 어둡습니다.

4 기무라 씨는 정말로 밝습니다.

해설 「うつくしいです(아름답습니다)」와 같은 의미의 문장은 「きれいです(예쁩니다)」라는 표현을 사용한 1번이에요.

단어 本当に 정말로, 진짜 | 暗い 어둡다 | 明るい 밝다

7

이 마을은 안전하다고 합니다.

1 이 마을은 번화하다고 합니다.

2 이 마을은 사람이 많다고 합니다.

3 이 마을은 길이 막힌다고 합니다.

4 이 마을은 위험하지 않다고 합니다.

해설 「安全だそうです」와 같은 문장을 찾는 문제인데, 「…そうです(~라고 합니다)」부분이 공통이므로 「安全だ(안전하다)」와 유사한 단어를 찾으면 돼요. 4번의 「あぶなくない(위험하지 않다)」가 가장 비슷하므로 답이에요.

단어 町 마을, 동네 | 賑やかだ 번화하다, 북적이다 | 多い 많다

8

정성스럽게 청소해 주세요.

1 간단하게 청소해 주세요.

2 깨끗하게 청소해 주세요.

3 빨리 청소해 주세요.

4 가볍게 청소해 주세요.

해설 「ていねいに」와 같은 의미의 부사를 찾는 문제예요. '정성스럽게', '꼼꼼하게'라는 뜻으로 유사한 표현은 2번의 「きれいに(깨끗하게)」가 돼요. 「きれいだ」는 '예쁘다', '깨끗하다'라는 두 가지 뜻이 있어요.

단어 簡単だ 간단하다 | 軽い 가볍다

9

기무라 씨 대신에 스즈키 씨가 왔습니다.

1 기무라 씨는 갔지만 스즈키 씨는 가지 않았습니다.

2 기무라 씨는 왔지만 스즈키 씨는 오지 않았습니다.

3 스즈키 씨는 왔지만 기무라 씨는 오지 않았습니다.

4 스즈키 씨는 돌아갔지만 기무라 씨는 돌아가지 않았습니다.

해설 「…かわりに」라는 표현은 '~대신에'라는 의미예요. 기무라 씨는 오지 않았고, 스즈키가 대신 왔다는 의미죠. 올바른 문장을 고르면 3번이 돼요.

단어 …のかわりに ~대신에

10

저는 유학의 경험이 없습니다.

1 저는 유학을 하러 갔습니다.

2 저는 유학을 하고 싶지 않습니다.

3 저는 유학을 하지 않을 생각입니다.

4 저는 유학을 한 적이 없습니다.

해설 「けいけんが ありません」과 같은 의미를 찾는 문제예요. 「けいけん」은 '경험'이므로 '경험이 없다', 즉, '유학한 적이 없다'라는 의미의 4번이 답이에요.

단어 留学 유학

Day 23 어휘의 올바른 쓰임을 찾는 'N4 용법'

Quick Check!

① きんじょ	② こしょう
③ せんたく	④ にあいます

실전 모의고사

1

추억

1 문제를 해결하는 좋은 추억이 아닙니까?

2 비행기 시간에 늦어서 곤란했던 추억이 있습니다.

3 일본에서 지낸 날들은 잊을 수 없는 추억입니다.

4 펜을 어디에 뒀는지 추억에 없습니다.

해설 「おもいで(추억)」을 적절하게 사용한 문장을 고르는 문제로, 답은 3번이에요. 1번은 「方法(방법)」, 2번은 「こと(~한 적)」, 4번은 「記憶(기억)」으로 바꾸면 자연스러워요.

단어 思い出 추억 | 問題 문제 | 解決 해결 | 飛行機 비행기 | 困る 곤란하다, 난처하다 | 過ごす 지내다, 보내다 | 日々 나날, 날들

2

줍다

1 이것은 필요 없으니까 주워 주세요.

2 학교에 책을 주워 갑니다.

3 길에서 돈을 주웠습니다.

4 방 안을 깨끗하게 줍습니다.

해설 「ひろう(줍다)」는 '땅에 있는 것을 줍는다'는 의미죠. 적절하게 쓰인 문장은 3번이에요. 1번은 「すてて(버려)」, 2번은 「もって(가져)」, 4번은 「そうじします(청소합니다)」로 바꾸면 자연스러워요.

단어 要(い)る 필요하다

3

기르다, 키우다

1 부모님이 소중히 키워 줬습니다.

2 의자에 키워서 기다려 주세요.

3 아파서 회사를 키우고 있습니다.

4 밤은 위험하기 때문에 기르지 않는 편이 좋습니다.

해설 「そだてる」는 '키우다', '기르다'라는 의미죠. 적절하게 쓰인 문장은 1번이에요. 2번은 「すわって(앉아서)」, 3번은 「やすんで(쉬고)」, 4번은 「でかけない(외출하지 않는)」으로 바꾸면 자연스러워요.

4

데우다, 끓이다

1 목욕물을 한창 데우고 있는 참입니다.

2 샤워를 데워서 몸을 씻습니다.

3 춥기 때문에 스토브를 데워 주세요.

4 돼지고기는 잘 데우고 나서 먹어 주세요.

해설 「わかす」는 '물을 끓이다', '데우다'라는 의미로 다소 난이도가 있는 표현이에요. 적절한 쓰임은 1번이고, 2번은 「あびて(샤워를 해서)」, 3번은 「つけて(켜)」, 4번은 「焼いて(굽고)」으로 바꾸면 자연스러워요.

단어 体(からだ) 몸 | ストーブ 스토브, 난로 | ぶた肉(にく) 돼지고기

5

분명히, 확실히

1 오늘은 분명히 걸었습니다.

2 분명히 기분이 좋아졌습니다.

3 어떻게 할지 분명히 해 주세요.

4 이 문제는 어려워서 분명히 풀립니다.

해설 「はっきり」는 '분명히(또렷하게)'라는 의미예요. 적절하게 쓰인 문장은 3번이에요. 1번은 「たくさん(많이)」, 2번은 「とても(매우)」로 바꾸면 자연스럽고, 4번은 문장 자체가 어색한 문장이에요.

단어 気分(きぶん) 기분 | 難(むずか)しい 어렵다 | とける 풀리다

6

엄격하다, 엄하다

1 엄마는 우리들을 엄하게 키웠습니다.

2 볼펜은 연필보다 조금 엄격합니다.

3 가장 엄격한 요리는 무엇입니까?

4 이 고기는 엄격해서 씹을 수 없다.

해설 「きびしい」는 '엄격하다'라는 표현이죠. 적절하게 쓰인 문장은 1번이에요. 2번은 「たかい(비싸다)」, 3번은 「すきな(좋아하는)」, 4번은 「かたくて(단단해서)」 등으로 바꾸는 것이 좋아요.

단어 ボールペン 볼펜 | えんぴつ 연필 | …より ~보다 | 肉(にく) 고기 | かむ 씹다

7

열심이다

1 아기가 열심히 자고 있습니다.

2 형(오빠)은 공부를 열심히 합니다.

3 숙제가 끝나서 열심입니다.

4 이 가방은 가벼워서 열심입니다.

해설 「ねっしんだ(열심이다)」를 제대로 사용한 문장을 묻고 있어요. '명사+ねっしんだ'는 '~을 열심히 하는 사람'이라는 의미이므로 답은 2번이에요. 1번은 「しずかに(조용히)」, 3번은 「うれしい(기쁘다)」, 4번은 「いい(좋다)」로 바꾸면 자연스러워요.

단어 あかんぼう 아기 | 宿題(しゅくだい) 숙제

8

근처

1 스즈키 씨의 나이와 제 나이는 근처입니다.

2 엘리베이터는 화장실 근처에 있습니다.

3 근처와 이야기를 했습니다.

4 근처에 슈퍼가 있으면 편리합니다.

해설 「きんじょ」는 '근처', '이웃'이라는 뜻으로, '(가까운) 동네'라는 느낌으로 사용해요. 따라서 답은 4번이에요. 1번은 「近い(가깝다)」, 2번은 「ちかく(근처)」, 3번은 「きんじょの人(동네 사람)」로 바꾸는 것이 좋아요.

단어 年(とし) 나이 | トイレ 화장실

9

<u>부재중</u>

1 태풍으로 학교가 부재중이 되었습니다.

2 영화관이 부재중이었기 때문에 영화를 볼 수 없었습니다.

3 친구의 집을 방문했지만 부재중이었습니다.

4 우표를 사러 우체국에 갔지만 부재중이었습니다.

해설 「るす(부재중)」을 적절하게 활용한 문장을 골라요. 집에 없다는 의미이므로 답은 3번이에요. 1번, 2번, 4번은 모두 「やすみ(쉬는 날)」로 바꾸면 돼요.

단어 台風(たいふう) 태풍 | 映画館(えいがかん) 영화관 | たずねる 방문하다

10

<u>충분하다</u>

1 일주일 전에 보낸 엽서가 아직 충분하지 않습니다.

2 돈이 부족해서 선물을 살 수 없었습니다.

3 서둘렀지만 회의 시간에 부족했습니다.

4 길이 충분해서 늦었습니다.

해설 「足りる」는 '충분하다'라는 의미죠. 적절하게 쓰인 문장은 2번으로 「足りない」는 '충분하지 않다', '부족하다'라는 형용사로 활용할 수도 있어요. 1번은 「とどいて(도착하지)」, 3번은 「間に合いませんでした(시간 내에 도착하지 못했습니다)」, 4번은 「こんで(막혀서, 붐벼서)」로 바꿀 수 있어요.

단어 出(だ)す 보내다 | プレゼント 선물 | 急(いそ)ぐ 서두르다 | 会議(かいぎ) 회의

처음 JLPT | Part 3 독해

Day 24 단문을 읽고 답을 찾는 '내용 이해1'

Quick Check!

① …ことにします ~하기로 하겠습니다(의지)

② …ていただけませんか ~해 주실 수 없겠습니까?(부탁)

③ …たほうがいいです ~하는 편이 좋습니다.(제안)

④ …ましょう ~합시다(권유)

⑤ お…ください ~해 주세요(부탁)

⑥ …ませんでした ~하지 않았습니다(과거 부정)

실전 모의고사

1)

(회사에서) 김 씨의 책상 위에 이 메모가 있었습니다.

김 씨에게

좋은 아침입니다.

오늘은 10시부터 다같이 청소하는 날입니다. 김 씨와 저는 회의실을 청소합니다.

저는 지금부터 시원 공장의 기무라 씨와 회의가 있으니까 조금 늦습니다. 김 씨는 먼저 회의실에 가서 청소를 해 주세요.

청소가 끝나면 같이 점심을 먹으러 갑시다.

하야시

단어 会議(かいぎ) 회의

1

이 메모를 읽고 김 씨는 먼저 무엇을 합니까?

1 시원 공장에 갑니다.

2 점심을 먹습니다.

3 회의실을 청소합니다.

4 회의에 나갑니다.

해설 김 씨가 먼저 무엇을 하는지 묻고 있어요. 「さきに かいぎ室へ 行って そうじを して ください」라는 문장을 해석해 보면, '먼저 회의실에 가서 청소를 하세요'가 되죠. 「さきに(먼저)」라는 표현을 익히는 것이 중요해요. 따라서 답은 3번이에요.

단어 はじめに 먼저, 우선 | 出(で)る 나가다, 나오다

2)

미카 씨가 집에 돌아왔더니, 테이블 위에 엄마의 메모가 있었습니다.

미카에게

할머니가 입원하게 되었으니까 지금부터 병문안에 다녀올게. 귀가가 늦어질 것 같으니, 카레를 만들어 두었어. 카레는 부엌에 있으니까 데워서 먹으렴.

그리고 사용한 접시는 깨끗하게 씻어줄래? 정리하는 것은 엄마가 돌아와서 할 거니까 괜찮아.

엄마가

단어 帰り 귀가 | 遅い 늦다 | だいどころ 부엌 | あたためる 데우다 | お皿 접시 | 片づける 정리하다, 치우다 | やる 하다

2

이 메모를 읽고 미카 씨는 먼저 무엇을 해야 합니까?

1 접시를 씻습니다.

2 부엌을 정리합니다.

3 병문안에 갑니다.

4 카레를 데웁니다.

해설 메모를 읽고 미카 씨가 해야 할 일을 묻고 있어요. 엄마가 카레를 만들어 두고 할머니 병문안에 간 상황이죠. 「カレーは だいどころに あるから、あたためて 食べてね(카레는 부엌에 있으니까 데워서 먹으렴)」를 해석해 보면, 우선 카레를 데워야 하는 걸 알 수 있어요. 접시를 씻는 것은 그 후의 일이죠. 따라서 답은 4번이에요.

3)

이것은 카타리나 씨가 쓴 작문입니다.

아르바이트의 점장님

카타리나 미야코프

저는 일본 레스토랑에서 아르바이트를 하고 있습니다. 거기에서는 여러 나라의 사람이 일하고 있습니다. 저는 고국에서 아르바이트를 한 적이 없었기 때문에, ①처음에는 매우 힘들었습니다. 하지만 모두 친절하기 때문에 금방 일에 적응했습니다. 그러나 딱 한 번 점장님에게 ②주의를 받은 적이 있습니다.

어느 날, 파스타를 먹으러 온 손님이 '화장실은 어디입니까?'라고 물었기 때문에 진지한 얼굴로 분명하게 '네, 화장실은 저쪽입니다.'라고 말하고 안내를 했습니다. 손님은 다소 깜짝 놀랐습니다. 손님이 돌아간 뒤에 점장님에게 '카타리나 씨의 말투는 조금 무서우니까 더 상냥하게 말해 주세요.'라고 들었습니다. 실수를 하지 않으려고 지나치게 생각해서 차가운 말투가 되어 있던 모양입니다. 점장님은 '가족이나 친구가 가게에 왔다고 생각하면 되는 거야.'라고 가르쳐 주었습니다.

그 외에도 점장님은 시간이 있을 때 일본 요리를 대접해 주거나, 여러 이야기를 들어주거나 하기 때문에 가족을 만날 수 없어도 외롭지 않습니다. 곤란할 때 점장님은 엄마처럼 항상 저를 도와줍니다. 저는 ③점장님을 가족 같은 사람이라고 생각하고 있습니다.

단어 店長 점장님 | レストラン 레스토랑 | いろいろな 다양한, 여러 | 最初 처음 | 大変だ 힘들다 | すぐに 금방 | なれる 익숙해지다 | 一度 한 번 | ある日 어느 날 | お客さん 손님 | 真面目だ 진지하다, 성실하다 | 顔 얼굴 | びっくりする 깜짝 놀라다 | 怖い 무섭다 | もっと 더, 더욱 | ミス 실수 | 冷たい 차갑다 | 思う 생각하다 | ごちそうする 대접하다 | 寂しい 외롭다, 쓸쓸하다 | いつも 항상, 언제나, 늘 | 助ける 돕다 | 同じだ 같다

3

왜 ①처음에는 매우 힘들었습니까?

1 점장님에게 여러 주의를 받아버렸기 때문에

2 아르바이트를 하는 것이 처음이었기 때문에

3 일본어를 전혀 말할 수 없었기 때문에

4 여러 나라의 사람이 아르바이트를 하고 있었기 때문에

해설 밑줄 친 ①번에 대한 이유를 묻고 있어요. 바로 앞에 「…から(때문에)」가 있으므로 이유가 앞에 쓰여 있음을 알 수 있어요. 그 부분을 읽어보면, 「アルバイトをしたことがありませんでしたから(아르바이트를 한 적이 없었기 때문에)」라고 말하고 있으므로 답은 2번이에요.

4

'나'는 왜 점장님에게 ②주의를 받았습니까?

1 같은 실수를 여러 번 했기 때문에

2 일을 성실하게 하고 있지 않았기 때문에

3 말투가 무서웠기 때문에

4 손님에게 대답을 하지 않았기 때문에

해설 ②번 밑줄에 대한 이유를 묻고 있어요. 뒷부분의 점장님의 말을 읽어보면 알 수 있어요. 「カタリーナさんの話し方はちょっとこわいから、もっと優しく話してください(카타리나 씨의 말투는 조금 무서우니까 더 상냥하게 말해 주세요)」라고 말하고 있으므로 답은 3번이에요.

단어 返事 대답

5

'나'는 왜 ③점장님을 가족 같은 사람이라고 생각했습니까?

1 곤란할 때 엄마처럼 도와주기 때문에
2 여러 이야기를 해 주기 때문에
3 실수를 하지 않도록 도와주기 때문에
4 맛있는 파스타를 대접해 주기 때문에

해설 ③번 밑줄에 대한 이유를 묻고 있어요. 바로 앞부분에서 「困ったとき、店長は母のようにいつも私を助けてくれます(곤란할 때 점장님은 엄마처럼 항상 저를 도와줍니다)」라고 말하고 있으므로 답은 1번이에요.

단어 手伝う 도와주다

Day 25 중문을 읽고 답을 찾는 '내용 이해2'

Quick Check!

① 子どもの時	② …前に
③ お客様	④ 病院
⑤ 飛行機	⑥ パソコン

실전 모의고사

1)

쇼 씨는 안나 씨와 여행에 갔습니다. 아침 10시부터 12시까지 테니스를 치고 점심을 먹었습니다. 오후 1시부터 5시까지는 스키를 탔습니다. 그러고 나서 호텔에서 목욕을 하고 조금 쉬고 나서 동네를 산책했습니다. 그 후에 저녁밥을 먹고 노래방에 갔습니다.

단어 テニスをする 테니스를 치다 | スキーをする 스키를 타다 | それから 그 다음에, 그러고 나서 | ホテル 호텔 | お風呂に入る 목욕하다 | 散歩 산책 | カラオケ 노래방

1

쇼 씨와 안나 씨는 점심을 먹기 바로 전에 무엇을 했습니까?

1 스키를 탔습니다.
2 산책을 했습니다.
3 노래방에 갔습니다.
4 테니스를 쳤습니다.

해설 두 사람이 점심을 먹기 바로 전에 무엇을 했는지 묻고 있어요. 「朝10時から 12時まで テニスを して、昼ご飯を 食べました(아침 10시부터 12시까지 테니스를 치고 점심을 먹었습니다)」라는 문장을 보면 어렵지 않게 알 수 있어요. 답은 4번이에요.

2)

저는 야구를 좋아합니다. 하지만 하는 것은 그다지 좋아하지 않습니다. 가끔 친구와 컴퓨터로 야구 게임을 합니다만 그것도 그다지 즐겁지 않습니다. 저는 하는 것보다 보는 쪽을 좋아합니다. 그것도 TV에서 보는 것이 아니라 넓은 야구장에서 다같이 보는 것을 좋아하는 것입니다.

단어 野球 야구 | 時々 가끔, 때때로 | パソコン 컴퓨터 | ゲーム 게임 | 명사+ではなくて ~이 아니라, ~이 아니고 | 野球場 야구장

2

'내'가 좋아하는 것은 무엇입니까?

1 다같이 야구를 하는 것
2 친구와 컴퓨터로 야구 게임을 하는 것
3 다같이 TV로 야구를 보는 것
4 다같이 야구장에서 야구를 보는 것

해설 '내'가 좋아하는 것을 묻고 있어요. 마지막의 「広い 野球場で みんなで 見るのが 好きなのです(넓은 야구장에서 다같이 보는 것을 좋아하는 것입니다)」라는 문장까지 읽어야 실수하지 않고 풀 수 있는 문제예요. 답은 4번이에요.

3)

이것은 진 씨가 쓴 작문입니다.

컴퓨터와 스마트폰

진승훈

제가 처음 컴퓨터를 접한 것은 1990년이었습니다. 대학을 졸업하고 회사에 들어갔을 때입니다. 그때는 좀처럼 사용법을 외우지 못해서 매우 힘들었던 것을 기억하고 있습니다. 하지만 지금의 젊은 사람들은 모두 태어났을 때부터 컴퓨터가 있기 때문에 분명 간단하게 컴퓨터를 사용할 수 있을 거라고 저는 생각하고 있었습니다.

그러나 ①이것은 좀 달랐던 모양입니다. 저의 회사에 대학을 막 졸업한 사람이 들어왔습니다만 그는 컴퓨터를 잘못합니다. 왜인지 물어봤더니 그다지 사용한 적이 없기 때문이라고 했습니다. 컴퓨터는 고등학교 수업에서 조금 접했을 뿐이고, 대학에서는 거의 사용하지 않았다고 합니다. 게다가 리포트를 쓸 때는 스마트폰을 사용해서 쓰고 있었기 때문에 곤란하지 않았다고 말했습니다. 이것을 듣고 저는 매우 놀랐습니다.

언젠가 회사에서도 스마트폰이나 태블릿만을 사용해서 일하는 시대가 오는 것일지도 모릅니다. 하지만 (　　　　　　　　).

그러니까 회사에서 일하고 싶은 사람들이 회사에 들어가기 전에 컴퓨터의 사용법을 외워주었으면 좋겠습니다.

단어 卒業 졸업 | 若い 젊다 | 得意だ 잘하다 | 苦手だ 못하다 | 生まれる 태어나다 | 使う 사용하다 | 高校 고등학교 | 触る 접촉하다, 가까이하다 | 覚える 기억하다, 외우다 | きっと 분명, 꼭 | しかし 그러나, 하지만 | 違う 틀리다, 다르다 | ほとんど 거의 | それに 게다가, 더욱이 | 驚く 놀라다 | いつか 언젠가 | タブレット 태블릿 | 時代 시대

3

진 씨는 언제 처음 컴퓨터를 사용했습니까?

1 대학에 들어가고 나서

2 회사에 들어가고 나서

3 태어났을 때부터

4 회사에 들어가기 전부터

해설 언제 처음 컴퓨터를 사용했는지 묻고 있어요. 첫 문장인 「私が初めてパソコンをさわったのは1990年でした。大学を卒業して、会社に入ったときです(제가 처음 컴퓨터를 접한 것은 1990년이었습니다. 대학을 졸업하고 회사에 들어갔을 때입니다)」 부분을 읽으면 풀 수 있어요.

4

①이것이란 무엇입니까?

1 젊은이는 모두 컴퓨터를 잘한다는 것

2 젊은이는 모두 컴퓨터를 못한다는 것

3 회사원은 모두 컴퓨터를 잘한다는 것

4 회사원은 모두 컴퓨터를 못한다는 것

해설 단락이 바뀌면서 「これ/それ」가 무엇인지 물어볼 때는 바로 앞 단락에 답이 있어요. 「今の若い人たちはみんな、生まれたときからパソコンがあるので、きっと簡単にパソコンが使えるのだろうと私は思っていました(지금 젊은 사람들은 모두 태어났을 때부터 컴퓨터가 있기 때문에, 분명 간단히 컴퓨터를 사용할 수 있을 거라고 저는 생각했습니다)」 부분을 가리키고 있어요.

단어 会社員 회사원

5

( )에 들어가기에 가장 좋은 문장은 어느 것입니까?

1 대학에서는 컴퓨터를 사용해서 리포트를 쓰는 것이 빠릅니다.

2 지금 회사에서는 컴퓨터를 사용할 수 있는 것이 매우 중요합니다.

3 업무에서는 스마트폰을 잘 사용하는 편이 좋습니다.

4 컴퓨터를 못해도 일을 잘 할 수 있는 사람은 많이 있습니다.

해설 괄호의 앞부분에서 언젠가 회사에서도 컴퓨터를 쓰지 않을 수도 있다는 내용이 나왔고, 「でも(하지만)」으로 연결 후, 뒷부분에서는 회사에 들어가기 전에 컴퓨터 사용법을 익혔으면 좋겠다고 말하고 있으므로, '현재는 컴퓨터 사용이 중요하다'는 내용이 나와야 해요. 답은 2번이에요.

Day 26 정보문을 분석하는 '정보 검색'

Quick Check!

① 注意　② 以上

실전 모의고사

1)

7월은 쌀이 저렴해!

① 7월 7일(토) 10:00~12:00
'유메히카리' 10kg 3,700엔 / 30kg 10,000엔
② 7월 8일(일) 15:00~17:00
'실키퀸' 2kg 700엔 / 10kg 3,400엔
③ 7월 14일(토) 13:00~15:00
'유메히카리' 5kg 1,800엔 / 10kg 3,500엔
④ 7월 21일(토) 10:00~12:00
'유메히카리' 2kg 800엔 / 10kg 3,600엔

기무라야 슈퍼
10:00~22:00
전화 01-2345-6789

단어 お米 쌀

1

시원 씨는 쌀 '유메히카리'를 10kg 사고 싶습니다. 500엔 할인되는 티켓을 갖고 있습니다. 이 티켓은 7월 15일까지 쓸 수 있습니다. 가장 싸게 살 수 있는 것은 언제입니까? 시원 씨는 오후만 슈퍼에 갈 수 있습니다.

1 ①　　2 ②

3 ③　　4 ④

해설　사고 싶은 쌀은 ①, ③, ④에 있는 「ゆめひかり」예요. 7월 15일까지 쓸 수 있는 할인 티켓을 갖고 있으니 ④번은 안 돼요. 그리고 오후에만 슈퍼에 갈 수 있는 조건이 있으니 ①번도 안 돼요. 따라서 답은 3번이에요.

2)

사쿠라 일본어 학교

학생 여러분께

6월 9일은 하민 씨의 생일입니다. '생일 파티'를 하니까 와 주세요.

○ 시간: 6월 9일 토요일 18시부터 19시까지

○ 장소: 사쿠라 일본어 학교 A교실

○ 돈: 필요 없습니다

※ 파티에 오고 싶은 사람은 6월 5일 화요일까지 사무소에 연락을 주세요.

※ 학교가 과자와 주스를 삽니다.

<파티에서 하는 것>

○ 하민 씨의 스피치를 들읍시다.

○ 다같이 게임을 합시다.

○ 다같이 사진을 찍읍시다.

<부탁>

학교가 하민 씨에게 줄 꽃을 준비할 테니 선물은 사지 마세요. 편지는 써서 전달해도 괜찮습니다.

단어　事務所(じむしょ) 사무소 | お菓子(かし) 과자 | ジュース 주스 | スピーチ 스피치, 연설 | 花(はな) 꽃 | 準備(じゅんび) 준비 | 渡す(わたす) 건네다, 건네주다

2

시원 씨는 하민 씨의 '생일 파티'에 가고 싶습니다. 무엇을 해야만 합니까?

1 과자와 주스를 삽니다.

2 사무소에 연락을 합니다.

3 하민 씨에게 선물을 삽니다.

4 하민 씨에게 편지를 씁니다.

해설　'생일 파티'에 갈 경우 무엇을 해야 하는지 묻고 있어요. 「学校が おかしと ジュースを 買います(학교가 과자와 주스를 삽니다)」라고 했으니 1번은 오답, 밑에 「プレゼントは 買わないで ください(선물은 사지 마세요)手紙は 書いて わたしても いいです(편지는 써서 전달해도 됩니다)」라고 했으니 3, 4번도 오답이에요. 편지는 의무적으로 할 일은 아니죠. 중간에 「パーティーに 来たい 人は …じむしょに れんらくを ください(파티에 오고 싶은 사람은 ~사무소에 연락을 주세요)」라고 했으므로 답은 2번이에요.

3)

다케무라시 일본 문화 교실

유학생 여러분, 다케무라 시민 센터에서 일본 문화를 체험해보지 않겠습니까?

[신청 방법] 교실이 열리는 일주일 전까지 전화나 창구로 예약해 주세요.

[참가 비용] 500엔

※ 그 밖에 돈이 드는 교실이 있으니 주의해 주세요.

[7월 예정]

교실명	월·일·시간	가지고 올 것
① 기모노 기모노를 입고 산책을 합시다.	7/5 (일) 10시~12시	기모노는 이쪽에서 준비합니다.
② 꽃 '이케바나'라는 일본의 꽃 장식법을 배웁니다.	7/11(토) 14시~15시	꽃 값이 1,200엔 듭니다.
③ 가부키 가부키의 역사를 배운 후에 가부키의 동작을 배웁니다.	7/17(금) 14시~15시	준비할 것은 없습니다.
④ 춤 일본에 옛날부터 있는 음악을 들으면서 춤춥시다.	7/18(토) 14시~15시	준비할 것은 없습니다.
⑤ 요리 일본 요리를 만듭시다.	7/25(토) 10시~12시	재료비가 1,000엔 듭니다.
⑥ 음악 일본의 악기를 연주해 봅시다.	7/30(목) 10시~12시	악기는 이쪽에서 준비합니다.

단어　文化(ぶんか) 문화 | センター 센터 | 体験(たいけん) 체험 | 申し込み(もうしこみ) 신청 | 方法(ほうほう) 방법 | 開く(ひらく) 열리다, 개최되다 | 窓口(まどぐち) 창구 | 料金(りょうきん) 요금 |

その他に 그 밖에, 그 이외에 | かかる 들다 | 飾る 장식하다, 꾸미다 | …代 ~값, ~비용 | 歴史 역사 | 学ぶ 배우다 | 動き 움직임, 동작 | 昔 옛날 | 音楽 음악 | おどる 춤추다 | 材料 재료 | 楽器 악기

3

유학생인 하민 씨는 다케무라시의 일본 문화 교실에 참가하려고 하고 있습니다. 하민 씨가 참가할 수 있는 것은 토요일과 일요일입니다. 그리고 1,000엔 이하로 할 수 있는 것에 참가하고 싶다고 생각하고 있습니다. 하민 씨가 참가할 수 있는 것은 어느 것입니까?

1 ①과 ②	**2 ①과 ④**
3 ②와 ④	4 ①과 ④와 ⑤

해설 조건을 잘 확인해야 해요. 주말에 1,000엔 이하로 가능한 교실을 찾아야 하죠. ①번은 일요일이면서 비용이 없어서 가능하고, ②번은 비용이 초과돼요. ③번은 평일이라 안 되고, ④번은 토요일이면서 비용이 없어서 가능해요. ⑤번은 토요일 활동이지만 재료비가 1,000엔 들죠. 답처럼 보이지만 참가 요금이 전부 500엔 별도로 들기 때문에 예산을 초과해 버려요. ⑥번은 평일이라 안 돼요. 따라서 답은 2번이에요.

단어 参加 참가 | 以下 이하

4

유학생인 시원 씨는 7월 30일 오전 수업에서 '일본의 문화'라는 작문을 쓰게 되었습니다. 시원 씨는 일본 문화를 그다지 잘 알지 못하기 때문에, 다케무라시 일본 문화 교실 중에서 무언가 해보고 나서 쓰고 싶다고 생각하고 있습니다. 오늘은 7월 15일입니다. 시원 씨가 참가할 수 있는 것은 몇 개입니까?

1 1개	2 2개
3 3개	4 4개

해설 오늘이 7월 15일이고, 7월 30일 오전에 작문을 써야 하므로 그 사이에 참가할 수 있는 교실을 찾아야 해요. 그 사이 날짜에 가능한 것은 ③, ④, ⑤번 수업이에요. ⑥번 수업은 30일 오전이라서 작문과 겹쳐버리죠. 따라서 답은 3개예요.

단어 何か 무언가, 뭔가 | いくつ 몇 개

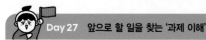

Day 27 앞으로 할 일을 찾는 '과제 이해'

Quick Check!

녹음 食事をする前に、運動をしてください。식사를 하기 전에 운동을 해 주세요.

정답 ②

실전 모의고사

1

녹음 会社で男の人と女の人が話しています。
女の人はこのあと何をしますか。

F：ユンさん、会議の準備ですか。

M：はい。

F：何か、手伝いましょうか。

M：ありがとうございます。じゃ、会議の資料をコピーしてください。私は部長に電話をかけてきます。

F：わかりました。コピーをしたら、お茶をいれましょうか。

M：それは、私があとで会議の資料を置くときに一緒にします。

女の人はこのあと何をしますか。

해석 회사에서 남자와 여자가 이야기하고 있습니다. 여자는 이후에 무엇을 합니까?

F: 윤 씨, 회의 준비해요?

M: 네.

F: 뭔가 도울까요?

M: 감사합니다. 그럼 회의 자료를 복사해 주세요. 저는 부장님께 전화를 걸고 올게요.

F: 알겠어요. 복사하면 차를 끓일까요?

M: 그건 제가 나중에 회의 자료를 놓을 때 같이 할게요.

여자는 이 후에 무엇을 합니까?

1

2

3

4

해설 여자가 이후에 할 일을 묻고 있어요. 남자가 「じゃ、会議の資料をコピーしてください(그럼 회의 자료를 복사해 주세요)」라고 부탁하고 있고 그에 대해 여자가 「わかりました(알겠습니다)」라고 답하고 있으므로 답은 2번이에요.

단어 じゃ 그럼 | 資料 자료 | コピー 복사 | 部長 부장(님) | 電話をかける 전화를 걸다 | お茶を入れる 차를 끓이다 | あとで 나중에 | 置く 놓다, 두다

2

녹음 うちで女の人と男の人が話しています。
二人はこれから何を食べますか。

F: 昼ご飯は何を食べましょうか。

M: 冷蔵庫に昨日作ったカレーがありますよ。あと、コーヒーもあります。

F: そうですか。うーん、今日はハンバーグが食べたいです。レストランに食べに行きませんか。

M: いいですね。私はレストランに行ったらアイスクリームが食べたいです。でも、今はあまりおなかがすいていません。

F: じゃ、昼はうちでカレーを食べて、レストランは夜行きましょう。それと、今コーヒーが飲みたいです。お願いできますか。

M: わかりました。作りますね。

二人はこれから何を食べますか。

해석 집에서 여자와 남자가 이야기하고 있습니다. 두 사람은 앞으로 무엇을 먹습니까?

F: 점심은 무엇을 먹을까요?

M: 냉장고에 어제 만든 카레가 있어요. 그리고 커피도 있어요.

F: 그래요? 음, 오늘은 함박스테이크가 먹고 싶어요. 레스토랑에 먹으러 가지 않을래요?

M: 좋네요. 저는 레스토랑에 가면 아이스크림이 먹고 싶어요. 하지만 지금은 별로 배가 안 고파요.

F: 그럼 점심은 집에서 카레를 먹고 레스토랑은 밤에 가요. 그리고 지금 커피가 마시고 싶어요. 부탁해도 될까요?

M: 알겠어요. 만들게요.

두 사람은 앞으로 무엇을 먹습니까?

1

2

3

4

해설 두 사람이 무엇을 먹는지 묻고 있어요. 여자가 레스토랑에 가지 않겠냐고 했는데 남자는 별로 배가 고프지 않다고 해서, 여자가「じゃ、昼はうちでカレーを食べて…それと今コーヒーが飲みたいです(그럼 점심은 집에서 카레를 먹고…그리고 지금은 커피를 마시고 싶어요)」라고 했고, 남자가 알겠다고 했으므로 답은 2번이에요.

단어 冷蔵庫 냉장고 | あと 그리고, 또 | ハンバーグ 함박스테이크 | アイスクリーム 아이스크림 | お腹が空く 배가 고프다 | それと 그리고

3

녹음 美術館の前で男の人が話しています。
客は美術館に入った後、どこへ行きますか。

M: それでは、さくら美術館の見学コースについて説明します。最初に、入り口でチケットを見せて、中に入ってください。見学コースは2階から始まりますので、エスカレーターで2階に行って、左の部屋にお入りください。右の部屋は、入ることができません。見学コースの最後にお土産売り場とカフェがあります。入り口側からは入れませんので、帰りにお寄りください。また、カフェでチケットを見せると、飲み物が1つサービスになります。ぜひご利用ください。

客は美術館に入った後、どこへ行きますか。

1 2かいの 左の へや

2 2かいの 右の へや

3 おみやげうりば

4 カフェ

해석 미술관 앞에서 남자가 이야기하고 있습니다. 손님은 미술관에 들어간 후에 어디로 갑니까?

M: 그럼, 사쿠라 미술관 견학 코스에 대해 설명하겠습니다. 처음에 입구에서 티켓을 보여주고 안으로 들어와 주세요. 견학 코스는 2층부터 시작되기 때문에 에스컬레이터로 2층에 가서 왼쪽 방에 들어가 주세요. 오른쪽 방은 들어갈 수 없습니다. 견학 코스 마지막에 기념품 매장과 카페가 있습니다. 입구 쪽에서는 들어갈 수 없기 때문에 집에 갈 때 들러 주세요. 또 카페에서 티켓을 보여주면 음료가 한 잔 서비스가 됩니다. 꼭 이용해 주세요.

손님은 미술관에 들어간 후에 어디로 갑니까?

1 2층의 왼쪽 방

2 2층의 오른쪽 방

3 기념품 매장

4 카페

해설 미술관에 들어간 후 어디로 가는지 묻고 있어요. '처음에 입구에서 티켓을 보여주고 안으로 들어가라'고 하고, '견학 코스는 2층부터 시작된다'고 하죠. 「エスカレーターで2階に行って、左の部屋にお入りください」 부분을 들으면, 2층의 왼쪽 방으로 가야 하는 것을 알 수 있어요. 2층의 오른쪽 방은 들어갈 수 없다고 하고, 기념품 매장과 카페는 마지막 코스에 있으므로 전부 오답이에요.

단어 美術館 미술관 | 見学 견학 | コース 코스 | 説明 설명 | エスカレーター 에스컬레이터 | 最後 마지막 | お土産 기념품 | 入り口 입구 | …側 ~쪽, ~측 | 帰り 귀가, 집에 돌아감 | 寄る 들르다 | また 또 | 飲み物 음료 | サービス 서비스 | 利用 이용

Quick Check!

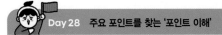

녹음 昨日は雨でしたが、今日は晴れています。 어제는 비가 왔지만, 오늘은 맑습니다.

① 昨日も今日も雨です。어제도 오늘도 비예요.(비가 와요.)

② 昨日は雨じゃありませんでしたが、今日は雨です。 어제는 비가 아니었지만 오늘은 비예요.

③ 昨日は雨でしたが、今日は雨じゃありません。 어제는 비였지만 오늘은 비가 아니에요.

정답 ③

실전 모의고사

1

녹음 電話で男の人が話しています。
男の人はどうして約束の時間に遅れますか。

M: もしもし、美智子さん？太郎です。すみません、今大学を出ます。授業が終わるのが遅くなって、約束の時間に間に合いません。時間になったら、先に皆さんで食事を始めてください。昨日作ったクッキーを持っていきますから、買わないでくださいね。そちらに着く時間がわかったら、電話します。

男の人はどうして約束の時間に遅れますか。

1 じゅぎょうが おそく なったから
2 ごはんを たべて いたから
3 クッキーを つくって いたから
4 でんわを して いたから

해석 전화로 남자가 말하고 있습니다. 남자는 어째서 약속 시간에 늦습니까?

M: 여보세요, 미치코 씨? 타로예요. 죄송해요, 지금 대학을 나가요. 수업이 끝나는 것이 늦어져서 약속 시간에 늦을 것 같아요. 시간이 되면 먼저 다같이 식사를 시작해 주세요. 어제 만든 쿠키를 가지고 갈 테니까 사지 마세요. 그쪽에 도착하는 시간을 알게 되면 전화할게요.

남자는 어째서 약속 시간에 늦습니까?

1 수업이 늦어졌기 때문에
2 밥을 먹고 있었기 때문에
3 쿠키를 만들고 있었기 때문에
4 전화를 하고 있었기 때문에

해설 남자가 약속 시간에 늦는 이유를 묻고 있어요. 「授業が終わるのが遅くなって、約束の時間に間に合いません(수업 끝나는 것이 늦어져서 약속 시간에 맞출 수 없을 것 같아요)」를 듣고 해석할 수 있어야 해요. 「間に合う」는 '시간 내에 도착하다'라는 의미의 중요한 표현이에요. 수업이 늦게 끝났다고 했으니 답은 1번이에요.

단어 間に合う 시간에 맞추다, 늦지 않다 | クッキー 쿠키 | 始める 시작하다 | 着く 도착하다

2

녹음 男の人と女の人が話しています。
男の人は何で東京駅へ行きましたか。

M: カタリーナさん、これ、お土産です。どうぞ。
F: ありがとうございます。どこに行きましたか。
M: 東京駅です。
F: 遠いところへ行きましたね。
M: そうですか？学校からバスで30分ぐらいですよ。
F: 私は日本のバスに乗ったことがありません。バスはどうでしたか。
M: あ、私は電車で行きました。
F: そうですか。
M: 自転車でも行くことができますよ。歩くと、3時間はかかりますので、大変ですね。
F: いろいろな行き方がありますね。

男の人は何で東京駅へ行きましたか。

해석 남자와 여자가 이야기하고 있습니다. 남자는 무엇으로(무엇을 타고) 도쿄역에 갔습니까?

M: 카타리나 씨, 이거 기념품이에요. 받아요.
F: 고마워요. 어디에 갔어요?
M: 도쿄역이요.
F: 먼 곳에 갔네요.
M: 그래요? 학교에서 버스로 30분 정도예요.
F: 저는 일본 버스를 탄 적이 없어요. 버스는 어땠어요?
M: 아, 저는 전철로 갔어요.
F: 그래요?
M: 자전거로도 갈 수 있어요. 걸으면 3시간은 걸리니까 힘들겠네요.
F: 여러 가는 방법이 있군요.

남자는 무엇으로(무엇을 타고) 도쿄역에 갔습니까?

1

2

3

4

해설 남자가 무엇으로 도쿄역에 갔는지 묻고 있어요. 여자가 '버스는 어땠냐'고 묻자, 남자가 「あ、私は電車で行きました(아, 저는 전철로 갔어요)」라고 답하죠. 따라서 답은 4번이에요.

단어 行き方 가는 법, 가는 방법

3

녹음 男の人と女の人が話しています。

男の人は、どうしてチケットを買うことにしましたか。

M：あ、この写真の白い花、きれいだね。

F：きれいでしょう。さくら公園の中で撮ったんだ。学校から家に帰る途中に、毎日行くから、いろいろな花の写真が撮れるんだ。

M：毎日？さくら公園は、入るのに200円かかるでしょう？毎日行ったら大変だよ。

F：それが、2,000円で1年中入れるチケットを買ったんだ。木村さんもどう？

M：いや、ぼくは…。散歩する時間があったら、早く帰りたいよ。

F：会社から駅まで20分かかるけど、さくら公園の中を通れば、駅まで10分だよ。

M：えっ。そんなに近いの？じゃあ、ぼくも、そのチケット買うよ。

男の人は、どうしてチケットを買うことにしましたか。

1　花の　写真を　とりたいから
2　200円で　1年中　こうえんに　入れるから
3　毎日　さんぽしたいから
4　こうえんの　中を　通れば、駅まで　10分だから

해석 남자와 여자가 이야기하고 있습니다. 남자는 어째서 티켓을 사기로 했습니까?

M: 아, 이 사진의 하얀 꽃 예쁘네.

F: 예쁘지? 사쿠라 공원 안에서 찍은 거야. 학교에서 집에 가는 도중에 매일 가니까 여러 꽃의 사진을 찍을 수 있거든.

M: 매일? 사쿠라 공원은 들어가는데 200엔 들잖아? 매일 가는 건 힘들어.

F: 그게, 2,000엔으로 1년내내 들어갈 수 있는 티켓을 샀거든. 기무라 씨도 어때?

M: 아니, 나는… 산책하는 시간이 있으면 빨리 집에 가고 싶어.

F: 회사에서 역까지 20분 걸리지만, 사쿠라 공원 안을 통과하면 역까지 10분이야.

M: 앗, 그렇게 가까워? 그럼 나도 그 티켓 살래.

남자는 어째서 티켓을 사기로 했습니까?

1　꽃 사진을 찍고 싶으니까
2　200엔으로 1년내내 공원에 들어갈 수 있으니까
3　매일 산책하고 싶으니까
4　공원 안을 통과하면 역까지 10분이니까

해설　남자가 왜 티켓을 사기로 했는지 묻고 있어요. 처음에는 200엔이 들어서 부정적인 반응이었는데 여자가 「会社から駅まで20分かかるけど、さくら公園の中を通れば、駅まで10分だよ(회사에서 역까지 20분 걸리지만 사쿠라 공원을 지나면 역까지 10분이야)」라는 말을 듣고서 남자도 바로 사겠다고 해요. 따라서 답은 4번이에요.

단어　途中に 도중에 | …のに ~하는데 | …中 ~내내 | 通る 통과하다

Day 29 그림을 보고 이어질 말을 찾는 '발화 표현'

Quick Check!

녹음 私は友達にペンを貸してあげました。 저는 친구에게 펜을 빌려줬어요.

정답 ②

실전 모의고사

1

녹음 ご飯を全部食べました。何と言いますか。

1 もう一杯いかがですか。
2 もう一杯ください。
3 もう一杯どうですか。

해석 밥을 다 먹었습니다. 뭐라고 말합니까?

1 한 그릇 더 어떠십니까?
2 한 그릇 더 주세요.
3 한 그릇 더 어때요?

해설 「もう+수량」은 '~더'라는 의미예요. 따라서 「もう一杯」는 '한 그릇 더'가 되는 것이죠. 밥을 다 먹었고, 그림과 상황에 잘 어울리는 말을 고르면 한 그릇 더 달라고 부탁하는 2번이 답이 돼요.

단어 全部 전부, 다 | もう + 수량 ~더 | 一杯 한 잔, 한 그릇

2

녹음 タクシーに乗っています。花屋の前で降りたいです。何と言いますか。

1 花屋の前で止めてもいいですか。
2 花屋の前で止めてください。
3 花屋の前で止めましょうか。

해석 택시를 타고 있습니다. 꽃집 앞에서 내리고 싶습니다. 뭐라고 말합니까?

1 꽃집 앞에서 세워도 될까요?
2 꽃집 앞에서 세워 주세요.
3 꽃집 앞에서 세울까요?

해설 동사 「とめる」는 '세우다'라는 의미죠. 1번은 내가 세워도 되는지 묻는 허가 표현, 2번은 세워달라고 하는 부탁 표현, 3번은 '세울까요?'라는 묻는 표현이 돼요. 따라서 1, 3번은 택시 기사가 하기 적합한 말이고, 꽃집 앞에서 세워달라고 승객이 부탁하는 2번이 답이에요. 화살표가 가리키는 인물을 잘 확인해 봐야 정확한 답을 찾을 수 있어요.

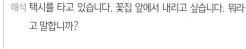

단어 タクシー 택시 | 花屋 꽃집 | 降りる 내리다 | 止める 세우다, 멈추다

3

녹음 友だちを買い物に誘います。何と言いますか。

1 買い物に行きました。
2 買い物をしたことがありますか。
3 買い物に行きませんか。

해석 친구를 쇼핑에 같이 가자고 합니다. 뭐라고 말합니까?

1 쇼핑하러 갔어요.
2 쇼핑을 한 적이 있어요?
3 쇼핑하러 가지 않을래요?

해설 상황 설명에 나오는 「さそいます(권유합니다)」를 듣는 것이 중요해요. 동사 원형은 「さそう」죠. 함께 쇼핑하러 가자고 권유하는 상황에서 잘 어울리는 표현은 「…ませんか(~하지 않겠습니까?)」예요. 따라서 답은 3번이에요.

단어 誘う 권유하다, 불러내다

4

녹음 部長に書類のコピーを頼まれました。何と言いますか。

1 はい、なさいました。
2 はい、いたしました。
3 はい、承知しました。

해석 부장님에게 서류 복사를 부탁받았습니다. 뭐라고 말합니까?

1 네, 하셨습니다.
2 네, 했습니다.
3 네, 알겠습니다.

해설 「頼まれました(부탁받았습니다)」를 들을 수 있어야 해요. 「頼む(부탁하다)」의 수동형이죠. 지금 부탁을 받은 것이기 때문에 '알겠다'고 대답하면 돼요. 1번은 존경 표현이라서 오답, 2번은 이미 했다는 과거 표현이라서 오답, 3번이 답이에요. 「しょうちしました(알겠습니다)」는 자주 나오는 표현이니 꼭 외워두세요.

단어 書類 서류 | なさる 하시다(존경 표현) | いたす 하다(겸양 표현)

5

녹음 友だちが遊びに来たので、ケーキを出したいです。何と言いますか。

1 甘いものは好き？
2 何か食べるものがある？
3 お菓子を出してくれる？

해석 친구가 놀러 와서 케이크를 대접하고 싶습니다. 뭐라고 말합니까?

1 단 것은 좋아해?
2 뭔가 먹을 거가 있어?
3 과자를 대접해 줄래?

해설 대접하는 입장에서 뭐라고 말하는지 묻고 있어요. 케이크를 주면서 말하기에 적당한 표현은 1번 「甘いものは好き?(단거 좋아해?)」가 되죠. 2번, 3번은 배가 고플 때 먹을 것을 요청하는 표현이에요.

단어 出す 대접하다, 내다, 제공하다

6

녹음 友だちにパソコンの使い方を教えてほしいです。何と言いますか。

1 わからないなら聞いてね。
2 ここときこを押せばできるよ。
3 ここ、どうすればいい?

해석 친구가 컴퓨터 사용법을 가르쳐 줬으면 좋겠습니다. 뭐라고 말합니까?

1 모른다면 물어봐.
2 여기랑 여기를 누르면 할 수 있어.
3 여기 어떻게 하면 돼?

해설 「おしえてほしい(가르쳐 주면 좋겠다)」를 듣고 '친구가 가르쳐 주길 바라는 상황이라는 걸 알아차려야 해요. 정답은 사용법을 물어보고 있는 3번이에요. 1번과 2번은 가르쳐주는 사람이 할 수 있는 말이에요.

단어 押す 누르다, 밀다

Day 30 상대방의 말에 대한 답을 찾는 '즉시 응답'

Quick Check!

녹음 女: この部屋に入らないでください。 이 방에 들어가지 말아 주세요.

男: ① 失礼します。 실례합니다.

② ありがとうございます。 감사합니다.

③ 分かりました。 알겠습니다.

정답 ③

실전 모의고사

1

녹음 アナさん、アナさんがしている時計、すてきですね。

1 父があげました。
2 父にもらいました。
3 父がやりました。

해석 아나 씨, 아나씨가 차고 있는 시계, 멋지네요.

1 아빠가 줬어요.
2 아빠에게 받았어요.
3 아빠가 줬어요.

해설 아나 씨가 시계를 가지고 있는 상황인데, 1번, 3번은 아빠가 다른 사람에게 줄 때 쓸 수 있는 표현이에요. 「あげる」는 내가 다른 사람에게 '주다', 「やる」는 내가 동물, 식물, 손아랫사람에게 '주다'라는 의미이기 때문이죠. 답은 「もらう(받다)」를 사용한 2번이에요.

2

녹음 何時になったら出かけますか。

1 宿題が終わったら、行きましょう。
2 宿題が終わってから、出かけました。
3 3時に出かけましたよ。

해석 몇 시가 되면 나갈 거예요?

1 숙제가 끝나면 갑시다.
2 숙제가 끝나고 나서 나갔어요.
3 3시에 나갔어요.

해설 시제를 잘 들어야 하는 문제예요. 몇 시에 나갈 거냐고 묻고 있으므로 과거형 대답은 나올 수 없어요. 따라서 2번, 3번은 답이 될 수 없고, '숙제가 끝나면 가자'고 하는 1번이 답이 돼요.

단어 出かける 나가다, 외출하다

3

녹음 犬と猫とどちらが好きですか。

1 猫のほうが好きです。
2 みんなが大好きですよ。
3 どちらがかわいいでしょうか。

해석 개와 고양이 중 어느 쪽을 좋아해요?

1 고양이 쪽을 좋아해요.
2 모두가 정말 좋아해요.
3 어느 쪽이 귀여울까요?

해설 둘 중 어느 쪽을 좋아하는지 묻고 있죠. 한쪽을 골라서 대답해야 되므로 답은 1번이에요. 둘 다 좋아한다고 대답할 경우, 「どちらも 好きです」라고 하면 돼요.

단어 犬 개 | 猫 고양이 | 大好きだ 매우 좋아하다

4

녹음 学校のテストはどうでしたか。

1 それほど難しくなかったです。
2 がんばっていましたよ。
3 なるべく受けるようにします。

해석 학교 시험은 어땠어요?

1 그다지 어렵지 않았어요.
2 열심히 하고 있었어요.
3 가능한 시험 치도록 할게요.

해설 시험이 끝난 후에 어땠는지 묻고 있어요. 어렵지 않았다고 하는 1번이 정답이에요. 3번은 앞으로의 일을 말하고 있으므로 오답이에요. 반드시 시제를 정확히 확인해야 해요.

단어 それほど 그다지, 그렇게까지 | 頑張る 열심히 하다, 분발하다 | なるべく 가능한, 되도록 | 受ける (시험을) 보다, 치다

5

녹음 もしもし、アナさん。今から遊びに行ってもいいですか。

1 すみません。用事があって、行けません。

2 すみません。出かけるところなんです。

3 すみません。遊ばないでください。

해석 여보세요, 아나 씨. 지금부터 놀러가도 돼요?

1 미안해요. 볼일이 있어서 못 가요.

2 미안해요. 막 외출하려는 참이거든요.

3 미안해요. 놀지 마세요.

해설 말하는 사람이 듣는 사람에게 가도 되는지 묻고 있어요. 우선 모든 선택지가 거절하는 내용이라 뒤에 문장을 잘 들어야 해요. 1번은 듣는 사람이 갈 수 없다고 해서 오답이에요. 행위자를 잘 체크해야 해요. '막 외출하려는 참'이라고 하는 2번이 답이에요.

단어 用事 볼일, 용무

6

녹음 木村さん、この荷物を運ぶのを手伝ってくれませんか。

1 はい、どこに運びましょうか。

2 はい、誰が手伝いますか。

3 いいえ、何もくださいませんでしたよ。

해석 기무라 씨, 이 짐을 옮기는 것을 도와주지 않을래요?

1 네, 어디로 옮길까요?

2 네, 누가 도와줘요?

3 아뇨, 아무것도 주시지 않았어요.

해설 「…てくれませんか」는 '~해주지 않겠습니까?'라는 뜻으로 부탁하는 표현이죠. 짐 옮기는 것을 도와달라고 말할 때에 어울리는 대답은 1번이에요. 2번은 누가 돕냐고 묻고 있어서 오답이에요.

단어 運ぶ 옮기다, 운반하다

7

녹음 昨日、先輩がごちそうしてくれました。

1 へえ、いくら払わされたんですか。

2 へえ、何を食べたんですか。

3 へえ、喜んでくれましたか。

해석 어제 선배가 대접해 주었어요.

1 헤에, 얼마를 억지로 지불한 거예요?

2 헤에, 뭘 먹었어요?

3 헤에, 기뻐해 줬나요?

해설 「ごちそうする」는 '한턱내다'라는 표현으로, 주어인 '선배'가 음식을 사주었다는 의미가 돼요. 따라서 '무엇을 먹었는지' 물어보는 2번이 답이 되고, 1번은 '사역수동' 표현으로 '내가 억지로 지불했다'는 의미가 되어서 오답이에요.

단어 先輩 선배 | ごちそうする 대접하다, 한턱내다 | 払う 지불하다, 내다 | 喜ぶ 기뻐하다

JLPT N5
실전 모의고사 정답 및 해설

언어지식(문자·어휘)		
문제1	1	①
	2	②
	3	①
	4	④
	5	④
	6	①
	7	②
문제2	8	②
	9	③
	10	①
	11	②
	12	②
문제3	13	①
	14	③
	15	④
	16	③
	17	②
	18	③
문제4	19	④
	20	③
	21	②

언어지식(문법)		
문제1	1	②
	2	①
	3	②
	4	③
	5	③
	6	④
	7	②
	8	④
	9	③
문제2	10	④
	11	③
	12	③
	13	③
문제3	14	①
	15	②
	16	④
	17	①

독해		
문제4	18	④
	19	④
문제5	20	③
	21	②
문제6	22	①

청해		
문제1	1	④
	2	③
	3	④
	4	①
	5	④
	6	①
	7	①
문제2	1	③
	2	④
	3	②
	4	②
	5	②
	6	④
문제3	1	①
	2	②
	3	②
	4	①
	5	③
문제4	1	③
	2	②
	3	①
	4	②
	5	③

언어지식(문자·어휘)

もんだい 1 ＿＿＿の ことばは ひらがなで どう かきますか。 1・2・3・4から いちばん いい ものを ひとつ えらんで ください。	문제 1 ＿＿＿의 어휘는 히라가나로 어떻게 씁니까? 1·2·3·4 중 가장 적절한 것을 하나 고르세요.

1 バスで 会社へ いきます。	1 버스로 회사에 갑니다.
1 かいしゃ 2 がっこう	**1 회사** 2 학교
3 だいがく 4 びょういん	3 대학교 4 병원

해설 「会社」는 '회사'라는 뜻으로 「かいしゃ」라고 읽어요. 시험에 4번이나 나온 중요한 단어예요. 답은 1번이고, 2번은 「学校(학교)」, 3번은 「大学(대학교)」, 4번은 「病院(병원)」이에요.

2 これは 姉の かばんです。	2 이것은 누나(언니)의 가방입니다.
1 あに **2 あね**	1 형(오빠) **2 누나(언니)**
3 おとうと 4 いもうと	3 남동생 4 여동생

해설 「姉」는 '누나(언니)'라는 뜻으로 「あね」라고 읽어요. 가족과 관련된 어휘는 빈출 어휘이므로 잘 익혀두어야 해요. 답은 2번이고, 1번은 「兄(형, 오빠)」, 3번은 「弟(남동생)」, 4번은 「妹(여동생)」이에요.

3 こうえんは 近いですか。	3 공원은 가깝습니까?
1 ちかい 2 とおい	**1 가깝다** 2 멀다
3 ひろい 4 ふるい	3 넓다 4 낡다, 오래되다

해설 「近い」는 '가깝다'라는 뜻으로 「ちかい」라고 읽어요. 다양한 형용사 어휘를 잘 익혀두어야 해요. 답은 1번이고, 2번은 「遠い(멀다)」, 3번은 「広い(넓다)」, 4번은 「古い(낡다, 오래되다)」이에요.

4 毎日 とても いそがしいです。	4 매일 아주 바쁩니다.
1 まいげつ 2 まいつき	1 매월 2 매달
3 まいとし **4 まいにち**	3 매년 **4 매일**

해설 「毎日」는 '매일'이라는 뜻으로 「まいにち」라고 읽어요. 따라서 답은 4번이에요. 1번은 「毎月(매월)」, 2번은 「毎月(매달)」, 3번은 「毎年(매년)」이에요. 참고로 1, 2번은 같은 의미지만 주로 2번을 사용해요.

5 がくせいたちが 立って います。	5 학생들이 서 있습니다.
1 とって 2 かって	1 (사진) 찍고 2 사고
3 しって **4 たって**	3 알고 **4 서**

해설 「立って」의 원형은 「立つ」로 '서다'라는 의미죠. 읽는 법은 「たつ」예요. 시험에 3번이나 출제되었으니 꼭 외워둡시다. 1, 2, 3번의 원형은 각각 「撮る(찍다)」, 「買う(사다)」, 「知る(알다)」이에요.

6 きょうは 雨です。		6 오늘은 비입니다.	
1 あめ	2 くもり	**1 비**	2 흐림
3 ゆき	4 はれ	3 눈	4 맑음

해설 「雨」는 '비'라는 뜻으로 「あめ」라고 읽죠. 주로 「雨がふる(비가 내리다)」 형태로 많이 쓰여요. 답은 1번이고, 2번은 「曇り(흐림)」, 3번은 「雪(눈)」, 4번은 「晴れ(맑음)」이에요.

7 空が あおいです。		7 하늘이 푸릅니다.	
1 うみ	**2 そら**	1 바다	**2 하늘**
3 やま	4 かわ	3 산	4 강

해설 「空」는 '하늘'이라는 뜻으로 「そら」라고 읽어요. 답은 2번이고, 1번은 「海(바다)」, 3번은 「山(산)」, 4번은 「川(강)」이에요. 정답을 비롯해 오답인 어휘들도 모두 시험에 자주 출제되었으니 꼭 외워두세요.

もんだい2 ______の ことばは どう かきますか。1・2・3・4から いちばん いい ものを ひとつ えらんで ください。	문제 2 **______의 어휘는 어떻게 씁니까? 1·2·3·4 중 가장 적절한 것을 하나 고르세요.**

8 おとうとは ちからが つよいです。		8 남동생은 힘이 셉니다.	
1 刀	**2 力**	1 X	**2 힘**
3 丸	4 九	3 X	4 X

해설 「ちから」는 '힘'이라는 뜻으로 「力」라고 써요. 따라서 답은 2번이며, 오답 4번에 있는 숫자 '9'와 잘 헷갈릴 수 있으니 주의해요.

단어 力(ちから) 힘

9 ここは ひとが すくないですね。		9 여기는 사람이 적네요.	
1 小ない	2 小い	1 X	2 X
3 少ない	4 少い	**3 적다**	4 X

해설 「すくない」는 '(양이) 적다'는 의미로 「少ない」라고 표기해야 돼요. 그리고 헷갈릴 수 있는 단어로 「ちいさい (크기가) 작다」라는 표현이 있죠. 이 경우에는 「小さい」로 표기하는 점을 기억해 두세요.

10 あなたの くには とおいですか。		10 당신의 나라(고국)는 멉니까?	
1 国	2 凶	**1 나라(고국)**	2 X
3 区	4 囲	3 X	4 X

해설 「くに」는 '나라'라는 뜻으로 「国」라고 써야 해요. 2번은 '길흉'의 '흉', 3번은 '구역'의 '구', 4번은 '주위'의 '위'인데 N5에서 배우는 한자는 아니므로 정답인 「国」를 쓰면서 정확히 익혀두세요.

11 ともだちが　うちに　<u>きました</u>。				11 친구가 집에 <u>왔습니다</u>.			
1	木ました	**2**	**来ました**	1	X	**2**	**왔습니다**
3	半ました	4	午ました	3	X	4	X

해설　「きました」는 시험에 자주 나오는 동사로 '왔습니다'라는 뜻이에요. 한자로는 「来ました」라고 쓰므로 답은 2번이에요. 1번은 '목요일'의 '목', 3번은 시간 표현의 '~반', 4번은 '오전, 오후'의 '오' 부분을 나타내는 한자예요.

12 きのうは　<u>ぷーる</u>で　およぎました。				12 어제는 <u>수영장</u>에서 헤엄쳤습니다.			
1	ポール	**2**	**プール**	1	X	**2**	**수영장**
3	ポーソ	4	プーソ	3	X	4	X

해설　적합한 가타카나를 찾는 문제예요. '수영장'은 시험에 출제된 적 있는 어휘로 꼭 기억해 두어야 해요.

もんだい3　（　　　）に　なにが　はいりますか。1・2・3・4から　いちばん　いいものを　ひとつ　えらんで　ください。	문제 3　(　)에 무엇을 넣습니까? 1·2·3·4 중 가장 적절한 것을 하나 고르세요.

13 きょうは　かいものに（　　　）。				13 오늘은 쇼핑하러 <u>갑니다</u>.			
1	**いきます**	2	おきます	**1**	**갑니다**	2	둡니다
3	かきます	4	はきます	3	씁니다	4	(하의) 입습니다, (신발) 신습니다

해설　「かいもの」는 '쇼핑'이죠. 뒤에 「…に いく」를 붙이면 '~하러 간다'라는 의미를 나타낼 수 있어요. 따라서 답은 1번 「いきます」가 돼요. 2번은 '둡니다', 3번은 '(글자를) 씁니다', 4번은 '(하의/신발을) 입습니다/신습니다'이므로 괄호에 넣기 적합하지 않아요.

14 くらいですから、でんきを（　　　）ください。				14 어두우니까 불을 <u>켜</u> 주세요.			
1	けして	2	しめて	1	끄다	2	닫다
3	**つけて**	4	あけて	**3**	**켜다**	4	열다

해설　「でんきを(불을)」 뒤에 이어 붙일 수 있는 표현은 1번 「けす(끄다)」와 3번 「つける(켜다)」가 있어요. 앞부분의 「くらいですから(어두우니까)」까지 읽어야 답이 3번임을 알 수 있어요.

15 あついですから、（　　　）を　あびます。				15 더우니까 <u>샤워</u>를 합니다.			
1	エアコン	2	スーパー	1	에어컨	2	슈퍼
3	タクシー	**4**	**シャワー**	3	택시	**4**	**샤워**

해설　끝부분의 동사 「あびます」와 함께 쓸 수 있는 것은 「シャワーをあびる(샤워를 하다)」죠. 이러한 관용 표현은 되도록 많이 외워두는 것이 좋아요. 1번의 「エアコン」은 「…を つける」, '에어컨+을 켜다', 3번의 「タクシー」는 「…に のる」 '택시+를 타다'와 같이 통으로 외워주세요.

16 いもうとは　かみのけが（　　　）です。				16 여동생은 머리카락이 깁니다.			
1	ひろい	2	ふるい	1	넓다	2	오래되다, 오래다
3	**ながい**	4	せまい	**3**	**길다**	4	좁다

해설 「かみのけ」의 뜻이 '머리카락'인 것을 먼저 알아야 해요. 선택지의 형용사 중 머리카락과 함께 쓰일 수 있는 형용사는 「ながい(길다)」이므로 답은 3번이에요. 반대말인 「みじかい(짧다)」도 함께 기억해 두세요.

단어 髪(かみ)の毛(け) 머리카락

17 レストランは　ごご　7じに（　　　）。				17 레스토랑은 오후 7시에 닫힙니다(끝납니다).			
1	あるきます	**2**	**しまります**	1	걷습니다	**2**	**닫힙니다**
3	でかけます	4	あそびます	3	외출합니다	4	놉니다

해설 「レストラン」은 '레스토랑'이죠. '레스토랑'이 '7시'에 할 수 있는 동사를 찾으면 됩니다. 1번 '걷습니다', 2번 '닫힙니다', 3번 '외출합니다', 4번 '놉니다'이므로 답은 2번이에요.

18 （　　　）を　かぶります。				18 모자를 씁니다.			
1	とけい	2	くつ	1	시계	2	신발
3	**ぼうし**	4	めがね	**3**	**모자**	4	안경

해설 「かぶります」와 함께 쓰는 표현은 「ぼうしを かぶる(모자를 쓰다)」죠. 이 파트는 관용 표현이 정말 중요해요. 답은 3번이고, 1번은 「とけい+を つける(시계+를 차다)」, 2번은 「くつ+を はく(신발+을 신다)」, 4번은 「めがね+を かける(안경+을 쓰다)」라고 결합하여 쓰여요. 기본적인 관용 표현은 꼭 묶어서 기억해 두세요.

もんだい4 ＿＿＿の　ぶんと　だいたい　おなじ　いみの　ぶんが　あります。1・2・3・4から　いちばん　いいものを　ひとつ　えらんで　ください。	**문제 4** ＿＿＿의 문장과 대체로 같은 의미의 문장이 있습니다. 1·2·3·4 중 가장 적절한 것을 하나 고르세요.

19 この　たてものは　ふるいです。	19 이 건물은 오래되었습니다.
1 この　たてものは　きれいじゃ　ありません。	1 이 건물은 깨끗하지 않습니다.
2 この　たてものは　ゆうめいじゃ　ありません。	2 이 건물은 유명하지 않습니다.
3 この　たてものは　たかくないです。	3 이 건물은 높지 않습니다.
4 この　たてものは　あたらしくないです。	**4 이 건물은 새롭지 않습니다.**

해설 「ふるい(낡다, 오래되다)」와 같은 의미의 말을 찾아요. 4번의 「あたらしくない(새롭지 않다)」가 답이 되는데, 이처럼 이 파트에서는 반대말을 외워두는 것이 유리해요. 1번은 '깨끗하지 않다=「きたない(더럽다)」', 2번은 '유명하지 않다=「知られていない(알려지지 않다)」', 3번은 '높지 않다=「ひくい(낮다)」'처럼 함께 알아두는 것이 좋아요.

20 キムさんは　すずきさんに　ほんを　かしました。	20 김 씨는 스즈키 씨에게 책을 빌려주었습니다.
1 すずきさんは　キムさんに　ほんを　もらいました。	1 스즈키 씨는 김 씨에게 책을 받았습니다.
2 キムさんは　すずきさんに　ほんを　もらいました。	2 김 씨는 스즈키 씨에게 책을 받았습니다.
3 すずきさんは　キムさんに　ほんを　かりました。	**3 스즈키 씨는 김 씨에게 책을 빌렸습니다.**
4 キムさんは　すずきさんに　ほんを　かりました。	4 김 씨는 스즈키 씨에게 책을 빌렸습니다.

해설　「かす」는 다른 사람에게 '빌려주는' 행위를 말하고, 「かりる」는 '빌리는' 행위를 말하죠. 소유권을 넘긴 것은 아니므로 「もらう(받다)」를 사용해서는 안 되고, 김 씨가 스즈키 씨에게 빌려준 상황이기 때문에 같은 의미의 문장은 3번, '스즈키 씨가 김 씨에게 빌렸다'가 정답이 돼요. 시험에 잘 나오는 표현이니 꼭 기억해 두세요.

21 かぞくに　れんらくします。	21 가족에게 연락합니다.
1 かぞくに　まいにち　あいます。	1 가족을 매일 만납니다.
2 かぞくに　でんわや　メールを　します。	**2 가족에게 전화나 메일을 합니다.**
3 かぞくに　プレゼントを　おくります。	3 가족에게 선물을 보냅니다.
4 かぞくに　かいものを　たのみます。	4 가족에게 쇼핑을 부탁합니다.

해설　「れんらくします」와 같은 의미의 문장을 찾아요. 「れんらく」는 '연락'이라는 의미죠. 답은 2번, '전화나 메일을 합니다'가 돼요.

언어지식(문법)

もんだい 1　(　　)に 何を 入れますか。1・2・3・4から いちばん いい ものを 一つ えらんで ください。	**문제 1 (　　)에 무엇을 넣습니까? 1·2·3·4 중 가장 적절한 것을 하나 고르세요.**

1 けさ 駅で 友だち (　　) 会いました。	1 오늘 아침 역에서 친구를 만났습니다.
1 で　　**2 に**	1 ~(에)서　　**2 ~을/를**
3 を　　4 へ	3 ~을/를　　4 ~(으로), ~에(게)

해설 기본적으로 '~을/를'의 뜻을 가진 3번 「を」를 답으로 착각하기 쉽지만, '~을/를 만나다'는 「…に 会う」로 표현해요. 또한 '~을/를 타다'의 경우에도 반드시 「…に のる」로 표현하니 이 두 가지 경우에는 조사로 「に」를 써야 하는 점을 꼭 외워두세요. 따라서 답은 2번이에요.

2 木村「田中さん (　　) 歌 (　　) 上手ですね。カラオケが 好きですか。」 田中「はい。きのうも カラオケに 行きました。」	2 기무라: '다나카 씨는 노래를 잘하네요. 노래방을 좋아해요?' 다나카: '네, 어제도 노래방에 갔어요.'
1 は／が　　2 は／を	**1 ~은/는, ~을/를**　　2 ~은/는, ~을/를
3 が／は　　4 が／を	3 ~이/가, ~은/는　　4 ~이/가, ~을/를

해설 주어를 「…は」로 표현하는 것은 잊지 않으셨죠? 따라서 1, 2번 중에 답을 골라야 해요. '~을/를 잘하다'는 「…が 上手だ」라고 써서 조사 「を」가 아닌 「が」를 써야 하는 표현이에요. 답은 1번이에요. '~을/를 못하다'는 「…が 下手だ」였던 것도 다시 한 번 기억해 두세요.

3 かばんは つくえ (　　) うえに おきます。	3 가방은 책상 위에 둘게요.
1 を　　**2 の**	1 ~을/를　　**2 ~의**
3 に　　4 で	3 ~에, ~으로　　4 ~(에)서

해설 위치를 나타낼 때 명사와 위치 명사를 「の」로 연결하죠. 「つくえの うえ」는 '책상 위', 「つくえの した」는 '책상 아래'예요. 따라서 답은 2번이에요.

4 弟は 私 (　　) 足が はやいです。	4 남동생은 저보다 달리기가 빠릅니다.
1 だけ　　2 など	1 ~만　　2 ~등, ~따위
3 より　　4 まで	**3 ~보다**　　4 ~까지

해설 「弟(남동생)」과 「私(나)」 이렇게 두 명의 대상이 나오고 형용사가 나오므로 비교하는 표현이 들어갈 수 있어요. 1번은 '~만', 2번은 '~등, ~따위', 3번은 '~보다', 4번은 '~까지'라는 뜻으로 답은 비교 표현인 3번이에요. 「…より…ほうが…です(~보다 ~쪽이 ~입니다)」 구문도 다시 한 번 기억해 두세요.

단어 足がはやい 달리기가 빠르다

5　学校から　わたしの　いえまで　２０分（　　　）かかります。	5　학교에서 우리 집까지 20분 정도 걸립니다.
1　を　　　2　ごろ	1　~을/를　　　2　~경
3　ぐらい　　　4　に	**3　~정도**　　　4　~에, ~으로

해설　숫자 표현 뒤에 「…ぐらい」를 붙이면 '~정도'라는 의미가 돼요. 같은 표현으로 「…ほど」를 써도 돼요. 정답은 3번이고, 2번의 「ごろ」는 시간 뒤에 붙여 '~경'이라는 의미를 가져요.

6　この　りんごは　五つ（　　　）1,000円です。	6　이 사과는 다섯 개에 1,000엔입니다.
1　に　　　2　や	1　~에, ~으로[때·장소]　2　~이랑
3　と　　　**4　で**	3　~와, ~이랑　　　**4　~다 해서**

해설　'~다 해서'라는 표현은 「…で」죠. 따라서 답은 4번이고, '~에' 부분을 단순히 해석해서 1번으로 착각하지 않도록 주의해요. 참고로 자주 쓰는 표현으로 「全部で(전부 다 해서)」도 함께 기억해 두세요.

7　この　レストランの　料理は　あまり（　　　）と　思います。	7　이 레스토랑 요리는 그다지 맛있지 않다고 생각합니다.
1　おいしい　　　**2　おいしくない**	1　맛있다　　　**2　맛있지 않다**
3　おいしいです　　　4　おいしくないです	3　맛있어요　　　4　맛있지 않아요

해설　괄호 부분 앞뒤로 내용을 확인해야 돼요. 「あまり」는 '그다지'라는 뜻으로 뒤에 부정 표현이 놓여야 하죠. 그리고 「…と 思います(~라고 생각합니다)」 앞에는 보통형이 들어가야 해요. 따라서 답은 2번이에요.

8　この　ワンピースは　かわいいです（　　　）、高いです。	8　이 원피스는 귀엽지만 비쌉니다.
1　で　　　2　と	1　~에서　　　2　~와, ~이랑
3　か　　　**4　が**	3　~까?[의문]　　　**4　~지만**

해설　「かわいいです(귀엽습니다)」라는 정중형으로 말이 끝났고, 괄호 뒤에 「高いです(비쌉니다)」라는 말을 이어 붙여야 해요. '귀엽다'와 '비싸다'는 서로 반대되는 의미로, 역접 형태로 붙여야 하므로 「…ですが(~이지만)」를 붙이면 돼요. 따라서 답은 4번이에요.

단어　ワンピース 원피스

9　鈴木さんは　ギターを　ひく（　　　）が　できます。	9　스즈키 씨는 기타를 칠 수 있습니다.
1　ところ　　　2　とき	1　X　　　2　X
3　こと　　　4　もの	**3　(~할) 수**　　　4　X

해설　'~을 할 수 있다'라는 표현을 할 때 「동사 원형+ことが できる」 문형을 사용하죠. 따라서 답은 3번이에요.

もんだい 2 ＿★＿ に 入る ものは どれですか。1・2・3・4からいちばん いい ものを 一つ えらんで ください。	문제 2 ＿★＿**에 들어갈 것은 어느 것입니까? 1·2·3·4 중 가장 적절한 것을 하나 고르세요.**

10 たんじょうびに ＿＿＿ ＿＿＿ ＿★＿ ＿＿＿ です。	10 생일에 멋진 선물을 ★받아서 기뻤습니다.
1 うれしかった　　2 プレゼントを	1 기뻤다　　2 선물을
3 すてきな　　**4 もらって**	3 멋진　　**4 받아서**

해설 3번「すてきな(멋진)」은 뒤에 명사를 수식하는 위치에 놓여야 하므로 2번의「プレゼントを(선물을)」과 붙여요. 조사「を」는 '명사+を+동사' 순서로 구성되기 때문에 그 뒤에 동사「もらって(받아서)」를 붙이면 돼요. 따라서 올바른 순서는 3-2-4-1이며, 답은 4번이에요.

단어 嬉しい 기쁘다 | すてきだ 멋지다

11 この ＿＿＿ ＿★＿ ＿＿＿ ＿＿＿ とき べんりです。	11 이 펜은 ★가볍고 쓰기 편하니까 회의 때 편리합니다.
1 かいぎの　　2 ペンは	1 회의　　2 펜은
3 かるくて　　4 かきやすいから	**3 가볍고**　　4 쓰기 편하니까

해설 우선 처음 또는 마지막 부분을 연결하는 게 빠르고 쉬운 방법이에요. 마지막 빈칸 다음에「…とき(~할 때)」가 있으므로 앞에 명사로 연결할 수 있는 1번을 마지막 빈칸에 넣어요. 그 다음 처음으로 다시 돌아와서,「この(이)」 뒤에 명사가 놓여야 하니 맨 앞에 2번을 놓아요. 남은 3, 4번은 연결형 접속사「て」가 있어 나열할 수 있으므로 올바른 순서는 2-3-4-1가 되며, 답은 3번이에요.

12 その 角を ＿＿＿ ＿＿＿ ＿★＿ ＿＿＿ コンビニが あります。	12 그 모퉁이를 오른쪽 으로 ★돌 면 편의점이 있습니다.
1 へ　　2 右	1 ~으로　　2 오른쪽
3 曲がる　　4 と	**3 돌다**　　4 ~하면

해설 위치를 나타내는「右(오른쪽)」 뒤에는 방향 조사인「…へ」 또는「…に」를 붙여야 돼요. 그리고 동사 원형인「曲がる(돌다)」에 가정의「…と」를 붙이면 '~하면'이 되죠. 따라서 올바른 순서는 2-1-3-4이며, 답은 3번이 돼요.

13 私は ＿＿＿ ＿★＿ ＿＿＿ ＿＿＿ を 聞きます。	13 저는 자기 ★전 에 라디오를 듣습니다.
1 ラジオ　　2 に	1 라디오　　2 ~에
3 前　　4 ねる	**3 ~하기 전**　　4 자다

해설 마지막에 목적어를 나타내는 조사「を」가 있으니 바로 앞에 넣을 명사를 찾아야 하는데,「聞く」와 내용이 맞는 것은 1번의「ラジオ(라디오)」이므로 마지막 빈칸에 넣어요. 그리고「동사+前に」는 '~하기 전에'라는 의미이므로 4-3-2번을 나란히 놓아요. 따라서 올바른 순서는 4-3-2-1이며, 답은 3번이에요.

もんだい 3 [14] から [17] に 何を 入れますか。文章の 意味を 考えて、1・2・3・4から いちばん いい ものを 一つ えらんで ください。

문제 3 [14]~[17]에 무엇을 넣습니까? 문장의 의미를 생각하여 1·2·3·4 중 가장 적절한 것을 하나 고르세요.

下の ぶんしょうは りゅうがくせいが 書いた さくぶんです。

(1) シウォンさんの さくぶん

> 私の しゅみは 歌を 聞くことです。さいきん、日本の 歌や イギリスの 歌 [14]、いろいろな 国の 歌を 聞いて います。上手に 歌いたくて れんしゅうも しています。でも、言葉の いみは よく [15]。この 日本語学校には、いろいろな 国の 人が いますから、みなさんの 国の 歌を しょうかいして ください。よろしく おねがいします。

(2) ハミンさんの さくぶん

> 私の しゅみは えいがを 見る ことです。国では、よく かぞくや 友だちと いっしょに えいがを 見に 行きました。日本では、まだ [16] 見た ことが ありません。えいがかんが ある 場所が わからないからです。いっしょに 見る 友だちも まだ いません。もし、えいがが 好きな 人が いたら、いっしょに [17]。

아래 문장은 유학생이 쓴 작문입니다.

(1) 시원 씨의 작문

> 저의 취미는 노래를 듣는 것입니다. 최근 일본 노래나 영국 노래 14)①등 여러 나라의 노래를 듣고 있습니다. 잘 부르고 싶어서 연습도 하고 있습니다. 하지만 말의 의미는 잘 15)②모르겠습니다. 이 일본어 학교에는 여러 나라의 사람이 있으니까 여러분의 나라의 노래를 소개해 주세요. 잘 부탁드립니다.

(2) 하민 씨의 작문

> 저의 취미는 영화를 보는 것입니다. 고국에서는 자주 가족이나 친구와 같이 영화를 보러 갔습니다. 일본에서는 아직 16)④한 번도 본 적이 없습니다. 영화관이 있는 장소를 모르기 때문입니다. 같이 볼 친구도 아직 없습니다. 만일 영화를 좋아하는 사람이 있으면 같이 17)①보고 싶습니다.

[14]	**1**	**など**	2	か
	3	は	4	や
[15]	1	わかります	**2**	**わかりません**
	3	わかりました	4	わかりませんでした
[16]	1	よく	2	たいてい
	3	いつも	**4**	**いちども**
[17]	**1**	**見たいです**	2	見ません
	3	見たら いいです	4	見ると いいです

[14]	**1**	**~등, ~따위**	2	~까?[의문]
	3	~은/는	4	~이나
[15]	1	알아요	**2**	**모르겠습니다**
	3	알겠습니다	4	몰랐습니다
[16]	1	자주	2	대체로
	3	항상	**4**	**한 번도**
[17]	**1**	**보고 싶습니다**	2	보지 않습니다
	3	보면 됩니다	4	보면 좋습니다

단어 イギリス [국가] 영국 | 言葉 말 | いみ 의미 | 場所 장소 | もし 만일, 만약 | たいてい 대체로, 대부분

14 해설 명사를 나열할 때 「…や…など(~이나 ~등)」을 사용하죠. 앞부분에 「…日本の歌や(일본 노래나)」가 나왔으니 답은 1번이에요.

15 해설 앞부분에 잘 부르고 싶어서 연습 중이라고 했는데 「でも(하지만)」으로 연결했으므로 노래의 의미는 잘 '모른다'가 이어져야 적합해요. 그리고 시제를 확인해야 하는데, 과거에 몰랐던 것이 아니라 지금 잘 모르는 상황이기 때문에 답은 2번이에요.

16 해설 앞부분에서 취미로 영화를 자주 보았다고 하는데, 일본에서는 '본 적이 없다'고 하고 있어요. 같이 쓸 수 있는 표현으로 4번 「いちども(한 번도)」가 가장 적합해요.

17 해설 '만약 영화 좋아하는 친구가 있으면 함께'라는 말 뒤에 올 표현으로 '보고 싶다'라는 희망 표현이 매끄러워요.

독해

もんだい 4 つぎの (1)から (2)の ぶんしょうを よんで、しつもんに こたえて ください。こたえは、1・2・3・4から いちばん いい ものを ひとつ えらんで ください。	문제 4 **다음 (1)~(2)의 문장을 읽고 질문에 답하세요. 답은 1·2·3·4 중 가장 적절한 것을 하나 고르세요.**

(1) 友だちから メールが 来ました。	(1) 친구에게서 메일이 왔습니다.
ハンナさん 今日の 13時に しんじゅくで 会いましょうと 言いました。でも、今日の 昼 わたしは じゅぎょうが ありますから、会うことが できません。すみませんが、あしたの 15時に しぶやで 会いませんか。おへんじ ください。 リカ	한나 씨 오늘 13시에 신주쿠에서 만나자고 했어요. 하지만 오늘 낮에 저는 수업이 있기 때문에 만날 수 없어요. 죄송하지만, 내일 15시에 시부야에서 만나지 않을래요? 답장 주세요. 리카
18 リカさんは ハンナさんに 何が 言いたいですか。	18 리카 씨는 한나 씨에게 무엇을 말하고 싶습니까?
1 今日 しぶやで ハンナさんに 会いたいです。	1 오늘 시부야에서 한나 씨를 만나고 싶습니다.
2 今日 13時に しぶやへ 行きたいです。	2 오늘 13시에 시부야에 가고 싶습니다.
3 あした しごとが したいです。	3 내일 일을 하고 싶습니다.
4 あした 15時に ハンナさんに 会いたいです。	**4 내일 15시에 한나 씨를 만나고 싶습니다.**

해설 앞부분은 상황 설명이고, 정말 하고 싶은 말은 마지막의 「すみませんが、あしたの15時にしぶやで会いませんか(죄송하지만, 내일 15시에 시부야에서 만나지 않겠습니까?)」 부분이에요. 따라서 답은 4번이에요.

(2)

母が 新しい 車を 買いました。古い 車は もう 使いませんから、売ります。わたしは 古い 車が 好きでした。その 車が ほしいですが、わたしは うんてんが できませんから、もらうことが できません。ざんねんです。

(2)

엄마가 새 차를 샀습니다. 낡은 차는 이제 사용하지 않으니까 팔 겁니다. 저는 낡은 차를 좋아했습니다. 그 차를 갖고 싶지만 저는 운전을 못하기 때문에 받을 수가 없습니다. 아쉽습니다.

19 わたしは どうして ざんねんですか。

1 母の 車を 売ることが できないから

2 新しい 車を もらうことが できないから

3 古い 車を 買うことが できないから

4 古い 車を もらうことが できないから

19 나는 어째서 아쉽습니까?

1 엄마의 차를 팔 수가 없으니까

2 새 차를 받을 수 없으니까

3 낡은 차를 살 수 없으니까

4 낡은 차를 받을 수 없으니까

해설 「売る(팔다)」와 「買う(사다)」를 잘 구분해야 해요. 엄마가 새 차를 샀고 낡은 차는 팔기로 했어요. 나는 운전을 못하므로 낡은 차를 받을 수 없는 상황이죠. 따라서 답은 4번이에요.

단어 ざんねんだ 아쉽다

もんだい 5 つぎの文章をよんで、質問に答えてください。答えは、1・2・3・4から、いちばんいいものを一つえらんでください。

문제 5 다음 문장을 읽고 질문에 대답하세요. 답은 1·2·3·4 중 가장 적절한 것을 하나 고르세요.

これは、留学生の作文です。

としょかん

パク・ミラン

私の しゅみは 本を 読む ことです。家の 近くに としょかんが あるので、よく 行きます。今日の 午後、としょかんへ 本を かえしに 行きました。そこで、大学の 友だちに 会いました。友だちも 本を かえしに 来て いました。私たちは 自分が 読んだ 本の 話を しました。私が 読んだ 本は 日本の 有名な 本で 『心』です。友だちは 「読んだことが あるよ。とても おもしろいよね。」と 言いました。

友だちが 読んだ 本は 英語の 本で 『老人と 海』です。友だちは 「とても 有名な 本だよ。」と 言いました。その 本は 私も 知っ

이것은 유학생의 작문입니다.

도서관

박미란

저의 취미는 책을 읽는 것입니다. 집 근처에 도서관이 있기 때문에 자주 갑니다. 오늘 오후 도서관에 책을 반납하러 갔습니다. 거기에서 대학 친구를 만났습니다. 친구도 책을 돌려주러 와 있었습니다. 우리들은 자신이 읽은 책 이야기를 했습니다. 제가 읽은 책은 일본의 유명한 책으로 '마음'입니다. 친구는 '읽은 적이 있어. 아주 재미있지.'라고 말했습니다.

친구가 읽은 책은 영어책으로 '노인과 바다'입니다. 친구는 '매우 유명한 책이야.'라고 말했습니다. 그 책은 저도 알고 있는 유명한 책으로, 저도 읽고 싶어졌습니다. 하지만 저는 일본어를 공부하고 싶기 때문에 일본의 책을 읽기로 했습니다. 빨리 일본어가 능숙해지고 싶습니다.

ている 有名な 本で、私も 読みたく なりました。でも、私は 日本語を べんきょうしたいから、日本の 本を 読むことに しました。早く 日本語が 上手に なりたいです。

20 「私」は どうして としょかんへ 行きましたか。

1 友だちに 会いたかったから

2 本を かりたかったから

3 本を かえしたかったから

4 べんきょうしたかったから

20 '나'는 어째서 도서관에 갔습니까?

1 친구를 만나고 싶었으니까

2 책을 빌리고 싶었으니까

3 책을 반납하고 싶었으니까

4 공부하고 싶었으니까

21 「私」は どうして 『老人と 海』を かりなかったですか。

1 英語が 下手だから

2 日本語の べんきょうが したかったから

3 英語の べんきょうが したかったから

4 日本語が 上手だったから

21 '나'는 어째서 '노인과 바다'를 빌리지 않았습니까?

1 영어를 못하니까

2 일본어 공부를 하고 싶었으니까

3 영어 공부를 하고 싶었으니까

4 일본어를 잘했으니까

해설 20 오늘 도서관에 간 이야기는 둘째 줄에 있어요. 「今日の 午後、としょかんへ 本を かえしに 行きました(오늘 오후 도서관에 책을 반납하러 갔습니다)」를 읽으면 책을 반납하는 것이 목적임을 알 수 있어요.

21 '노인과 바다'는 '나'도 잘 아는 유명한 책으로 '나'도 읽고 싶어졌다고 말했지만, 「でも、私は 日本語を べんきょうしたいから(하지만 저는 일본어를 공부하고 싶기 때문에)」라고 하므로 답은 2번이에요.

단어 自分 자신, 자기, 스스로

もんだい 6 みぎの ページを 見て、下の しつもんに こたえて ください。こたえは、1・2・3・4から いちばん いい ものを 一つ えらんで ください。

문제 5 **오른쪽 페이지를 읽고 아래 질문에 답하세요. 답은 1·2·3·4에서 가장 적당한 것을 하나 고르세요.**

こんしゅうの やすい もの

7月5日～7月10日

5日(月)	6日(火)	7日(水)
にんじん 200円➡150円	ぎゅうにゅう 150円➡100円	たまご 300円➡200円
8日(木)	**9日(金)**	**10日(土)**
にんじん 200円➡150円	にんじん 150円➡100円	たまご 300円➡200円

이번 주 저렴한 물건

7월 5일~7월 10일

5일(월)	6일(화)	7일(수)
당근 200엔→150엔	우유 150엔→100엔	달걀 300엔→200엔
8일(목)	**9일(금)**	**10일(토)**
당근 200엔→150엔	당근 150엔→100엔	달걀 300엔→200엔

※まいしゅう、水よう日、木よう日、金よう日は肉も　やすいです。 スーパー「中村屋」 なかむら町　123-4 電話：123-456-7890 休み：日よう日	* 매주 수요일, 목요일, 금요일은 고기도 저렴합니다. 슈퍼 '나카무라야' 나카무라쵸 123-4 전화: 123-456-7890 휴무: 일요일
22 リンさんは、たまごが　やすい　日に　スーパーへ　行きたいです。肉も　やすい　日が　いいです。いつ　行きますか。	22 린 씨는 달걀이 저렴한 날에 슈퍼에 가고 싶습니다. 고기도 저렴한 날이 좋습니다. 언제 갑니까?
1 7日(水)　　2 7日(水)か8日(木) 3 7日(水)か10日(土)　　4 10日(土)	**1 7일(수)**　　2 7일(수)이나 8일(목) 3 7일(수)이나 10일(토)　　4 10일(토)

해설 「たまご(달걀)」이 저렴한 날은 7일(수), 10일(토) 이틀이죠. 하단에 ※ 표시를 보면 「肉(고기)」가 저렴한 날은 매주 수, 목, 금요일이라고 되어있어요. 겹치는 날은 7일(수)로 1번이 정답이에요. 정보 검색 문제를 풀 때는 ※ 표시를 꼭 확인해야 해요.

단어 肉 고기 | にんじん 당근 | 牛乳 우유

청해

もんだい1　もんだい1では、まず　しつもんを　聞いて　ください。それから　話を　聞いて、もんだいようしの　1から4の　中から、いちばん　いい　ものを　一つ　えらんで　ください。

문제 1　문제1에서는 우선 질문을 들어주세요. 그러고 나서 이야기를 듣고 문제지의 1~4 중 가장 적절한 것을 하나 고르세요.

学校で男の学生と女の学生が話しています。男の学生は何時に女の学生の家に行きますか。

M: アンナさん、ごめんなさい。借りていたノートを家に忘れてきました。
F: 明日はテストですから、今日はテストの勉強がしたいです。あとで家まで持ってきてください。
M: わかりました。学校が終わったら、すぐ家に取りに帰ります。5時ごろになりますが、いいですか。
F: 私は7時までアルバイトです。アルバイトの店から家まで30分くらいかかりますけど…。
M: じゃ、7時半ごろですね。
F: いいえ、その30分あとにしてください。
M: わかりました。

男の学生は何時に女の学生の家に行きますか。

1　1　5じ　　2　5じ　はん
　 3　7じ　はん　　**4　8じ**

학교에서 남학생과 여학생이 이야기하고 있습니다. 남학생은 몇 시에 여학생 집에 갑니까?

M: 안나 씨, 미안해요. 빌렸던 노트를 집에 두고 왔어요.
F: 내일은 시험이니까 오늘은 시험 공부를 하고 싶어요. 나중에 집까지 가지고 와 주세요.
M: 알겠어요. 학교가 끝나면 바로 집에 가지러 갈게요. 5시쯤이 되는데 괜찮아요?
F: 저는 7시까지 아르바이트예요. 아르바이트 가게에서 집까지 30분 정도 걸리는데요….
M: 그럼 7시 반쯤이겠네요.
F: 아니요, 그 30분 후로 해 주세요.
M: 알겠어요.

남학생은 몇 시에 여학생 집에 갑니까?

1　1　5시　　2　5시 반
　 3　7시 반　　**4　8시**

해설　남학생이 몇 시에 여학생 집에 가는지 묻고 있어요. 여학생이 7시에 아르바이트를 마치고 집까지 30분 정도 걸린다고 하니, 남학생이 「じゃ、7時半ごろですね(그럼 7시 반쯤이군요)」라고 확인했어요. 그랬더니 여학생이 「いいえ、その30分あとにしてください(아니요, 그 30분 후로 해 주세요)」라고 대답했기 때문에 남학생은 8시에 가면 돼요.

단어　取る 가져오다, 집어오다

男の人と女の人が話しています。男の人は何を買いに行きますか。

M: ミクちゃんにあげる誕生日プレゼント、ケーキはどうですか。

남자와 여자가 이야기하고 있습니다. 남자는 무엇을 사러 갑니까?

M: 미쿠에게 줄 생일 선물, 케이크는 어때요?

F: いいですね。でも、ケーキだけでは少ないですから、他のものも買いましょう。

M: じゃ、時計はどうですか。

F: ミクちゃんは、時計を持っていますよ。うーん、面白い本はどうでしょうか。ミクちゃんは、本が好きですから。

M: いいですね。

F: じゃ、それは私が買いますから、もう一つのほうを買ってください。

M: わかりました。

男の人は何を買いに行きますか。

F: 좋네요. 근데 케이크만으로는 적으니까 다른 것도 삽시다.

M: 그럼 시계는 어때요?

F: 미쿠는 시계를 가지고 있어요. 음, 재미있는 책은 어떨까요? 미쿠는 책을 좋아하니까요.

M: 좋네요.

F: 그럼 그것은 제가 살 테니까, 다른 하나인 쪽(케이크)을 사 주세요.

M: 알겠어요.

남자는 무엇을 사러 갑니까?

2

1

2

3

4

해설 우선 보기에 있는 그림들을 일본어로 생각해요. 1번은 '시계'「とけい」, 2번은 '책'「ほん」, 3번은 '케이크'「ケーキ」, 4번은 '와인'「ワイン」이에요. 그 후에 질문을 체크해 보면, 남자가 무엇을 사러 가는지 묻고 있죠. 처음에 케이크를 사자고 했고, 그것만으로는 적으니 책도 사자고 했어요. 마지막에 여자가「じゃ、それは私が買いますから、もう一つのほうを買ってください(그럼, 그것(책)은 제가 살 테니 다른 하나인 쪽을 사 주세요)」라고 했으므로 남자는 케이크를 사야 해요. 따라서 답은 3번이에요.

うちで男の人と女の人が話しています。男の人は何を買いますか。

M: ちょっと散歩に行ってきます。

F: じゃ、スーパーでトマトを買ってきてください。

M: わかりました。卵は大丈夫ですか。

F: それは大丈夫です。それから、ソーセージを買ってきてください。

M: ソーセージは冷蔵庫にありましたよ。

F: はい、でも冷蔵庫には一つしかありません。

M: わかりました。すぐ、買ってきますね。

男の人は何を買いますか。

집에서 남자와 여자가 이야기하고 있습니다. 남자는 무엇을 삽니까?

M: 잠깐 산책하러 다녀 올게요.

F: 그럼 슈퍼에서 토마토를 사와 주세요.

M: 알겠어요. 달걀은 괜찮아요?

F: 그건 괜찮아요. 그리고 소시지를 사와 주세요.

M: 소시지는 냉장고에 있었어요.

F: 네, 하지만 냉장고에는 하나밖에 없어요.

M: 알겠어요. 금방 사 올게요.

남자는 무엇을 삽니까?

3

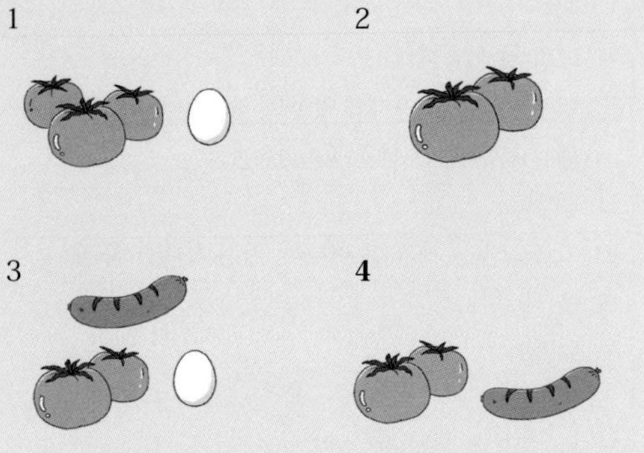

해설 우선 보기에 있는 그림들을 일본어로 생각해요. 「トマト(토마토)」, 「たまご(달걀)」, 「ソーセージ(소시지)」가 나와있죠. 질문에서는 남자가 무엇을 사는지 묻고 있어요. 여자가 '토마토와 소시지를 사오라고' 부탁했는데, 남자가 '소시지는 냉장고에 있었다'고 했죠. 여기서 헷갈릴 수 있지만 여자가 「でも、れいぞうこには一つしかありません(하지만 냉장고에는 하나밖에 없어요)」라고 해서 남자가 바로 사오겠다고 해요. 따라서 답은 4번이에요.

단어 **それから** 그리고, 그러고 나서

会社で男の人と女の人が話しています。男の人はこれから何をしますか。

F: すずきさん、30分後に会議がありますから、お茶を買ってきてください。

M: わかりました。今、机を並べていますから、終わったら、買ってきます。

F: 机は私が並べます。お茶のほうを先に買ってきてください。

M: わかりました。お茶を買ってきたら、部長に電話をかけましょうか。

F: はい、おねがいします。

男の人はこれから何をしますか。

회사에서 남자와 여자가 이야기하고 있습니다. 남자는 앞으로 무엇을 합니까?

F: 스즈키 씨, 30분 후에 회의가 있으니까 차를 사와 주세요.

M: 알겠습니다. 지금 책상을 나열하고 있으니, 끝나면 사오겠습니다.

F: 책상은 제가 나란히 놓을게요. 차를 먼저 사와 주세요.

M: 알겠습니다. 차를 사오면 부장님께 전화를 걸까요?

F: 네, 부탁해요.

남자는 앞으로 무엇을 합니까?

4

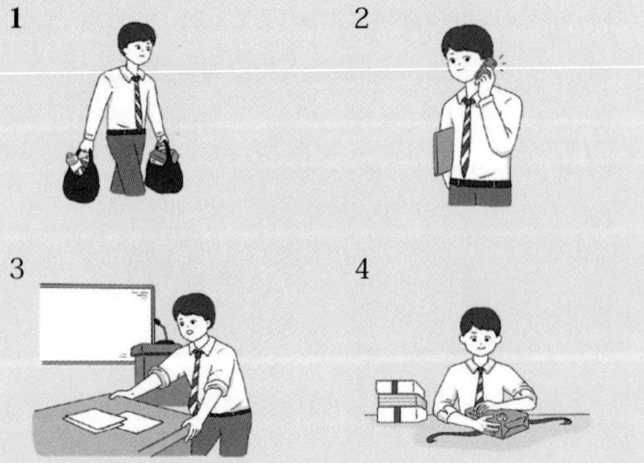

해설 그림을 먼저 파악해야 해요. 1번은 봉지에 음료를 사서 가고 있죠. 2번은 전화하는 모습, 3번은 책상을 나열하는 모습, 4번은 선물을 포장하는 모습이에요. 문제의 질문은 남자가 이제부터 무엇을 하는지 묻고 있죠. 여자가 「つくえは私が並べます。お茶のほうをさきに買ってきてください(책상은 제가 나란히 놓을게요. 차를 먼저 사와 주세요)」라고 말하고 있으므로, 답은 봉지에 음료(차)를 사서 가고 있는 모습을 나타낸 1번이에요.

단어 **並べる** 늘어놓다, 나란히 하다 | **先に** 먼저

美術館の前で女の先生が子どもたちに話しています。子どもたちは、はじめに何をしますか。

F：皆さん、今日は美術館で絵をかきます。この話の後、チケットをあげますから、静かに聞いてくださいね。まず、美術館に入ったら、かきたい作品を選んで、絵をかきます。12時になったら、入り口の公園に来てください。そこで昼ご飯を食べます。その後、また絵をかきます。3時になったら、絵を先生に出してください。

子どもたちは、はじめに何をしますか。

5

1 こうえんへ　いきます。

2 ひるごはんを　たべます。

3 さくひんを　えらびます。

4 チケットを　もらいます。

미술관 앞에서 여자 선생님이 아이들에게 이야기하고 있습니다. 아이들은 먼저 무엇을 합니까?

F: 여러분, 오늘은 미술관에서 그림을 그릴 거예요. 이 이야기 다음에 티켓을 줄 테니까 조용히 들어 주세요. 우선 미술관에 들어가면 그리고 싶은 작품을 골라서 그림을 그려요. 12시가 되면 입구에 있는 공원에 와 주세요. 거기에서 점심을 먹을 거예요. 그 다음에 또 그림을 그려요. 3시가 되면 그림을 선생님에게 제출해 주세요.

아이들은 먼저 무엇을 합니까?

5

1 공원으로 갑니다.

2 점심을 먹습니다.

3 작품을 고릅니다.

4 티켓을 받습니다.

해설 아이들이 먼저 무엇을 하는지 묻고 있어요.「この話のあと、チケットをあげますから…(이 이야기 후에 티켓을 줄 테니까…)」라고 했으므로 우선 티켓을 받아야 해요. 그 후에 미술관에 들어가서 작품을 고르고(3번), 12시에 공원에 가고(1번), 점심을 먹으므로(2번) 답은 4번이에요.

단어 作品(さくひん) 작품

学校で先生が学生に話しています。学生は明日、何を持ってきますか。

M：明日は、みんなでさくら町のゴミを拾います。暑いですから、ぼうしを持ってきてください。手袋は、学校のものを使いますので、持ってこなくても大丈夫です。それから、昼ご飯は学校が準備します。皆さんは飲み物を持ってきてください。

学生は明日、何を持ってきますか。

학교에서 선생님이 학생에게 이야기하고 있습니다. 학생은 내일 무엇을 가지고 옵니까?

M: 내일은 다같이 사쿠라쵸 쓰레기를 줍습니다. 더우니까 모자를 가지고 와 주세요. 장갑은 학교의 것을 사용하니까 가지고 오지 않아도 괜찮아요. 그리고 점심은 학교가 준비할 거예요. 여러분은 음료수를 가지고 와 주세요.

학생은 내일 무엇을 가지고 옵니까?

6

1

2

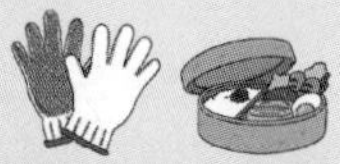

3

4

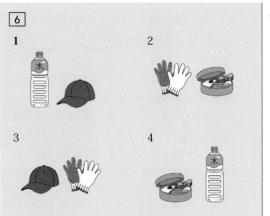

해설 그림을 먼저 확인해요. 「のみもの(마실 것)」, 「ぼうし(모자)」, 「てぶくろ(장갑)」, 「おべんとう(도시락)」가 있어요. 학생이 내일 무엇을 가져오는지 묻고 있죠. 처음에 「ぼうしを持ってきてください(모자를 가져오세요)」라고 말하고, 마지막에 「みなさんは飲みものを持ってきてください(여러분은 마실 것을 가져오세요)」라고 하고 있으므로 답은 1번이에요.

단어 手袋 장갑

学校で男の人と女の人が話しています。男の人は明日何をしますか。

F：デイビッドさん、明日は何をしますか。
M：私は一人で旅行に行きます。
F：いいですね。どこへ行きますか。
M：天気がよかったら海へ行って泳ぎたいです。
F：でも、明日は雨ですよ。
M：そうですか、ざんねんですね。それなら、プールに行ってきます。
F：そうですか。私は、バーベキューをしに行きます。
M：そうですか。次は私も行きたいです。

男の人は明日何をしますか。

학교에서 남자와 여자가 이야기하고 있습니다. 남자는 내일 무엇을 합니까?

F: 데이비드 씨, 내일은 무엇을 해요?
M: 저는 혼자서 여행하러 갈 거예요.
F: 좋네요. 어디로 가요?
M: 날씨가 좋으면 바다로 가서 수영하고 싶어요.
F: 하지만 내일은 비예요(비가 와요).
M: 그래요? 아쉽네요. 그렇다면 수영장에 다녀 올게요.
F: 그렇군요. 저는 바비큐를 하러 가요.
M: 그래요? 다음에는 저도 가고 싶어요.

남자는 내일 무엇을 합니까?

7

1

2

3

4

해설 그림을 먼저 확인해요. 1번은 「プール(수영장)」, 2번은 「うみ(바다)」, 3번은 「バーベキュー(바베큐)」, 4번은 「キャンプ(캠프)」라는 단어가 나올 수 있어요. 질문에서 남자가 내일 무엇을 하는지 묻고 있어요. 처음에 남자는 여행을 간다고 했는데 날씨가 좋으면 바다에 가고 싶다고 했죠. 그러나 내일은 비가 온다고 여자가 말해주고, 남자는 「残念ですね。それならプールに行ってきます(아쉽네요. 그렇다면 수영장에 다녀올게요)」라고 했으므로 답은 1번이에요. 끝까지 잘 들어야 정답을 찾을 수 있어요.

단어 次 다음

もんだい 2 もんだい 2では、はじめに　しつもんを　きいて　ください。それから　はなしをきいて、もんだいようしの　1から4の　中から、いちばん　いい　ものを　ひとつ　えらんで　ください。	문제 2　**문제2에서는 우선 질문을 들어주세요. 그러고 나서 이야기를 듣고 문제지의 1~4 중 가장 적절한 것을 하나 고르세요.**

男の人と女の人が話しています。男の人は明日誰と動物園に行きますか。

M: 明日は動物園に行きます。

F: いいですね。奥さんと行きますか。

M: いいえ、妻は今フランスにいます。妻の妹がフランスにいますから、会いに行きました。動物園には息子と一緒に行きます。息子より娘のほうが動物が好きですが、明日は友だちの誕生日パーティーに行くと言っていました。

F: そうですか。

男の人は明日誰と動物園に行きますか。

1　1 つま　　2 いもうと
3 むすこ　　4 むすめ

남자와 여자가 이야기하고 있습니다. 남자는 내일 누구와 동물원에 갑니까?

M: 내일은 동물원에 가요.

F: 좋네요. 아내 분과 가요?

M: 아니요, 아내는 지금 프랑스에 있어요. 아내의 여동생이 프랑스에 있어서 만나러 갔어요. 동물원에는 아들과 함께 가요. 아들보다 딸이 더 동물을 좋아하지만, 내일은 친구 생일 파티에 간다고 했어요.

F: 그렇군요.

남자는 내일 누구와 동물원에 갑니까?

1　1 아내　　2 여동생
3 아들　　4 딸

해설　남자가 내일 누구와 동물원에 가는지 묻고 있어요. 정답은 남자의 말에 있어요. 여자가 「奥さん(아내 분)」과 가냐고 물으니 남자가 「いいえ、…どうぶつえんには息子と一緒に行きます(아니요, …동물원에는 아들과 함께 가요)」라고 대답했으므로 답은 3번이에요.

日本語学校で女の学生と男の学生が話しています。男の学生は何人で旅行に行きましたか。

F：チョウさん、おはようございます。
M：あ、アナさん、おはようございます。
F：夏休みの旅行はどうでしたか。
M：楽しかったですよ。
F：一人で行きましたか。
M：いいえ、スティーブさんと、ユリさんと…。
F：三人ですか。
M：いいえ、リュウさんも来ましたから四人です。リュウさんとユリさんはすぐに帰りましたから、最後は二人になりました。
F：そうですか。

男の学生は何人で旅行に行きましたか。

2 1 ひとり　　2 ふたり
3 さんにん　　**4 よにん**

일본어 학교에서 여학생과 남학생이 이야기하고 있습니다. 남학생은 몇 명이서 여행에 갔습니까?

F: 쵸 씨, 안녕하세요.
M: 아, 아나 씨, 안녕하세요.
F: 여름방학 여행은 어땠어요?
M: 즐거웠어요.
F: 혼자서 갔어요?
M: 아니요, 스티브 씨랑 유리 씨랑….
F: 3명이요?
M: 아니요, 류 씨도 왔으니까 4명이에요. 류 씨와 유리 씨는 곧장 돌아갔으니까 마지막은 2명이 되었어요.
F: 그렇군요.

남학생은 몇 명이서 여행에 갔습니까?

2 1 한 명　　2 두 명
3 세 명　　**4 네 명**

해설 남학생이 몇 명이서 여행에 갔는지 묻고 있어요. 남자의 말에 답이 있어요. 「リュウさんも来たから四人です(류 씨도 왔으니까 4명이에요)」를 듣고 4번이 정답임을 알 수 있어요. 뒤에 이어지는 말인 「…**最後は二人になりました**(마지막은 2명이 되었어요)」는 함정이니 질문을 잘 체크하여 주의하세요.

男の人と女の人が話しています。女の人のうちにはどの写真の犬がいますか。

M：美智子さんの机の上には犬の写真がたくさんありますね。この小さくて毛が短い犬は美智子さんの犬ですか。
F：いいえ、それは、私の妹の犬です。
M：じゃ、この座っている黒い犬が、美智子さんの犬ですか。
F：いいえ、私の犬はこっちの毛が長い白い犬です。いつも、私の夫と一緒に散歩しています。黒い犬は私が子どものとき、うちにいた犬ですよ。
M：どの犬もかわいいですね。

女の人のうちにはどの写真の犬がいますか。

남자와 여자가 이야기하고 있습니다. 여자 집에는 어느 사진의 개가 있습니까?

M: 미치코 씨의 책상 위에는 개 사진이 많이 있네요. 이 작고 털이 짧은 개는 미치코 씨의 개예요?
F: 아니요, 그건 제 여동생의 개예요.
M: 그럼 이 앉아 있는 검은 개가 미치코 씨의 개예요?
F: 아니요, 제 개는 이쪽의 털이 길고 하얀 개예요. 항상 제 남편과 같이 산책하고 있어요. 검은 개는 제가 어렸을 때 우리집에 있던 개예요.
M: 어느 개도 귀엽네요(=모두 귀엽네요).

여자 집에는 어느 사진의 개가 있습니까?

3

1

2

3

4

해설 여자의 집에 어느 개가 있는지 묻고 있어요. 여자가 말하는 것이 답이기 때문에 「**私の犬はこっちの毛が長い白い犬です**(제 개는 이쪽의 털이 길고 하얀 개예요)」에 주목해요. 따라서 답은 2번이고, 처음에 남자가 언급하는 '작고 털이 짧은 개'는 '여동생의 개'이고, '앉아 있는 검은 개'는 '어릴 때 키운 개'예요. 함정에 걸리지 않도록 주의해서 잘 들어야 해요.

단어 **毛** 털 | **座る** 앉다

部屋で男の人と女の人が話しています。どれが男の人の部屋ですか。

F: とてもきれいで、広い部屋ですね。

M: ありがとうございます。さっき、机の上を掃除しました。

F: そうですか。ベッドの上に本がありますね。

M: ええ、いつも寝る前に本を読みます。私はテレビより本が好きです。

F: だから部屋にテレビがないんですね。

M: はい。テレビは見ません。その代わり、本をたくさん読みます。

どれが男の人の部屋ですか。

방에서 남자와 여자가 이야기하고 있습니다. 어느 것이 남자의 방입니까?

F: 매우 깨끗하고 넓은 방이네요.

M: 고마워요. 아까 책상 위를 청소했어요.

F: 그렇군요. 침대 위에 책이 있네요.

M: 네, 항상 자기 전에 책을 읽어요. 저는 TV보다 책을 좋아해요.

F: 그러니까 방에 TV가 없는 거군요.

M: 네. TV는 안 봐요. 그 대신에 책을 많이 읽어요.

어느 것이 남자의 방입니까?

4

1

2

3

4

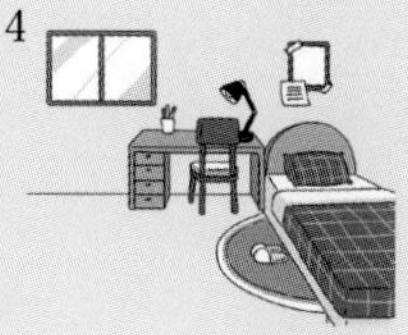

해설 남자의 방이 어느 것인지 묻고 있어요. 그림에는 「テレビ(TV)」, 「つくえ(책상)」, 「ベッド(침대)」 등이 있어요. 내용에서 남자가 「**さっき、机の上を掃除しました**(아까 책상 위를 청소했어요)」라고 한 것과, 여자가 「**だから部屋にテレビがないんですね**(그래서 방에 TV가 없는 거군요)」라고 한 것을 듣고 답은 2번임을 알 수 있어요.

단어 **ベッド** 침대 | **その代わり** 그 대신에

レストランで男の人と女の人が話しています。女の人は男の人にいくら渡しますか。

M: えーと、ぜんぶで2,000円ですね。今日は私が払いますよ。

F: いいえ、自分のは、自分で払いましょう。私はカレーとジュースです。

M: わかりました。カレーは700円で、ジュースは250円ですから、950円ですね。私のは、800円のハンバーグと250円のコーヒーで、1,050円です。

F: じゃ、今お金を渡しますから、一緒に払ってください。

M: わかりました。あ、このレストランのドリンクのサービス券が2枚ありますから、使いましょう。ジュースのお金はいりません。

F: ありがとうございます。じゃ、カレーのお金だけ払いますね。

女の人は男の人にいくら渡しますか。

5　1　2,000えん　　**2　700えん**

3　950えん　　4　800えん

레스토랑에서 남자와 여자가 이야기하고 있습니다. 여자는 남자에게 얼마 건넵니까?

M: 음, 전부해서 2,000엔이네요. 오늘은 제가 낼게요.

F: 아니요, 자신의 것은 스스로 냅시다. 저는 카레와 주스예요.

M: 알겠어요. 카레는 700엔이고 주스는 250엔이니까 950엔이네요. 제 것은 800엔의 함박 스테이크와 250엔 커피로 1,050엔이에요.

F: 그럼 지금 돈을 줄 테니 같이 내 주세요.

M: 알겠어요. 아, 이 레스토랑의 드링크 서비스권이 2장 있으니까 사용합시다. 주스 값은 필요 없어요.

F: 고마워요. 그럼 카레 값만 낼게요.

여자는 남자에게 얼마 건넵니까?

5　1　2,000엔　　**2　700엔**

3　950엔　　4　800엔

해설　여자가 남자에게 얼마 건네주는지 묻고 있어요. 금액은 전부 체크해 두는 것이 좋아요. 카레는 700엔이고 주스는 250엔, 함박 스테이크는 800엔, 커피는 250엔이라고 하죠. 여자가 자신이 먹은 카레와 주스 값을 (950엔) 건네려고 하지만 남자가 드링크 서비스권이 있다고 하여 결국 마지막에 「じゃ、カレーのお金だけ払いますね(그럼 카레 값만 낼게요)」라고 하죠. 질문하고 있는 사람의 성별이 무엇인지 체크하는 것이 가장 중요하고 해당 성별이 말할 때 주의깊게 들어야 해요. 따라서 답은 2번이에요.

男の人と女の人が話しています。女の人は土曜日に何をしますか。

M: クルミさん、週末は何をしますか。

F: えーと、日曜日はアルバイトに行って、終わったらカラオケに行きますが、土曜日は暇です。

M: 暇な日は、何をして過ごしますか。

F: 暇な日は、自分でご飯を作ったり、本を読んだりします。

M: じゃ、土曜日は本を読みますか。

F: いつもは土曜日が暇ですが、今週はアルバイトに行くので、日曜日に読みます。

M: そうですか。

女の人は土曜日に何をしますか。

남자와 여자가 이야기하고 있습니다. 여자는 토요일에 무엇을 합니까?

M: 쿠루미 씨, 주말에는 뭐 해요?

F: 음, 일요일은 아르바이트에 가고, 끝나면 노래방에 가지만 토요일은 한가해요.

M: 한가한 날은 뭘 하며 지내요?

F: 한가한 날은 제가 밥을 만들거나 책을 읽거나 해요.

M: 그럼 토요일은 책을 읽어요?

F: 평소에는 토요일이 한가하지만 이번 주는 아르바이트에 가기 때문에 일요일에 읽을 거예요.

M: 그렇군요.

여자는 토요일에 무엇을 합니까?

6

1

2

3

4

해설 그림을 먼저 확인해요. 1번은 밥을 먹고, 2번은 책을 읽고, 3번은 노래방에서 노래하고, 4번은 아르바이트를 하고 있어요. 질문은 여자가 토요일에 무엇을 하는지 묻고 있죠. 여자의 말에 답이 있는데, 마지막에 「いつもは土曜日がひまですが、今週はアルバイトに行くので…(평소에는 토요일이 한가하지만 이번 주는 아르바이트에 가기 때문에…)」라고 하고 있으므로 4번이 답이 돼요.

もんだい 3　もんだい 3 では、えを　みながら　しつもんを　きいて　ください。➡(やじるし)の　ひとは　なんと　いいますか。1 から 3 の　なかから、いちばん　いいものを　ひとつ　えらんで　ください。

문제 3　**문제 3에서는 그림을 보면서 질문을 들으세요. ➡(화살표)가 가리킨 사람은 뭐라고 말합니까? 1에서 3 중에서 가장 알맞은 것을 하나 고르세요.**

1

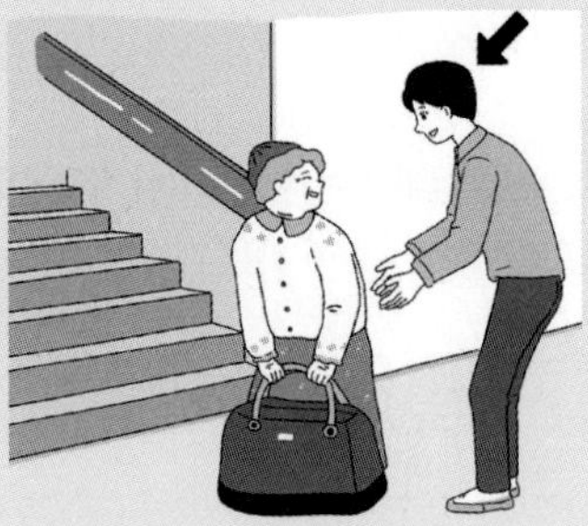

おばあさんが荷物をたくさん持っています。何と言いますか。

1 持ちましょうか。

2 持ちませんか。

3 持ってください。

할머니가 짐을 많이 들고 있습니다. 뭐라고 말합니까?

1　들어드릴까요?

2　들지 않을래요?

3　들어 주세요.

해설　할머니가 짐을 들고 있는 상황이에요. 1번은 '들어드릴까요?', 2번은 '들지 않을래요?', 3번은 '들어 주세요'라는 표현으로 답은 1번이죠. 상대방을 도와주는 상황은 시험에 자주 출제되므로 꼭 외워두세요.

2

道で子どもに注意をします。何と言いますか。

1 痛いですよ。

2 危ないですよ。

3 明るいですね。

길에서 아이에게 주의를 합니다. 뭐라고 말합니까?

1　아파요.

2　위험해요.

3　밝네요.

해설　아이가 도로로 뛰어나가고 있어요. 그럴 때 어떻게 주의를 주면 될까요? 바로 「あぶない(위험하다)」 형용사를 써서 주의를 주는 2번이 정답이에요. 1번은 「痛い(아프다)」, 3번은 「明るい(밝다)」 형용사로 그림 상황과 어울리지 않아요.

3

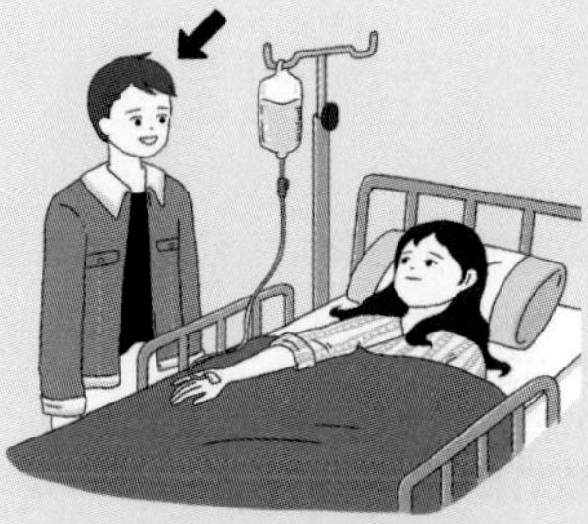

友だちが入院して、おみまいに行きました。何と言いますか。

1 おめでとう。
2 お大事に。
3 いってらっしゃい。

친구가 입원해서 병문안 갔습니다. 뭐라고 말합니까?

1 축하해.
2 몸조리 잘 해.
3 다녀오세요.

해설 친구가 병원에 누워있는 그림이고, 화살표가 가리키는 인물이 병문안 간 상황이에요. 이때 어울리는 말은 2번 「**お大事に**(몸조리 잘 해)」예요. 아픈 사람에게 빨리 낫길 바라며 하는 말이죠. 1번은 '축하할 때', 3번은 '배웅할 때' 쓰는 말이에요.

4

先生の部屋に入りたいです。何と言いますか。

1 失礼します。
2 いらっしゃいませ。
3 すみませんでした。

선생님 방에 들어가고 싶습니다. 뭐라고 말합니까?

1 실례합니다.
2 어서 오세요.
3 죄송했습니다.

해설 선생님 방에 들어갈 때 뭐라고 인사하면 좋을지 묻고 있어요. 들어갈 때는 「**失礼します**(실례하겠습니다)」라고 하므로 답은 1번이죠. 만약 일을 마치고 나올 때는 「**失礼しました**(실례했습니다)」라고 하면 돼요. 2번은 '가게에서 손님을 맞이할 때', 3번은 '잘못했을 때' 쓰는 표현이에요.

5

友だちがひっこします。何と言いますか。

1 ただいま。

2 お帰りなさい。

3 さようなら。

친구가 이사합니다. 뭐라고 말합니까?

1 다녀왔습니다.

2 어서 와요.

3 안녕.

해설 그림만으로도 짐작할 수는 있지만 「ひっこします(이사합니다)」 표현까지 알아들어야 정확한 답을 찾을 수 있어요. 친구가 이사 갈 때 뭐라고 하는지 묻고 있어요. 다음에 언제 만날지 모를 때, 긴 이별을 할 때에 3번 「さようなら(안녕)」이라고 해요. 참고로 연인 관계에서 이별할 때도 쓰는 말이에요. 1번은 '귀가했을 때', 2번은 '누군가가 돌아왔을 때' 쓰는 말이에요.

もんだい 4 もんだい 4では、えなどが ありません。ぶんを きいて、1から3の なかから、いちばん いいものを ひとつ えらんで ください。

문제 4 **문제 4에서는 그림 등이 없습니다. 우선 문장을 들어주세요. 그러고 나서 그 답변을 듣고 1~3 중 가장 적절한 것을 하나 고르세요.**

1

明日学校は何時に始まりますか。

1 3時までです。

2 午後です。

3 9時からです。

내일 학교는 몇 시에 시작됩니까?

1 3시까지입니다.

2 오후입니다.

3 9시부터입니다.

해설 질문이 무엇인지 필기를 꼼꼼히 하고, 특히 시제에 주의해요. 내일 학교가 몇 시에 시작되는지 물어봤죠. 답은 3번 「9時からです(9시부터입니다)」예요. 조사 「…から(~부터)」와 「…まで(~까지)」는 헷갈리기 쉬운 표현이니 평소에 잘 기억해두고 1번을 고르지 않도록 주의해요.

2

キムさんは結婚していますか。

1 はい、結婚はしませんよ。
2 いいえ、結婚していません。
3 ええ、来年結婚しますよ。

김 씨는 결혼했습니까?

1 네, 결혼은 안 할 거예요.
2 아니요, 결혼 안 했어요.
3 네, 내년에 결혼해요.

해설 시제 체크가 가장 중요해요. '이미 결혼을 한 상태'인지 묻고 있어요. 1번은 '앞으로 결혼하지 않겠다'는 의미, 2번은 '하지 않은 상태', 3번은 '내년의 예정'이므로 답은 2번이에요.

3

このペンを借りてもいいですか。

1 ええ、どうぞ。使ってください。
2 いいえ、けっこうです。
3 すみません、ちょっと貸してください。

이 펜을 빌려도 될까요?

1 네, 여기요. 쓰세요.
2 아니요, 됐습니다.
3 죄송합니다, 조금 빌려주세요.

해설 「借りる(빌리다)」와 「貸す(빌려주다)」를 활용한 문제는 헷갈리기 쉬운 표현이므로 자주 출제돼요. '빌려도 될지' 물어 보았으므로 1번의 '네, 여기요. 쓰세요'가 답이 돼요. 행위의 주체자를 듣는 것도 굉장히 중요하죠. 2번은 '사양할 때' 쓰는 표현, 3번은 '빌려달라'는 의미이니 결국 질문과 같은 뜻이 돼요.

4

明日は休みですから、海へ行きましょう。

1 はい、おいしいご飯を食べました。
2 はい、たくさん泳ぎましょう。
3 はい、もっと働きたいです。

내일은 휴일이니까 바다에 갑시다.

1 네, 맛있는 밥을 먹었어요.
2 네, 많이 수영합시다.
3 네, 더 일하고 싶어요.

해설 내일 바다에 가자고 권하고 있어요. '내일'이라고 했으므로 과거형으로 답하고 있는 1번은 오답이에요. 정답은 2번이고, 3번은 내용과 관련 없는 답변이에요.

5

趣味は何ですか。

1 会社員です。
2 フランスです。
3 本を読むことです。

취미는 뭐예요?

1 회사원입니다.
2 프랑스입니다.
3 책을 읽는 것입니다.

해설 취미를 묻고 있어요. '책을 읽는 것'이라고 말하는 3번이 정답이고, 1번은 '직업', 2번은 '나라'를 말하고 있으므로 오답이에요.

단어 フランス [국가] 프랑스

JLPT N4

실전 모의고사 정답 및 해설

언어지식(문자·어휘)		
문제1	1	④
	2	④
	3	③
	4	④
	5	②
	6	③
	7	②
문제2	8	④
	9	②
	10	②
	11	④
	12	①
문제3	13	②
	14	②
	15	③
	16	②
	17	①
	18	③
	19	③
	20	①
문제4	21	①
	22	②
	23	④
	24	③
문제5	25	④
	26	①
	27	①
	28	①

언어지식(문법)		
문제1	1	③
	2	①
	3	②
	4	④
	5	③
	6	③
	7	③
	8	③
	9	①
	10	④
	11	④
	12	②
	13	④
문제2	14	②
	15	②
	16	④
	17	④
문제3	18	④
	19	③
	20	②
	21	①

독해		
문제4	22	④
	23	④
	24	②
문제5	25	②
	26	③
	27	③
문제6	28	①
	29	①

청해		
문제1	1	③
	2	①
	3	②
	4	①
	5	②
	6	②
	7	④
	8	④
문제2	1	④
	2	④
	3	②
	4	③
	5	③
	6	②
	7	③
문제3	1	②
	2	①
	3	③
	4	①
	5	③
문제4	1	②
	2	③
	3	③
	4	①
	5	①
	6	③
	7	①
	8	③

언어지식(문자·어휘)

もんだい 1 ＿＿＿の ことばは ひらがなで どう かきますか。1・2・3・4から いちばん いい ものを ひとつ えらんで ください。	문제 1 ＿＿＿의 어휘는 히라가나로 어떻게 씁니까? 1·2·3·4 중 가장 적절한 것을 하나 고르세요.

1 キムさんの車は あの 赤いのです。 1 しろい　2 あおい 3 くろい　**4 あかい**	1 김 씨의 차는 저 빨간 것입니다. 1 하얗다　2 파랗다 3 검다　**4 빨갛다**

해설 「赤い」는 '빨갛다'라는 뜻으로 「あかい」라고 읽어요. 시험에 세 번이나 나온 중요한 표현이고, 색깔 표현은 꼭 다양하게 외워두어야 해요. 1번은 「白い(하얗다)」, 2번은 「青い(파랗다)」, 3번은 「黒い(검다)」예요.

2 最近、とても 忙しいです。 1 すいしん　2 すいきん 3 さいしん　**4 さいきん**	2 요즘 매우 바쁩니다. 1 X　2 X 3 X　**4 요즘, 최근**

해설 「最近」은 '최근, 요즘'이라는 뜻으로 「さいきん」라고 읽어요. 자주 출제되는 단어이므로 꼭 외워두세요.

3 きょねんの夏、日本を 旅行しました。 1 あき　2 ふゆ **3 なつ**　4 はる	3 작년 여름, 일본을 여행했습니다. 1 가을　2 겨울 **3 여름**　4 봄

해설 「夏」는 '여름'이라는 뜻으로 「なつ」라고 읽죠. 답은 3번이고, 1번은 「秋(가을)」, 2번은 「冬(겨울)」, 4번은 「春(봄)」으로 계절 표현은 꼭 함께 외워두세요.

4 少し 早く 着きました。 1 ききました　2 ひきました 3 おきました　**4 つきました**	4 조금 빨리 도착했습니다. 1 들었습니다　2 당겼습니다 3 일어났습니다　**4 도착했습니다**

해설 「着きました(도착했습니다)」는 「つきました」로 읽고 원형은 「着く」이에요. 시험에 두 번 출제된 중요한 동사이므로 꼭 알아두세요. 답은 4번이고, 1번은 「聞きました(들었습니다)」, 2번은 「引きました(당겼습니다)」, 3번은 「起きました(일어났습니다)」예요.

5 今日は とても 楽しかったです。 1 すずしかった　**2 たのしかった** 3 かなしかった　4 さびしかった	5 오늘은 매우 즐거웠습니다. 1 시원했다　**2 즐거웠다** 3 슬펐다　4 외로웠다

해설 「楽しかった」는 '즐거웠다'라는 뜻으로 「たのしかった」라고 읽고 원형은 「楽しい」예요. 답은 2번이고, 1번은 「涼しかった(시원했다)」, 3번은 「悲しかった(슬펐다)」, 4번은 「寂しかった(외로웠다)」예요.

6 電車が　3時に　出発します。	6 전철이 3시에 출발합니다.
1 しゅっはつ　　2 しゅうはつ	1 X　　2 X
3 しゅっぱつ　　4 しゅうぱつ	**3 출발**　　4 X

해설　「**出発**」는 '출발'이란 뜻으로 「**しゅっぱつ**」라고 읽어요. 발음이 복잡해서 외우기 어렵지만 시험에 자주 출제되니 반드시 외워두세요. 대개 'ㄹ' 받침은 「…**つ**」로 끝나는 것도 하나의 팁이에요. 답은 3번이에요.

7 すみません、あしたは　都合が　悪いです。	7 죄송합니다, 내일은 상황이 여의치 않습니다. (=시간이 안 됩니다.)
1 つあい　　**2 つごう**	1 X　　**2 상황**
3 とごう　　4 とあい	3 X　　4 X

해설　「**都合**」는 '시간적인 형편, 상황'이라는 뜻으로 「**つごう**」라고 읽어요. 시험에 자주 출제되었고 4번 「**とあい**」로 틀리기 쉬우니 주의하세요. 답은 2번이에요.

もんだい2　＿＿＿＿の　ことばは　どう　かきますか。１・２・３・４から　いちばん　いい　ものを　ひとつ　えらんで　ください。	문제 2　＿＿＿＿**의 어휘는 어떻게 씁니까? 1·2·3·4 중 가장 적절한 것을 하나 고르세요.**

8 わたしは　友だちを　まっています。	8 저는 친구를 기다리고 있습니다.
1 侍って　　2 特って	1 X　　2 X
3 持って　　**4 待って**	3 X　　**4 기다리고**

해설　「**まっています**」는 '기다리고 있습니다'라는 뜻이에요. 「**まつ**(기다리다)」 한자를 헷갈리는 경우가 많은데, '기다리고' 있으니 빨리 '가야 한다(行く)'는 의미를 떠올려서 왼쪽 부수가 같은 4번으로 고르면 됩니다.

9 あの　ひとは　わたしの　いもうとです。	9 저 사람은 제 여동생입니다.
1 姉　　**2 妹**	1 누나, 언니　　**2 여동생**
3 弟　　4 兄	3 남동생　　4 형, 오빠

해설　가족 관계와 관련된 어휘는 시험에 반드시 출제되는 필수 어휘예요. 「**いもうと**」는 '여동생'이란 뜻으로 답은 2번이죠. 1번은 「**あね**(언니, 누나)」, 3번은 「**おとうと**(남동생)」, 4번은 「**あに**(오빠, 형)」이에요.

10 前より　つよく　なりました。	10 전보다 강해졌습니다.
1 弱く　　**2 強く**	1 약해　　**2 강해**
3 軽く　　4 重く	3 가벼워　　4 무거워

해설　「**つよい**」는 '강하다'는 뜻으로 「**強い**」라고 써요. 「**ちからが 強い**(힘이 강하다)」로 자주 쓰여요. 따라서 답은 2번이고, 1번은 반대말인 「**よわい**(약하다)」, 3번은 「**かるい**(가볍다)」, 4번은 「**おもい**(무겁다)」예요.

단어　前(まえ)より 전보다

11 あしたは　野球の　しあいが　あります。		11 내일은 야구 시합이 있습니다.	
1 誠会	2 誠合	1 X	2 X
3 試会	**4 試合**	3 X	**4 시합**

해설 「しあい」는 '시합'이에요. '시험', '시합'을 나타내는 '시'는 「試」자를 쓰기 때문에 3, 4번 중에 답이 있어요. 그런데 3번의 뒤 글자는 '회의' 할 때 「会(회)」이므로 답은 4번이에요. 참고로 앞 한자가 동일한 「試験(시험)」도 자주 출제되므로 기억해 두세요.

12 先生は　とても　しんせつです。		12 선생님은 매우 친절합니다.	
1 親切	2 新切	**1 친절**	2 X
3 親功	4 新功	3 X	4 X

해설 「しんせつ」는 '친절'이라는 뜻이에요. 2, 4번의 앞 글자는 '신'자라서 답이 될 수 없고 1, 3번 중에서 답을 고민해야 해요. 뒤 글자에 '절'이라는 음의 한자가 와야 하므로 답은 1번이에요.

もんだい3 （　　）に　なにを　いれますか。1・2・3・4から　いちばん　いいものを　ひとつ　えらんで　ください。	문제 3 (　)에 무엇을 넣습니까? 1·2·3·4 중 가장 적절한 것을 하나 고르세요.

13 わたしには、あなたが（　　）です。		13 저에게는 당신이 필요합니다.	
1 ねっしん	**2 ひつよう**	1 열심	**2 필요**
3 ていねい	4 べんり	3 정중	4 편리

해설 괄호에 들어갈 형용사를 골라보세요. '나에게 당신이' 뒤에 어떠한 내용이 들어가면 적절할지 생각하며 선택지를 보면 1번은 '열심인', 2번은 '필요한', 3번은 '정중한', 4번은 '편리한'이란 뜻이므로 2번이 가장 자연스러워요.

14 この　りょうりは（　　）ですから、気をつけて　ください。		14 이 요리는 뜨거우니, 조심해 주세요.	
1 さむい	**2 あつい**	1 춥다	**2 뜨겁다**
3 ふかい	4 せまい	3 깊다	4 좁다

해설 「りょうり(요리)」와 함께 쓸 수 있는 표현을 고르면 돼요. 1번은 '춥다', 2번은 '뜨겁다', 3번은 '깊다', 4번은 '좁다'라는 의미로, 2번이 가장 적절해요. 문제를 전부 읽지 않아도 풀 수 있어요.

15 昨日　買った　テレビが　今日　いえに（　　）。		15 어제 산 TV가 오늘 집에 도착했습니다.	
1 むかいました	2 うごきました	1 향했습니다	2 움직였습니다
3 とどきました	4 よりました	**3 도착했습니다**	4 들렀습니다

해설 「テレビが(TV가)」 부분을 보면 답을 바로 찾을 수 있어요. 'TV가 집에' 뒤에 놓일 수 있는 표현은 '도착했습니다라는 뜻의 3번이에요. 1번은 '향했습니다', 2번은 '움직였습니다', 4번은 '들렀습니다'예요.

단어 向かう 향하다 | 寄る 들르다

16 子どものころ、おとうとと　けんかして　よく父に（　　　）。	16 어렸을 때, 남동생과 싸워서 자주 아빠에게 혼났습니다.
1 ほめられました　**2 しかられました**	1 칭찬받았습니다　**2 혼났습니다**
3 いじめられました　4 たのまれました	3 괴롭힘 당했습니다　4 부탁 받았습니다

해설 「けんかして(싸워서)」가 답을 찾을 수 있는 포인트예요. 동생과 싸워서 아빠에게 '혼났다'고 하는 2번이 가장 적절하므로 답이에요. 동사 원형은 「しかる(꾸짖다)」로, 시험에 자주 나오는 단어이니 꼭 외워주세요.

단어 叱る 혼내다, 야단치다

17 さんぽに　つれて　いったり、えさを　やったり、毎日　犬の（　　　）を　して　います。	17 산책에 데리고 가거나 먹이를 주거나 매일 개를 돌보고 있습니다.
1 せわ　2 うんどう	**1 돌봄, 보살핌**　2 운동
3 ようい　4 しゅみ	3 준비　4 취미

해설 현재 주어는 생략되어 있지만 '내가' 강아지를 돌보고 있다는 내용이에요. '강아지를 돌보다'라고 표현할 때는 「犬の せわを する」라고 해요. 마찬가지로 '아이를 돌보다'라고 한다면 「子どもの せわを する」라고 하죠. 시험에 자주 등장하는 표현이니 꼭 기억해 두세요.

단어 世話をする 돌보다, 보살피다

18 たなかさんの　いえの　電気が　ついて　いません。たなかさんは（　　　）の　ようです。	18 다나카 씨의 집 전등이 켜져 있지 않습니다. 다나카 씨는 부재중인 듯합니다.
1 うそ　2 ちゅうし	1 거짓말　2 중지
3 るす　4 しつれい	**3 부재중**　4 실례

해설 「いえの 電気が ついて いません」을 해석해야 돼요. '불이 켜져 있지 않다'라는 의미죠. 집에 없는 것 같다는 내용이 이어져야 자연스러워요. 1번은 '거짓말', 2번은 '중지', 3번은 '부재중', 4번은 '실례'이므로 답은 3번이 돼요.

19 いもうとの　プレゼントを　買ったので、さいふに　500円しか（　　　）いません。	19 여동생의 선물을 샀기 때문에, 지갑에 500엔밖에 남아 있지 않습니다.
1 はらって　2 かえして	1 지불해　2 돌려주고
3 のこって　4 わたして	**3 남아**　4 건네고

해설 「さいふに(지갑에)」가 답을 찾을 수 있는 포인트예요. 1번은 「はらう(지불하다)」, 2번은 「かえす(돌려주다)」, 3번은 「のこる(남다)」, 4번은 「わたす(건네다)」가 활용되어 있어요. '지갑에 돈이' 별로 없는 상황에서 '500엔밖에 남아있지 않다'라는 뜻이 되는 3번이 답이에요.

단어 残る 남다 | 払う 지불하다

20 テストの（　　）が　よかったので、うれしいです。	20 시험 결과가 좋았기 때문에 기쁩니다.
1 けっか　　2 ごうかく	**1 결과**　　2 합격
3 いけん　　4 せいこう	3 의견　　4 성공

해설 뒷부분의「…が よかった(~이 좋았다)」와 연결할 수 있는 말을 찾아야 해요. 1번은 '결과', 2번은 '합격', 3번은 '의견', 4번은 '성공'이므로 1번이 답이에요. 다 읽지 않고 문제를 푸는 요령도 점점 익혀야 해요.

もんだい4 ＿＿＿の　ぶんと　だいたい　おなじ　いみの　ぶんが　あります。１・２・３・４から　いちばん　いいものを　ひとつ　えらんで　ください。	**문제 4 ＿＿＿의 문장과 대체로 같은 의미의 문장이 있습니다. 1·2·3·4 중 가장 적절한 것을 하나 고르세요.**

21 えきは　ここから　とおいですか。	21 역은 여기에서 멉니까?
1 でんしゃに　のる　ところは　ここから　とおいですか。	**1 전철을 타는 곳은 여기에서 멉니까?**
2 ひこうきに　のる　ところは　ここから　とおいですか。	2 비행기를 타는 곳은 여기에서 멉니까?
3 たべものを　買う　ところは　ここから　とおいですか。	3 음식을 사는 곳은 여기에서 멉니까?
4 きってを　買う　ところは　ここから　とおいですか。	4 우표를 사는 곳은 여기에서 멉니까?

해설 선택지에서 모두 동일한 뒷부분은 제외하고「えきは…」부분과 의미가 같은 보기를 찾아야 해요.「えき」는 '역'이죠. 1번은 '전철을 타는 곳'이므로 정답이고, 2번은 '비행기를 타는 곳', 즉「くうこう(공항)」가 같은 의미, 3번은 '먹을 것을 사는 곳', 즉「スーパー(슈퍼)」가 같은 의미, 4번은 '우표를 사는 곳', 즉「ゆうびんきょく(우체국)」가 같은 의미예요.

22 部屋が　よごれていますね。	22 방이 더럽네요.
1 部屋が　ふるいですね。	1 방이 낡았네요.
2 部屋が　きたないですね。	**2 방이 더럽네요.**
3 部屋が　きれいですね。	3 방이 깨끗하네요.
4 部屋が　あたらしいですね。	4 방이 새롭네요.

해설 선택지에서 모두 동일한 뒷부분은 제외하고「よごれています」와 같은 의미를 가진 보기를 찾아야 해요.「よごれる」는 '더러워지다'라는 의미죠. 1번의「ふるい」는 '낡다, 오래되다', 2번의「きたない」는 '더럽다', 3번의「きれいだ」는 '깨끗하다', 4번의「あたらしい」는 '새롭다'는 의미이므로 답은 2번이에요. 특히「きたない」는 자주 나오는 표현이니 꼭 익혀 두세요.

단어 汚(よご)れる 더러워지다

23 この　ビールは　ひえています。	23 이 맥주는 차가워져 있습니다.
1 この　ビールは　あついです。	1 이 맥주는 뜨겁습니다.
2 この　ビールは　あまいです。	2 이 맥주는 답니다.
3 この　ビールは　からいです。	3 이 맥주는 맵습니다.
4 この　ビールは　つめたいです。	**4 이 맥주는 차갑습니다.**

해설 뒷부분의 「ひえています」와 같은 의미를 나타내는 문장을 찾아야 해요. 「ひえる」는 '차게 식다'라는 의미죠. '맥주가 차갑게 식어 있다'는 의미와 똑같은 문장은 4번 「つめたいです(차갑습니다)」예요. 1번은 '뜨겁습니다', 2번은 '달콤합니다', 3번은 '맵습니다'이므로 오답이에요.

단어 冷(ひ)える 차가워지다

24 学校の　きそくを　まもりましょう。	24 학교 규칙을 지킵시다.
1 学校の　アイディアを　まもりましょう。	1 학교 아이디어를 지킵시다.
2 学校の　チャンスを　まもりましょう。	2 학교 기회를 지킵시다.
3 学校の　ルールを　まもりましょう。	**3 학교 룰을 지킵시다.**
4 学校の　アルバイトを　まもりましょう。	4 학교 아르바이트를 지킵시다.

해설 같은 의미를 묻고 있는 것은 「きそく」 부분으로 '규칙'이라는 단어예요. '규칙'과 같은 의미를 가지는 문장을 찾아보면, 1번은 '아이디어', 2번은 '찬스, 기회', 3번은 '룰, 규칙', 4번은 '아르바이트'이므로 답은 3번이에요. 가타카나 문제는 반드시 나오므로 꼭 익혀두어야 해요.

단어 守(まも)る 지키다 | ルール 룰

もんだい5　つぎの　ことばの　つかいかたで　いちばん　いい　ものを　1・2・3・4から　ひとつ　えらんで　ください。	문제 5 **다음 어휘의 사용법으로 가장 적절한 것을 1·2·3·4 중 하나 고르세요.**

25 わかす	25 끓이다
1 さむいので、シャワーを　わかします。	1 추우니까 샤워를 끓입니다.
2 みんなで　にくや　魚を　わかして　食べました。	2 다같이 고기나 생선을 끓여서 먹었습니다.
3 出かける　とき、コートや　マフラーで　からだを　わかします。	3 외출할 때 코트나 머플러로 몸을 끓입니다.
4 おゆを　わかして、お茶を　入れます。	**4 뜨거운 물을 끓여서 차를 탑니다.**

해설 주어진 어휘인 「わかす(끓이다)」라는 동사를 잘 활용한 문장을 찾아야 해요. 일반적으로 「おゆを わかす(뜨거운 물을 끓이다)」로 사용하는 경우가 많은데, 이런 식으로 예문을 통해 외우는 것이 가장 좋아요. 답은 4번이고, 1번은 「あびます (샤워를) 합니다」, 2번은 「やいて(구워서)」, 3번은 「あたためます(따뜻하게 합니다)」로 바꾸어야 해요.

단어 お魚(さかな) 생선, 물고기 | コート 코트 | マフラー 머플러 | お湯(ゆ) 뜨거운 물

26 しょうたい	26 초대
1 鈴木さんを　パーティーに　しょうたいしました。 2 友だちに　かぞくを　しょうたいしました。 3 すずしい　かぜを　へやに　しょうたいしました。 4 本に　書いて　あった　ことを　レポートに　しょうたいしました。	**1 스즈키 씨를 파티에 초대했습니다.** 2 친구에게 가족을 초대했습니다. 3 시원한 바람을 방에 초대했습니다. 4 책에 쓰여진 것을 리포트에 초대했습니다.

해설　주어진 어휘「しょうたい」는 '초대'라는 뜻이에요.「パーティーにしょうたい(파티에 초대)」한 내용이 나오는 1번이 정답이고, 2번은「しょうかい(소개)」, 3번은「いれました(들였습니다)」, 4번은「うつしました(옮겼습니다)」로 바꾸어야 해요.

27 かざる	27 장식하다, 꾸미다
1 おきゃくさんが　来ますから、へやに　花を　かざりましょう。 2 天気がいいので、せんたくものを　外に　かざります。 3 この　エアコンを　へやの　かべに　かざってください。 4 先生が　テストの　おしらせを　きょうしつに　かざりました。	**1 손님이 오기 때문에 방에 꽃을 장식합시다.** 2 날씨가 좋으니까 빨래를 밖에 장식합니다. 3 이 에어컨을 방의 벽에 장식해 주세요. 4 선생님이 시험 공지를 교실에 장식했습니다.

해설　주어진 어휘「かざる」는 '장식하다, 꾸미다'라는 뜻이에요. 무엇을 장식하는지 목적어 부분을 잘 봐야 해요. 우선 1번은 '꽃을 장식하다'이므로 정답이에요. 2번은 '빨래를'이므로「ほします(말립니다)」, 3번은 '에어컨을'이므로「とりつけて(설치해)」, 4번은 '공지를'이므로「はりました(붙였습니다)」가 연결되어야 자연스러워요.

단어　お知(し)らせ 공지, 알림

28 おと	28 소리
1 テレビのおとが　うるさいので、小さく　してください。 2 日本語の　おとが　じょうずに　なりたいので、毎日　れんしゅうします。 3 犬が　大きな　おとで　ほえました。 4 先生に　大きな　おとで　名前を　よばれました。	**1 TV 소리가 시끄러우니 작게 해 주세요.** 2 일본어 소리를 잘하고 싶기 때문에 매일 연습합니다. 3 개가 큰 소리로 짖었습니다. 4 선생님에게 큰 소리로 이름을 불렸습니다.

해설　주어진 어휘인「おと(소리)」를 잘 활용한 문장을 골라야 해요. 기계 소리, 부딪히는 소리 등을 나타낼 때 쓰는 어휘이므로 답은 1번이에요. 2번은「会話(회화)」, 3번과 4번은 목청을 통해 나오는 소리이므로 둘 다「こえ」로 바꾸는 것이 좋아요.

단어　おと 소리 | ほえる 짖다, 으르렁거리다

언어지식(문법)

もんだい 1 (　　)に 何を 入れますか。1・2・3・4から いちばん いい ものを 一つ えらんで ください。	**문제 1 (　)에 무엇을 넣습니까? 1·2·3·4 중 가장 적절한 것을 하나 고르세요.**

1 子どもの ころ、よく 母（　　）野菜を 食べさせられました。	1 어렸을 때, 자주 엄마 때문에 채소를 (억지로) 먹었습니다.
1 の　　2 を	1 ~의　　2 ~을/를
3 に　　4 が	**3 ~에게(때문에)**　　4 ~이/가

해설 '내가 어렸을 때'의 내용이고, 「食べさせられました」는 사역수동형이죠. '~때문에 억지로 ~하다'라는 표현인데, 그 행위를 시킨 사람을 나타낼 때는 조사 「…に」로 표현해요. 직역하면 '~에게 ~시킴을 당하다'가 되는 것이죠. 따라서 답은 3번이에요.

단어 野菜 채소, 야채

2 鈴木さんは この 映画を 5かい（　　）見たそうです。	2 스즈키 씨는 이 영화를 5번이나 봤다고 합니다.
1 も　　2 で	**1 ~이나**　　2 ~(에)서
3 まで　　4 しか	3 ~까지　　4 ~밖에

해설 수량 뒤에 「…も」를 붙이면 '(무려) ~이나'라는 의미가 되어, 그 수량이 많다는 의미가 돼요. 따라서 답은 1번이에요.

3 弟は、小さいとき 体が 弱くて、両親（　　）心配させました。	3 남동생은 어릴 때 몸이 약해서 부모님을 걱정시켰습니다.
1 が　　**2 を**	1 ~이/가　　**2 ~을/를**
3 の　　4 へ	3 ~의　　4 ~(으)로

해설 「心配させました(걱정시켰습니다)」는 사역형이죠. '누군가에게 감정적으로 무언가 시킬 때'는 「…を…させる」 형태를 사용해요. 예를 들면 「…を笑わせる(~을 웃기다)」, 「…を怒らせる(~을 화나게 하다)」, 「…を泣かせる(~을 울리다)」와 같이 쓸 수 있어요. 따라서 답은 2번이에요.

4 町の 図書館は（　　）使えますが、予約が ひつようです。	4 동네 도서관은 누구나 사용할 수 있지만 예약이 필요합니다.
1 だれに　　2 だれが	1 누구에게　　2 누가
3 だれにも　　**4 だれでも**	3 누구에게나　　**4 누구나**

해설 「だれ(누구)」에 붙는 조사를 묻고 있어요. 「…に」는 '~에게', 「…が」는 '~이/가', 「…にも」는 '~에게도', 「…でも」는 '~라도, ~이든'이라는 뜻으로 쓰여요. 이 문제에서는 '누구든' 사용할 수 있다는 내용이므로 답은 4번이에요.

단어 だれでも 누구나

5 とても　おいしいですね。（　　　）料理は はじめて　食べました。	5 매우 맛있네요. 이런 요리는 처음 먹었어요.
1 こう　　2 これ	1 이렇게　　2 이것
3 こんな　　4 ここ	**3 이런**　　4 이곳

해설 「こ…」로 시작하는 지시대명사를 묻고 있어요. 음식을 먹으면서 감탄하고 있는 상황이죠. 뒤에 「料理(요리)」를 붙일 수 있는 표현을 찾아야 해요. 1번은 '이렇게', 2번은 '이것', 3번은 '이런', 4번은 '이곳'이므로 답은 3번이에요.

6 ぎゅうにゅうは　れいぞうこに　ありますから、買って（　　　）。	6 우유는 냉장고에 있으니까 사오지 않아도 됩니다.
1 こなければ　いけません	1 오지 않으면 안 됩니다
2 こなくても　いけません	2 오지 않아도 안 됩니다
3 こなくても　いいです	**3 오지 않아도 됩니다**
4 こないのに　いいです	4 오지 않는데도 괜찮습니다

해설 괄호 바로 앞과 보기를 연결해보면 「買って こない(사오지 않는다)」를 활용하고 있음을 알 수 있어요. 앞부분에는 '우유는 냉장고에 있으니까…'라는 내용이 있죠. 따라서 '사오지 않아도 된다'는 내용이 이어져야 해요. 따라서 답은 3번이에요.

7 娘が　アイスクリームを（　　　）ので、買って　あげます。	7 딸이 아이스크림을 먹고 싶어하기 때문에 사줍니다.
1 食べたい　　2 食べて　ほしい	1 먹고 싶다　　2 먹길 바라다
3 食べたがって　いる　4 食べて　いる	**3 먹고 싶어 하다**　　4 먹고 있다

해설 「娘(딸)」이 주어이므로, 아이스크림을 먹고 싶어한다는 내용이 와야 해요. 1번은 내가 '먹고 싶다'는 의미예요. 2번은 '먹길 바란다'는 의미인데, 바르게 쓰려면 앞부분을 「娘に(딸에게)」 '~바란다'는 형태로 바꾸어야 해요. 3번이 '먹고 싶어 한다'이므로 정답이고 4번은 '먹고 있다'는 의미예요.

8 家族が　家に　帰る　前に　エアコンを（　　　）。	8 가족이 집에 돌아오기 전에 에어컨을 켜 둡니다.
1 ついて　います　　2 ついて　あります	1 켜져 있습니다　　2 X
3 つけて　おきます　4 ついて　しまいます	**3 켜 둡니다**　　4 X

해설 단어를 외울 때 자동사와 타동사를 구분해서 외워야 해요. 빈칸 앞에 「エアコンを…(에어컨을~)」이 나와있기 때문에 뒤에 붙을 수 있는 표현은 「つける(켜다)」 또는 「けす(끄다)」예요. 답은 3번, 「つけて おきます(켜 둡니다)」이고, 1, 2, 4번은 전부 「つく(켜지다)」가 활용되어 있어요. 참고로 '꺼지다'는 「きえる」예요.

9 くつは　少し　ねだんが　高くても（　　　）ものが　いい。	9 구두는 조금 가격이 비싸더라도 걷기 편한 것이 좋다.
1 歩きやすい　　2 歩きにくい	**1 걷기 편한**　　2 걷기 힘든
3 歩きすぎる　　4 歩きながら	3 지나치게 걷는　　4 걸으면서

해설 뒷부분의 「…ものが いい(~것이 좋다)」를 보고 풀어야 해요. 모든 보기에 「あるく(걷다)」가 들어가 있죠. 1번은 '걷기 편한', 2번은 '걷기 힘든', 3번은 '지나치게 걷는', 4번은 '걸으면서'이므로 답은 1번이에요. 4번은 명사에 붙일 수 없는 형태이니 가장 처음으로 제외할 수 있어요.

10 田中「明日、パソコンを 買いに 行きます。」 島田「いいですね。パソコンを（　　）、あそこの店が 安いですよ。」	10 다나카: '내일 컴퓨터를 사러 가요.' 시마다: '좋네요. 컴퓨터를 사는 거라면 저 가게가 저렴해요.'
1 買うと　　2 買えば 3 買ったら　　**4 買うなら**	1 사면　　2 사면 3 사면　　**4 사는 거라면**

해설 해설 상대방의 말에서 키워드를 받아 조언을 해줄 때 「…なら(~라면)」를 사용해요. 자주 쓰는 표현인 「…なら…した ほうが いい(~라면 ~하는 편이 좋다)」는 통째로 외워두는 것이 좋아요.

11 山田「森さん、おそいですね。」 西内「そうですね。電車が おくれて いる（　　）。」	11 야마다: '모리 씨 늦네요.' 니시우치: '그러게요. 전철이 늦어지고 있는 걸지도 몰라요.'
1 つもりです　　2 予定です 3 ことに なります　　**4 のかもしれません**	1 ~할 작정입니다　　2 ~할 예정입니다 3 ~하게 됩니다　　**4 ~인 걸지도 모릅니다**

해설 대화 내용으로 보아 빈칸에는 추측하는 표현이 나와야 함을 알 수 있어요. 1번은 '~할 작정입니다', 2번은 '~예정입니다', 3번은 '~하게 됩니다', 4번은 '~인 걸지도 모릅니다'이므로 답은 4번이에요.

12 妹「お兄ちゃん、何かてつだうよ。」 兄「ありがとう、じゃあ、この 荷物を（　　）?」 妹「うん、わかった。」	12 여동생: '오빠, 뭔가 도울게.' 오빠: '고마워, 그럼 이 짐을 옮겨 줄 수 있을까?' 여동생: '응, 알겠어.'
1 運んである　　**2 運んでもらえる** 3 運んでもいい　　4 運んだほうがいい	1 옮겨져 있다　　**2 옮겨 줄 수 있을까** 3 옮겨도 돼　　4 옮기는 게 좋아

해설 대화 내용을 보면 괄호 부분에는 부탁하는 내용이 뒤에 놓여야 하는 것을 알 수 있어요. 공통적으로 들어있는 동사는 「はこぶ(옮기다)」죠. 1번은 '옮겨져 있다', 2번은 '옮겨 줄 수 있을까', 3번은 '옮겨도 돼', 4번은 '옮기는 것이 좋아'라는 뜻으로, 답은 부탁의 의미인 2번이에요.

단어 運ぶ 옮기다, 운반하다

13 木村「アナさんは、今年の夏休みに国へ帰りますか。」 アナ「いいえ。今年は日本でアルバイトをするので、（　　）。」	13 기무라: '아나 씨, 올해 여름방학에 귀국해요?' 아나: '아니요, 올해는 일본에서 아르바이트를 하기 때문에 돌아가지 않기로 했어요.'

1 帰らないといけません	1 돌아가지 않으면 안 돼요
2 帰ったほうがいいです	2 돌아가는 것이 좋아요
3 帰ったことがありません	3 돌아간 적이 없어요
4 帰らないことにしました	**4 돌아가지 않기로 했어요**

해설 대화 내용을 꼼꼼히 읽어야 해요. 「帰りますか(귀국해요?)」라는 질문에 「いいえ(아니요)」라고 대답했죠. 보기에 공통되는 단어는 「帰る(돌아가다)」이므로 '돌아가지 않는다'는 표현을 연결해야 해요. 1번은 '돌아가지 않으면 안 돼요', 2번은 '돌아가는 것이 좋아요', 3번은 '돌아간 적이 없어요', 4번은 '돌아가지 않기로 했어요'이므로 답은 4번이에요.

もんだい 2 ＿★＿ に 入る ものは どれです か。１・２・３・４から いちばん いい ものを 一つ えらんで ください。	**문제 2 ＿★＿에 들어갈 것은 어느 것입니까? 1·2·3·4 중 가장 적절한 것을 하나 고르세요.**

14 妹は ＿＿ ＿＿ ＿★＿ ＿＿ 寝て しまいました。	14 여동생은 안경 을 ★낀 채 자 버렸습니다.
1 を　　**2 かけた**	1 ~을/를　　**2 낀**
3 めがね　　4 まま	3 안경　　4 채

해설 선택지를 쭉 훑어보면 조사 「を」가 보여요. 이 조사는 '명사+を+동사' 순서로 연결해야 하므로 우선 3-1-2를 연결해요. 그 후에 「…まま(~한 채)」를 마지막 4번을 붙여요. 따라서 올바른 순서는 3-1-2-4이며, 답은 2번이에요.

단어 めがねをかける 안경을 끼다

15 ＿＿ ＿＿ ＿★＿ ＿＿ 私は 小さいとき、甘いものが 大好きだった そうです。	15 아버지 의 ★이야기 에 의하면 나는 어릴 때 단 것을 매우 좋아했었다고 합니다.
1 によると　　**2 話**	1 ~에 의하면　　**2 이야기**
3 の　　4 父	3 ~의　　4 아버지

해설 뒷부분을 보면 전언 표현임을 알 수 있어요. 따라서 선택지의 표현으로 누가 그 말을 했는지 연결해야 해요. 우선 조사 「の」가 보이므로 앞뒤로 명사를 바르게 연결하면 4-3-2가 돼요. 그 후에 출처를 말하는 「…によると(~에 의하면)」을 연결하면 올바른 순서는 4-3-2-1이며, 답은 2번이에요.

단어 話 이야기 | 大好きだ 매우 좋아하다

16 どんなに ＿＿ ＿＿ ＿★＿ ＿＿ 寝ます。	16 아무리 졸려도 시험 ★공부를 하고 나서 잡니다.
1 ねむくても　　2 してから	1 졸려도　　2 하고 나서
3 テストの　　**4 べんきょうを**	3 시험(의)　　**4 공부를**

해설 선택지에서 조사 「を」를 가지고 있는 4번을 동사인 2번과 연결하여 4-2번이 이어져요. 그리고 「どんなに …ても(아무리 ~해도)」를 떠올려 첫 번째 밑줄에 1번을 넣어요. 따라서 올바른 순서는 1-3-4-2가 되고, 답은 4번이에요.

단어 眠い 졸리다

17 山本「新しく　できた　レストラン、おいしいですよ。」
田中「じゃあ、＿＿＿　＿★＿　＿＿＿　＿＿＿。」

1 食べに　　2 学校の
3 行きましょう　　**4 後で**

17 야마모토: '새로 생긴 레스토랑, 맛있어요.'
다나카: '그럼 학교 ★끝난 후에 먹으러 갑시다.'

1 먹으러　　2 학교(의)
3 갑시다　　**4 ~후에**

해설　우선 가장 끝에 제안과 권유를 나타내는 3번을 넣어요. 그리고 2번 「学校の」 뒤에는 명사를 넣어야 하므로 4번을 연결해요. 따라서 올바른 순서는 2-4-1-3가 되며, 답은 4번이에요. 보기에서 연결할 수 있는 것은 먼저 연결하고, 빈칸의 처음 또는 마지막 부분을 먼저 채워보는 것도 요령이에요.

もんだい 3　18　から　21　に　何を　入れますか。文章の　意味を　考えて、1・2・3・4から　いちばん　いい　ものを　一つ　えらんで　ください。

문제 3　18 ~ 21 **에 무엇을 넣습니까? 문장의 의미를 생각하여 1·2·3·4 중 가장 적절한 것을 하나 고르세요.**

下の　文章は　ダワドルジさんの　作文です。

日本の　電車

私は　日本に　来てから　電車に　18 。私の　生まれた　町では　電車に乗る　人は　あまり　いませんでしたが、日本では　電車で　学校や　会社に　通う　人が　たくさん　います。

日本に　19　の　ときは、日本の　こうつうルールを　知らなかったので、アルバイトの　店長に　20 。駅の　中には、ショッピングモールや　いろいろな　お店が　あって　とても　楽しいです。

電車に　乗ると　外の　景色が　見えるので、気分も　いいです。日本に　いる　間に　もっと　いろいろな　所に　電車で　21 。

아래 문장은 다와드루지 씨의 작문입니다.

일본 전철

저는 일본에 오고 나서 전철을 18)④타게 되었습니다. 제가 태어난 마을에서는 전철을 타는 사람은 별로 없었습니다만, 일본에서는 전철로 학교나 회사에 다니는 사람이 많이 있습니다.

일본에 19)③온 지 얼마 안 되었을 때는 일본의 교통 룰을 몰랐기 때문에 아르바이트 점장님에게 20)②가르쳐 받았습니다. 역 안에는 쇼핑몰이나 여러 가게가 있어서 매우 즐겁습니다.

전철을 타면 바깥 경치가 보이기 때문에 기분도 좋습니다. 일본에 있는 동안에 더 여러 장소에 전철로 21)①가 볼 생각입니다.

18
1 乗ったことが　ありました
2 乗らなくても　いいです
3 乗れることに　しました
4 乗るように　なりました

18
1 탄 적이 있었습니다
2 타지 않아도 됩니다
3 탈 수 있기로 했습니다
4 타게 되었습니다

19	1 来たまま	19	1 온 채
	2 来おわる		2 다 오다
	3 来た　ばかり		**3 온 지 얼마 안 된**
	4 来はじめる		4 오기 시작하다
20	1 教えて　あげました	20	1 (내가) 가르쳐 주었습니다
	2 教えて　もらいました		**2 가르쳐 받았습니다**
	3 教えて　くれました		3 (상대방이) 가르쳐 주었습니다
	4 教えて　おきました		4 가르쳐 두었습니다
21	**1 行ってみる　つもりです**	21	**1 가 볼 생각입니다**
	2 行ってみる　ようです		2 가 보는 것 같습니다
	3 行ってみる　ためです		3 가 보기 위해서입니다
	4 行きたがって　います		4 가고 싶어 하고 있습니다

단어 町 마을, 동네 | 通う 다니다 | 景色 경치, 풍경 | 気分 기분 | 間 동안, 사이

18 해설 보기들을 우선 확인해 보면 「乗る(타다)」 동사를 사용하고 있는 걸 알 수 있고, 내용을 읽어 보면 뒷부분에 '내가 태어난 마을에서는 전철을 타는 사람이 별로 없었다'는 내용이 나오고 있어요. 그렇다면 '일본에 오고 나서 전철을 비로소 타게 되었다'는 내용이 자연스러우니 답은 4번이에요.

19 해설 뒤의 내용을 확인해 보면, 과거에 대한 이야기를 하고 있는 것을 알 수 있어요. 그리고 「の」로 연결되어 있으므로 2, 4번은 오답이에요. 1번은 '온 채', 3번은 '온 지 얼마 안 된'이라는 의미이므로 답은 3번이에요.

20 해설 보기를 훑어보면 당시 점장님에게 많이 '가르침 받았다'는 내용을 연결해야 함을 알 수 있어요. 앞부분이 「店長に(점장님에게)」라고 제시되어 있으므로, 답은 2번이에요. 3번이 답이 되려면 앞에 「店長が(점장님이)」을 연결해야 해요.

21 해설 보기에 「行く」가 활용되어 있고, 앞부분에는 '일본에 있는 동안에 더 여러 곳에'라는 내용이 있으므로, 뒤에는 '가 보고 싶다', '갈 것이다' 등의 내용이 와야 해요. 따라서 '가 볼 생각입니다'라는 뜻인 1번이 답이에요. 특히 4번의 「…たがる」 표현은 '내가 아닌 다른 사람의 바람, 희망'이라는 점을 주의해야 해요.

독해

もんだい 4 つぎの (1)から(3)の 文章を 読んで、質問に 答えて ください。こたえは、1・2・3・4から いちばん いい ものを ひとつ えらんで ください。

문제 4 **다음 (1)~(3)의 문장을 읽고 질문에 답하세요. 답은 1·2·3·4 중 가장 적절한 것을 하나 고르세요.**

(1) 太郎さんが起きると、テーブルの上にお母さんからのメモがありました。

> 太郎へ
>
> となりのおばあさんが入院したので、おみまいに行ってきます。天気予報によると夕方から雨が降るそうです。出かける前に、洗濯物を家の中に入れてください。帰りがおそくなるかもしれないので、晩ご飯は自分で買って食べてください。犬の散歩もお願いしますね。
>
> 母より

22 メモに書かれていることと<u>合っている</u>ものはどれですか。

1 雨が降る前に、太郎さんは洗濯をしようと思っています。

2 お母さんは家に帰ってから、晩ご飯を作るつもりです。

3 雨なので、太郎さんは犬を散歩させなくてもいいです。

4 お母さんは、病院に行かなければなりません。

(1) 타로 씨가 일어나자 테이블 위에 엄마가 보낸 메모가 있었습니다.

> 타로에게
>
> 옆집 아주머니가 입원했기 때문에 병문안에 다녀올게요. 일기 예보에 의하면 저녁부터 비가 내린다고 해요. 외출하기 전에 빨래를 집 안에 넣어줘요. 귀가가 늦어질지도 모르기 때문에 저녁은 스스로 사 먹어요. 개 산책도 부탁해요.
>
> 엄마가

22 메모에 쓰인 것과 <u>맞는 것</u>은 어느 것입니까?

1 비가 내리기 전에 타로 씨는 빨래를 하려고 생각하고 있습니다.

2 엄마는 집에 돌아오고 나서 저녁을 만들 생각입니다.

3 비가 오기 때문에 타로 씨는 개를 산책시키지 않아도 됩니다.

4 엄마는 병원에 가야만 합니다.

해설 앞에서부터 하나씩 대입해 봐야 해요. 1번은 둘째 줄에 「出かける前に、洗濯物を家の中に入れてください(외출 전에 빨래를 집 안에 넣어줘요)」라고 되어 있으므로 오답, 2번은 마지막 줄에 「晩ご飯は自分で買って食べてください(저녁은 스스로 사 먹어요)」라고 되어 있으므로 오답, 3번은 마지막에 「犬の散歩もお願いしますね(개 산책도 부탁해요)」라고 했으므로 오답, 4번은 첫 줄에서 「おみまいに行ってきます(병문안에 다녀올게요)」라고 했으니 정답이에요.

단어 となり 옆, 옆집 | 帰り 귀가 | 晩ご飯 저녁(밥) | 合う 맞다, 일치하다

(2) （学校で）このお知らせが教室にあります。

皆さん

来週から使うテキストは学校の本屋で買うことができます。テキストが買える時間は、10時から15時までです。12時から13時までは昼休みですから、買えません。クラスでテキストの名前と値段が書いてある紙を渡します。必要なテキストに○をつけて、払うお金を準備してください。クレジットカードは使えないので、注意してください。お金と○をつけた紙をお店の人に渡してください。

23 テキストの買い方について、正しいものはどれですか。

1 12時にお店に行けば、テキストを買うことができます。

2 クレジットカードを使って、お金を払わなければなりません。

3 紙に○をつければ、お店の人が値段を教えてくれます。

4 テキストのお金と紙を用意しておく必要があります。

(2) (학교에서) 이 알림장이 교실에 있습니다.

여러분

다음 주부터 사용할 교과서는 학교의 서점에서 살 수 있습니다. 교과서를 살 수 있는 시간은 10시부터 15시까지입니다. 12시부터 13시까지는 점심 시간이니까 살 수 없습니다. 교실에서 교과서 이름과 가격이 적힌 종이를 전달하겠습니다. 필요한 교과서에 ○를 치고 지불할 돈을 준비해 주세요. 신용카드는 사용할 수 없기 때문에 주의해 주세요. 돈과 ○를 친 종이를 가게 직원에게 건네주세요.

23 교과서 구매 방법에 대해 올바른 것은 어느 것입니까?

1 12시에 가게 가면 교과서를 살 수 있습니다.

2 신용카드를 이용해서 돈을 지불해야만 합니다.

3 종이에 ○를 치면 가게 직원이 가격을 알려 줍니다.

4 교과서 돈과 종이를 준비해 둘 필요가 있습니다.

해설 구매 방법에 대해 올바른 것을 찾아야 해요. 1번은 둘째 줄에 「12時から13時までは昼休みですから、買えません(12시부터 13시까지는 점심 시간이니까 살 수 없습니다)」가 있으므로 오답, 2번은 마지막에 「クレジットカードは 使えないので…(신용카드는 사용할 수 없기 때문에~)」가 있으므로 오답, 3번은 「…値段が書いてある紙を渡します(~가격이 적힌 종이를 전달하겠습니다)」라고 되어 있어요. 답은 4번이에요.

단어 テキスト 교과서, 교재 | 本屋 서점, 책방 | 昼休み 점심시간 | 値段 가격 | ○をつける 동그라미를 치다 | 準備 준비 | クレジットカード 신용카드

(3) （会社で）中西さんの机の上に、このメモがあります。

> 中西さん
>
> さくら工場の早田さんから電話がありました。7月に工場見学ができるのは、10日(金)10時、11時と16日(木)15時、16時だそうです。見学の日と時間は私が早田さんに伝えますから、決まったら電話をください。行く人の数も教えてください。
>
> 木村

(3) (회사에서) 나카니시 씨의 책상 위에 이 메모가 있습니다.

> 나카니시 씨
>
> 사쿠라 공장의 하야타 씨로부터 전화가 있었습니다. 7월에 공장 견학이 가능한 것은 10일(금) 10시, 11시와 16일(목) 15시, 16시라고 합니다. 견학 날과 시간은 제가 하야타 씨에게 전달할 테니, 정해지면 전화를 주세요. 가는 사람의 수도 알려 주세요.
>
> 기무라

24 このメモを読んで、中西さんは何をしなければなりませんか。

1 工場見学に行く日と時間と、行く人の数を早田さんに教える。
2 工場見学に行く日と時間と、行く人の数を木村さんに伝える。
3 工場見学に行く人の数だけ早田さんに伝える。
4 工場見学に行く人の数だけ木村さんに教える。

24 이 메모를 읽고 나카니시 씨는 무엇을 해야만 합니까?

1 공장 견학에 가는 날과 시간과 가는 사람의 수를 하야타 씨에게 알려준다.
2 공장 견학에 가는 날과 시간과 가는 사람의 수를 기무라 씨에게 전달한다.
3 공장 견학에 가는 사람의 수만 하야타 씨에게 전달한다.
4 공장 견학에 가는 사람의 수만 기무라 씨에게 알려준다.

해설 메모를 읽은 후에 나카니시 씨가 해야 할 일을 묻고 있어요. 기무라 씨가 공장 견학이 가능한 날과 시간을 알려주고 있어요. 마지막 줄에 「決まったら 電話ください。行く人の 数も 教えてください(정해지면 전화주세요. 가는 사람 수도 알려주세요)」라고 하고 있으므로, 견학 갈 날짜와 시간, 인원 수를 기무라 씨에게 알려주면 돼요. 따라서 답은 2번이에요.

단어 決まる 정해지다 | 数 수, 숫자

もんだい 5　つぎの文章を読んで、質問に 答えて ください。答えは、1・2・3・4から、いちばん いい ものを 一つ えらんで ください。

문제 5 다음 문장을 읽고 질문에 대답하세요. 답은 1·2·3·4 중 가장 적절한 것을 하나 고르세요.

2カ月前の話をします。ある日、息子が熱を出したので、病院に連れて行きました。病院で医者は「かぜの薬を出しておきます。熱が高くなったら、また来てください。」と言いました。私は薬をもらって、息子と家に帰りました。病院でもらった薬は、とても甘いです。ジュースのような味がするので、息子は①たくさんほしがります。

次の日、息子の熱は下がりました。でも、泣い

2개월 전의 이야기를 하겠습니다. 어느 날, 아들이 열이 났기 때문에 병원에 데리고 갔습니다. 병원에서 의사는 '감기약을 내어두겠습니다. 열이 높아지면 또 와 주세요.'라고 말했습니다. 저는 약을 받고 아들과 집에 돌아왔습니다. 병원에서 받은 약은 매우 답니다. 주스 같은 맛이 나기 때문에 아들은 ①많이 탐냅니다.

다음 날, 아들의 열은 내렸습니다. 하지만 울거나 웃거나 하지 않게 되어 하루 종일 조용했습니다. 밥도 먹지 않고 정말 좋아하는 약도 먹지 않았습니다. 평소라면 아들은

たり笑ったりしなくなって、一日中静かでした。ご飯も食べないし、大好きな薬も飲みませんでした。いつもなら、息子はとてもうるさいです。ご飯もたくさん食べて、一日中大きな声を出します。

私はとても心配になって、息子を病院に連れて行きました。すると、息子は病院で入院をさせられました。熱は低かったですが、病気がもっと悪くなっていたのです。入院したら、息子の病気はどんどんよくなって、二日後に退院することができました。②本当によかったです。

매우 시끄럽습니다. 밥도 많이 먹고 하루 종일 큰소리를 냅니다.

저는 매우 걱정이 되어 아들을 병원에 데리고 갔습니다. 그러자, 아들은 병원에서 입원을 했습니다. 열은 낮았지만 병이 더 나빠져 있었던 것입니다. 입원했더니 아들의 병은 점점 좋아져서 이틀 뒤에 퇴원할 수 있었습니다. ②정말로 다행이었습니다.

25 どうして息子は薬を①たくさんほしがりますか。

1 甘いジュースがもっと飲みたいから

2 甘い薬がもっと飲みたいから

3 甘いジュースをもっと飲んでほしいから

4 甘い薬をもっと飲んでほしいから

25 어째서 아들은 약을 ①많이 탐내했습니까?

1 단 주스가 더 마시고 싶으니까

2 단 약이 더 먹고 싶으니까

3 단 주스를 더 마셔 주길 바라니까

4 단 약을 더 먹어 주길 바라니까

26 息子について、わかることは何ですか。

1 いつもは泣いたり笑ったり、とても大人しいです。

2 いつもは一日中ご飯も食べないし、とても静かです。

3 いつもはよく大きな声を出したりして、とてもうるさいです。

4 いつもはあまり食べたり飲んだりしなくて、とても元気です。

26 아들에 대해서 알 수 있는 것은 무엇입니까?

1 평소에는 울거나 웃거나 매우 얌전합니다.

2 평소에는 하루 종일 밥도 안 먹고 매우 조용합니다.

3 평소에는 자주 큰 소리를 내거나 해서 매우 시끄럽습니다.

4 평소에는 별로 먹거나 마시지 않고 매우 활기찹니다.

27 ②本当によかったとありますが、何についてよかったと思いましたか。

1 入院しなくてもよかったこと

2 熱が高くならなかったこと

3 すぐ病気がよくなったこと

4 退院する日がわかったこと

27 ②정말로 다행이었습니다라고 쓰여 있는데, 무엇에 대해 다행이라고 생각했습니까?

1 입원하지 않아도 되었던 일

2 열이 높아지지 않았던 일

3 금방 병이 좋아진 일

4 퇴원하는 날을 알게 된 일

단어 ほしがる 탐내다, 갖고 싶어 하다 | 大人しい 얌전하다 | 声 목소리 | 熱 열 | 退院 퇴원 | 連れて行く 데리고 가다 | 下がる 내려가다 | 一日中 하루 종일 | いつも 항상, 평소 | どんどん 점점, 자꾸, 계속

25 해설 우선 밑줄 부분의 해석이 중요해요. 「ほしい」는 '원하다'라는 의미죠. 이것의 변형인 「ほしがる」는 '원하거나 갖고 싶어 하다'라는 뜻으로 '제3자의 동작'이 돼요. 즉, 아들이 약을 더 먹고 싶어한 이유를 묻고 있는 것이죠. 밑줄 앞부분에 「薬はとても甘いです。ジュースのような味がするので…(약은 매우 답니다. 주스 같은 맛이 나기 때문에~」 부분을 통해 단맛 때문이라는 것을 알 수 있어요. 답은 2번이에요.

26 해설 아들에 대해서 알 수 있는 것을 묻고 있어요. 보기에 공통적으로 「いつもは…(평소에는~)」이라고 되어있죠. 두 번째 단락의 두 번째 줄에 「いつもなら、息子はとてもうるさいです。ご飯もたくさん食べて、一日中大きな声を出します(평소라면 아들은 매우 시끄럽습니다. 밥도 많이 먹고 하루 종일 큰 소리를 냅니다)」라는 부분이 힌트예요. 답은 3번이에요.

27 해설 밑줄 부분의 무엇이 다행이었는지 묻고 있어요. 바로 앞 문장에 답이 있죠. 「息子の病気はどんどんよくなって、二日後に退院することができました(아들의 병은 점점 좋아져서 이틀 후에는 퇴원할 수 있었습니다)」 부분을 해석해야 해요. 병이 점점 좋아진 점이 다행이라는 것이죠. 답은 3번이에요.

もんだい 6　右の ページの 旅行会社のお知らせを見て、下の 質問に 答えて ください。答えは、1・2・3・4から いちばん いい ものを 一つ えらんで ください。	**문제 6　오른쪽 페이지의 여행 회사 공지를 읽고 아래 질문에 답하세요. 답은 1·2·3·4에서 가장 적당한 것을 고르세요.**

[4月の予定]

ツアーの名前	内容	日にちと時間
① お花見ツアー	きれいな桜を見ながら、有名なお店の弁当を食べます。	4月1日(火)～20日(日) 10:00～16:00
② テンプルステイツアー	500年前に建てられた寺で泊まります。お昼ご飯は、そばを食べます。	4月5日(土)～6日(日) 10:00～次の日の10:00
③ 船旅ツアー	船の中から、川のそばに咲いている桜を見ます。	4月1日(火)～20日(日) 10:00～16:00
④ 神社ツアー	800年前に建てられた神社を見ます。	毎週月・水 10:00～14:00

[4월 예정]

투어 이름	내용	날짜와 시간
① 꽃놀이 투어	예쁜 벚꽃을 보면서 유명한 가게의 도시락을 먹습니다.	4월 1일(화)~20일(일) 10:00~16:00
② 템플스테이 투어	500년 전에 지어진 절에서 묵습니다. 점심은 메밀국수를 먹습니다.	4월 5일(토)~6일(일) 10:00~다음 날 10:00
③ 선편 여행 투어	배 안에서 강 옆에 피어 있는 벚꽃을 봅니다.	4월 1일(화)~20일(일) 10:00~16:00
④ 신사 투어	800년 전에 지어진 신사를 봅니다.	매주 월 · 수 10:00~14:00

⑤景色と食事ツアー	高いビルの上の階のレストランで、景色を見ながら食事をします。	毎週水・土 18:00～21:00
⑥歴史体験ツアー	300年前の景色が残る町をゆっくり見ます。昼ご飯がついています。	毎週火・金 13:00～17:00

28 サムさんは、日本で初めて花見をしてみたいと思っています。食事ができるツアーがいいです。サムさんが選べるのは、どれですか。

1 ①　　2 ③

3 ④　　4 ⑤

29 エミリーさんは古い建物が見られるツアーに参加したいと思っています。平日は仕事があるので、行けません。エミリーさんが選べるのはどれですか。

1 ②　　2 ③

3 ④　　4 ⑥

⑤ 경치와 식사 투어	높은 빌딩 고층 레스토랑에서 경치를 보며 식사를 합니다.	매주 수 · 토 18:00~21:00
⑥ 역사 체험 투어	300년전의 풍경이 남은 마을을 천천히 봅니다. 점심이 포함되어 있습니다.	매주 화 · 금 13:00~17:00

28 삼 씨는 일본에서 처음 꽃놀이를 해보고 싶다고 생각하고 있습니다. 식사가 가능한 투어가 좋습니다. 삼 씨가 선택하는 것은 어느 것입니까?

1 ①　　2 ③

3 ④　　4 ⑤

29 에밀리 씨는 낡은 건물을 볼 수 있는 투어에 참가하고 싶다고 생각하고 있습니다. 평일은 일이 있기 때문에 갈 수 없습니다. 에밀리 씨가 고르는 것은 어느 것입니까?

1 ②　　2 ③

3 ④　　4 ⑥

단어 **選べる** 선택하다, 고르다 | **建てる** 세우다, 짓다 | **泊まる** 묵다, 숙박하다 | **船** 배 | **神社** 신사 | **歴史** 역사 | **ゆっくり** 천천히, 느긋하게

28 해설 문제에서 필요한 부분만 확인해요. 보기에는 ①, ③, ④, ⑤번만 있죠. 이 중에서 꽃놀이와 식사가 가능한 투어는 무엇인지 묻고 있어요. ①번 「花見ツアー(꽃놀이 투어)」의 내용에 「有名なお店の弁当を食べます(유명한 가게의 도시락을 먹습니다)」라고 되어 있으니 1번이 답이에요. ⑤번은 식사는 가능하지만 꽃놀이를 할 수 없어요.

29 해설 조건은 낡은 건물, 주말에 가능한 곳이죠. 보기에는 ②, ③, ④, ⑥번이 있으니 그 부분만 보면 돼요. ②번에 「500年前に建てられた寺(500년 전에 지어진 절)」이 있고, 날짜도 주말이기 때문에 정답인 것을 알 수 있어요.

청해

もんだい 1　もんだい 1では、まず　しつもんを　聞いて　ください。それから　話を　聞いて、もんだいようしの　1から4の　中から、いちばん　いい　ものを　一つ　えらんで　ください。

문제 1　**문제1에서는 우선 질문을 들어주세요. 그러고 나서 이야기를 듣고 문제지의 1~4 중 가장 적절한 것을 하나 고르세요.**

タクシーで運転手と女の客が話しています。
運転手はどこでタクシーを止めますか。

M: どちらまでですか。
F: さくら中学校までおねがいします。
M: もみじ駅の近くですね。
F: えーと、はい、そうです。すみません、その学校の近くにコンビニはありませんか。
M: 一番近いコンビニでも、学校から車で5分ぐらいかかります。歩くと30分ぐらいかかるかもしれません。
F: じゃ、先にコンビニに行ってください。飲み物を買わなければならないので、待っていてもらえませんか。
M: 飲み物なら、学校から歩いて2、3分ぐらいのところに喫茶店がありますよ。
F: そうなんですね。じゃ、そこで降ろしてください。

運転手はどこでタクシーを止めますか。

택시에서 운전수와 여자 손님이 이야기하고 있습니다. 운전수는 어디에서 택시를 세웁니까?

M: 어디까지 가세요?
F: 사쿠라 중학교까지 부탁해요.
M: 모미지역 근처군요.
F: 음, 네, 맞아요. 죄송해요, 그 학교 근처에 편의점은 없나요?
M: 가장 가까운 편의점이어도 학교에서 차로 5분정도 걸려요. 걸으면 30분정도 걸릴지도 몰라요.
F: 그럼 먼저 편의점에 가 주세요. 음료수를 사야 하니, 기다려 주실 수 없나요?
M: 음료수라면 학교에서 걸어서 2, 3분 정도인 곳에 찻집이 있어요.
F: 그렇군요. 그럼 거기서 내려 주세요.

운전수는 어디에서 택시를 세웁니까?

1

1
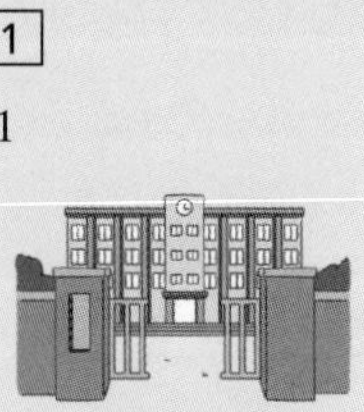

2

3

4

해설　운전수가 어디서 택시를 세우는지 묻고 있어요. 여자가 「先にコンビニに行ってください(먼저 편의점에 가 주세요)」라고 했지만 음료수가 목적이라고 하자, 남자가 「飲み物なら、…喫茶店がありますよ(음료라면, …찻집이 있어요)」라고 해서, 여자가 「じゃ、そこで降ろしてください(그럼 거기서 내려 주세요)」라고 하죠. 답은 찻집인 3번이에요.

단어　**運転手** 운전수 | **止める** 세우다, 멈추다 | **降ろす** 내리다

駅の入り口で女の人と男の人が話しています。
女の人はこれからどこに行きますか。

F: あれ、ここの入り口、使えないんですか。
M: 今、直しているところなんです。もう少し先へ進むとエレベーターがあります。そこを使ってください。
F: わかりました。あ、この近くにおもちゃ屋はありませんか。
M: おもちゃ屋ですか。わたしもよくわかりません。
F: そうですか…。
M: 駅の案内センターで聞いてみたらどうですか。あそこなら、教えてくれます。
F: 駅の案内センターは、どこにありますか。
M: エレベーターで上に上がって、すぐ右にあります。
F: わかりました。ありがとうございます。

女の人はこれからどこに行きますか。

역 입구에서 여자와 남자가 이야기하고 있습니다. 여자는 지금부터 어디에 갑니까?

F: 어라, 여기 입구, 이용할 수 없는 거예요?
M: 지금 고치고 있는 중이거든요. 조금 더 앞으로 가면 엘리베이터가 있어요. 거기를 이용해 주세요.
F: 알겠어요. 아, 이 근처에 장난감 가게는 없나요?
M: 장난감 가게요? 저도 잘 모르겠어요.
F: 그렇군요….
M: 역 안내 센터에서 물어보면 어때요? 거기라면 알려줄 거예요.
F: 역 안내 센터는 어디에 있어요?
M: 엘리베이터로 위에 올라가서 바로 오른쪽에 있어요.
F: 알겠어요. 감사해요.

여자는 지금부터 어디에 갑니까?

2

1

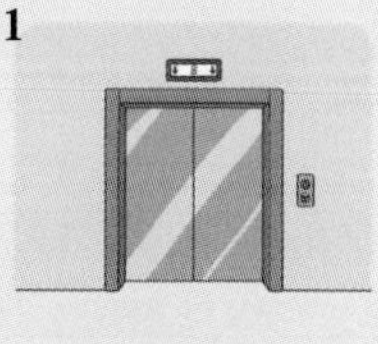

2

3

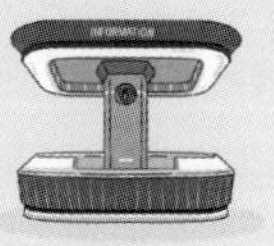

4

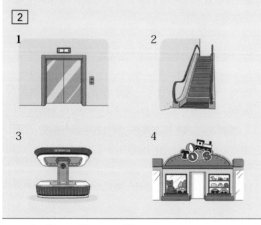

해설 여자가 지금부터 어디에 가는지 묻고 있어요. 여자가 장난감 가게를 가기 위해 남자에게 물어봤지만 남자도 위치를 몰라서, 「駅の案内センターで 聞いてみたらどうですか(역 안내 센터에서 물어보면 어때요?)」라고 제안을 했어요. 그래서 여자가 안내 센터의 위치를 물었고, 남자가 「エレベーターで 上に上がって…(엘리베이터로 위로 올라가서…)」라고 했으므로 우선 엘리베이터로 가야 해요. 답은 1번이에요.

단어 入り口 입구 | 先 앞, 앞쪽 | 進む 나아가다 | おもちゃ 장난감

大学で女の学生と男の学生が話しています。
女の学生はこれからどこに行きますか。

F: あ、スティーブさん、森田先生を見なかった？
M: さっき食堂でお会いしたよ。101教室で学生を

대학에서 여학생과 남학생이 이야기하고 있습니다. 여학생은 지금부터 어디에 갑니까?

F: 아, 스티브 씨, 모리타 선생님을 못 봤어?
M: 아까 식당에서 봤어. 101교실에서 학생을 기다렸는데 안 왔다고 하셨지.

待っていたけど来なかったと言っていたな。

F：え、それ、私のことだ。201教室だと思っていたんだけど、違ったんだー。あー、どうしよう。森田先生、今日は午後から病院に行くと言っていたから、もう帰ってしまったかもしれないね。

M：いや、僕が会ったのは３分ぐらい前だから、たぶんまだそこにいるんじゃないかな。

F：ありがとう、行ってくる。

女の学生はこれからどこに行きますか。

F: 아, 그거 내 얘기다. 201교실이라고 생각했었는데 아니었거든. 아, 어떡하지. 모리타 선생님 오늘은 오후부터 병원에 간다고 하셨으니까 벌써 집에 가버렸을지도 모르겠네.

M: 아냐, 내가 만난 건 3분 정도 전이니까 아마 아직 거기에 계시지 않을까?

F: 고마워, 다녀올게.

여학생은 지금부터 어디에 갑니까?

3　1　101きょうしつ　**2　しょくどう**　3　201きょうしつ　4　びょういん

3　1　101교실　**2　식당**　3　201교실　4　병원

해설　여학생이 모리타 선생님을 만나기로 했는데 교실을 착각해서 못 만났다는 이야기를 하고 있죠. 남자가 아까 식당에서 모리타 선생님을 만났고, 마지막에 「僕が会ったのは3分ぐらい前だから、たぶんまだそこにいるんじゃないかな(내가 만난 건 3분 정도 전이니까 아마 아직 거기 계시지 않을까?)」라고 해서, 여자는 남자가 말한 곳, 식당으로 바로 향하게 돼요. 답은 2번이에요. 선택지에 나온 장소들이 들릴 때 그곳에 대한 이야기를 귀 기울여 들어야 해요.

단어　違う 틀리다 | たぶん 아마

会社で、男の人と女の人が話しています。女の人は、このあとまず何をしますか。

M：木村さん、今日は会議がありますね。資料のコピーはもう終わりましたか。

F：あ、はい。コピーは、今、終わりました。あと、お茶をいれます。

M：あ、お茶は私がやるから、いいよ。それより、さくら工場の本田さんに電話をかけてくれませんか。会議の時間をもう一度伝えたほうがいいと思います。

F：あ、わかりました。

M：それが終わったら、会議室のマイクの確認もお願いします。

F：はい。

女の人は、このあとまず何をしますか。

회사에서 남자와 여자가 이야기하고 있습니다. 여자는 이 다음 먼저 무엇을 합니까?

M: 기무라 씨, 오늘은 회의가 있네요. 자료 복사는 다 끝났나요?

F: 아, 네. 복사는 지금 끝났어요. 그리고 차를 끓일게요.

M: 아, 차는 제가 할 테니까 됐어요. 그것보다 사쿠라 공장의 혼다 씨에게 전화를 걸어 주지 않을래요? 회의 시간을 한 번 더 전하는 편이 좋다고 생각해요.

F: 아, 알겠어요.

M: 그게 끝나면 회의실 마이크 확인도 부탁해요.

F: 네.

여자는 이 다음 먼저 무엇을 합니까?

4

1

2

3

4

해설 여자가 이후에 우선 무엇을 하는지 묻고 있어요. 여자가 첫 마디에서 복사는 끝났고 이제 차를 끓이겠다고 했는데, 남자가 「お茶は私がやるからいいよ。それより、…電話をかけてくれませんか(차는 내가 할 테니 괜찮아요. 그것보다…전화를 걸어주지 않을래요?)」라고 부탁하고 있으므로 답은 전화를 하는 1번이 돼요. 2번의 회의실 마이크 확인은 전화를 먼저 건 후에 해야 하는 동작이니 헷갈리지 마세요.

단어 確認 확인

ダンス教室の受付の人が話しています。このクラスでは、練習の前に、どんな準備をしたらいいですか。

F: このクラスは、初めてダンスを習う人のためのクラスです。いろいろな音楽を聞きながら、楽しく練習します。ダンスの途中でも水が飲めます。ダンスが終わった後は、ランニングマシンを利用することもできますよ。そして、クラスが始まる前には、準備運動をしっかりしておいてください。

このクラスでは、練習の前に、どんな準備をしたらいいですか。

댄스 교실 접수처의 사람이 이야기하고 있습니다. 이 교실에서는 연습 전에 어떤 준비를 하면 됩니까?

F: 이 교실은 처음 댄스를 배우는 사람을 위한 교실입니다. 여러 음악을 들으면서 즐겁게 연습합니다. 댄스 도중에도 물을 마실 수 있습니다. 댄스가 끝난 후에는 런닝머신을 이용하는 것도 가능합니다. 그리고 수업이 시작되기 전에는 준비 운동을 잘 해 두세요.

이 교실에서는 연습 전에 어떤 준비를 하면 됩니까?

5

1

2

3

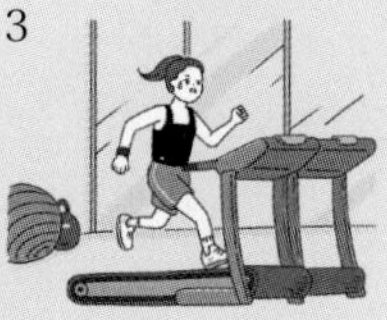

4

해설 연습 전에 어떤 준비를 하는지 묻고 있어요. 마지막 말에 「クラスが始まる前には、準備運動をしっかりしておいてください(수업이 시작되기 전에는 준비 운동을 잘 해 두세요)」라고 하므로, 연습 전에는 '준비 운동'을 해야 하는 것을 알 수 있어요. 답은 2번이에요.

学校で先生が話しています。

学生はあした学校に何時までに来なければなりませんか。

M: あしたは美術館の見学に行きます。学校の前でバスに乗りますから、皆さん、遅れないでくださいね。集まる時間がいつもと違うので注意してください。いつもは9時10分から授業が始まりますが、明日は8時50分に学校の前まで来てください。時間が20分早くなるんですよ。間違えないように注意してくださいね。それから、朝は電車がときどき遅れますから、早く家を出るようにしてください。

学生はあした学校に何時までに来なければなりませんか。

6　1　9じ10ぷん　　2　8じ50ぷん

　　3　9じ20ぷん　　4　8じ20ぷん

학교에서 선생님이 이야기하고 있습니다. 학생은 내일 학교에 몇 시까지 와야 합니까?

M: 내일은 미술관 견학에 갑니다. 학교 앞에서 버스를 타니까 여러분 늦지 마세요. 모이는 시간은 평소와 다르기 때문에 주의해 주세요. 평소에는 9시 10분부터 수업이 시작됩니다만, 내일은 8시 50분에 학교 앞까지 와 주세요. 시간이 20분 빨라진답니다. 착각하지 않도록 주의해 주세요. 그리고 아침은 전철이 가끔 늦기 때문에 일찍 집을 나오도록 해 주세요.

학생은 내일 학교에 몇 시까지 와야 합니까?

6　1　9시 10분　　**2　8시 50분**

　　3　9시 20분　　4　8시 20분

해설　내일 몇 시까지 학교에 오는지 묻고 있어요. 「いつもは9時10分から…明日は8時50分に学校の前まで来てください(평소에는 9시 10분부터…내일은 8시 50분에 학교 앞까지 와 주세요)」라는 부분을 들어야 해요. 내일은 8시 50분까지 와야 하므로 답은 2번이에요. 숫자와 날짜를 나타내는 표현은 기본적으로 잘 알아두어야 해요.

단어　集まる 모이다 | 間違える 착각하다

家で女の人とお兄さんが話しています。女の人は明日何を持っていきますか。

F: お兄ちゃん、私ね、明日ミクちゃんの誕生日パーティーに行くんだ。

M: じゃあ、僕のカメラを持っていく？

F: うん、ありがとう。

M: プレゼントは用意しなくてもいいの？

F: くるみちゃんがケーキを持ってくるから、大丈夫。それと、飲み物はミクちゃんが準備してくれるんだって。

M: 手紙は？ミクちゃん、きっと喜ぶよ。

F: そうかな。じゃあ、今から書いてみるね。

女の人は明日何を持っていきますか。

집에서 여자와 오빠가 이야기하고 있습니다. 여자는 내일 무엇을 가지고 갑니까?

F: 오빠, 나 말야, 내일 미쿠의 생일 파티에 가거든.

M: 그럼 내 카메라를 가져 갈래?

F: 응, 고마워.

M: 선물은 준비하지 않아도 되는 거야?

F: 구루미가 케이크를 가지고 오니까 괜찮아. 그리고 음료는 미쿠가 준비해 준대.

M: 편지는? 미쿠 분명히 기뻐할 거야.

F: 그런가? 그럼 지금부터 써 볼게.

여자는 내일 무엇을 가지고 갑니까?

7

1

2

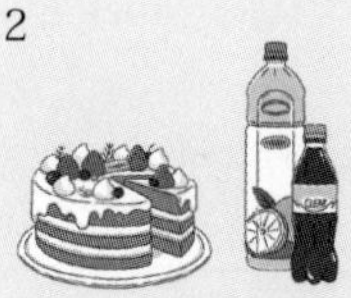

3

4

해설 우선 문제를 풀기 전에 그림에 어떤 사물들이 있는지 훑어봐요. 여자가 생일 파티에 무엇을 가져가는지 묻고 있는데 오빠가 '카메라를 가져 갈래?'라고 하자 '응, 고마워'라고 대답했으니 카메라는 가져가는 것이죠. 그리고 마지막에 오빠가 '편지는?'이라고 물었을 때 「じゃあ、今から書いてみるね(그럼 지금부터 써볼게)」라고 했으므로 편지도 가져간다는 의미가 돼요. 답은 카메라와 편지가 그려진 4번이에요.

学校で先生が学生に話しています。
学生は明日のセミナーでどこに集まりますか。

M: 皆さん、明日のセミナーは最初に予定していた311教室ではなくて、411教室で行うことになりました。今日中に終わる予定だった312教室の工事が明日も続くことになって、となりの311教室と310教室がうるさいかもしれないからです。では、明日、間違えないように来てくださいね。よろしくお願いします。

学生は明日のセミナーでどこに集まりますか。

8 1 311きょうしつ 2 312きょうしつ
3 310きょうしつ **4 411きょうしつ**

학교에서 선생님이 학생에게 이야기하고 있습니다. 학생은 내일 세미나에서 어디로 모입니까?

M: 여러분, 내일 세미나는 처음 예정되어 있던 311교실이 아니라, 411교실에서 진행하게 되었습니다. 오늘 중으로 끝날 예정이었던 312교실의 공사가 내일도 이어지게 되어, 옆 311교실과 310교실이 시끄러울지도 모르기 때문입니다. 그럼, 내일 착각하지 않도록 와 주세요. 잘 부탁합니다.

학생은 내일 세미나에서 어디로 모입니까?

8 1 311교실 2 312교실
3 310교실 **4 411교실**

해설 학생들이 내일 어디에 모이는지 묻고 있어요. 첫 문장에서 「…311教室ではなくて、411教室で行うことになりました(…311교실이 아니라 411교실에서 진행하게 되었습니다)」라고 해요. 뒤의 내용은 그렇게 된 이유를 설명하고 있으므로 답은 처음 말한 411교실인 4번이에요. 여러 숫자 함정이 나왔지만 넘어가지 않도록 끝까지 집중해서 들어야 해요.

단어 セミナー 세미나 | 続く 이어지다, 계속되다

もんだい 2 もんだい2では、まず しつもんを 聞いて ください。そのあと、もんだいようしを 見て ください。読む 時間が あります。それから 話を 聞いて、もんだいようしの 1から4の 中から、いちばん いい ものを 一つ えらんで ください。

문제 2 **문제2에서는 우선 질문을 들어주세요. 그 후에 문제지를 봐 주세요. 읽을 시간이 있습니다. 그리고 나서 이야기를 듣고 문제지의 1~4 중 가장 적절한 것을 하나 고르세요.**

スーパーで店の人が話しています。
今日、砂糖は１キロでいくらになりますか。

M: 皆様、いらっしゃいませ。今日は雨ですから、特別に安くしています。牛乳は１本、いつもは２２０円のものが、なんと１１０円、１１０円になります。卵は１０個で１８８円のものが、９８円になります。それから、砂糖は、１キロ２２０円のものが、１９８円になります。

今日、砂糖は１キロでいくらになりますか。

1 1 ２２０えん 2 １１０えん
3 ９８えん **4 １９８えん**

슈퍼에서 가게 사람이 이야기하고 있습니다. 오늘 설탕은 1킬로그램에 얼마가 됩니까?

M: 여러분, 어서 오세요. 오늘은 비가 오니 특별히 저렴하게 하고 있습니다. 우유는 1팩에 평소에는 220엔인 것이 무려 110엔, 110엔이 됩니다. 달걀은 10개에 188엔인 것이 98엔이 됩니다. 그리고 설탕은 1킬로에 220엔인 것이 198엔이 됩니다.

오늘 설탕은 1킬로그램에 얼마가 됩니까?

1 1 220엔 2 110엔
3 98엔 **4 198엔**

해설 녹음을 들으면서 질문 포인트를 잘 메모해 두어야 해요. 오늘 설탕이 얼마인지 묻고 있어요. 마지막에 「さとうは、1キロ220円のものが198円になります(설탕은 1킬로에 220엔인 것이 198엔이 됩니다)」라고 하므로 답은 4번이에요. 숫자는 천 단위까지는 들을 수 있어야 해요.

단어 なんと 무려

女の人と男の人が話しています。男の人は何の写真を撮りましたか。

M: リアさん、おはよう。
F: カルロさん、旅行に行ってきたんでしょう？楽しかった？
M: 楽しかった。それに、写真をたくさん撮ったよ。
F: どんな写真を撮ったの？きれいな景色とか、おもしろい場所とか？
M: ううん。
F: じゃあ、おいしい食べ物の写真？
M: うーん、あまり食べたり歩いたりはしなかったんだ。それより、ぼくは前から乗りたかった電車に乗れて、嬉しかったよ。
F: ああ、そうなの。じゃ、その写真を撮ったんだね。
M: うん。見る？

男の人は何の写真を撮りましたか。

여자와 남자가 이야기하고 있습니다. 남자는 무슨 사진을 찍었습니까?

M: 리아 씨, 안녕.
F: 카를로 씨, 여행에 다녀왔지? 즐거웠어?
M: 즐거웠어. 게다가 사진을 많이 찍었어.
F: 어떤 사진을 찍은 거야? 예쁜 경치라든지 재미있는 장소라든지?
M: 아니.
F: 그럼, 맛있는 음식 사진?
M: 음, 별로 먹거나 걷거나 하지는 않았어. 그것보다 나는 전부터 타고 싶었던 전철을 탈 수 있어서 기뻤어.
F: 아, 그래? 그럼 그 사진을 찍었구나.
M: 응. 볼래?

남자는 무슨 사진을 찍었습니까?

2

1　おいしい　ものの　写真

2　おもしろい　ばしょの　写真

3　きれいな　けしきの　写真

4　のった　電車の　写真

2

1　맛있는 것의 사진

2　재미있는 장소의 사진

3　예쁜 경치 사진

4　탄 전철의 사진

해설　남자가 어떤 사진을 찍었는지 묻고 있어요. 남자에 대한 질문에는 대부분 남자가 대답하는 부분에서 정답을 찾아야 해요. 여자가 묻는 것은 오답에 해당하고, 남자가 말하는 「それより、ぼくは前から乗りたかった電車に乗れて、うれしかったよ(그것보다 나는 전부터 타고 싶던 전철을 탈 수 있어서 기뻤어)」라는 부분이 힌트였어요. 답은 4번이에요.

病院で受付の人と女の人が話しています。女の人は次にいつ病院に来ますか。

M: 木村さん、次のご予約ですが、来週の火曜日はいかがでしょうか。今日と同じ午後３時からでしたら、お取りできますよ。

F: えーと、その日は学校の授業があるので、ちょっと…。

M: 木曜日の午後であいている時間はありませんか。

M: 午後は予約がいっぱいですね。午前ならお取りできますが。

F: そうですか。では、土曜日はどうですか。何時でもいいです。

M: えーと、土曜日はいつもの先生ではありませんが、午前にお取りできますよ。

F: うーん、やっぱりいつもの先生のほうが安心なので、木曜日にお願いします。

女の人は次にいつ病院に来ますか。

병원에서 접수처 사람과 여자가 이야기하고 있습니다. 여자는 다음에 언제 병원에 옵니까?

M: 기무라 씨, 다음 예약말인데요, 다음 주 화요일은 어떠세요? 오늘과 같은 오후 3시부터라면 예약 가능해요.

F: 음, 그 날은 학교 수업이 있어서 좀… 목요일 오후에 빈 시간은 없나요?

M: 오후는 예약이 차 있네요. 오전이라면 가능한데.

F: 그래요? 그럼 토요일은 어때요? 몇 시든 괜찮아요.

M: 음, 토요일은 평소 진료받던 선생님은 아니지만 오전에 예약할 수 있어요.

F: 음, 역시 늘 진료받는 선생님이 안심되니까 목요일로 부탁해요.

여자는 다음에 언제 병원에 옵니까?

3　1　火曜日の午後　　**2　木曜日の午前**

3　木曜日の午後　　4　土曜日の午前

3　1　화요일 오후　　**2　목요일 오전**

3　목요일 오후　　4　토요일 오전

해설　여자가 다음에 언제 병원에 방문할지 묻고 있어요. 병원에서 제안한 시간은 다음 주 화요일 오후, 목요일 오후, 토요일이었는데, 시간이 안 맞거나 선생님이 달라지기 때문에 여자가 마지막에 「木曜日にお願いします(목요일로 부탁해요)」라고 하죠. 답은 2번이에요.

단어　予約を取る 예약을 잡다 | 空く (시간, 공간이) 비다

電話で男の学生と女の学生が話しています。
男の学生はどうして女の学生に電話しましたか。

M: もしもし、由美さん。今、大丈夫？
F: うん、大丈夫だよ。どうしたの？
M: 実は、由美さんに借りた本なんだけど、なくしてしまって。電車に忘れたと思って駅員さんに聞いてみたんだけど、見つからなかったんだ。本当にごめん。
F: それなら、私、持っているよ。教室にあったからって、佳子さんが持ってきてくれたの。
M: あー、よかった。
F: 本はもう読み終わったの？
M: ううん、まだ。あの本、本当に面白いから、また貸してくれるとうれしいんだけど。
F: うん、いいよ。
M: ありがとう。

男の学生はどうして女の学生に電話しましたか。

4

1 ほんを　かりたかったから
2 ほんを　かえしたかったから
3 ほんを　なくしたから
4 ほんが　おもしろかったから

전화로 남학생과 여학생이 이야기하고 있습니다. 남학생은 어째서 여학생에게 전화했습니까?

M: 여보세요, 유미 씨. 지금 괜찮아?
F: 응, 괜찮아. 무슨 일이야?
M: 실은, 유미 씨에게 빌린 책말인데, 잃어버려서. 전철에 두고 왔다고 생각해서 역무원에게 물어봤는데 못 찾았어. 정말 미안해.
F: 그거라면 나 갖고 있어. 교실에 있다면서 요시코 씨가 갖고 와 줬어.
M: 아, 다행이다.
F: 책은 벌써 다 읽었어?
M: 아니, 아직. 그 책, 정말 재미있으니까 또 빌려주면 좋겠는데….
F: 응, 좋아.
M: 고마워.

남학생은 어째서 여학생에게 전화했습니까?

4

1 책을 빌리고 싶었으니까
2 책을 돌려주고 싶었으니까
3 책을 잃어버렸으니까
4 책이 재미있었으니까

해설 남자가 전화한 이유를 묻고 있어요. 남자의 두 번째 말에 「実は、ゆみさんにかりた本なんだけど、なくしてしまって(사실 유미 씨에게 빌린 책 말인데, 잃어버려서)」라고 하는 부분이 용건이에요. 따라서 답은 3번이에요.

단어 なくす 잃어버리다 | 見つかる 발견되다, 찾게 되다

学校で男の人と女の人が話しています。
女の人は明日の天気がどうなると言っていますか。

M: 毎日暑いですね。
F: はい。それに、昨日も雨、今日も雨！
M: 明日は晴れるらしいですよ。
F: え、本当ですか。私が見たニュースでは、明日はくもりだと言っていましたよ。週末は晴れるそうです。
M: そうですか。じゃあ、せっかくだし、週末にどこか出かけようかな。
F: いいですね。私も、週末はプールに行きたいと思います。

女の人は明日の天気がどうなると言っていますか。

5　1 あつく　なる　　2 雨が　ふる
3 くもりに　なる　　4 はれる

학교에서 남자와 여자가 이야기하고 있습니다. 여자는 내일 날씨가 어떻게 된다고 말하고 있습니까?

M: 매일 덥네요.
F: 네. 게다가 어제도 비, 오늘도 비!
M: 내일은 맑아진다는 것 같아요.
F: 엇, 정말요? 제가 본 뉴스에서는 내일은 흐림이라고 했어요. 주말은 맑아진다고 해요.
M: 그래요? 그럼 모처럼이니까 주말에 어딘가 나가볼까.
F: 좋네요. 저도 주말에는 수영장에 가고 싶다고 생각해요.

여자는 내일 날씨가 어떻게 된다고 말하고 있습니까?

5　1 더워진다　　2 비가 온다
3 흐려진다　　4 맑아진다

해설　질문을 정확히 들어야 돼요. '여자'가 '내일 날씨'가 어떻게 된다고 말하는지 묻고 있죠. 여자의 말에 주목해야 하고, 두 번째 말에 답이 있어요. 「私が見たニュースでは、明日はくもりだと言っていましたよ(제가 본 뉴스에서는 내일은 흐림이라고 했어요)」라는 부분에서 정답을 알 수 있어요. 답은 3번이고, 뒷부분은 주말 날씨이므로 함정이에요.

電話で男の人が話しています。男の人は今どこにいますか。

M: もしもし、約束の時間より早く美術館についたんだけど、今日は美術館が休みの日だったよ。それに、雪が降ってきたから、今、美術館の前の本屋に入ったところ。ちょうどほしかった本があるから、それを買ったら、となりの喫茶店で読みながら待ってるよ。今日は美術館に行けなくなったから、一緒に映画でも見ない？じゃ、気をつけて来てね。

男の人は今どこにいますか。

6　1 びじゅつかん　　**2 ほんや**
3 きっさてん　　4 えいがかん

전화로 남자가 이야기하고 있습니다. 남자는 지금 어디에 있습니까?

M: 여보세요, 약속 시간보다 빨리 미술관에 도착했는데, 오늘은 미술관이 휴일이었어. 게다가 눈이 내리기 시작했으니까 지금 미술관 앞 서점에 막 들어왔어. 마침 갖고 싶던 책이 있으니까 그걸 사면 옆 찻집에서 읽으면서 기다릴게. 오늘은 미술관에 갈 수 없게 되었으니 같이 영화라도 보지 않을래? 그럼 조심해서 와.

남자는 지금 어디에 있습니까?

6　1 미술관　　**2 서점**
3 찻집　　4 영화관

해설 남자가 지금 어디에 있는지 묻고 있어요. 처음에 미술관 이야기가 들릴 때 헷갈리지 않도록 주의해요. 「今、美術館の前の本屋に入ったところ(지금 미술관 앞의 서점에 막 들어온 참이야)」라는 부분에서 답을 알 수 있어요. 답은 2번으로 시점이나 시제와 관련된 표현은 잘 알아두어야 해요.

先生が学生たちに話しています。今から昼ご飯までしたらダメなことはなんですか。ダメなことです。

F: 皆さん、今日はさくら動物園を見学する日です。これからチケットを皆さんに渡しますから、なくさないようにしてください。中に入ったら、受付の人にチケットを見せてください。動物園の中では、好きな動物を選んで、絵を描いてください。絵を描き終わった人は、昼ご飯の時間まで自由時間です。出口の方にお土産売り場がありますが、予約している時間が13時なので、まだ入らないようにしてください。近くに小さい山があるので、散歩するのもいいです。昼ご飯の時間は12時なので、遅れないようにしてくださいね。

今から昼ご飯までしたらダメなことはなんですか。

7

1 うけつけの　ひとに　チケットを　見せる

2 好きな　どうぶつの　えを　かく

3 おみやげを　買いに　行く

4 さんぽを　する

선생님이 학생들에게 이야기하고 있습니다. 지금부터 점심까지 하면 안 되는 것은 무엇입니까? 안 되는 것입니다.

F: 여러분, 오늘은 사쿠라 동물원을 견학하는 날입니다. 지금부터 티켓을 여러분에게 전해줄 테니 잃어버리지 않도록 해 주세요. 안에 들어가면 접수처 사람에게 티켓을 보여주세요. 동물원 안에서는 좋아하는 동물을 골라 그림을 그려 주세요. 그림을 다 그린 사람은 점심 시간까지 자유 시간입니다. 출구 쪽에 기념품 매장이 있지만 예약한 시간이 13시니까 아직 들어가지 않도록 해주세요. 근처에 작은 산이 있으니 산책하는 것도 좋습니다. 점심 시간은 12시니까 늦지 않도록 해주세요.

지금부터 점심까지 하면 안 되는 것은 무엇입니까?

7

1 접수처 사람에게 티켓을 보여준다

2 좋아하는 동물의 그림을 그린다

3 기념품을 사러 간다

4 산책을 한다

해설 질문을 잘 들어야 해요. 점심 시간까지 하면 안 되는 일이 무엇인지 묻고 있어요. 「出口のほうにお土産売り場がありますが…入らないようにしてください(출구 쪽에 기념품 매장이 있지만… 들어가지 않도록 해주세요)」 부분이 포인트예요. 예약 시간이 13시이므로 그 전에 들어가면 안 된다고 했어요. 따라서 답은 3번이에요.

단어 *だめだ* 안 된다 | **描く** 그리다

もんだい 3　もんだい3では、えを　みながら　しつもんを　きいて　ください。➡(やじるし)の　ひとは　なんと　いいますか。1から3の　なかから、いちばん　いいものを　ひとつ　えらんで　ください。

문제 3　**문제 3에서는 그림을 보면서 질문을 들으세요. ➡(화살표)가 가리킨 사람은 뭐라고 말합니까? 1에서 3 중에서 가장 알맞은 것을 하나 고르세요.**

1

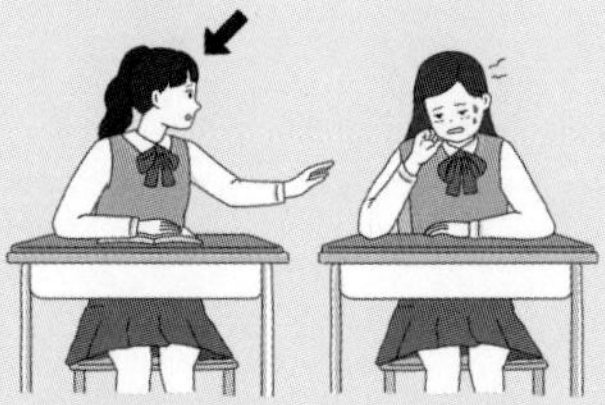

友だちが、頭がとても痛そうです。何と言いますか。

1 薬を飲んでもいいですか。

2 薬を飲んだほうがいいですよ。

3 薬を飲めばいいですか。

친구가 머리가 매우 아파 보입니다. 뭐라고 말합니까?

1 약을 먹어도 돼요?

2 약을 먹는 편이 좋아요.

3 약을 먹으면 돼요?

해설 친구가 아파 보여요. 이럴 때 어울리는 말은 2번 「薬を飲んだほうがいいですよ(약을 먹는 게 좋아요)」라는 조언 표현이에요. 1번과 3번은 내가 아플 때 상대방에게 물어보는 표현이기 때문에 오답이에요. 화살표가 가리키는 인물에 주의하세요.

단어 頭 머리 | 痛い 아프다

2

くつを買いたいですが、どこで売っているかわかりません。何と言いますか。

1 くつの売り場は何階ですか。

2 くつの売り場は3階でございます。

3 くつの売り場をご案内します。

신발을 사고 싶지만 어디에서 팔고 있는지 모르겠습니다. 뭐라고 말합니까?

1 신발 매장은 몇 층입니까?

2 신발 매장은 3층입니다.

3 신발 매장을 안내해드리겠습니다.

해설 신발을 어디서 파는지 묻고 싶어요. 「くつの売り場」는 '신발 매장'이죠. 「なんがいですか(몇층입니까?)」라고 묻는 1번이 정답이에요. 2번과 3번은 안내하는 상대방이 하기 적절한 말이에요.

3

友だちに本を借りたいです。何と言いますか。

1 それ、貸してあげるの？

2 それ、返してくれない？

3 それ、借りてもいい？

친구에게 책을 빌리고 싶습니다. 뭐라고 말합니까?

1 그거, 빌려주는 거야?

2 그거, 돌려주지 않을래?

3 그거, 빌려도 돼?

해설 「かす(빌려주다)」, 「かりる(빌리다)」, 「かえす(돌려주다)」 이 세 단어들은 매우 자주 출제되므로 헷갈리지 않도록 주의해요. 지금 친구의 책을 빌리려는 상황이죠. 답은 3번, 「かりてもいい?(빌려도 돼?)」이고, 「かしてくれない?(빌려주지 않을래?)」라고 표현해도 되므로 함께 기억해 두세요.

4

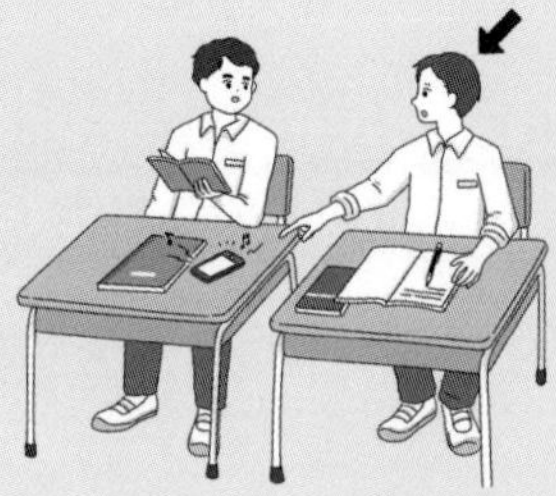

教室で、友だちのケータイから音楽が聞こえます。何と言いますか。

1 音が聞こえるよ。

2 静かにしてもいいよ。

3 うるさくしようか。

교실에서 친구의 휴대 전화에서 음악이 들립니다. 뭐라고 말합니까?

1 소리가 들려.

2 조용히 해도 돼.

3 시끄럽게 할까.

해설 친구의 휴대 전화에서 음악이 들려오는 상황이죠. 1번의 「音が聞こえるよ(소리가 들려)」가 정답이에요. 2번은 허가를 하는 표현이므로 오답, 3번은 '시끄럽게 할까?'라고 되어 있어서 적절하지 않아요. 단, 「…ようか(~할까?)」라는 표현은 이 유형의 문제에서 자주 등장하므로 꼭 외워 두세요.

단어 聞こえる 들리다

5

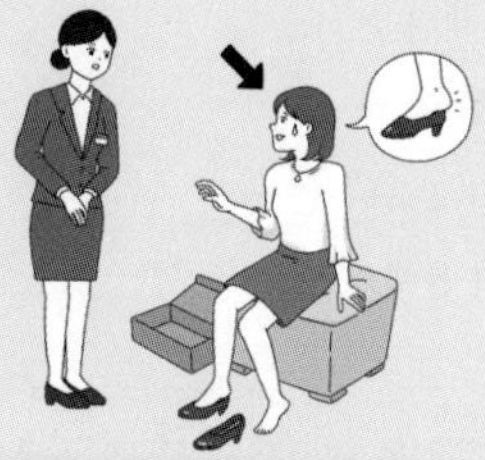

くつを買いに来ましたが、サイズが合いません。何と言いますか。

1 はいてみてもいいですか。

2 サイズがありません。

3 大きいサイズはありますか。

신발을 사러 왔는데 사이즈가 맞지 않습니다. 뭐라고 말합니까?

1 신어봐도 될까요?

2 사이즈가 없어요.

3 큰 사이즈는 있나요?

해설 사이즈가 맞지 않는 상황인데, 확대된 그림을 보니 구두가 작아 보여요. 1번은 신기 전에 물어보는 말, 2번은 점원이 해야 할 말이죠. 더 큰 사이즈가 있는지 묻는 3번이 정답이에요. 그림에서 힌트를 찾는 것도 도움이 돼요.

もんだい 4 もんだい 4では、えなどが ありません。まず ぶんを 聞いて ください。それから、そのへんじを 聞いて、1から3の 中から、いちばん いい ものを 一つ えらんで ください。

문제 4 문제 4에서는 그림 등이 없습니다. 우선 문장을 들어주세요. 그러고 나서 그 답변을 듣고 1~3 중 가장 적절한 것을 하나 고르세요.

1

あしたははれるらしいよ。どこかへ遊びに行かない？

1 楽しかったよ。

2 いいね、行こう。

3 どこも行かないんだね。

내일은 맑아진다는 것 같아. 어딘가에 놀러 가지 않을래?

1 즐거웠어.

2 좋네, 가자.

3 아무 데도 안 가는구나.

해설 시제 체크가 중요한 문제예요. 내일 놀러가자고 권하고 있죠. 따라서 정답은 2번이에요. 1번은 과거형으로 대답했기 때문에 답이 될 수 없고 3번은 어울리지 않는 대답이에요.

2

この本はとてもおもしろいですよ。	이 책은 매우 재미있어요.
1 読んでいただきます。	1 읽어 받겠습니다.
2 読んだことがありませんか。	2 읽은 적이 없습니까?
3 じゃ、読んでみますね。	**3 그럼 읽어 볼게요.**

해설 이 책이 아주 재미있다고 감상을 말하고 있어요. 가장 올바른 답은 '읽어 보겠다'고 말하는 3번이에요. 1번에 「…ていただく」라는 표현은 '~해 받는다', 즉 당신이 '~해 주신다'는 의미가 되어 상대방이 읽는 것을 의미해요.

3

木村さんの妹さんも今日のパーティーに来ますか。	기무라 씨의 여동생도 오늘 파티에 옵니까?
1 ええ、来たことがあります。	1 네, 온 적이 있어요.
2 いいえ、まだ来ていません。	2 아니요, 아직 안 왔어요.
3 さあ、来るかどうか、わかりません。	**3 글쎄, 올지 어떨지 모르겠어요.**

해설 시제 체크가 중요한 문제예요. '오늘', '올 것인지' 묻고 있어요. 1번은 과거의 경험을 말하고 있으니 오답, 2번은 '(올 것인데) 아직 안 왔다'라고 답했기 때문에 적절하지 않아요. 따라서 3번이 올바른 답이에요.

4

すみません、かいぎの準備を手伝ってくれませんか。	죄송합니다만, 회의 준비를 도와주지 않겠습니까?
1 すぐ行きます。	**1 바로 갈게요.**
2 今日はあげません。	2 오늘은 안 줄 거예요.
3 どこにしましょうか。	3 어디로 할까요?

해설 회의 준비 돕기를 부탁하고 있어요. 부탁을 흔쾌히 받아주는 1번이 정답이에요. 2번은 물건을 주지 않는다고 해서 오답, 3번은 장소를 묻고 있어서 오답이에요.

5

日本語の勉強で一番大変だったのは何ですか。	일본어 공부에서 가장 힘들었던 것은 뭐예요?
1 会話の練習です。	**1 회화 연습이에요.**
2 漢字を覚えることもしています。	2 한자를 외우는 것도 하고 있어요.
3 いいえ、一番じゃありません。	3 아니요, 제일이 아니에요.

해설 일본어 공부할 때 가장 힘들었던 것을 묻고 있어요. 정답은 1번이고, 2번은 어떤 것을 하고 있는지에 대해 이야기하므로 적합하지 않아요. 질문을 정확히 필기해야 답을 고를 때 헷갈리지 않아요.

6

誘っていただいてうれしいのですが、今回は遠慮させていただきます。

1 そうですか、楽しんできてくださいね。
2 そうですか、お待ちしていますね。
3 そうですか、残念です。

초대해 주셔서 기쁩니다만, 이번에는 사양하겠습니다.

1 그래요? 즐기고 오세요.
2 그래요? 기다리고 있을게요.
3 그래요? 아쉬워요.

해설 「えんりょさせていただきます」를 해석하는 것이 관건이에요. '사역형+ていただく'는 공손하게 '~하겠습니다'로 해석할 수 있어요. 예를 들어 「休ませていただきます」는 「休みます(쉬겠습니다)」로 바꾸어 해석할 수 있는 것이죠. 결국 「えんりょ」는 '사양', 「させていただきます」는 「します」가 되어서, '사양하겠습니다'로 해석할 수 있어요. 초대를 거절하고 있는 것이죠. 따라서 답은 3번이에요.

7

見て。あの人、夏なのにコートを着ているよ。

1 暑そうだね。
2 暑いらしいね。
3 暑いそうだよ。

봐. 저 사람 여름인데 코트를 입고 있어.

1 더워 보이네.
2 덥다는 것 같네.
3 덥다고 하네.

해설 「みて(봐)」라는 부분에서, 멀리서 코트를 입고 있는 사람에 대해 말하고 있음을 알 수 있어요. 1번이 '더워 보인다'는 의미로 정답이며, 2, 3번은 전달하는 말이므로 오답이에요. 문법의 활용법을 정확히 알고 있어야 해요.

8

自転車をぬすまれてしまいました。

1 直せば、また乗れますよ。
2 誘ったほうがいいですよ。
3 警察には言いましたか。

자전거를 도둑맞아 버렸어요.

1 고치면 다시 탈 수 있어요.
2 초대하는 편이 좋아요.
3 경찰에게는 말했어요?

해설 「ぬすむ」는 '훔치다', 「ぬすまれる」는 수동태로 '도둑맞다'라는 의미가 되는 것을 알고 있어야 해요. 상대방이 자전거를 도둑맞은 상황에서 할 수 있는 말을 찾아야 해요. 답은 3번이고, 1번은 자전거가 고장 난 상황에서 할 수 있는 말이에요.

단어 警察 경찰

시원스쿨닷컴

시원스쿨닷컴